조명애 저

일진사

머리말

문법의 사전적 정의는 '말의 구성 및 운용상의 규칙' 이다. 따라서 그 규칙에 따른 말의 올바른 사용이야말로 정확한 의사소통의 필수적인 전제조건이다.

하지만 한 사회의 모든 구성원이 그 사회의 통용어를 문법적으로 완벽하게 구사한다는 것은 물론 현실적으로는 도저히 불가능한 일이다. 한국인이라고 해서 모두가 문법적으로 완벽한 한국어를 구사하는 것은 아니지 않은가? 하물며 외국어의 경우에 있어서야…….

우리나라에서 언제인가부터 외국어 학습에 있어 문법보다는 회화를 강조하는 풍조가 만연한 것도 바로 그런 점 때문인지도 모른다. 일단 문법공부는 대충하고서라도 회화공부에 집중하면 급한 대로 외국인과의 기본적인 의사소통은 어느 정도 가능하다는 생각에서 말이다.

하지만 기초공사가 부실한 건물은 그 안전성에 문제가 없을 수 없고, 제대로 갈고 닦지 않은 얄팍한 외국어 실력은 곧 그 한계와 부작용을 드러낼 수밖에 없다.

여기에 외국어 학습의 기초가 되는 문법공부의 필요성과 중요성이 있는 것이다.

이 책은 바로 그러한 인식 속에서 올바른 프랑스어 구사에 필요한 내용을 최대한 일목요연하게 정리·해설하여 프랑스어 문법 공부에 유용한 참고서를 만들려는 의도로 제작되었다.

특히 문법 설명에 있어서는, 각 예문마다 해석과 더불어 필요시에는 구체적이고 상세한 주(註)도 함께 달아 학습자의 이해를 돕도록 배려하였다. 또한 각 장(章)의 연습문제는 앞서 설명한 문법 내용을 총괄적으로 반복학습할 수 있도록 그에 상응하는 예문들을 일일이 신경을 써서 풍부하게 출제하였다. 때로는 문제의 난이도를 높여줌으로써 그 이전이나 이후의 장에서 다룬 내용들도 함께 복습 또는 예습하는 효과를 얻도록 하였다.

하지만 간혹 문학, 미술, 음악, 영화, 역사, 철학 등 여러 다양한 분야와 관련된 문장들과 시사적이고 국제적인 감각이 느껴지는 다소 길고 복잡한 구조의 문장들이 있어, 초급자들의 입장에서는 쉽사리 풀기 어려울 수도 있다. 그런 문제들은 차근차근 이 책의 내용을 모두 다 공부하고 나면 쉽게 이해할 수 있는 것들이므로, 일단 표시해 두고 넘어갔다가 나중에 재확인하여 완전히 자기 것으로 만든다면 실력 향상에 큰 도움이 될 것이다.

인생사 전반에 걸쳐 적용되는 말이겠지만 외국어 학습에 있어서도 정도(正道)를 걷는 것보다 더 확실하고 안전한 방법은 없으며, 장기적으로 본다면 그것이야말로 가장 빠른 지름길이라고 생각한다.

부디 이 책이 프랑스어 문법 공부에 있어 그 길의 좋은 인도자 역할을 하여 여러분이 아름답고 튼실한 결실을 얻는데 도움이 될 수 있기를 진심으로 바란다.

조 명 애

TABLE DES MATIÈRES

CHAPITRE 1 관사(l'article)

CHAPITRE 2 명사(le nom)

CHAPITRE 3 형용사(l'adjectif)

CHAPITRE 4 대명사(le pronom)

CHAPITRE 5 동사(le verbe)

CHAPITRE 6 법과 시제(le mode et le temps)

CHAPITRE 7 부사(l'adverbe)

CHAPITRE 8 전치사(la préposition)

CHAPITRE 9 접속사(la conjonction)

CHAPITRE

1 관사(l'article)

관사는 명사 앞에 놓여 그 명사의 뜻을 한정하는 품사로서, **부정관사**(article indéfini), **정관사**(article défini), **부분관사**(article partitif)의 세 종류가 있으며, 뒤에 오는 명사의 성(性)과 수(數)에 일치한다.

종류 \ 성·수	남성 단수	여성 단수	남·여성 복수
부정관사	un	une	des
정관사	le(l')	la(l')	les
부분관사	du(de l')	de la(de l')	des

* 괄호 속 형태는 모음 또는 무성 h로 시작되는 명사 앞에서 사용되는 형태이다.

• 축약관사(l'article contracté) : 정관사 le나 les가 전치사 de 또는 à 다음에 연이어 오면서 그 형태가 **du**, **des**, **au**, **aux**로 달라진 것을 말한다.

de + le → du (de l')　　　**à + le →** au (à l')

de + les → des　　　**à + les →** aux

* 괄호 속 형태는 모음 또는 무성 h로 시작되는 남성단수명사 앞에서 사용되는 형태이다.

1. 부정관사

1 부정관사 un과 une가 비특정적 성질과 아울러 하나라는 단위를 동시에 나타내는 「어떤…, 한…」이란 뜻을 가지며, 대화자가 서로 잘 알지 못하는 사람 · 사물을 가리키는 경우

Une femme vous a téléphoné. 어떤 한 여자가 당신에게 전화를 했습니다.
Un cahier est sur la table. 공책이 하나 테이블 위에 있다.
Il y a des enfants là-bas. 저기에 아이들이 있다.
(*여기서 복수부정관사 des는 「어떤…」이란 뜻으로 비특정적 의미를 가짐)

2 부정관사 un과 une가 한 종류 전체를 통틀어 말하는 총칭적인 용법으로 사용되는 경우

Un homme ne pleure pas. 남자는 우는 법이 아니다.
Une femme ne sourit pas à n'importe quel homme.
여자는 아무 남자에게나 미소 짓지 않는 법이다.

3 고유명사 앞에 온 부정관사 un이 「…와 같은 (유형의) 사람, …의 작품」이란 뜻을 갖는 경우

Il adore un Napoléon. 그는 나폴레옹과 같은 사람을 숭배한다.
Je voudrais lire un Molière. 난 몰리에르의 작품 한 권을 읽고 싶다.

4 부정관사 un과 une가 「un(e) grand(e) ~, un(e) étonnant(e) ~」의 뜻을 갖는 경우

Il a un appétit! 그는 식욕이 꽤 좋네요!
Elle était dans une colère! 그녀는 굉장히 화가 나 있었어요!

5 부정관사 un과 une, 그리고 des가 「un(e) vrai(e) ~, de vrais ~」의 뜻을 갖는 경우

Vous êtes un **père.** 당신은 진정한 아버지입니다.

Vous êtes une **mère.** 당신은 진정한 어머니입니다.

Son frère et lui sont des **hommes.** 그의 형과 그는 진짜 남자다운 남자이다.

6 속사로 사용된 명사에 부정관사가 생략되거나 붙는 경우

Ⓐ 속사로 사용된 명사가 직업 · 국적 · 신분 등을 가리킬 때 부정관사는 생략된다. 이때, 명사는 형용사적으로 사용된다.

Mon père est avocat. 나의 아버지는 변호사이다.

Je suis Coréenne. 나는 한국인[한국여자]이다.

Il est devenu membre de l'Académie française.
그는 프랑스 한림원 회원이 됐다.

Il passe ici pour menteur. 그는 여기서 거짓말쟁이로 통한다.

Ⓑ 속사로 사용된 명사가 주어와 동격인 경우 부정관사는 생략된다.

Le silence est chose **intérieure,** chose **de l'âme.**
침묵은 내적인 것, 즉 영혼적인 것이다.

Ⓒ 속사로 사용된 명사가 형용사나 명사보어에 의해 한정되어 특정적인 뜻이 되면, 그 명사 앞에 부정관사가 놓일 수 있다.

Il est un **bon médecin.** 그는 좋은 의사이다. (*속사로 사용된 명사 médecin이 형용사 bon에 의해 한정되어 특정적인 뜻이 된 경우)

La Provence est une **province de la France.**
프로방스는 프랑스의 한 지방이다. (*속사로 사용된 명사 province가 명사보어 de la France에 의해 한정되어 특정적인 뜻이 된 경우)

Ⓓ 'C'est' 뒤에 와서 속사로 사용된 명사의 부정관사는 생략되지 않는다.

C'est un **médecin.** 그 사람은 의사이다.

C'est une **menteuse.** 그 사람은 거짓말쟁이(여자)이다.

7 부정문에서 부정관사의 형태

Ⓐ 타동사의 직접목적보어가 명사일 때 그 명사 앞에 놓인 부정관사는, 부정문에서 de로 변한다.

Je n'ai pas de **crayon.** 난 연필이 없다. (*긍정문 J'ai un crayon.)

La science n'a pas de **patrie.**
학문에는 국경이 없다. (*긍정문 La science a une patrie.)

Elle n'a pas de **livres.** 그녀는 책이 없다. (*긍정문 Elle a des livres)

Il n'y a pas d'**enfants dans la rue.**
거리에 아이들이 없다. (*긍정문 Il y a des enfants dans la rue.)

Ⓑ 부정문이지만, 제한어가 붙어서 부정이 한 부분만을 한정하는 경우엔 직접목적보어인 명사 앞의 부정관사가 de로 바뀌지 않는다.

Elle n'a pas des **vêtememts à laver.**
그녀는 빨아야 할 옷이 없다. (*옷이 전혀 없다는 것이 아니라 빨아야 할 옷)

Il n'y a pas une **blouse qui me plaît.**
내 마음에 드는 블라우스가 하나도 없다. (*블라우스가 전혀 없다는 것이 아니라 내 마음에 드는 블라우스)

Ⓒ 부정문에서, 속사로 사용된 명사 앞의 부정관사는 de로 바뀌지 않는다.

Ce n'est pas un **imbécile.** 그 사람은 바보가 아니다.

Elle n'est pas une **élève de notre école.**
그녀는 우리 학교의 학생이 아니다.

8 복수형용사 앞에 놓인 복수부정관사 des는 de로 바뀐다. 단, 복수형용사가 명사 뒤에 놓이면 복수부정관사 des는 de로 변하지 않는다. 또한 형용사와 명사가 결합된 복합명사의 복수형 앞에 놓인 부정관사 des는 de로 변하지 않는다.

Elle a de **beaux yeux.** 그녀는 아름다운 눈을 가지고 있다.

Elle a des **yeux bleus.** 그녀는 파란 눈을 가지고 있다.

Ce sont des **jeunes gens.** 그 사람들은 젊은이들이다.

Ce sont des **jeunes filles.** 그 사람들은 아가씨들이다.

CHAPITRE 1-1

연습문제

Q : 아래 각 문장의 괄호 속에 적합한 형태의 관사를 넣으시오.

1. Voici ( ) cheval. 여기에 말 한 마리가 있습니다.
2. Voilà ( ) auto. 저기에 차 한 대가 있습니다.
3. Voici ( ) chevaux. 여기에 말들이 있습니다.
4. Il y a ( ) voitures dans le parking. 주차장에 차들이 있습니다.
5. 6. Je voudrais acheter ( ) table et ( ) chaises. 나는 테이블 하나와 의자들을 사고 싶다.
7. J'ai ( ) montre. 나는 손목시계가 하나 있습니다.
8. Je n'ai pas ( ) montre. 나는 손목시계가 없습니다.
9. Il n'y a pas ( ) arbre dans le jardin. 정원에 나무가 없다.
10. Elle n'a pas ( ) armoire. 그녀는 옷장이 없다.
11. Dans la salle de classe, il n'y a pas ( ) élèves. 교실에 학생들이 없다.
12. ( ) monsieur est venu vous voir. 어떤 한 신사분이 당신을 뵈러 왔습니다.
13. Il y a ( ) fille derrière la fenêtre. 창문 뒤에 한 소녀가 있다.
14. Le service militaire est l'étape la plus importante de la vie d'( ) homme. 군복무는 남자의 인생에서 가장 중요한 단계이다.
15. 16. ( ) femme ne doit pas s'habiller ni se comporter comme ( ) homme. 여자는 남자처럼 옷을 입어서도 행동해서도 안된다.
17. 18. Tandis qu'il adore ( ) Alexandre le Grand, sa femme vénère ( ) Madame Curie. 그는 알렉산더대왕 같은 사람을 숭배하는 반면, 그의 아내는 퀴리부인 같은 사람을 숭배한다.

⑲ Apportez-moi (   ) Voltaire, s'il vous plaît.
베르테르의 작품 한 권 가져다 주세요!

⑳ Il a (   ) courage immense. 그는 용기가 대단하다.

㉑ Elle s'est immobilisée dans (   ) panique.
그녀는 굉장한 공포 속에 꼼짝을 못했다.

㉒ Monsieur Mesnard est (   ) professeur.
메나르 씨는 교수이다.

㉓ Monsieur Mesnard est (   ) professeur.
메나르 씨는 진정한 교수이다.

㉔ Elle est (   ) comédienne. 그녀는 진정한 배우이다.

㉕ Mes frères sont (   ) patriotes.
나의 오빠들은 진짜 애국자들이다.

㉖ La tante de Bernard est (   ) infirmière.
베르나르의 아주머니는 간호사이다.

㉗ Sa femme est (   ) Anglaise. 그의 아내는 영국인이다.

㉘ En 1972, Margrethe II devient (   ) reine du Danemark.
1972년, 마가레트 2세는 덴마크의 여왕이 되었다.

㉙ Pour moi, l'amour est (   ) chose banale.
내게 사랑은 진부한 것이다.

㉚ Cette gamine est pourtant (   ) bonnne élève.
이 말괄량이 소녀는 여하튼 좋은 학생이다.

㉛ Pusan est (   ) ville de la Corée du Sud.
부산은 대한민국의 한 도시이다.

㉜ C'est (   ) ingénieur. 그는 엔지니어이다.

㉝ C'est (   ) duchesse. 그녀는 공작부인이다.

㉞ Je n'ai pas (   ) téléphone portable. 나는 휴대폰이 없다.

35 36 Tu n'a pas (   ) ordinateur, et je n'ai pas (   ) téléphone camera. 넌 컴퓨터가 없고, 난 카메라폰이 없다.

37 Dans ce magasin, il n'y a pas (   ) appareils photo numériques.
이 가게엔 디지털카메라가 없다.

38 Il n'a plus (   ) devoirs à faire.
그는 더 이상 할 숙제가 없다.

39 Ma femme n'a pas (   ) sac blanc.
내 아내는 흰색 가방이 없다.

40 Il n'y a pas (   ) DVDs qui me plaisent.
내 마음에 드는 DVD들이 없다.

41 Ce n'est pas (   ) poète lauréat. 그는 계관시인이 아니다.

42 Ils ne sont pas (   ) hommes de la situation.
그들은 적재적소의 인물들이 아니다.

43 Ce pianiste a (   ) beaux doigts.
이 피아니스트는 아름다운 손가락을 가지고 있다.

44 Mon frère a (   ) cahiers jaunes.
내 남동생은 노란 공책들을 가지고 있다.

45 Ce sont (   ) vieux hommes. 그들은 노인들이다.

46 Ce sont (   ) vieilles femmes. 그들은 노파들이다.

답 : 1-un / 2-une / 3-des / 4-des / 5-une / 6-des / 7-une / 8-de / 9-d' / 10-d' / 11-d' / 12-Un / 13-une / 14-un / 15-Une / 16-un / 17-un / 18-une / 19-un / 20-un / 21-une / 22-무관사 / 23-un / 24-une / 25-des / 26-무관사 / 27-무관사 / 28-무관사 / 29-무관사 / 30-une / 31-une / 32-un / 33-une / 34-de / 35-d' / 36-de / 37-d' / 38-des / 39-un / 40-des / 41-un / 42-des / 43-de / 44-des / 45-des / 46-des

2. 정관사

1 정관사가 대화자 서로가 모두 알고 있는 특정한 사람 · 사물을 가리키는 경우

J'aime le tableau. 난 그 그림을 좋아한다.

Les médecins sont là. 그 의사들이 저기 있다.

2 정관사가 앞에서 이미 언급된 특정한 사람 · 사물을 가리키는 경우

Une fille est venue. La fille est mignonne.
한 소녀가 왔다. 그 소녀는 귀엽다.

Il y a un parapluie. Le parapluie est rouge.
우산이 하나 있다. 그 우산은 빨간색이다.

3 정관사가 이 세상에서 유일무이한 것에 사용되는 경우

Le soleil se lève. 해가 뜬다.

La lune est très claire ce soir. 오늘 저녁엔 달이 무척 밝다.

La terre tourne autour du soleil. 지구는 태양 주위를 돈다.

4 단수 정관사 le나 la가 한 종류 전체를 나타내는 총체적 용법으로 사용되는 경우

Ⓐ 남성단수정관사 le가 사람이나 동물을 가리키는 단수남성명사와 함께 쓰여 남성 · 여성의 구별 없이 한 종류 전체를 통틀어 말하는 총체적인 용법 – 남성의 특수용법으로 총체를 나타내는 남성(le masculin générique).

L'homme est un être mortel. 인간은 죽음을 면할 수 없는 존재이다.

Le Coréen est diligent. 한국 사람은 부지런하다.

Le chien est un animal fidèle. 개는 충직한 동물이다.

Ⓑ 여성단수정관사 la가 생물이나 사물을 가리키는 단수여성명사와 함께 쓰여 어느 특정한 것을 대신할 뿐 아니라 한 종류의 전체를 나타내는 총체적인 용법 – 총체를 나타내는 단수(le singulier générique).

L'homme, sans la femme est une créature imparfaite.
여자가 없다면 남자는 불완전한 피조물이다. (*l'homme의 정관사 l'도 역시 특정한 남자가 아닌 남자 전체를 나타냄)

La souris est mignonne.
생쥐는 귀엽다(=Les souris sont mignonnes).

La pomme est chère cet hiver.
올겨울엔 사과가 비싸다(=Les pommes sont chères cet hiver).

La voiture est devenue indispensable dans les pays industrialisés.
자동차는 산업화된 나라에선 필수적으로 되었다.

5 복수정관사 les가 인명(人名) 고유명사와 사용되는 경우

Ⓐ 인명(人名) 고유명사의 복수형과 함께 사용되어 「…같은 (유형의) 사람, …의 작품」의 뜻을 갖는 경우

Les Hugos sont rares. 위고 같은 사람[작가]은 드물다.

Il collectionne les Renoirs. 그는 르느와르의 그림을 수집한다.

Ⓑ 인명(人名) 고유명사의 복수형과 함께 사용되어 왕가, 또는 유명한 가문을 가리키는 경우

les Bourbons 부르봉 왕가, **les Condés** 꽁데가, **les Médicis** 메디치가

Ⓒ 인명(人名) 고유명사의 단수형과 함께 사용되어 한 집안 가족을 가리키거나, 또는 강조의 의미(sens emphatique)로 사용되는 경우. 단, 주의할 점은 명사는 복수형이 아니고 관사만 복수정관사를 사용한다는 것이다.

Les Vincent sont partis en voyage.
벵상 씨 가족은 여행을 떠났다.

Les Corneille et les Racine ont illustré le 17e siècle.
꼬르네이유와 라신느는 17세기를 빛냈다.

6 정관사가 관계절 · 형용사 · 명사보어에 의해 구체화된 특정명사 앞에서 사용되는 경우

La dame qui est venue vous voir est très élégante.
당신을 만나러 온 귀부인은 매우 우아하다. (*관계절 qui est venue vous voir에 의해 구체화된 특정명사 dame)

Habille-toi la robe blanche. 그 하얀 원피스를 입어라.
(*형용사 blanche에 의해 구체화된 특정명사 robe)

Le père de Paul est gentil. 폴의 아버지는 친절하시다.
(*명사보어 de Paul에 의해 구체화된 특정명사 père)

La voiture de mon frère est très chère.
내 형의 자동차는 아주 값비싼 것이다. (*명사보어 de mon frère에 의해 구체화된 특정명사 voiture)

7 정관사가 추상명사 · 물질명사 앞에 쓰여 일반적인 뜻을 갖는 경우

Je désire l'amour, la beauté et le bonheur.
난 사랑과 아름다움과 행복을 원한다.

Le lait est bon pour la santé.
우유는 건강에 좋다.

8 정관사 le가 「…당」, 「…마다」의 의미를 갖는 경우

On vend des pommes 5 euros le kilo (=chaque kilo).
사과는 1kg에 5유로로 팔린다.

Le musée est fermé le lundi (=tous les lundis).
박물관은 월요일마다 문을 닫는다.

9 신체 일부나 정신활동을 나타내는 명사 앞에는 소유형용사 대신 정관사를 사용한다.

J'ai mal à la tête. 난 머리가 아프다.
Il m'a pris le bras droit. 그는 내 오른팔을 붙잡았다.
Elle a perdu la mémoire. 그녀는 기억을 상실했다.

10 지명(국가 · 지방 · 대륙 · 대양 · 바다 · 하천 · 산 · 산맥 · 사막 등)을 나타내는 고유명사는 정관사를 취한다.

《 남성국명 》

l'Angola(m.) 앙골라
le Brésil 브라질
le Cambodge 캄보디아
le Canada 캐나다
le Chili 칠레
le Congo 콩고
le Danemark 덴마크
le Ghana 가나
le Japon 일본
le Maroc 모로코
le Mexique(m.) 멕시코
le Mosambique(m.) 모잠비크
le Nigéria(la Nigéria) 나이지리아
le Pay-Bas 네덜란드
le Pérou 페루
le Portugal 포르투갈
l'Ukraine(m.) 우크라이나
le Viet(-)Nam 베트남
les Etats-Unis(m.pl.) 미국

《 여성국명 》

l'Albanie 알바니아
l'Allemagne 독일
l'Angleterre 영국
la Bulgarie 불가리아
la Chine 중국
la Corée 한국
(*la République de Corée 대한민국 ↔ la République populaire de Corée 조선인민공화국 / la Corée du Sud 남한 ↔ la Corée du Nord 북한)
l'Espagne 스페인
la France 프랑스
la Grèce 그리스
la Hollande 네덜란드
l'Inde 인도
l'Irlande 아일랜드
l'Italie 이태리
la Mongolie 몽고
la Norvège 노르웨이
la Pologne 폴란드

la Russie 러시아
la Somalie 소말리아
la Suisse 스위스
la Suède 스웨덴
la Turquie 터키

《 지방명 》

l'Alsace Lorraine 알사스로렌지방
le Midi 프랑스 남부지방
la Provence 프로방스지방
la Touraine 프랑스 중부의 옛 주

《 대륙명 》

l'Asie 아시아
l'Afrique 아프리카
l'Europe 유럽
l'Amérique du Nord 북아메리카
l'Amérique du Sud 남아메리카
l'Océanie 오세아니아, 대양주

《 대양명 》

l'Atlantique (l'océan Atlantique) 대서양
le Pacifique (l'océan Pacifique) 태평양
l'océan Indien 인도양
l'océan (Glacial) Arctique 북극해(북빙양)
l'océan Antarctique 남극해

《 바다명 》

la Méditerrannée (la mer Méditerrannée) 지중해
la mer du Nord 북해
La Manche 영불해협

《 하천명 》

le Danube 다뉴브강
l'Elbe 엘베강
la Garonne 가론강
la Loire 르와르강
le Mississipi 미시시피강
le Nil 나일강
le Rhin 라인강
le Rhône 론강
la Seine 세느강
la Tamise 템즈강
le Tibre 티베르강
le fleuve Han 한강

《 산과 산맥명 》

le Mont Cassel 카셀산
le Mont-Blanc 몽블랑산
les Aples 알프스산맥
l'Himalaya 히말라야산맥
le Jura 쥐라산맥
les Monts Ourals 우랄산맥
les Pyrénées 피레네산맥

《 사막명 》

le Gobi 고비사막
le Sahara 사하라사막

11 섬 이름을 나타내는 고유명사 앞에는 보통 l'île(섬)이라는 여성명사가 붙어 사용되지만, 유명한 섬들은 l'île를 생략한 형태로 정관사와 함께 고유명사만 사용된다.

l'île d'Elbe 엘바섬
l'île Maurice 모리스섬
les Philippines (les îles des Philippines) 필리핀군도
les Antilles 서인도제도
la Corse 코르시카섬
l'Islande 아이슬란드
la Sicile 시실리섬

12 도시명의 고유명사는 정관사를 취하지 않지만, 예외적으로 본래 정관사가 붙어 있는 경우도 있다.

Paris(=la ville de Paris)(m.) 파리
Séoul(m.) 서울
Marseille(m.) 마르세이유
New York(m.) 뉴욕
Tokyo(m.) 동경
Moscou(m.) 모스크바
Pékin(m.) 북경
Londres(m.) 런던
Berlin(m.) 베를린
Saïgon(m.) 사이공
Damas(m.) 다마스커스
Athènes(f.) 아테네
Sparte(f.) 스파르타
Alexandrie(f.) 알렉산드리아
Carthage(f.) 카르타고
Florence(f.) 플로렌스
Jérusalem(f.) 예루살렘
Pompéi(f.) 폼페이

Venise(f.) 베니스

le Caire(m.) 카이로	le Havre(m.) 르아브르
la Havane(f.) 아바나	la Rochelle(f.) 라로셸

13 인명이나 도시명의 고유명사는 정관사를 취하지 않지만, 다른 말에 의해 한정되었을 경우 특정함을 나타내는 정관사를 취한다.

Il aime la belle Hélène.
그는 아름다운 헬렌을 사랑한다. (*형용사 belle에 의해 한정된 Hélène)

J'adore l'immortel Hugo.
나는 불멸의 위고를 숭배한다. (*형용사 immortel에 의해 한정된 Hugo)

C'est le Néron de Racine.
그것이 라신느가 묘사한 네로황제이다. (*명사보어 de Racine에 의해 한정된 Néron)

C'est le livre sur les villages et faubourgs de l'ancien Paris.
이것은 옛 파리의 마을들과 변두리 구역들에 대한 책이다. (*형용사 ancien에 의해 한정된 Paris)

Je ne peux pas oublier le Paris d'il y a dix ans.
나는 10년 전의 파리를 잊을 수 없다. (*명사보어 d'il y a dix ans에 의해 한정된 Paris)

Le Shanghaï d'aujourd'hui est ultramoderne.
오늘날의 상하이는 초현대적이다. (*명사보어 d'aujourd'hui에 의해 한정된 Shanghaï)

14 국민 이름이나 지방 주민의 이름을 나타내는 고유명사는 관사와 함께 사용된다.

le Coréen 한국인[남자]	l'Allemand 독일인[남자]
la Japonnaise 일본 여자	les Américains 미국인[남자]들
les Mexicainnes 멕시코 여자들	un Français 프랑스 남자
une Viétnamienne 베트남 여자	des Russes 러시아인[남자]들

des **Sénégalaises** 세네갈 여자들
une **Bordelaise** 보르도지방 여자
la **Parisienne** 파리 여자
des **Londoniennes** 런던 여자들
le **Séoulien(=Séoulite)** 서울 사람[남자]
les **Hanovriens** 하노버 주 사람[남자]들
le **Breton** 브르타뉴 지방 사람(남자)
des **Alsaciennes** 알사스지방 여자들
des **Corses** 코르시카섬 사람들
les **Newyorkais** 뉴욕 사람[남자]들

CHAPITRE 1-2 연습문제

Q : 아래 각 문장의 괄호 속에 적합한 형태의 관사를 넣으시오.

① Je voudrais voir ( ) garçon.
나는 그 소년을 만나보고 싶다.

② Il y a une voiture. ( ) voiture est la sienne.
차가 한 대 있다. 그 차는 그의 것이다.

③ ( ) lune exerce une influence primordiale sur la vie terrestre.
달은 지상의 삶에 가장 중요한 영향을 미친다.

④ ( ) Vierge est considérée comme une consolatrice.
성모마리아는 위로자로 간주되어진다.

⑤ ( ) homme est un être doué de raison.
인간은 이성을 가진 존재이다.

⑥ ⑦ ( ) renard est un animal rusé et ( ) mouton est un animal docile. 여우는 교활한 동물이고 양은 온순한 동물이다.

⑧ ( ) Coréenne est belle. 한국 여자는 아름답다.

⑨ ⑩ ( ) femme et ( ) enfant doivent être protégés.
여자와 아이는 보호되어야 한다.

⑪ J'aime (   ) alouette. 나는 종달새를 좋아한다.

⑫ De tous les fruits connus, (   ) banane contient le plus de protéines.
모든 과일 중에서 바나나는 가장 많은 단백질을 포함하고 있다.

⑬ (   ) bicyclette est l'un des principaux moyens de transport dans de nombreuses parties du monde.
자전거는 세계의 수많은 곳에서 주요 교통수단들 중의 하나이다.

⑭ (   ) Pasteurs meritent d'être vénérés.
파스퇴르와 같은 사람[물리화학자]은 존경받아 마땅하다.

⑮ ⑯ Ils ont mis (   ) Matisses et (   ) Picassos aux enchères.
그들은 마티스와 피카소의 그림을 경매에 부쳤다.

⑰ ⑱ Pendant des siècles, (   ) Habsbourgs et (   ) Bourbons se sont disputés l'hégémonie de l'Europe.
수세기 동안, 합스부르그가와 부르봉가는 유럽의 패권을 다투었다.

⑲ Il ont passé une semaine chez (   ) Legrand.
그들은 르그랑 씨 댁에서 일주일을 보냈다.

⑳ ㉑ (   ) Stendhal et (   ) Balzac ont illustré la permière moitié du 19e siècle. 스탕달과 발자크는 19세기 전반을 빛냈다.

㉒ Voici (   ) cheval de Jean. 여기에 쟝의 말이 있다.

㉓ Voila (   ) auto de Marie. 저기에 마리의 차가 있다.

㉔ C'est (   ) parapluie de mon ami. 이것은 내 친구의 우산이다.

㉕ (   ) lunettes qu'elle porte sont très chics.
그녀가 끼고 있는 안경은 매우 멋지다.

㉖ Apporte-moi (   ) sac noir. 내게 그 검은 가방을 가져와.

㉗ (   ) courage est beau. 용기란 아름다운 것이다.

㉘ ㉙ (   ) liberté ou (   ) mort! 자유가 아니면 죽음을 달라!

㉚ ㉛ Il faut préserver (   ) santé et (   ) fécondité de la future mère. 미래의 어머니의 건강과 다산성은 보호되어야 한다.

㉜ (   ) justice n'est rien d'autre que la loi positive.
정의란 실정법에 불과한 것일 뿐이다.

㉝ (   ) politesse est indispensable pour la vie sociale.
예절은 사회생활에 필수적이다.

㉞ (   ) vin est-il bon pour le coeur?
포도주는 심장에 좋은가?

㉟ ㊱ (   ) viande est constitué par la chair de certains animaux consommé par (   ) homme.
고기는 인간에 의해 소비되는 몇몇 동물들의 살로 구성된다.

㊲ On vend des pommmes de terre 3 euros (   ) kilo.
감자는 1kg에 3유로로 팔린다.

㊳ Ce grand magasin est fermé (   ) lundi.
이 백화점은 월요일마다 문을 닫는다.

㊴ Ne me touche pas (   ) main. 내 손을 만지지 마.

㊵ J'ai mal à (   ) estomac. 나는 배가 아프다.

㊶ Il a épuisé (   ) imagination. 그는 상상력을 고갈시키고 말았다.

㊷ Il souhaite récuperer (   ) mémoire perdue.
그는 상실한 기억을 되찾기 원한다.

㊸ Je voudrais visiter (   ) Pérou. 나는 페루에 가보고 싶다.

㊹ ㊺ (   ) Méxique est (   ) beau pays.
멕시코는 아름다운 나라이다.

㊻ (   ) Mauritanie est un des pays du Maghreb.
모리타니아는 북아프리카의 한 나라이다.

㊼ Le moment idéal pour visiter (   ) Pays-Bas se situe au début

du printemps quand le pays est en fleurs.
네덜란드 방문의 이상적인 시기는 그곳에 꽃이 만개한 초봄이다.

48 Chambéry est la capitale de (   ) Savoie.
샹베리는 사브와 지방의 수도이다.

49 Christophe Colomb n'a pas trouvé (   ) Amérique.
크리스토퍼 컬럼버스는 아메리카 대륙을 발견하지 않았다.

50 ~ 52 (   ) Eurasie est (   ) Europe et (   ) Asie.
유라시아는 유럽과 아시아 대륙이다.

53 Le transatlantique traverse régulièrement (   ) Atlantique (l'océan Atlantique).
대서양 횡단정기선은 정기적으로 대서양을 횡단한다.

54 Au bord de (   ) mer Caraïbe, on peut trouver facilement des hébergements pour les touristes.
카리브해 연안에선 여행자를 위한 숙소들을 쉽게 발견할 수 있다.

55 (   ) Mississipi est le fleuve américain.
미시시피 강은 미국의 대하(大河)이다.

56 (   ) Loire est le plus long fleuve de France.
르와르 강은 프랑스에서 가장 긴 대하(大河)이다.

57 (   ) Mont Everest est la plus haute montagne du monde.
에베레스트 산은 세상에서 가장 높은 산이다.

58 (   ) Pyrénées offrent un large éventail d'activités.
피레네 산맥은 다양한 여가활동을 제공한다.

59 60 Si (   ) Gobi est le désert mongol, (   ) Taklamakan est le désert chinois.
고비 사막이 몽고의 사막이라면, 타클라마칸 사막은 중국의 사막이다.

61 (   ) île de la Réunion autrefois île Bourbon, est une île volcanique dans l'Océan Indien.
예전에 부르봉 섬이었던 레위니옹 섬은 인도양에 있는 화산섬이다.

62 Dans ce livre, on peut trouver les informations utiles sur (　　) Antilles. 이 책에서 서인도제도에 대한 유용한 정보를 얻을 수 있다.

63 Elle a une villa dans le nord de (　　) Martinique.
그녀는 마르티니크 섬 북쪽에 별장을 가지고 있다.

64 Ce vol est à destination de (　　) Lyon.
이 비행기편은 리옹행입니다.

65 (　　) Haye n'est pas la capitale des Pays-Bas.
헤이그는 네덜란드의 수도가 아니다.

66 Il aime se promener dans (　　) Paris.
그는 파리를 산책하는 걸 좋아한다.

67 Héléne est allée à (　　) Londres. 엘렌느는 런던에 갔다.

68 69 (　　) Canberra est la capitale de (　　) Australie.
캔버라는 호주의 수도이다.

70 (　　) propre Singapour m'a impressionée.
청결한 도시 싱가포르는 내게 깊은 인상을 주었다.
(*나라명 싱가포르(le Singapour) / 도시명 싱가포르(Singapour))

71 Aux yeux fermés, elle imagine (　　) Rome d'autrefois.
눈을 감은 채 그녀는 옛날의 로마를 상상해 본다.

72 (　　) Londres obscur et brumeux est ainsi décrit dans la plupart des romans de Charles Dickens. 우중충하고 안개 낀 런던은 찰스 디킨스의 대부분의 소설 속에서 그렇게 묘사되어져 있다.

73 (　　) Jérusalem médiéval est parfaitement ressucité dans 「Kingdom of Heaven」, un film de Ridley Scott. 중세 예루살렘이 리들리 스콧 감독의 영화 '킹덤 오브 헤븐' 에서 완벽하게 재현되었다.

74 75 La capitale de (　　) Egypte est (　　) Caire.
이집트의 수도는 카이로이다.

76 (　　) Havane est la plus grande ville des Caraïbes.

아바나는 카리브 해에서 가장 큰 도시이다. (*카리브 해는 la mer Caraïbe, la mer des Caraïbes, la mer des Antilles, les Caraïbes 등으로 다양하게 불림)

77 Les oeuvres de Johan Strauss, 'Roi de la Valse' évoquent ( ) Vienne romantique.
왈츠의 왕 요한스트라우스의 작품들은 낭만적인 비엔나를 환기시킨다.

78 79 ( ) Catherine et ( ) Gérard chantent ensemble.
카트린느와 제라르는 함께 노래한다.

80 Elle aime ( ) petit Paul. 그는 꼬마 폴을 좋아한다.

81 ( ) jolie Cécile qui est là-bas est la cadette de la famille.
저기 있는 예쁜 세실은 그 집안의 막내이다.

82 Il adore ( ) immmortel Soon-Shin Lee.
그는 불멸의 이순신을 숭배한다.

83 C'est ( ) Napoléon de notre temps.
그 사람은 우리 시대의 나폴레옹이다.

84 C'est ( ) Marat de David. 그것이 다비드가 묘사한 마라이다.
(*프랑스 신고전주의 화가 자크 루이 다비드가 프랑스 대혁명 지도자의 한 사람인 쟝 폴 마라의 죽음을 다룬 그림이 있다.)

85 ( ) Ouagadougou de mon enfance me manque.
내 어린시절의 와가두구(*서아프리카의 국가 부르키나파소의 수도)가 그립다.

86 87 ( ) Anglais de la classe ouvrière s'envole pour Los Angeles. ( ) Anglais aux cheveux gris y est comme un poisson hors de l'eau.
노동자 계급의 한 영국 남자가 로스앤젤레스로 날아간다. 희끗희끗한 머리의 그 영국 남자는 그곳에서 마치 물밖에 나온 물고기와도 같았다.

88 89 Je connais ( ) Scandinave. ( ) Scandinave a le comportement latin. 나는 스칸디나브 여자를 한 사람 안다. 그 스칸디나브 여자는 라틴 사람처럼 행동한다.

90 On se croise facilement avec (   ) Algériens dans les rues de Paris. 파리의 거리에선 쉽사리 알제리인들과 마주치게 된다.

91 (   ) Syriens commencent à se retirer du Liban, mais la crise s'aggrave. 시리아인들이 레바논에서 철수를 시작했지만, 혼란은 더욱 심화되고 있다.

92 (   ) Breton a le sang chaud. 브르타뉴 지방 사람은 성미가 급하다.

93 Sa concubine est (   ) Lorraine.
그의 동거녀는 로렌 지방 여자이다.

94 Il me semble qu'elle sont (   ) Siciliennes.
내가 보기엔 그녀들은 시실리 섬 여자들인 것 같다.

95 (   ) Séoulienne(=Séoulite) est tombée amoureuse d'un Lyonnais. 그 서울 여자는 한 리용 남자에게 반했다.

96 ~ 98 Parmi les spectateurs, il y a (   ) Pékinois, (   ) Tokyonais et (   ) Hanoiens.
관객들 중에는 북경 사람들, 동경 사람들, 하노이 사람들이 있다.

답 : 1-le / 2-la / 3-La / 4-La / 5-L' / 6-Le / 7-le / 8-La / 9-La / 10-l' / 11-l' / 12-la / 13-La / 14-Les / 15-les / 16-les / 17-les / 18-les / 19-les / 20-Les / 21-les / 22-le / 23-l' / 24-le / 25-Les / 26-le / 27-Le / 28-La / 29-la / 30-la / 31-la / 32-La / 33-La / 34-Le / 35-La / 36-l' / 37-le / 38-le / 39-la / 40-l' / 41-l' / 42-la / 43-le / 44-Le / 45-un (*속사로 사용된 명사가 형용사나 명사보어에 의해 한정되어 특정적인 뜻이 되면, 그 명사 앞에 부정관사가 놓일 수 있다.) / 46-La / 47-le / 48-la / 49-l' / 50-L' / 51-l' / 52-l' / 53-l' / 54-la / 55-Le / 56-La / 57-Le / 58-Les / 59-le / 60-le / 61-L' / 62-les / 63-la / 64-무관사 / 65-La / 66-무관사 / 67-무관사 / 68-무관사 / 69-l' / 70-Le / 71-la / 72-Le / 73-Le / 74-l' / 75-le / 76-La / 77-la / 78-무관사 / 79-무관사 / 80-le / 81-La / 82-l' / 83-le / 84-le / 85-L' / 86-Un / 87-l' / 88-une / 89-La / 90-des / 91-Les / 92-Le / 93-une / 94-des / 95-La / 96-des / 97-des / 98-des

3. 축약관사

1 정관사 le나 les가 전치사 de 또는 à 다음에 연이어 오면 그 형태가 du, des, au, aux로 달라지며 그것을 축약관사라 한다.

Ce sont les livres du garçon.
그것들은 그 소년의 책들이다. (de+le → du)
Elle a rêvé de faire un véritable tour du monde.
그녀는 진정한 세계여행을 하기를 꿈꿨다. (de+le → du)
Ce sont les livres des filles.
그것들은 그 소녀들의 책들이다. (de+les → des)
O.N.U. est l'abréviation de l'Organisation des Nations Unies.
O.N.U.는 국제연합기구의 약어이다. (de+les → des)
Elle parle au garçon.
그녀는 그 소년에게 말한다. (à+le → au)
J'aimerais aller au Maroc un jour.
나는 언젠가는 모로코에 가고 싶다. (à+le → au)
Henri parle aux filles.
앙리는 그 소녀들에게 말한다. (à+les → aux)

2 이때, 모음 또는 무성 h로 시작되는 남성단수명사 앞에서 축약관사 du와 au는 각각 de l', à l'의 형태로 사용된다.

Les sanglots longs des violons de l'automne blesse mon coeur d' une langueur monotone.
가을날의 바이올린의 긴 흐느낌은 단조로운 우울로 내 마음을 아프게 하네. (*des violons의 des도 축약관사)
C'est la porte principale de l'hôtel.
이것이 이 호텔의 정문입니다.

Ne donne pas cette chaise à l'Albanais.
이 의자를 그 알바니아 남자에게 주지 마라.
Conduisez-le à l'hôpital. 그를 병원에 데리고 가십시오.

CHAPITRE 1-3 연 습 문 제

Q : 아래 각 문장의 괄호 속에 적합한 형태의 축약관사를 넣으시오.

1. J'ai lu un livre (   ) professeur.
   나는 그 교수님의 책을 한 권 읽었다.
2. Quelle est la couleur (   ) cheval?
   그 말의 색깔은 무엇인가?
3. Ottawa est la capitale (   ) Canada.
   오타와는 캐나다의 수도이다.
4. Quelle est la couleur (   ) cheveux de Marie?
   마리의 머리카락 색깔은 무엇인가?
5. La Guadeloupe est la plus grande île (   ) Petites Antilles.
   과델루프는 소(小) 안틸레스제도에서 가장 큰 섬이다.
6. Plaisante justice qu'une rivière borne! vérité au deçà (   ) Pyrénées, erreur au-delà. (Pascal)
   한 줄기 강이 가로막는 가소로운 정의여! 피레네 산맥의 이쪽에선 정의, 저쪽에서는 오류. (파스칼)
7. J'ai mal (   ) pied. 나는 발이 아프다.
8. Partez (   ) Caire avec notre agence de voyage.
   우리 여행사와 함께 카이로로 떠나세요.

⑨ Elle pense (   ) ruban jaune de Nathalie.
그녀는 나탈리의 노란 리본을 생각한다.

⑩ Ne touche pas (   ) autos de Paul.
폴의 차들에 손대지 마.

⑪ Faut-il dire la vérité (   ) malades incurables?
불치병 환자에게 진실을 말해야만 하는가?

⑫ Elle adore le chapeau (   ) fleurs.
그녀는 꽃 장식 모자를 너무나 좋아한다.

⑬ Aaron s'pprocha (   ) autel.
아론은 제단에 가까이 갔다. (*s'pprocher de ~ 에 접근하다, 가까이 가다)

⑭ Près (   ) hôtel, il y a un grand magasin.
그 호텔 근처에 백화점이 하나 있다.

⑮ Le renard dit (   ) oiseau chanteur : "Félicitations!"
여우는 노래꾼 새에게 "축하해!" 라고 말했다.

⑯ Je suis abonné (   ) hebdomadaire 《Courrier International》.
나는 《꾸리예 엥떼르나씨요날》이란 주간지를 구독한다.

답 : 1-du / 2-du / 3-du / 4-des / 5-des / 6-des / 7-au / 8-au / 9-au / 10-aux / 11-aux / 12-aux / 13-de l' / 14-de l' / 15-à l' / 16-à l'

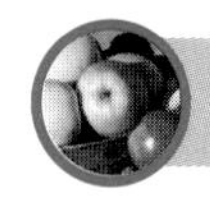

4. 부분관사

1 부분관사는 수로 셀 수 없는 물질명사나 추상명사 앞에 사용되어 「약간의(=un peu de), 일부분의(=une partie de)」라는 뜻을 갖는다. 하지만 번역할 때는 구태여 부분에 해당하는 해석을 할 필요는 없다.

Je bois du vin.
난 포도주를 마신다. (*셀 수 없는 물질명사 vin)

Avez-vous de l'argent?
당신은 돈이 있습니까? (*셀 수 없는 물질명사 argent)

J'ai acheté de la viande.
나는 고기를 샀다. (*셀 수 없는 물질명사 viande)

J'aimerais prendre de l'omelette.
나는 오믈렛을 먹고 싶다. (*셀 수 없는 물질명사 omelette)

Il a du courage et de la force.
그는 용기와 박력이 있다. (*추상명사 courage와 force)

2 본래 부분관사는 정관사 le, la 앞에 '부분의 de'가 합쳐 이뤄진 것인데, 지시형용사 · 소유형용사 앞에도 '부분의 de'를 넣어 「약간의」라는 개념을 전달할 수 있다.

Prenez de ce fromage. 이 치즈 좀 드시오.

Donnez-moi de vos nouvelles.
내게 당신의 소식 좀 주시오.

Elle nous a fait gouter de ses gâteaux.
그녀는 우리에게 자기 과자를 좀 맛보게 했다.

3 타동사의 직접목적보어가 명사일 때 그 명사 앞에 놓인 부분관사는 부정문에서 부정관사의 경우처럼 de로 바뀐다.

Je ne mange pas de pain.
난 빵을 먹지 않는다. (*긍정문 Je mange du pain.)

Elle ne mange pas de viande.
그녀는 고기를 먹지 않는다. (*긍정문 Elle mange de la viande.)

Il n'a pas de courage, ni même de force.
그는 용기가 없고, 박력조차 없다. (*긍정문 Il a du courage, et aussi de la force.)

4 형용사 앞에 놓인 부분관사는 de로 바뀐다. 구어체에서는 바꾸지 않고 그대로 쓰는 일이 많다.

J'aime de bon vin blanc.
난 좋은 백포도주를 좋아한다. (*구어체 : du bon vin blanc)

J'ai de bon tabac.
난 좋은 담배를 갖고 있다. (*구어체 : du bon tabac)

Je prend de bonne soupe.
난 좋은 스프를 먹는다. (*구어체 : de la bonne soupe)

5 명사와 하나로 결합되어 사용된 형용사 앞에 놓인 부분관사는 de로 바꾸지 않고 그대로 둔다.

J'ai du bon sens. 난 양식(良識)이 있다.

Il a de la bonne volonté. 그는 선의(善意)가 있다.

6 복수부정관사 des와 복수부분관사 des는, 그 형태가 같고 뜻에 있어도 「몇몇의, 얼마간의(=quelques)」로 하등의 차이가 없다. 다만 복수부정관사 des는 셀 수 있는 명사 앞에 사용되고, 복수부분관사 des는 셀 수 없는 물질명사 · 추상명사 앞에 사용된다. 그러나 실제에 있어 오늘날 복수부분관사 des는 부분관사에서 제외되는 경향이 있다.

J'ai une pomme. – J'ai des pommes.
난 사과를 몇 개 갖고 있다. (*여기서 des는 셀 수 있는 명사 pommes 앞에 사용된 복수부정관사)

J'ai de la confiture. – J'ai des confitures.
난 잼을 얼마간 갖고 있다. (*여기서 des는 셀 수 없는 물질명사 confitures 앞에 사용된 복수부분관사)

Il a des volontés et des passions.
그는 얼마간의 의지와 열정을 가지고 있다. (*여기서 des는 셀 수 없는 추상명사 volontés와 passions 앞에 사용된 복수부분관사)

CHAPITRE 1-4 연습문제

Q : 아래 각 문장의 괄호 속에 적합한 형태의 부분관사를 넣으시오.

❶ ~ ❹ Il y a ( ) pain, ( ) beurre, ( ) fromage et ( ) jambon.
빵, 버터, 치즈, 그리고 햄이 있다.

❺ ~ ❽ Au supermarché, j'ai acheté ( ) aïl, ( ) oignon, ( ) avocat et ( ) artichaut.
슈퍼마켓에서 나는 마늘, 양파, 아보카도, 그리고 아티초크를 좀 샀다.

❾ ❿ Au moins une fois par jour, elle prend ( ) salade et ( ) soupe. 최소한 하루에 한 번, 그녀는 샐러드와 스프를 먹는다.

⓫ ⓬ Il y faut ajouter ( ) échalote et ( ) huile d'olive.
여기에 염교와 올리브유 좀 첨가해야만 한다.

⓭ ⓮ Tu bois ( ) vin, je bois ( ) eau.
넌 포도주 마시고, 난 물 마시고.

⓯ Il fait ( ) vent. 바람이 분다.

⑯ Il fait (   ) brouillard. 안개가 꼈다.

⑰ Avez-vous (   ) temps? 시간 있으십니까?

⑱ Il me faut (   ) amour, pas beaucoup d'amour!
내겐 많은 사랑도 아니고 약간의 사랑이 필요하다고!

⑲ Y aura-t-il (   ) neige à Noël?
크리스마스에 눈이 올까요?

⑳ J'ai eu (   ) peine à le trouver.
나는 그것을 찾아내기가 어려웠다.

㉑ C'est bien (   ) mélancolie à l'état pure qui se dégage au fil des morceaux de musique.
그 곡들을 따라 드러나는 것은 바로 순수한 상태의 우울함이다.

㉒ Pour avoir un avenir, il faut (   ) espérance.
미래가 있으려면, 희망이 필요하다.

㉓ Passez-moi (   ) ce poivre, s'il vous plaît.
그 후추 좀 제게 건네주세요.

㉔ Mange (   ) ces légumes, ce sont bons pour la santé.
이 야채들 좀 먹어, 그것들은 건강에 좋아.

㉕ J'aimerais bien goûter (   ) ta sauce.
나는 네 소스를 좀 맛보고 싶다.

㉖ Elle m'a partagé (   ) ses fines herbes.
그녀는 자신의 향초를 내게 좀 나누어 주었다.

㉗ Il n'y a pas (   ) vinaigre dans cette bouteille.
이 병엔 식초가 없다.

㉘ Il n'a pas (   ) argent. 그는 돈이 없다.

㉙ Elle ne boit pas (   ) bière. 그녀는 맥주를 마시지 않는다.

㉚ Je ne mange pas (   ) amande. 난 아몬드를 먹지 않는다.

㉛ N'y met pas ( ) huile de sésame.
거기엔 참기름을 넣지 마라.

㉜ Pour le moment, il n'a pas ( ) temps.
당분간 그는 시간 여유가 없다.

㉝ Il ne me reste plus ( ) amour pour lui.
내겐 그에 대한 사랑이 더 이상 남아있지 않다.

㉞ Il ne faut pas ( ) honneur dans ce monde de brutes.
이런 난폭한 세상엔 명예로움이 필요 없다.

㉟ Elle n'a plus ( ) confiance en son mari.
그녀는 자기 남편에 대해 더 이상 믿음이 없다. (*avoir de la confiance en qn ~을 신용[신뢰]하다)

㊱ ㊲ Je n'ai ni ( ) animosité ni ( ) intimité envers ces gens.
나는 그 사람들에 대해 적대감도 친밀감도 없다.

㊳ Il n'y a pas ( ) haine entre lui et moi.
그와 나 사이엔 미움이란 없다.

㊴ Mon frère a ( ) bon fromage.
내 오빠는 좋은 치즈를 가지고 있다.

㊵ Il me faut ( ) bonne moutarde.
내겐 좋은 겨자가 필요하다.

㊶ Avec ( ) bon sens, on peut résoudre beaucoup de problèmes.
약간의 양식만 가지고도, 많은 문제들을 해결할 수 있다.

㊷ ㊸ Elle a ( ) bon goût, mais son mari a ( ) mauvais goût.
그녀는 좋은 취향을 가졌는데 그녀의 남편은 악취미를 가졌다.

㊹ ㊺ Avez-vous ( ) bonne volonté ou ( ) mauvaise volonté?
당신은 선의를 가지고 있나요 악의를 가지고 있나요?

㊻~㊽ Dans la ratatouille, il y a ( ) tomates, ( ) courgettes et ( ) aubergines.

라타투이으(야채 스튜의 일종)에는 토마토, 호박, 그리고 가지가 들어있다.

49 50 Ma mère m'a apporté ( ) miels et ( ) marmelades.
내 어머니는 내게 꿀과 마멀레이드를 가져오셨다.

51 Avez-vous ( ) sentiments négatifs?
당신은 얼마간의 부정적 감정을 가지고 있습니까?

52 Non, je n'ai pas ( ) sentiments négatifs.
아니오, 나는 부정적 감정을 가지고 있지 않습니다.

53 Un environnement naturel contient ( ) énergies en harmonie avec nos énergies vitales. 자연환경은 우리의 생명에너지와 조화를 이루는 얼마간의 에너지를 포함하고 있다.

54 Il n'a pas ( ) compassions envers son peuple.
그는 자신의 백성에 대해 연민이 없다.

답 : 1-du / 2-du / 3-du / 4-du / 5-de l' / 6-de l' / 7-de l' / 8-de l' / 9-de la / 10-de la / 11-de l' / 12-de l' / 13-du / 14-de l' / 15-du / 16-du / 17-du / 18-de l' / 19-de la / 20-de la / 21-de la / 22-de l' / 23-de / 24-de / 25-de / 26-de / 27-de / 28-d' / 29-de / 30-d' / 31-d' / 32-de / 33-d' / 34-d' / 35-de / 36-d' / 37-d' / 38-d' / 39-de(구어체 : du) / 40-de(구어체 : de la) / 41-du / 42-du / 43-du / 44-de la / 45-de la / 46-des / 47-des / 48-des / 49-des / 50-des / 51-des / 52-de / 53-des / 54-de

5. 관사의 생략

1 동격으로 사용된 명사 앞에서 관사는 생략된다.

Séoul, capitale de la Corée 한국의 수도인 서울

2 호격(呼格) 명사 앞에서 관사는 생략된다.

Monsieur [Garçon]! Une tasse de café, s'il vous plaît!
웨이터! 커피 한 잔 주세요!

3 보어로서의 명사가 동사와 밀접하게 연결되어 있는 대부분의 성구(成句) 표현법에서 명사 앞의 관사는 생략된다.

avoir peur 두렵다
donner congé 이별하다, 해고하다, 임대차의 해약을 통고하다
faire grâce 용서해 주다
prendre soin 돌보다, 보살피다, 간호하다

4 전치사와 밀접하게 연결되어 있는 명사가 상황보어로 사용될 때 명사 앞의 관사는 생략된다.

avec peine 힘겹게, 가까스로, 괴로운 듯이
sans peine 용이하게, 손쉽게
avec crainte 두려워하며
sans crainte 두려워하지 않고, 대담하게
avec plaisir 기꺼이
avec soin 정성들여

avec retenue 절제하여
sans réserve 무제한으로, 전적으로, 거리낌 없이, 스스럼없이
par hasard 우연히, 뜻밖에
(*예외 : au hasard 무턱대고, 아무렇게나, 되는대로)
à cheval 말 타고
en taxi 택시로
en autobus 버스로
en avion 비행기로
par avion 항공편으로
en France 프랑스에서
en été 여름에
※ 이 경우 만일 관사와 함께 사용될 때가 있으면 부정관사가 놓인다.
Il marche avec une grand-peine. 그는 몹시 힘들게 걷는다.
Ils s'aimaient d'un amour tendre. 그들은 정겹게 서로 사랑했다.
Il m'a dit cela d'une voix calme. 그는 차분한 목소리로 내게 그것을 말했다.

5 전치사 à, de, en과 연결된 명사가 명사보어로 사용될 때 그 명사의 관사는 관습적으로 생략되는 경우가 많다.

une tasse à café 커피잔 하나
une tasse de café 커피 한 잔
ver à soie(m.) 누에
fil de soie(m.) 견사(絹絲)
poupée de chiffon(f.) 헝겊인형
chaîne d'or(f.) 금줄
collant de laine(m.) 양모 타이츠[스타킹]
manteau de fourrure(m.) 모피 코트
vernis à ongles(m.) 매니큐어

coffret à bijoux(m.) 보석함
écrivain de génie(m.) 천재 작가
objet d'art(m.) 예술품
maillot de bain(m.) 수영복
voix de femme(f.) 여자 목소리
collier en or(m.) 금목걸이
chaise en bois(f.) 나무 의자
table en verre(f.) 유리 테이블
escalier en marbre(m.) 대리석 계단
cuisine en granit(f.) 화강암 주방
cheminée en pierre(f.) 돌 벽난로

6 속담의 경우에도 관사를 생략한다.

Ami de tous, ami de personne. 모든 이의 친구는, 그 누구의 친구도 아니다.
Pierre qui roule n'amasse pas mousse. 구르는 돌은 이끼가 끼지 않는다.
Bonne amitié vaut mieux que tour fortifiée. 좋은 친구는 요새보다 낫다.
Noblesse oblige. 양반은 양반답게 처신해야 한다.

7 열거의 경우에도 관사를 생략한다.

Rivières, vallées, lacs et cascades, voilà le Jura.
하천들, 계곡들, 호수들, 그리고 폭포들, 바로 그것이 쥐라 산맥이다.
Elle a presque toutes les sortes de manteau de fourrure : manteau de vison, manteau d'agneau, manteau de renard ……
그녀는 거의 모든 종류의 모피 코트를 가지고 있다 : 밍크털 코트, 어린양털 코트, 여우털 코트 ……

8 제목의 경우에도 관사를 생략한다.

『Voyage au centre de la terre』 est un roman de Jules Verne.
『지저여행(地底旅行)』은 쥘 베른의 소설이다.

9 수량의 표현과 결합된 de 뒤에 오는 명사는 관사가 생략된다. 이때 그 명사가 셀 수 있는 명사이면 복수형을 취한다.

J'ai beaucoup de questions à vous demander.
나는 당신께 드릴 질문이 많습니다.
Il a beaucoup d'argent. 그는 돈이 많다.
Elle a lu beaucoup de Corneilles et de Molières.
그녀는 꼬르네이유과 몰리에르의 작품을 많이 읽었다. (*꼬르네이유와 몰리에르의 작품 : les Cornelles et les Molières)
Un peu d'eau me suffit. 약간의 물이면 내게 충분하다.
Il y a peu de lait dans cette bouteille. 이 병엔 우유가 거의 없다.
Elle n'a pas assez d'amis. 그녀에겐 친구가 별로 많지 않다.
Une foule de visiteurs est rentrée. 많은 방문객들이 돌아왔다.
Je n'ai bu qu'une goutte de vin. 난 포도주를 한 모금만 마셨을 뿐이다.
Ajoutez-y une cuillère de sucre. 거기에 설탕 한 스푼을 첨가하세요.
Combien de livres avez-vous? 당신은 얼마나 많은 책들을 가지고 있습니까?

Ⓐ 단, bien de의 경우엔 「bien du (de la)+단수명사」, 「bien des+복수명사」가 된다.
J'ai bien du travail. 나는 일이 많다.
Il nous reste encore bien de l'eau. 우리에겐 아직 물이 많이 남아 있다.
Elle a eu bien de la peine à le faire.
그녀는 그것을 하느라고 매우 힘들었다.
Ils ont déjà fait bien des voyages. 그들은 이미 많은 여행을 했다.

Ⓑ la plupart de의 경우도 「la plupart du (de la)+단수명사」, 「la plupart des+복수명사」가 된다. 이때 단수명사가 붙는 경우를 제외하고 동사는 항상 복수이다.

La plupart du monde pense comme nous.
대부분의 사람들이 우리처럼 생각한다.

La plupart de la classe moyenne est contre cette loi.
대부분의 중산계급은 이 법률에 반대를 한다.

La plupart des gens ne se sentent pas heureux.
대부분의 사람들이 행복하다고 느끼지 않는다.

CHAPITRE 1-5 연습문제

Q-1 : 아래 각 문장의 괄호 속에 적합한 형태의 관사를 넣으시오.

1. Ton frère est-il toujours ( ) journaliste?
   네 형은 여전히 기자니?
2. Mon rêve est de devenir ( ) cosmonaute.
   내 꿈은 우주비행사가 되는 것이다.
3. Le client n'est plus ( ) roi. 고객은 더 이상 왕이 아니다.
4. Il passe ici pour ( ) fainéant. 여기서 그는 게으름뱅이로 통한다.
5. Elle rêve de visiter Paris, ( ) capitale de la France.
   그녀는 프랑스의 수도 파리를 방문하기를 열망한다.
6. Pourtant, c'est écrit là, ( ) Madame!
   하지만, 거기에 써있는 걸요, 부인!

7 8 ( ) cieux, écoutez ma voix; ( ) terre, prête l'oreille. (Racine) 하늘이여 내 음성을 들으소서, 대지여 귀기울여라. (라신)

9 10 De quoi as-tu ( ) peur? Je n'ai ( ) peur de rien.
너 뭐가 무서운 거니? 난 아무것도 무섭지 않다.

⑪ J'ai (   ) faim. 나는 배가 고프다.

⑫ Elle a eu (   ) grand-peine à avaler ce matin une poignée de céréales.
그녀는 오늘 아침에 한 줌의 시리얼을 삼키는 것이 너무나 힘겨웠다.

⑬ Il a l'habitude d'aller (   ) nu-pieds en hiver.
그는 겨울에 맨발로 다니는 습관이 있다.

⑭ Imposer (   ) silence à l'expression d'une opinion revient à voler l'humanité.
의견표명을 침묵시키는 것은 결국 인간성을 강탈하는 것이 된다.

⑮ Le locataire a donné (   ) congé à son propriétaire.
임차인은 집주인에게 해약을 통고했다.

⑯ 'Faire (   ) grâce à quelqu'un' signifie lui donner, lui accorder, lui remettre ce qu'il ne pouvait pas demander avec justice. 누군가를 용서해 준다는 것은 그가 정당하게 요구할 수 없는 것을 그에게 주고, 부여하고, 수여하는 것을 의미한다.

⑰ Il faut prendre (   ) soin de son âme autant que de son corps.
자신의 몸을 돌보는 정도만큼 자신의 영혼도 돌봐야만 한다.

⑱ ⑲ Ayant mal à (   ) gorge, elle m'a parlé avec (   ) peine.
목구멍이 아파서, 그녀는 내게 힘겹게 말했다.

⑳ Tu peux le faire sans (   ) peine.
넌 그것을 손쉽게 해낼 수 있다.

㉑ Elle a regardé la voyante avec (   ) crainte.
그녀는 여자 점쟁이를 두려워하며 쳐다봤다.

㉒ Elle avança sans (   ) crainte sa main vers le chien.
그녀는 두려움 없이 자신의 손을 개에게 내밀었다.

㉓ Il m'a rendu service avec (   ) plaisir.
그는 기꺼이 나를 위해 수고했다.

㉔ Elle l'a emballé avec (　) soin.
그녀는 그것을 정성들여 포장했다.

㉕ Pour s'amincir, elle mange avec (　) retenue.
날씬해지려고 그녀는 절제하여 먹는다.

㉖ Le Royaume-Uni soutient sans (　) réserve l'union de l' Afrique. 영국은 아프리카 연합을 전적으로 지지한다.

㉗ Je l'ai trouvé par (　) hasard. 나는 그것을 우연히 발견했다.

㉘ Je promène au (　) hasard mes regards sur la plaine.
나는 시선을 아무렇게나 이리저리 평원 위로 던지고 있다.

㉙~㉜ Vous pouvez y aller à (　) pieds, en (　) metro, en (　) bus ou en (　) voiture.
당신은 그곳에 도보로, 전철로, 버스로 또는 차로 갈 수 있습니다.

㉝ Je peux partir en (　) vacances la semaine prochaine.
나는 다음 주에 바캉스를 떠날 수 있다.

㉞~㊱ Comment peut-on y venir en (　) train, en (　) avion ou en (　) bateau?
그곳에 열차로, 비행기로 또는 배로 어떻게 갈 수 있나요?

㊲ ㊳ Voulez-vous envoyer ça par (　) avion ou par (　) bateau?
이것을 항공편으로 보내시겠습니까, 선편으로 보내시겠습니까?

㊴ Ces produits sont fabriqués en (　) Chine.
이 제품들은 중국에서 제조되었다.

㊵ En (　) automne, la température baisse petit à petit.
가을에는 기온이 차츰 내려간다.

㊶ Ils se sont rencontrés à Venise en (　) hiver.
그들은 베니스에서 겨울에 만났다.

㊷ Il la traitent avec (　) très grand respect.
그는 그녀를 아주 커다란 존경심을 가지고 대한다.

㊸ Elle a écouté son histoire avec (   ) grand intérêt.
그녀는 그의 얘기를 매우 흥미롭게 들었다.

㊹ ㊺ Il répondait avec (   ) aplomb, avec (   ) grand aplomb.
그는 태연하게, 아주 태연자약하게 대답했다.

㊻ ㊼ Elle m'a dit : "Avec (   ) grand plaisir!" Et puis elle a repassé ma chemise avec (   ) grand soin.
그녀는 "아주 기꺼이 해 드리죠! 라고 말했다. 그리곤 내 와이셔츠를 매우 정성들여 다림질했다.

㊽ Elle l'observait avec (   ) curiosité respectueuse.
그녀는 존경어린 호기심을 가지고 그를 관찰했다.

㊾ ㊿ Je te le révélerai avec (   ) grande joie et (   ) grande allégresse.
나는 아주 기쁘게, 그리고 즐겁게 그것을 네게 밝혀줄 것이다.

51 Elle souriait, d'(   ) sourire mutin presque sournois.
그녀는 거의 교활한 장난기 어린 미소를 지었다.

52 Il l'enchaînait d'(   ) air sournois.
그는 음험한 태도로 그녀를 사슬로 묶었다.

53 Elle regardait le ciel d'(   ) air distrait.
그녀는 무심한 태도로 하늘을 쳐다봤다.

54 Il conjura les demons d'(   ) geste assorti d'un mot.
그는 말 한마디와 어우러진 몸짓으로 마귀들을 쫓았다.

55 Elle me demanda d'(   ) ton moqueur : "Ne doit-on pas désirer l'amour sans crainte?" 그녀는 내게 비웃는 어조로 물었다. "두려움 없는 사랑을 원해선 안 되는 거야?"

56 Il suivait d'(   ) regard vide un chat noir qui s'éloignait de la ruelle. 그는 골목길로부터 멀어져 가는 검은 고양이를 공허한 시선으로 뒤쫓았다.

57 Il s'adressait à eux d'(   ) grosse voix.

그는 그들에게 큰 소리로 말을 걸었다.

58 Les pirates s'écrièrent d'(   ) même voix.
해적들은 한 목소리로 소리 질렀다.

59 Le titre de ce tableau de Pissaro est「Bouquet de Fleurs, Chrysanthemès dans un Vase de (   ) Chine」.
피사로의 이 그림 제목은「꽃다발, 중국꽃병의 국화」이다. (*카미유 피사로 (Camille Pissaro 1830~1903) : 프랑스 인상파 화가)

60 Chez elle, il y a beaucoup de jolies tasses à (   ) café.
그녀의 집엔 예쁜 커피잔들이 많다.

61 62 Vous prenez une tasse de (   ) thé ou une tasse de (   ) café? 홍차 한 잔 드실래요, 아니면 커피 한 잔 드실래요?

63 J'aime ce vase à (   ) fleurs. 나는 이 꽃병을 좋아한다.

64 En Hollande, il y a beaucoup de moulins à (   ) vent.
네덜란드에는 풍차가 많다.

65 66 Le bateau à (   ) voiles et la locomotive à (   ) vapeurs
범선과 증기기관차

67 Pour s'échauffer, on peut aussi porter un collant de (   ) laine.
몸을 따뜻하게 하기 위해서, 우리는 양모 타이츠를 입을 수도 있다.

68 ~ 70 Selon la concentration de l'essence, on différencie le parfum, l'eau de (   ) parfum, l'eau de (   ) toilette et l'eau de (   ) cologne.
향유 농도에 따라 퍼퓸, 오 드 퍼퓸, 오 드 뜨왈렛, 오 데 콜롱으로 구별한다.

71 Il m'a donné une bague en (   ) argent.
그는 내게 은반지를 하나 줬다.

72 73 C'est une salle de (   ) bain en (   ) marbre.
이것은 대리석 욕실이다.

74 ~ 76 Elle portait une robe en (   ) lin, un foulard en (   ) soie

et un manteau en ( ) laine.
그녀는 린넨 원피스, 실크 스카프, 그리고 모직 외투를 입고 있었다.

77 78 J'ai aussi un manteau de ( ) fausse fourrure. C'est une fausse fourrure de ( ) belle qualité.
나는 인조모피 외투도 가지고 있다. 그것은 좋은 품질의 인조모피이다.

79 J'achète ce rouge à ( ) lèvres. 나는 이 립스틱을 사겠어.

80 Je voudrais des verres à ( ) double foyer.
나는 이중초점렌즈를 원합니다.

81 Cet étui à ( ) cigarettes est plaqué d'or.
이 담배케이스는 금도금된 것이다.

82 Salvador Dali est un peintre de ( ) génie.
살바도르 달리는 천재 화가이다.

83 C'est un objet de ( ) valeur. 이것은 귀중품이다.

84 Cette crème de ( ) jour est pour la peau sensible.
이 데이크림은 민감성 피부용이다.

85 Ils ont apprécié cette oeuvre de ( ) talent.
그들은 이 우수한 작품을 높이 평가했다.

86 Pour la nième fois, un corps de ( ) femme avait été exploité.
수없이 여성의 몸은 악용되었었다.

87 88 ( ) amour fait beaucoup, mais ( ) argent fait tout.
사랑도 중요하지만, 돈이 더 중요하다.《속담》

89 ( ) chagrin d'autrui ne touche qu'à demi.
남의 염병이 내 고뿔만 못하다.《속담》

90 ( ) abondance de bien ne nuit pas.
선함에 지나침이란 없다.《속담》

91 ( ) noblesse vient de vertu.
사람의 훌륭함은 덕행에서 오는 것이다.《속담》

92 ~ 94 Le chiffonnier ramasse tout : ( ) ferraille, ( ) chiffons, ( ) vieux habits, etc.
넝마주이는 모든 걸 주워 모은다 : 고철, 헝겊, 그리고 낡은 옷가지 등.

95 ~ 98 Dans notre magasin, découvrez toute la gamme de produits de beauté naturels : ( ) soins corps et visage, ( ) parfums, ( ) savons, ( ) huiles essentielles ……
저희 상점에서 온갖 종류의 천연 미용제품을 발견해 보세요: 몸과 얼굴 관리용품, 향수, 비누, 향유 ……

99 100 Je n'ai pas encore lu 『( ) anges et ( ) démons』 de Dan Brown. 난 아직 댄 브라운의 『천사와 악마』를 읽어보지 않았다.

101 Il a beaucoup de ( ) soucis. 그는 걱정이 많다.

102 J'ai commis beaucoup d'( ) erreurs à l' examen.
나는 시험에서 많은 실수를 저질렀다.

103 Ne mets pas beaucoup d'( ) huile dans cette salade.
이 샐러드에 기름을 너무 많이 넣지 마라.

104 105 Il a beaucoup de ( ) CDs et de ( ) DVDs.
그는 CD와 DVD를 많이 가지고 있다.

106 107 Je ai besoin d'un peu de ( ) jus de ( ) fruit
나는 약간의 과일 주스가 필요하다.

108 Il n'a que très peu d'( ) amis.
그는 극소수의 친구만이 있을 뿐이다. (*거의 없다는 의미에 가까움)

109 Nous n'avons pas assez de ( ) temps.
우리에겐 충분한 시간이 없다.

110 Une seule goutte d'( ) eau, s'il vous plaît!
제발, 물 딱 한 방울만!

111 Elle a mis quelques gouttes de ( ) parfum sur son mouchoir.
그녀는 자신의 손수건에 향수를 몇 방울 뿌렸다.

112 ~ 115 Je garde encore un petit bout d'(   ) étoffe jaune. C' est un petit bout de (   ) tissu en forme d'(   ) étoile que tu m' avait donné. Une étoile qui les jours de (   ) malheur me réchauffe le coeur ……
나는 아직도 자그마한 노란 천 조각을 간직하고 있지. 그것은 네가 내게 준 별 모양의 자그마한 천 조각이지. 불행한 나날들이면 내게 용기를 북돋아 주는 별 하나 ……

116 117 J'ai tourvé une boîte de (   ) conserve dans son réfrigérateur. Cette boîte à (   ) conserve était ouverte. 나는 그의 냉장고 안에서 통조림을 한 통 발견했다. 그 통조림 통은 열려져 있었다.

118 Apporte-moi une bouteille de (   ) vin! 포도주 한 병 가져다줘!

119 120 Combien de (   ) frères et de (   ) soeurs avez-vous?
당신은 형제자매가 몇 명입니까?

Q-2 : 아래 각 문장의 괄호 속에서 그 문장에 알맞은 것을 선택하시오.

1. Il y a bien (de / du / de la / de l' / des) monde dans la rue.
거리에 사람들이 많다.

2. J'ai eu bien (de / du / de la / de l' / des) mal à le voir.
그를 만나기가 매우 힘들었다.

3. Il a gagné bien (de / du / de la / de l' / des) argent.
그는 돈을 많이 벌었다.

4. Il y a bien (de / du / de la / de l' / des) joie partout.
도처에 많은 기쁨이 있다.

5. Son père a bien (de / du / de la / de l' / des) ennemis.
그의 아버지는 적이 많다.

6. Elle passe la plupart (de / du / de la / de l' / des) temps en lisant des livres.
그녀는 대부분의 시간을 책들을 읽으며 보낸다.

7. La plupart (de / du / de la / de l' / des) classe ouvrière soutient ce candidat.
대부분의 노동계급은 그 후보자를 지지한다.

8. La plupart (de / du / de la / de l' / des) élèves ne savaient pas conduire.
대부분의 학생들이 운전을 할 줄 몰랐다.

9. La plupart (de / du / de la / de l' / des) jeunes filles sont timides.
대부분의 아가씨들은 수줍음을 탄다.

답

Q-1 : 1~17-무관사 / 18-la / 19~41-무관사(*28번의 경우 이미 au(à+le)에 정관사 포함됨) / 42-un / 43-un / 44-무관사 / 45-un / 46-un / 47-un / 48-une / 49-une / 50-une / 51-un / 52-un / 53-un / 54-un / 55-un / 56-un / 57-une / 58-une / 59~120-무관사

Q-2 : 1-du / 2-du / 3-de l' / 4-de la / 5-des / 6-du / 7-de la / 8-des / 9-des

CHAPITRE

2 명사(le nom)

명사는 사람 · 동물 · 사물 또는 개념을 나타내는 품사로서, 불어의 모든 명사는 중성이 없이 남성 또는 여성의 성(性, le genre du nom)을 가지며, 동시에 단수 또는 복수의 수(數, le nombre du nom)를 갖는다.

명사의 분류법은 우선 크게 **보통명사**(noms communs)와 **고유명사**(noms propres)로 나눈 후, 보통명사를 다시 **구상명사**(noms concrets)/**추상명사**(noms abstraits), **개체명사**(noms individuels)/**집합명사**(noms collectifs), **단순명사**(noms simples)/**복합명사**(noms composés)로 분류하는 방법이 있다.

또는, **보통명사**(noms communs)/**고유명사**(noms propres), **구상명사**(noms concrets)/**추상명사**(noms abstraits), **가산명사**(noms comptables)/**불가산명사**(noms non-comptables), **남성명사**(noms masculins)/**여성명사**(noms feminins)로 분류하기도 한다.

1. 명사의 분류

1 보통명사 : homme, femme, garçon, fille, chien, stylo, table
고유명사 : Pierre, Séoul, la Corée, les Francais
* 보통명사는 그 부류에 속하는 것들이 많은 것을, 고유명사는 유일한 것을 나타낸다. 고유명사의 첫 자는 반드시 대문자로 사용된다.

2 구상명사 : enfant, homme, chat, livre, maison, jardin, plume, neige, fleuve
추상명사 : amour, beauté, liberté, patience, état, espoir, poids, arrivée, départ
* 구상명사는 실제로 감각을 통해 알 수 있는 생물이나 사물을 나타내고, 추상명사는 성질 · 상태 · 동작이나 특정 성질을 나타내는 명사이다.

3 개체명사 : jardin, habit
집합명사 : foule, tas
* 개체를 가리키는지 집단을 가리키는지에 따라 구분된다.

4 단순명사 : ville, chef, cahier, livre, crayon
복합명사 : arc-en-ciel, chemin de fer, maréchal-ferrant
* 하나의 낱말로 되었는지, 두 개 이상의 낱말로 되어있는지로 구분된다.

5 가산명사 : fille, animal, tableau, banc, rue, arbre, chaise
불가산명사 : laideur, grandeur, épaisseur, bonté, orgeuil, jalousie, oxygène, magnésium
* 셀 수 있는 명사는 가산명사, 셀 수 없는 명사는 불가산 명사로 구분한다. 가산명사는 수로 그 양을 표시할 수 있는 생물이나 사물을 가리키고, 불가산명사는 상태나 성질을 나타내는 추상명사와 구상명사 중에서 수로 표시할 수 없는 재료를 나타내는 명사들을 가리킨다.

6 남성명사 : un banc, un chat, le mur, le chemin, l'anniversaire, l'espace, l'homme, des articles, les hommes

여성명사 : une femme, une amie, la fille, la maison, la noblesse, l'amie, la haine, des espèces, les habitantes

* 불어의 모든 명사는 중성은 없이 남성 또는 여성의 두 가지 성으로 구별된다. 이 성은 문법상 필요하므로 명사를 외울 때 반드시 함께 외어야 한다. 또한 모든 명사는 성의 표시를 갖는데, 남성명사는 un, le의 남성관사를 취하고, 여성명사는 une, la의 여성관사를 취한다. 이 때 정관사 le, la는 모음이나 무성 h로 시작하는 명사 앞에서 l'로 바뀌며, 복수명사 앞의 복수관사는 남성 · 여성 모두 des와 les를 사용한다.

2. 성(性)의 구별

1 자연성(自然性)을 갖는 생물(사람 · 동물)을 가리키는 명사

그 생물 본래의 성을 따르는 것이 원칙이다.

- 남성(m.) : homme, garçon, père, frère, oncle, cousin, boeuf, coq, cheval
- 여성(f.) : femme, fille, mère, soeur, tante, cousine, vache, poule, jument

Ⓐ 사람을 가리키는 명사 가운데 남성형만으로 남성 · 여성을 함께 지시하는 명사들도 있다. 단, 필요한 경우 여성임을 명시하려면 femme를 붙인다.

un auteur(m.) 작가 → une femme **auteur** 여류작가
un bourreau(m.) 사형집행인 → une femme **bourreau** 여자사형집행인
un censeur(m.) 검열관 → une femme **censeur** 여자검열관
un cocher(m.) 마부 → une femme **cocher** 여자마부
un déserteur(m.) 변절자 → une femme **déserteur** 여자변절자
un écrivain(m.) 작가 → une femme **écrivain** 여류작가

un **magistrat**(m.) 법관 → une femme **magistrat** 여자법관
un **médecin**(m.) 의사 → une femme **médecin** 여의사
un **possesseur**(m.) 소유자 → une femme **possesseur** 여자소유자
un **professeur**(m.) 교수 → une femme **professeur** 여교수
un **soldat**(m.) 군인 → une femme **soldat** 여군
un **vainqueur**(m.) 정복자 → une femme **vainqueur** 여자정복자

※ un mannequin(m.) 패션모델의 경우는 남성형만으로 남성 · 여성을 함께 지시하는 명사이지만, 필요한 경우 남성 패션모델은 un homme mannequin, 여성 패션모델은 une femme mannequin로 구분해서 사용하기도 한다.

Ⓑ 사람을 가리키는 명사 가운데 여성형만 갖는 명사도 있다.

une bonne(f.) 하녀 / **une sentinelle(f.)** 파수병 / **une vigie(f.)** 망보는 사람 / **une lavandière(f.)** 세탁하는 여자 / **une douairière(f.)** 신분이 높은 미망인 / **une nonne(f.)** 수녀 / **une matrone(f.)** 산파

Ⓒ 사람을 가리키는 명사 가운데 남성명사로서 여성을 가리키는 명사도 있다.

un **bas-bleu**(m.) 여류학자

Ⓓ 동물을 가리키는 명사 중엔 그 성에 무관하게 남성만으로 또는 여성만으로 사용되는 명사도 있다. 이 경우 성을 표시하려면 mâle, femelle이라는 한정사를 덧붙여야 한다.

※ 남성으로만 사용되는 명사 : éléphant(m.) 코끼리, corbeau(m.) 까마귀, cygne(m.) 백조, papillon(m.) 나비, serpent(m.) 뱀
un **éléphant** mâle 코끼리 수컷 / un **éléphant** femelle 코끼리 암컷
un **corbeau** mâle 까마귀 수컷 / un **corbeau** femelle 까마귀 암컷
un **cygne** mâle 백조 수컷 / un **cygne** femelle 백조 암컷
un **papillon** mâle 나비 수컷 / un **papillon** femelle 나비 암컷
un **serpent** mâle 뱀 수컷 / un **serpent** femelle 뱀 암컷

※ 여성으로만 사용되는 명사 : souris(f.) 생쥐, abeille(f.) 꿀벌, fourmi(f.) 개미, girafe(f.) 기린, taupe(f.) 두더지
une **souris** mâle 생쥐 수컷 / une **souris** femelle 생쥐 암컷

une **abeille** mâle 꿀벌 수컷 / une **abeille** femelle 꿀벌 암컷
une **foumi** mâle 개미 수컷 / une **fourmi** femelle 개미 암컷
une **girafe** mâle 기린 수컷 / une **girafe** femelle 기린 암컷
une **taupe** mâle 두더지 수컷 / une **taupe** femelle 두더지 암컷

Ⓔ 사람이나 동물을 가리키는 남성명사가 남성 · 여성의 구별이 없이 한 종류 전체를 대신하여 총체적인 의미로 사용될 경우가 있다.

L'homme **est un être doué de raison**. 인간은 이성을 가진 존재이다.

Le renard **est un animal rusé**. 여우는 교활한 동물이다.

2 무생물 명사

자연성을 갖지 않은 명사도 특정한 기준 없이 인위적으로 정해 놓은 성이 있으므로 암기해야만 한다.

- 남성(m.) : soleil, air, nuage, crayon, livre, papier, journal, bien, courage, esprit, Mexique
- 여성(f.) : lune, eau, pluie, mer, fleur, plume, table, étude, beauté, maturité, France

* 요일 · 월명 · 계절 · 방향 · 금속 등의 명사는 대체로 남성이다 : lundi, jeudi / février, mai / printemps, été / ouest, sud / or, argent, diamant, fer, cuivre

3 두 개의 성을 동시에 갖는 명사

- enfant(n.) 아이 : un enfant(m.) 남자아이, une enfant(f.) 여자아이
- élève(n.) 학생 : un élève(m.) 남학생, une élève(f.) 여학생
- enseignant(n.) 교사 : un enseignant(m.) 남자교사, une enseignante(f.) 여자교사
- concierge(n.) 수위 : un concierge(m.) 남자수위, une concierge(f.) 여자수위
- domestique(n.) 하인 : un domestique(m.) 남자하인, une domestique(f.) 여자하인

Ⓐ 두 개의 성을 동시에 갖는 명사 중에, 성이 다르면 의미도 다른 것들이 있다.

aide – un aide(m.) 조수(助手) / une aide(f.) 도움

couple – un couple(m.) 부부 / une couple(f.) 동아줄

critique – un critique(m.) 비평가 / une critique(f.) 비평

foudre – un foudre(m.) 투창 / une foudre(f.) 천둥

garde – un garde(m.) 호위병 / une garde(f.) 경계

livre – un livre(m.) 책 / une livre(f.) 파운드《무게의 단위》

manche – un manche(m.) 손잡이 / une manche(f.) 소매

pendule – un pendule(m.) 시계추 / une pendule(f.) 벽시계

poêle – un poêle(m.) 난로 / une poêle(f.) 프라이팬

solde – un solde(m.) 잔고 / une solde(f.) 급료

somme – un somme(m.) 수면, 잠 / une somme (f.) 금액, 합계

tour – un tour(m.) 회전 / une tour(f.) 탑

vapeur – un vapeur(m.) 증기선 / une vapeur(f.) 증기

vase – un vase(m.) 꽃병 / une vase(f.) 진흙

voile – un voile(m.) 베일 / une voile(f.) 돛

Ⓑ amour, délice, orgue 등은 단수일 때는 남성, 복수일 때는 여성이 된다. 단, 간혹 amour는 복수일 때도 남성으로 쓰는 경우가 있다.

C'est un grand amour. 그것은 위대한 사랑이다.

Elle a connu de folles amours. 그녀는 열렬한 사랑을 경험했다.

Ce gâteau est un délice. 이 과자는 맛있다.

Il cherche toujours de nouvelles délices.
그는 항상 새로운 즐거움을 찾는다. (*délice는 남성단수일 땐 '쾌락, 감미로운 것', 여성복수일 땐 '지극한 즐거움, 환희, 황홀' 이란 의미)

C'est un orgue ancien. 그것은 오래된 오르간이다.

Ces grandes orgues résonnent.
그 커다란 오르간이 울린다. (*orgue의 여성복수도 1개의 큰 오르간을 가리킴)

Ⓒ gens의 경우 한정되지 않은 다수의 사람을 나타낼 때는 남성복수이며, 그때 뒤에 오는 형용사나 gens을 받는 대명사는 남성복수로 한다. 하지만 gens의 직전에 오

는 형용사는 여성복수로 한다. 이때, 남성 · 여성 동형인 형용사가 gens의 앞에 올 땐 남성복수로 한다.

Là -bas, il y a des gens bien grands. Ils sont Allemands.
저기에 키가 매우 큰 사람들이 있다. 그들은 독일사람들이다.(*gens을 뒤에서 한정하는 형용사 grands은 남성복수형이고, 다음 문장에서 gens을 받는 대명사도 남성복수형인 Ils)

ces bonnes gens 이 선량한 사람(*gens을 앞에서 한정하는 형용사 bonnes는 여성복수형. ces는 지시형용사 복수형)

toutes les vieilles gens 노인들 모두(*gens을 앞에서 한정하는 형용사 vielles나 toutes는 여성복수형. les는 정관사 복수형)

tous ces pauvres gens 이 모든 가엾은 사람들(*pauvre는 gens을 앞에서 한정하지만 남성 · 여성형이 동일한 형용사이므로 이럴 경우엔 남성복수형이고, 따라서 tous도 남성복수형. ces는 지시형용사 복수형)

4 어미가 대개 'e' 로 끝난 명사 중에는 여성이 많고, 그밖에도 접미사를 보고 명사의 성을 구별할 수도 있다. 그러나 그렇지 않는 경우도 많으므로 항상 사전을 참고해야 한다.

- 남성접미사 : -an, -ard, -isme, -ment, -phe
  le paysan, le vieillard, le christianisme, le movement, le philosophe
- 여성접미사 : -esse, -anne, -sion, -tion, -phie, -tie
  la faiblesse, la paysanne, l'évasion, la nation, la philosophie, la démocratie

5 **고유명사의 성 구별** : 특히 국가명의 경우 여성어미 'e' 로 끝난 경우는 대부분 여성이고, 그 외의 모음이나 자음으로 끝난 국명은 남성이다.

- 여성(f.) : l'Allemagne, la Bélgique, la Chine, la France, la Grèce, l'Italie
- 남성(m.) : l'Angola, le Brésil, le Chili, le Danemark, l'Iran, le Japon, le Viet-Nam

※ 나이지리아는 le Nigéria(남성)와 la Nigéria(여성) 둘 다 가능하다.

Ⓐ 어미가 'e' 로 끝난 남성국명들도 있다.

le Caucase du Nord, le Cambodge, le Mexique, le Mosambique

Ⓑ les Etats-Unis(미국)는 남성복수이다.

3. 자연성(自然性)을 갖는 명사의 여성형

1 많은 경우 남성형에 여성어미 'e' 를 붙여서 여성형을 만드는 것이 일반규칙이다.

ami(m.) 남자친구 → amie(f.) 여자친구
avocat(m.) 남자변호사 → avocate(f.) 여변호사 (*femme avocate는 속어)
cousin(m.) 남자사촌 → cousine(f.) 여자사촌
étudiant(m.) 남학생 → étudiante(f.) 여학생
Français(m.) 프랑스남자 → Française(f.) 프랑스여자
marié(m.) 신랑 → mariée(f.) 신부

※ 본래 -e로 끝난 것은 남성 · 여성형이 공통이다. 그러나 예외로 -e나 -é로 끝난 남성명사 중에는 그것을 -esse로 바꿔서 여성형을 만드는 것도 있다 :

un/une élève 남/녀 학생
un/une secretaire 남/녀 비서
un/une architecte 남/녀 건축가

hôte(m.) 주인 → hôtesse(f.) 여주인
abbé(m.) 수도원장, 사제 → abbesse(f.) 수녀원장
prince(m.) 왕자 → une princesse(f.) 공주
comte(m.) 백작 → une comtesse(f.) 백작부인
maître(m.) 선생 → une maîtresse(f.) 여선생
tigre(m.) 호랑이 → une tigresse(f.) 암호랑이

2 하지만 남성형과 여성형이 전혀 다른 고유형태로 따로 있는 것도 있다.

bouc(m.) 숫염소 / chèvre(f.) 암염소
canard(m.) 오리 / cane(f.) 암오리
coq(m.) 수탉 / poule(f.) 암탉
perroquet(m.) 앵무새 / perruche(f.) 암컷 앵무새
dieu(m.) 신 / déesse(f.) 여신
héros(m.) 영웅 / héroïne(f.) 여걸
empreur(m.) 황제 / impératrice(f.) 황후
roi(m.) 왕 / reine(f.) 여왕, 왕비
serviteur(m.) 하인 / servante(f.) 하녀
père(m.) 아버지 / mère(f.) 어머니
fils(m.) 아들 / fille(f.) 딸
frère(m.) 형제 / soeur(f.) 자매
oncle(m.) 아저씨 / tante(f.) 아줌마
parrain(m.) 대부 / marraine(f.) 대모
neveu(m.) 조카 / nièce(f.) 여자조카
mari(m.) 남편 / femme(f.) 아내
gendre(m.) 사위 / bru(f.), belle-fille(f.) 며느리
compagnon(m.) 친구 / compagne(f.) 여자친구
homme(m.) 남자 / femme(f.) 여자
garçon(m.) 소년 / fille(f.) 소녀

3 그 외의 경우들

- -er → -ère : un étranger → une étrangère,
  un infirmier → une infirmière
- -an → -anne : un paysan → une paysanne (*예외 : un sultan

→ une sultane)

- -en → -enne : un chien → une chienne,
  un Européen → une Européenne
- -ien → -ienne : un Parisien → une Parisienne,
  un Canadien → une Canadienne
- -on → -onne : un lion → une lionne,
  un patron → une patronne
- -at → -atte : un chat → une chatte (*예외 : un avocat → une avocate (femme avocate))
- -et → -ette : un muet → une muette,
  un poulet → une poulette (*예외 : un préfet → une préfète)
- -ot → -otte : un sot → une sotte (*예외 : un idiot → une idiote)
- -el, -eau → -elle : un colonel → une colonelle,
  un jumeau → une jumelle
- -eur → -euse : un danseur → une danseuse,
  un vendeur → une vendeuse
- -eur → -rice : un ambassadeur → une ambassadrice
- -eur → -eresse : un pécheur → une pécheresse,
  un vengeur → une vengeresse
- -eur → -eure : un inférieur → une inférieure,
  un supérieur → une supérieure
- -teur → -trice : un acteur → une actrice,
  un directeur → une directrice
- -f, -p → -ve : un veuf → une veuve,
  un Juif → une Juive,
  un loup → une louve

- -x → -se : un époux → une épouse, un ambitieux → une ambitieuse
- -c → -que 또는 -cque : un Turc → une Turque, un Grec → une Grecque

4. 명사의 수(數) 변화

1 셀 수 있는 가산명사는 단수 · 복수 변화를 하며 하나의 생물이나 사물을 가리킬 때는 단수형, 둘 이상의 생물이나 사물을 가리킬 때는 복수형을 취한다.

2 셀 수 없는 불가산명사는 단수형만 갖는다. 그러나 복수형으로 사용될 경우도 있다.

Ⓐ 불가산 명사인 추상명사가 복수형이 되면, 대상 · 동작 · 행위를 나타내는 구상명사의 의미가 된다.

l'antiquité 오램, 고대(古代) → les antiquités 골동품, 오래된 것
la curiosité 호기심 → les curiosités 진귀한 물건, 골동품, 명소
la gentillesse 상냥함 → les gentillesses 친절한 언동
la petitesse 작음, 사소함 → les petitesses 사소한 일[것]

Ⓑ 불가산 명사인 수로 셀 수 없는 재료를 나타내는 구상명사가 복수형이 되면 그 재료로 만들어진 물건의 뜻이 된다.

le café 커피 → deux cafés 커피 두 잔
l'ivoire 상아 → des ivoires 상아 세공품
le lait 우유 → deux laits 우유 두 잔
le vin 포도주 → trois vins 포도주 두 잔

5. 명사의 복수형 만들기

1 대부분의 명사는 단수형에 복수어미 's'를 붙여 만드는 것이 일반규칙이다. 이때 's'는 발음되지 않는다.

ami(m.sg.) → amis(m.pl.)
amie(f.sg.) → amies(f.pl.)
homme(m.sg.) → hommes(m.pl.)
femme(f.sg.) → femmes(f.pl.)
livre(m.sg.) → livres(m.pl.)
table(f.sg.) → tables(f.pl.)
chien(m.sg.) → chiens(m.pl.)
mur(m.sg.) → murs(m.pl.)
plume(f.sg.) → plumes(f.pl.)

2 그 외의 경우들

① -s, -x, -z로 끝난 명사는 불변한다.
un pays → des pays, un prix → des prix, un nez → des nez

② -au, -eau, -eu로 끝난 명사는 'x'를 덧붙인다. 그러나 's'를 붙이는 예외도 있다.
un tuyau → des tuyaux, un cadeau → des cadeaux, un cheveu → des cheveux (*예외 : un pneu → des pneus, un landau → des landaus)

③ -ou로 끝난 명사는 다음의 7개만 'x'를 덧붙인다. 이외에는 일반규칙대로 's'를 붙인다.
un bijou → des bijoux, un caillou → des cailloux, un chou → des choux, un genou → des genoux, un hibou → des hiboux, un joujou → des joujoux, un pou → des poux (*일반규칙 : un cou → des cous, un clou → des clous, un trou → des trous)

④ -al로 끝난 것은 → -aux로 바뀐다. 그러나 's'를 붙이는 예외도 있다.
un animal → des animaux, un journal → des journaux, un

hôpital → des hôpitaux (*예외: un bal → des bals, un chacal → des chacals, un choral → des chorals)

⑤ -ail로 끝난 것은 → -aux로 바뀐다. 그러나 대부분 일반규칙대로 's'를 붙인다.
un bail → des baux, un émail → des émaux, un travail → des travaux (*일반규칙: un détail → des détails, un éventail → des éventails, un rail → des rails)

3 합성명사(noms composés)의 복수형

① 연결부호(-) 없이 결합된 것은 뒤의 것만 복수형
un portemanteau → des portemanteaux

② 형용사+명사 / 명사+명사 : 둘 다 복수형
un rouge-gorge → des rouges-gorges, un coffre-fort → des coffres-forts, un chef-lieu → des chefs-lieux

③ 명사+전치사+명사 / 명사+보어 : 첫 명사만 복수형
un arc-en-ciel → des arcs-en ciel, un chef-d'oeuvre → des chefs-d'oeuvre, un timbre-poste → des timbres-poste

④ 전치사(부사)+명사 : 변화 또는 불변 (사전 참고)
un après-midi → des après-midi, un avant-poste → des avant-postes, une contre-attaque → des contre-attaques

⑤ 접두사+명사 : 명사만 복수형
un vice-président → des vice-présidents

⑥ 동사+명사 : 대개는 불변이나 예외가 많음 (사전 참고)
un abat-jour → des abat-jour, un tire-bouchon → des tire-bouchons

⑦ 동사+동사 : 불변
un laissez-passer → des laissez-passer, un va-et-vient → des va-

et-vient

⑧ 명사 아닌 여러 개의 품사로 된 것 : 불변
un on-dit → des on-dit

⑨ 특별한 형태의 복수형을 갖는 합성명사들
un monsieur → des messieurs, une madamc → des mesdames, une mademoiselle → des mesdemoiselles, un gentilhomme → des gentilshommes, un bonhomme → des bonshommes

4 두 개의 복수형을 갖는 명사들도 있다. 그 사용처나 뜻이 다르게 사용된다.

- ail 마늘(*보통은 단수로 쓰임) : aulx – 《옛》 일반적으로 사용 / ails – 학술용어로 사용
- aïeul 조부 : aïeuls – 조부모 / aïeux – 조상
- ciel 하늘 : cieux – (일반적인 의미의) 하늘, 천국 / ciels – (침대의) 닫집, (갱도의) 천장, (그림으로 표현된) 하늘, 기후, 풍토
- oeil 눈 : yeux – 일반적으로 사용 / oeils – 복합명사에만 사용(예 : oeils-de-boeuf(m.pl.) 천창, 둥근 창, oeils-de-perdrix(m.pl.) 티눈)

5 외래어에서 사용된 명사 중에는 복수형이 불변인 경우와, 원래 언어의 복수형을 취하는 두 가지가 있다.

① 불변인 명사 : 완전히 불어화 된 명사들
des amen 아멘, des interim 중간시기, 대리 기간, des veto 거부

② 원래 언어의 복수형
un soprano → des soprani 소프라노
un maximum → des maxima 최대
un barman → des barmen 술집주인
un lied → des lieder 가곡

6. 명사의 기능

그 기능이 매우 다양하여 주어, 속사, 동사의 보어, 명사 · 형용사 · 부사의 보어로 사용된다.

1 주 어

La fille est venue. 그 소녀가 왔다.

Votre lettre m'est arrivée. 당신 편지를 받아봤습니다.

2 속 사 : 주어나 목적보어 다음에 전치사 없이 또는 전치사를 사이에 두고 온다.

Ⓐ 주어의 속사

L'alouette est un oiseau. 종달새는 새이다.

J'en suis sans regret. 난 그것에 대해 후회가 없다.

Ⓑ 목적보어의 속사

On l'appelle Sophie. 사람들은 그녀를 소피라고 부른다.

Je te considère comme mon ami. 난 너를 내 친구로 여긴다.

3 동사의 보어 : 직접목적보어, 간접목적보어, 상황보어가 된다.

Ⓐ 직접목적보어

J'aime cette robe. 난 이 원피스를 좋아한다.

Elle regarde la télévision. 그녀는 텔레비전을 시청한다.

Ⓑ 간접목적보어 : 전치사와 함께

Il a donné un livre à ma soeur. 그는 책을 한 권 내 여동생에게 줬다.

Tu dois l'apporter à cet homme.
너는 그것을 이 남자에게 가져다 줘야만 한다.

Ⓒ 상황보어 : 전치사와 함께

Je pars à huit heures. 난 여덟 시에 떠난다.

Il chante pour sa femme. 그는 자기 아내를 위해 노래한다.

4 명사, 형용사, 또는 부사의 보어 : 전치사와 함께

Ⓐ 명사보어

une tasse à cafe 커피잔

une robe de laine 모직 원피스

l'escalier en bois 목제 계단

la mort par accident 사고사

le professeur à la Sorbonne 소르본느 대학 교수

la bataille de Waterloo 워털루 전투

l'auto de mon père 내 아버지의 차

l'amour de la famille 가족애

la littérature du 17e siècle 17세기 문학

Ⓑ 형용사보어

Je suis sensible au bruit. 나는 소음에 민감하다.

Il est un homme content de son sort.
그는 자신의 운명에 만족하는 남자이다.

J'aimerais boire un verre plein de vin.
나는 가득 채운 포도주 한 잔 마시고 싶다.

Il est fidèle à sa femme. 그는 아내에게 충실하다.

Elle est gentille avec ses amis.
그녀는 친구들에게 친절하다.

Ⓒ 부사의 보어

Contrairement à son avis, je trouve la question difficile.
그의 의견과는 반대로, 난 그 질문이 어렵다고 생각한다.

5 동격으로 사용된 명사 : 주어나 목적보어 옆에서 동격을 이룬다.

> **Monsieur Legrand, maire de cette ville, est un homme de conviction.**
> 이 도시의 시장인 르그랑 씨는 소신 있는 사람이다. (주어의 동격)
> **J'aime Paris, capitale de la France.**
> 나는 프랑스의 수도인 파리를 사랑한다. (목적보어의 동격)

CHAPITRE 2 연습문제

Q-1 : 아래 괄호 속에 각 명사의 성(性)을 적어 넣으시오.

1. auteur 작가 (   )
2. censeur 검열관 (   )
3. nonne 수녀 (   )
4. sentinelle 파수병 (   )
5. vigie 망보는 사람 (   )
6. bas-bleu 여류학자 (   )
7. cygne 백조 (   )
8. papillon 나비 (   )
9. souris 생쥐 (   )
10. fourmi 개미 (   )

Q-2 : 아래 괄호 속에 적합한 부정관사와 명사를 적어 넣으시오.

1. écrivain 작가 – 여류작가 (   ) (   )
2. magistrat 법관 – 여자법관 (   ) (   )
3. médecin 의사 – 여의사 (   ) (   )
4. porfesseur 교수 – 여교수 (   ) (   )
5. soldat 군인 – 여군 (   ) (   )
6. déserteur 변절자 – 여자변절자 (   ) (   )
7. vainqueur 정복자 – 여자정복자 (   ) (   )
8. mannequin 패션모델 – 여자패션모델 (   ) (   )

Q-3 : 아래 괄호 속에 적합한 부정관사와 명사를 적으시오.

1. 코끼리 암컷 ( ) ( )
2. 까마귀 암컷 ( ) ( )
3. 백조 암컷 ( ) ( )
4. 나비 암컷 ( ) ( )
5. 뱀 암컷 ( ) ( )

Q-4 : 아래 괄호 속에 적합한 부정관사와 명사를 적으시오.

1. 생쥐 수컷 ( ) ( )
2. 꿀벌 수컷 ( ) ( )
3. 개미 수컷 ( ) ( )
4. 기린 수컷 ( ) ( )
5. 두더지 수컷 ( ) ( )

Q-5 : 아래 [보기]의 명사를 참고하여 괄호 속에 적합한 부정관사와 명사를 적어 넣으시오.

> architecte / concierge / domestique / élève / enfant / secretaire / enseignant

1. 남자아이 ( ) ( )
2. 여자아이 ( ) ( )
3. 남학생 ( ) ( )
4. 여학생 ( ) ( )
5. 남자교사 ( ) ( )
6. 여자교사 ( ) ( )
7. 남자수위 ( ) ( )
8. 여자수위 ( ) ( )
9. 남자하인 ( ) ( )
10. 여자하인 ( ) ( )
11. 남자건축가 ( ) ( )
12. 여자건축가 ( ) ( )
13. 남자비서 ( ) ( )
14. 여자비서 ( ) ( )

Q-6 : 아래 명사의 뜻에 적합한 성(性)을 각각의 괄호 속에 적어 넣으시오.

1. aide – 도움 (　　) / 조수(助手) (　　)
2. couple – 부부 (　　) / 동아줄 (　　)
3. critique – 비평 (　　) / 비평가 (　　)
4. foudre – 천둥 (　　) / 투창 (　　)
5. garde – 호위병 (　　) / 경계 (　　)
6. livre – 책 (　　) / 파운드《무게의 단위》 (　　)
7. manche – 소매 (　　) / 손잡이 (　　)
8. pendule – 시계추 (　　) / 벽시계 (　　)
9. poêle – 프라이팬 (　　) / 난로 (　　)
10. solde – 잔고 (　　) / 급료 (　　)
11. somme – 금액, 합계 (　　) / 수면, 잠 (　　)
12. tour – 회전 (　　) / 탑 (　　)
13. vapeur – 증기 (　　) / 증기선 (　　)
14. vase – 꽃병 (　　) / 진흙 (　　)
15. voile – 돛 (　　) / 베일 (　　)

Q-7 : 아래 각 명사의 단수일 때와, 복수일 때의 성(性)을 괄호 속에 적어 넣으시오.

1. amour (　　) – amours (　　)
2. délice (　　) – délices (　　)
3. orgue (　　) – orgues (　　)

Q-8 : 아래 국가명의 성(性)을 구분하여 적합한 정관사를 괄호 속에 적어 넣으시오.

1. (　　) Espagne 스페인
2. (　　) Norvège 노르웨이
3. (　　) Suède 스웨덴
4. (　　) Finlande 핀란드
5. (　　) Hongrie 헝가리
6. (　　) Tchèque 체코

7 (　　) Roumanie 루마니아
8 (　　) Polonge 폴란드
9 (　　) Egypte 이집트
10 (　　) Lybie 리비아
11 (　　) Tunisie 튀니지
12 (　　) Algérie 알제리
13 (　　) Maroc 모로코
14 (　　) Somalie 소말리아
15 (　　) Mosambique 모잠비크
16 (　　) Kenya 케냐
17 (　　) Israël 이스라엘
18 (　　) Liban 레바논
19 (　　) Syrie 시리아
20 (　　) Iraq 이라크
21 (　　) Turquie 터키
22 (　　) Cambodge 캄보디아
23 (　　) Thaïlande 태국
24 (　　) Myanmar 미얀마
25 (　　) Canada 캐나다
26 (　　) Etats-Unis 미국
27 (　　) Argentine 아르헨티나
28 (　　) Urguay 우루과이
29 (　　) Costa Rica 코스타리카
30 (　　) Cuba 쿠바
31 (　　) Colombie 콜롬비아
32 (　　) Autriche 오스트리아
33 (　　) Australie 오스트렐리아
34 (　　) Afrique du Sud 남아프리카공화국
35 (　　) Arabie Saoudite 사우디아라비아

Q-9 : 아래 명사의 여성형을 괄호 속에 적어 넣으시오.

1 ami 남자친구 – (　　　　　　) 여자친구
2 avocat 남자변호사 – (　　　　　　) 여변호사
3 cousin 남자사촌 – (　　　　　　) 여자사촌
4 étudiant 남자학생 – (　　　　　　) 여학생
5 Pakistanais 파키스탄 남자 – (　　　　　　) 파키스탄 여자
6 marié 신랑 – (　　　　　　) 신부

Q-10 : 아래 명사의 여성형을 괄호 속에 적어 넣으시오.

1 hôte 주인 – (　　　　　　) 여주인
2 abbé 수도원장, 사제 – (　　　　　　) 수녀원장

3. prince 왕자 – (　　　　　) 공주
4. comte 백작 – (　　　　　) 백작부인
5. maître 선생 – (　　　　　) 여선생
6. tigre 호랑이 – (　　　　　) 암호랑이
7. canard 오리 – (　　　　　) 암오리
8. perroquet 앵무새 – (　　　　　) 암컷 앵무새
9. compagnon 친구 – (　　　　　) 여자친구
10. dieu 신 – (　　　　　) 여신
11. empreur 황제 – (　　　　　) 황후
12. fils 아들 – (　　　　　) 딸
13. héros 영웅 – (　　　　　) 여걸
14. neveu 조카 – (　　　　　) 여자조카
15. roi 왕 – (　　　　　) 여왕, 왕비
16. serviteur 하인 – (　　　　　) 하녀
17. bouc 숫염소 – (　　　　　) 암염소
18. coq 수탉 – (　　　　　) 암닭
19. frère 형제 – (　　　　　) 자매
20. garçon 소년 – (　　　　　) 소녀
21. gendre 사위 – (　　　　　,　　　　　) 며느리
22. mari 남편 – (　　　　　) 아내
23. homme 남자 – (　　　　　) 여자
24. oncle 아저씨 – (　　　　　) 아줌마
25. parrain 대부 – (　　　　　) 대모
26. père 아버지 – (　　　　　) 어머니

Q-11 : 아래 명사의 여성형을 괄호 속에 적어 넣으시오.

1. infirmier – (　　　　　)
2. paysan – (　　　　　)
3. sultan – (　　　　　)
4. chien – (　　　　　)

5 Européen – (   )
6 Bangladeshien – (   )
7 lion – (   )
8 patron – (   )
9 chat – (   )
10 avocat – (   )
11 muet – (   )
12 poulet – (   )
13 préfet – (   )
14 sot – (   )
15 idiot – (   )
16 colonel – (   )
17 jumeau – (   )
18 danseur – (   )
19 vendeur – (   )
20 ambassadeur – (   )
21 pécheur – (   )
22 vengeur – (   )
23 inférieur – (   )
24 supérieur – (   )
25 acteur – (   )
26 directeur – (   )
27 veuf – (   )
28 Juif – (   )
29 loup – (   )
30 époux – (   )
31 ambitieux – (   )
32 Turc – (   )
33 Grec – (   )

Q-12 : 아래 각 명사의 뜻을 [보기]에서 골라 괄호 속에 적어 넣으시오.

a-사소한 일[것] / b-진귀한 물건, 골동품, 명소 / c-친절한 언동 / d-호기심 / e-상냥함 / f-작음, 사소함 / g-오램, 고대(古代) / h-골동품, 오래된 것

1 l'antiquité ( )
2 la petitesse ( )
3 la gentillesse ( )
4 les curiosités ( )
5 les gentillesses ( )
6 les petitesses ( )
7 les antiquités ( )
8 la curiosité ( )

Q-13 : 아래 각 명사의 뜻을 괄호 속에 적어 넣으시오.

1 le café ( )
2 deux cafés ( )

③ le vin ( )
④ trois vins ( )
⑤ le lait ( )
⑥ deux laits ( )
⑦ l'ivoire ( )
⑧ des ivoires ( )

Q-14 : 아래 명사의 복수형을 괄호 속에 적어 넣으시오.

① ami – ( )
② amie – ( )
③ homme – ( )
④ femme – ( )
⑤ livre – ( )
⑥ table – ( )
⑦ chien – ( )
⑧ chienne – ( )
⑨ mur – ( )
⑩ plume – ( )
⑪ avocat – ( )
⑫ avocate – ( )
⑬ cousin – ( )
⑭ cousine – ( )
⑮ étudiant – ( )
⑯ étudiante – ( )
⑰ marié – ( )
⑱ mariée – ( )
⑲ pays – ( )
⑳ prix – ( )
㉑ nez – ( )
㉒ tuyau – ( )
㉓ cadeau – ( )
㉔ cheveu – ( )
㉕ pneu – ( )
㉖ landau – ( )
㉗ bijou – ( )
㉘ caillou – ( )
㉙ chou – ( )
㉚ genou – ( )
㉛ hibou – ( )
㉜ joujou – ( )
㉝ pou – ( )
㉞ cou – ( )
㉟ clou – ( )
㊱ trou – ( )
㊲ animal – ( )
㊳ journal – ( )
㊴ hôpital – ( )
㊵ bal – ( )
㊶ chacal – ( )
㊷ choral – ( )
㊸ bail – ( )
㊹ émail – ( )
㊺ travail – ( )
㊻ détail – ( )

㊼ éventail – ( ) ㊽ rail – ( )

Q-15 : 아래 합성명사의 복수형을 괄호 속에 적어 넣으시오.

① portemanteau → ( ) ② rouge-gorge → ( )
③ coffre-fort → ( ) ④ chef-lieu → ( )
⑤ arc-en-ciel → ( ) ⑥ chef-d'oeuvre → ( )
⑦ timbre-poste → ( ) ⑧ après-midi → ( )
⑨ avant-poste → ( ) ⑩ contre-attaque → ( )
⑪ vice-président → ( ) ⑫ abat-jour → ( )
⑬ tire-bouchon → ( ) ⑭ laissez-passer → ( )
⑮ va-et-vient → ( ) ⑯ on-dit → ( )
⑰ monsieur → ( ) ⑱ madame → ( )
⑲ mademoiselle → ( ) ⑳ gentilhomme → ( )
㉑ bonhomme → ( )

Q-16 : 아래 각 명사의 두 개의 복수형을 괄호 속에 적어 넣으시오.

① oeil 눈 : ( ) – 일반적으로 사용 / ( ) – 복합명사에만 사용
② aïeul 조부 : ( ) – 조부모 / ( ) – 조상
③ ciel 하늘 : ( ) – (일반적인 의미의) 하늘, 천국 / ( ) – (침대의) 닫집, (갱도의) 천장, (그림으로 표현된) 하늘, 기후, 풍토
④ ail 마늘 : ( ) – 《옛》 일반적으로 사용 / ( ) – 학술용어로 사용

Q-17 : 아래 명사의 복수형을 괄호 속에 적어 넣으시오.

① amen – ( ) ② interim – ( )
③ veto – ( ) ④ soprano – ( )
⑤ maximum – ( ) ⑥ barman – ( )
⑦ lied – ( )

Q-18 : 아래 각 문장의 밑줄 친 명사의 기능을 [보기]에서 골라 괄호 속에 적어 넣으시오.

a-목적보어의 속사 / b-주어의 속사 / c-주어 / d-직접목적보어(동사의 보어) / e-상황보어(동사의 보어) / f-간접목적보어(동사의 보어) / g-형용사보어 / h-명사보어 / i-부사보어 / j-목적보어의 동격 / k-주어의 동격

1. Cette pomme est à elle. 이 사과는 그녀의 것이다. (　　)
2. C'est la vie. 그것이 인생이다. (　　)
3. Il est sans famille. 그는 가족이 없다. (　　)
4. Il m'a nommé son héritière.
   그는 나를 자신의 상속녀로 지정했다. (　　)
5. Je considère cette réponse comme un refus.
   나는 이 대답을 거절의 뜻으로 간주한다. (　　)
6. J'aime sa chanson. 나는 그의 노래를 좋아한다. (　　)
7. Il a fait une faveur à un mendiant.
   그는 한 거지에게 은혜를 베풀었다. (　　)
8. On y est arrivé vers quinze heures.
   우리는 그곳에 오후 3시경에 도착했다. (　　)
9. Ils sont morts pour leur patrie.
   그들은 그들의 조국을 위해 죽었다. (　　)
10. J'ai choisi cette machine à laver.
    나는 이 세탁기를 선택했다. (　　)
11. Il m'a donné ces gants en cuir.
    그는 내게 이 가죽장갑을 줬다. (　　)
12. C'est un homme sans aucun sous.

그는 돈 한 푼 없는 남자이다. (　　)

⑬ C'est le dictionnaire de ma soeur.
이것은 내 언니의 사전이다. (　　)

⑭ Ma peau est sensible au soleil.
나의 피부는 햇빛에 민감하다. (　　)

⑮ Elle est mécontente de son mari.
그녀는 자기 남편에 대해 불만이다. (　　)

⑯ Apporte-moi un verre plein de vin.
내게 가득 채운 포도주 한 잔 가져와. (　　)

⑰ Cette femme de ménage est très gentille.
이 가정부는 매우 친절하다. (　　)

⑱ Sa mère est femme au foyer.
그녀의 어머니는 가정주부이다. (　　)

⑲ Cette doctrine est basée sur la souffrance et le sacrifice de l' individu.
이 학설은 개인의 고통과 희생에 근거한 것이다. (　　)

⑳ La peine de mort est l'assassinat.
사형은 살인이다. (　　)

㉑ Ce sont des articles de luxe.
이것들은 사치품이다. (　　)

㉒ Elle est une femme fidèle à sa parole.
그녀는 약속을 잘 지키는 여자이다. (　　)

㉓ Personne n'est gentil avec Sophie.
아무도 소피에게 친절하지 않다. (　　)

㉔ Contrairement à la communication verticale, l'internet nous offre une communication horizontale. 수직적 의사소통과는 반대로, 인터넷은 우리에게 수평적 의사소통을 제공한다. (　　)

㉕ Madame Mesnard, votre mère, est courageuse.
당신 어머니, 메나르 부인은 용감하다. (   )

㉖ J'aimerais visiter New York, capitale mondiale des activités culturelles.
나는 문화활동의 세계적 수도라 할 수 있는 뉴욕을 방문하고 싶다. (   )

답

Q-1 : 1-남성 / 2-남성 / 3-여성 / 4-여성 / 5-여성 / 6-남성 / 7-남성 / 8-남성 / 9-여성 / 10-여성

Q-2 : 1-une femme écrivain / 2-une femme magistrat / 3-une femme médecin / 4-une femme professeur / 5-une femme soldat / 6-une femme déserteur / 7-une femme vainqueur / 8-une femme mannequin 또는 un mannequin

Q-3 : 1-un éléphant femelle / 2-un corbeau femelle / 3-un cygne femelle / 4-un papillon femelle / 5-un serpent femelle

Q-4 : 1-une souris mâle / 2-une abeille mâle / 3-une foumi mâle / 4-une girafe mâle / 5-une taupe mâle

Q-5 : 1-un enfant / 2-une enfant / 3-un élève / 4-une élève / 5-un enseignant / 6-une enseignante / 7-un concierge / 8-une concierge / 9-un domestique / 10-une domestique / 11-un architecte / 12-une architecte / 13-un secretaire / 14-une secretaire

Q-6 : 1-여성, 남성 / 2-남성, 여성 / 3-여성, 남성 / 4-여성, 남성 / 5-남성, 여성 / 6-남성, 여성 / 7-여성, 남성 / 8-남성, 여성 / 9-여성, 남성 / 10-남성, 여성 / 11-여성, 남성 / 12-남성, 여성 / 13-여성, 남성 / 14-남성, 여성 / 15-여성, 남성

Q-7 : 1-남성, 여성 / 2-남성, 여성 / 3-남성, 여성

Q-8 : 1-L'(여성) / 2-La / 3-La / 4-La / 5-La / 6-La / 7-La / 8-La / 9-L'(여성) / 10-La / 11-La / 12-L' / 13-Le / 14-La / 15-Le / 16-Le / 17-L'(남성) / 18-Le / 19-La / 20-L'(남성) / 21-La / 22-Le / 23-La / 24-Le / 25-Le / 26-Les / 27-L'(여성) / 28-L' / 29-Le / 30-La / 31-La / 32-L'(여성) / 33-L'(여성) / 34-L'(여성) / 35-L'(여성)

Q-9 : 1-amie / 2-avocate / 3-cousine / 4-étudiante / 5-Pakistanaise / 6-mariée

Q-10 : 1-hôtesse / 2-abbesse / 3-princesse / 4-comtesse / 5-maîtresse / 6-tigresse / 7-cane / 8-perruche / 9-compagne / 10-déesse / 11-impératrice / 12-

fille / 13-héroïne / 14-nièce / 15-reine / 16-servante / 17-chèvre / 18-poule / 19-soeur / 20-fille / 21-bru, belle-fille / 22-femme / 23-femme / 24-tante / 25-marraine / 26-mère

Q-11 : 1-infirmière / 2-paysanne / 3-sultane / 4-chienne / 5-Européenne / 6-Bangladeshienne / 7-lionne / 8-patronne / 9-chatte / 10-avocate / 11-muette / 12-poulette / 13-préfète / 14-sotte / 15-idiote / 16-colonelle / 17-jumelle / 18-danseuse / 19-vendeuse / 20-ambassadrice / 21-pécheresse / 22-vengeresse / 23-inférieure / 24-supérieure / 25-actrice / 26-directrice / 27-veuve / 28-Juive / 29-louve / 30-épouse / 31-ambitieuse / 32-Turque / 33-Grecque

Q-12 : 1-g / 2-f / 3-e / 4-b / 5-c / 6-a / 7-h / 8-d

Q-13 : 1-커피 / 2-커피 두 잔 / 3-포도주 / 4-포도주 세 잔 / 5-우유 / 6-우유 두 잔 / 7-상아 / 8-상아 세공품

Q-14 : 1-amis / 2-amies / 3-hommes / 4-femmes / 5-livres / 6-tables / 7-chiens / 8-chiennes / 9-murs / 10-plumes / 11-avocats / 12-avocates / 13-cousins / 14-cousines / 15-étudiants / 16-étudiantes / 17-mariés / 18-mariées / 19-pays / 20-prix / 21-nez / 22-tuyaux / 23-cadeaux / 24-cheveux / 25-pneus / 26-landaus / 27-bijoux / 28-cailloux / 29-choux / 30-genoux / 31-hiboux / 32-joujoux / 33-poux / 34-cous / 35-clous / 36-trous / 37-animaux / 38-journaux / 39-hôpitaux / 40-bals / 41-chacals / 42-chorals / 43-baux / 44-émaux / 45-travaux / 46-détails / 47-éventails / 48-rails

Q-15 : 1→portemanteaux / 2→rouges-gorges / 3→coffres-forts / 4→chefs-lieux / 5→arcs-en ciel / 6→chefs-oeuvre / 7→timbres-poste / 8→après-midi / 9→avant-postes / 10→contre-attaques / 11→vice-présidents / 12→abat-jour / 13→tire-bouchons / 14→laissez-passer / 15→va-et-vient / 16→on-dit / 17→messieurs / 18→mesdames / 19→mesdemoiselles / 20→gentilshommes / 21→bonshommes

Q-16 : 1-yeux, oeils / 2-aïeuls, aïeux / 3-cieux, ciels / 4-aulx, ails

Q-17 : 1-amen / 2-interim / 3-veto / 4-soprani / 5-maxima / 6-barmen / 7-lieder

Q-18 : 1-c / 2-b / 3-b / 4-a / 5-a / 6-d / 7-f / 8-e / 9-e / 10-h / 11-h / 12-h / 13-h / 14-g / 15-g / 16-g / 17-h / 18-h / 19-h / 20-h / 21-h / 22-g / 23-g / 24-i / 25-k / 26-j

CHAPITRE

형용사(l'adjectif)

형용사는 명사의 속성 · 상태를 나타내거나 그 뜻을 한정시키는 품사이며, **품질형용사**(adjectif qualificatif), **수형용사**(adjectif numératif), **지시형용사**(adjectif démonstratif), **소유형용사**(adjectif possessif), **의문형용사**(adjectif interrogatif), **부정형용사**(adjectif indéfini) 등의 6가지로 나눌 수 있다.

이들 중 품질형용사만이 부가형용사(épithète)로 본래적인 형용사이고, 나머지들은 관사와 비슷한 기능을 맡은 비부가적 형용사(adjectifs non-épithètes)로서 흔히 한정형용사(adjectifs déterminatifs)라고 부른다.

1. 품질형용사

수식하는 명사의 성질 · 상태 · 특징 · 색깔 · 형태 등을 나타내며, 관련되는 명사 · 대명사의 성과 수에 따라 그 어미의 형태가 변한다.

1 성(性)의 변화

Ⓐ **여성형 만들기** : 남성단수형에 여성어미 'e'를 붙여서 만드는 것이 일반규칙이다. 이때 남성단수의 어미가 발음되지 않는 자음인 경우 여성으로 바뀌면서 마지막 자

음이 발음된다. 또한 남성단수형이 'e'로 끝난 경우엔, 남성형과 여성형의 형태가 동일하다.

un grand livre – une grande maison, le ciel bleu – la mer bleue
un cendrier rond – une table ronde, un vrai philosophe – une vraie cause

un livre facile – une question facile, un objet utile – une matière utile
un savant célèbre – une couturière célèbre, un ouvrier habile – une main habile

Ⓑ 그 밖의 경우들

- -c → -che 또는 -que : blanc → blanche, sec → sèche, public → publique
- -eau → -elle : beau → belle, nouveau → nouvelle
- -er → -ère : étranger → étrangère, cher → chère, fier → fière, léger → légère
- -et → -ette 또는 -ète : coquet → coquette, muet → muette, net → nette, complet → complète, inquiet → inquiète
- -eur → -euse, -eresse, 또는 -eure(일반규칙대로 e를 첨가) : chanteur → chanteuse, flatteur → flatteuse, pêcheur → pêcheuse, enchanteur → enchanteresse, pécheur → pécheresse, antérieur → antérieure, intérieur → intérieure, majeur → majeure, meilleur → meilleure
- -f → -ve : actif → active, bref → brève, naïf → naïve, neuf → neuve, vif → vive
- -g → -gue : long → longue, oblong →oblongue
- -l → -le(일반규칙대로 e를 첨가), 또는 -lle : amical → amicale, civil → civile, fatal → fatale, cruel → cruelle, nul → nulle, gentil → gentille, réel → réelle, pareil → pareille, vermeil → vermeille
- -n → -ne(일반규칙대로 e를 첨가), 또는 -nne : plein → pleine, brun

→ brune, voisin → voisine, lointain → lointaine, ancien → ancienne, bon → bonne, mignon → mignonne, poltron → poltronne

- -ot → -otte : sot → sotte (*예외 : idiot → idiote)
- -s → -se (일반규칙대로 e를 첨가), 또는 -sse : épars → éparse, gris → grise, bas → basse, gras → grasse, gros → grosse, épais → épaisse, las → lasse
- -teur → -trice : accusateur → accusatrice, créateur → créatrice, médiateur → médiatrice
- -x → -se : heureux → heureuse, jaloux → jalouse, joyeux → joyeuse (*예외 : doux → douce, faux → fausse, roux → rousse)

Ⓒ 다음 5개의 형용사는 2개의 남성형을 갖는데, 제2형은 모음이나 무성 h로 시작하는 남성단수명사 앞에 사용된다. 그러나 복수형은 동일하다.

남성형	여성형	복수형
beau (bel)	belle	beaux
fou (fol)	folle	fous
mou (mol)	molle	mous
nouveau (nouvel)	nouvelle	nouveaux
vieux (vieil)	vieille	vieux

※ 이상의 형용사들이 모음이나 무성 h로 시작하는 남성단수명사 앞에 사용된 경우 :

un bel enfant / un fol espoir / un mol oreiller / un nouvel an / un vieil homme

2 수(數)의 변화

Ⓐ 복수형 만들기 : 남성 · 여성 단수형에 복수어미 's'를 붙여서 만드는 것이 일반규칙이다. 이때 's'는 발음이 안돼 구별이 안되지만, 연음이 되는 경우엔 [z]로 연음

되어 발음된다.

le grand garçon → les grands garçons
la petite fille → les petities filles
un cheveu blanc → des cheveux blancs
une robe blanche → des robes blanches
une voix amicale → des voix amicales
une poule grasse → des poules grasses

Ⓑ 그 밖의 경우들

- -s, -x로 끝난 경우는 불변 : gros → gros, gras → gras, faux → faux, vieux → vieux
- -al → -aux, 또는 -als(일반규칙대로 s를 첨가) : amical → amicaux, banal → banals, fatal → fatals, final → finals, glacial → glacials, naval → navals
- -eau → -eaux(x를 첨가) : beau → beaux, nouveau → nouveaux
- -eu → -eus 또는 -eux(s 또는 x를 첨가) : bleu → bleus, hébreu → hébreux

3 성 · 수의 일치

Ⓐ **일반규칙** : 품질형용사는 수식하는 명사 · 대명사의 성과 수에 일치한다.

Il est un beau garçon.
그는 미소년이다.

J'ai rencontré une femme coquette.
나는 요염한 여자를 한 명 만났다.

Je n'aime pas les enfants impolis.
나는 무례한 아이들을 좋아하지 않는다.

Elle les a envoyé à ses gentilles clientes.
그녀는 자신의 친절한 고객들에게 그것들을 보냈다.

Ⓑ 형용사가 et로 연결된 명사들을 수식할 때, 그 명사들이 같은 성일 경우엔 그 성의 복수형을, 다른 성일 경우에는 남성복수형을 취한다. ou로 연결된 경우엔, 보통 마지막 명사와 일치시키는데, 양쪽 명사를 모두 수식할 경우엔 그 둘에 모두 일치하는 복수형을 취한다.

Voici une table et une chaise blanches.
흰색 테이블과 의자가 있다. (*et로 연결된 명사 테이블과 의자는 둘 다 여성이므로 그것들을 수식하는 형용사 blanc은 여성복수형)

Marie et Paul sont très intelligents.
마리와 폴은 매우 똑똑하다. (*et로 연결된 명사 마리와 폴은 성이 다르므로 그것들을 수식하는 형용사 intelligent은 남성복수형)

Il faut un talent ou une habileté rare.
재능 또는 흔치 않은 솜씨가 필요하다. (*ou로 연결된 명사를 수식하는 형용사는 보통 마지막 명사와 성 · 수를 일치시키므로 여기선 여성단수형)

Cette agence demande un garçon ou une fille mignons.
그 에이전시는 귀여운 소년 또는 소녀를 요구한다. (*ou로 연결된 명사를 수식하는 형용사가 양쪽 명사를 모두 수식할 때는 그 둘에 모두 일치하는 복수형을 취하므로 여기선 남성복수형)

Ⓒ 복합형용사의 경우

(a) 두 개의 형용사로 이뤄진 복합형용사는 수식하는 명사의 성 · 수에 일치한다.

un garçon sourd-muet (남성단수)
une fille sourde-muette (여성단수)
des femmes sourdes-muettes (여성복수)
un fruit aigre-doux (남성단수)
une saveur aigre-douce (여성단수) (*형용사 aigre는 남성 · 여성 형태가 동일)
des pommes aigres-douces (여성복수)

(b) 복합형용사에서 앞에 놓인 것이 -o 또는 -i로 끝난 형용사이거나, 부사 · 전치사 등 불변하는 단어일 때 그 부분은 불변이다.

un traité franco-allemand (남성단수)
une alliance franco-allemande (여성단수) (*복합형용사에서 앞에 놓인

형용사가 -o로 끝난 경우 그 부분은 불변이나 뒤에 오는 형용사는 수식하는 명사의 성 · 수에 일치)

l'avant-dernier **rang** (남성단수)

les avant-dernières **troupes** (여성복수) (*복합형용사에서 앞에 놓인 것이 전치사일 때 그 부분은 불변이나 뒤에 오는 형용사는 수식하는 명사의 성 · 수에 일치)

(c) 색상을 나타내는 형용사의 경우, 단순형이면 변하지만, 복합형인 경우라든지 몇몇 색상을 나타내는 형용사는 불변이다.

un crayon vert (남성단수) - **une chemise** verte (여성단수) (*색상을 나타내는 형용사가 단순형이라 수식하는 명사의 성 · 수에 일치)

des crayons verts (남성복수) - **des chemises** vertes (여성복수) (*색상을 나타내는 형용사가 단순형이라 수식하는 명사의 성 · 수에 일치)

un stylo bleu ciel (남성단수) - **une robe** bleu ciel (여성단수) (*색상을 나타내는 형용사가 복합형이라 수식하는 명사의 성이 달라져도 불변)

des stylos bleu ciel (남성복수) - **des robes** bleu ciel (여성복수) (*색상을 나타내는 형용사가 복합형이라 수식하는 명사의 수가 달라져도 불변)

une veste châtain clair (여성단수) - **des cheveux** châtain clair (남성복수) (*색상을 나타내는 형용사가 복합형이라 수식하는 명사의 성 · 수와 무관하게 불변)

un pull orange (남성단수) - **une chemise** orange (여성단수) - **des rubans** orange (남성복수) - **des jupes** orange (여성복수) (*orange는 수식하는 명사의 성 · 수와 무관하게 불변하는 색상을 나타내는 형용사)

un pantalon marron (남성단수) - **une table** marron (여성단수) - **des yeux** marron (남성복수) - **des blouses** marron (여성복수) (*marron은 수식하는 성 · 수와 무관하게 불변하는 색상을 나타내는 형용사)

un parapluie kaki (남성단수) - **une écharpe** kaki (여성단수) - **des souliers** kaki (남성복수) - **des voitures** kaki (여성복수) (*kaki는 수식하는 성 · 수와 무관하게 불변하는 색상을 나타내는 형용사)

(d) grand은 어떤 여성명사 앞에 와서 복합명사를 이룰 때, 여성형으로 변하지 않으며 트레뒤니옹(-)을 사용하여 구별한다.

grand-chose (n.) 대단한 것[일]

grand-mère (f.) 조모

grand-messe (f.) 대미사

grand-rue (f.) (도시의) 중심가

à grand-peine (loc.adv.) 간신히, 가까스로, 겨우

grand-peur (f.) 큰 두려움

Ⓓ 형용사가 비교접속사 comme, ainsi que … 등으로 연결된 명사에 걸릴 때, 그 접속사가 비교의 뜻을 지니면 형용사는 처음에 오는 명사와 일치한다. 그러나 그 접속사가 et의 뜻으로 쓰였으면 형용사는 두 명사에 동시에 일치하여 복수형이 된다.

L'aigle a le bec, ainsi que les serres, puissant et acéré.

독수리는 발톱과 마찬가지로 강하고 날카로운 부리를 가지고 있다. (*puissant et acéré는 처음에 오는 le bec에 걸리므로 그것에 일치시켜 남성단수형)

Il y a une table ainsi qu'une chaise toutes noires de poussières.

먼지로 완전히 새까매진 테이블과 의자가 있다. (*noires는 une table와 une chaise 둘 다에 걸리므로 여성복수형)

Ⓔ 형용사가 des plus, des moins, des mieux 다음에 올 때는 거의 남성복수형으로 한다.

Notre souper fut des plus simples. 우리의 야식은 아주 소박했다.

Il s'est vraiment voué à ne rien faire, ce qui n'est pas des plus aisés.

그는 정말로 아무 일도 하지 않는데, 그것이야말로 매우 쉬운 일이 아니다.

Ce pantalon me paraît des moins petits.

이 바지는 매우 작아 보인다.

Cette assertion est des mieux problématiques.

이 주장은 매우 의문스럽다.

4 비교급과 최상급

형용사의 비교의 정도에는 원급, 비교급, 최상급 세 가지가 있다. 비교의 부사가 사용되지 않는 형용사는 원급이고, 비교급은 비교의 부사 plus, aussi, moins 등과 함께, 최상급은 정관사(le, la, les)와 비교의 부사 plus, moins과 함께 만든다.

Marie est belle. [원급(positif)]

Marie est plus belle que Cécile. [우등비교급(comparatif de supériorité)]

Marie est aussi belle que Cécile. [동등비교급(comparatif d'égalité)]

Marie est moins belle que Cécile.
[열등비교급(comparatif d'infériorité)]

Marie est la plus belle de mes soeurs.
[우등최상급(superlatif de supériorité)]

Marie est la moins belle de mes soeurs.
[열등최상급(superlatif de d'infériorité)]

Marie est très belle. [절대최상급(superlatif absolu)]

Ⓐ **비교급** : 비교의 부사 plus, aussi, moins과 함께 형용사가 사용되면, 비교의 대상이 되는 비교의 항은 que 뒤에 놓는다. 비교의 정도에 따라 우등비교, 동등비교, 열등비교 세 가지로 나뉘며, 형용사는 수식하는 명사의 성과 수에 일치시킨다. 이때 que 이하에 절이 오면 절속에 허사 'ne'가 놓인다. 또한 동등비교의 부정문에서 aussi는 보통 si로 바꿔 쓰지만, 그대로 쓰기도 한다.

[우등비교] plus+형용사+que …

Elle est plus grande que sa soeur.

[동등비교] aussi+형용사+que …

Il est aussi intelligent que son frère.

[열등비교] moins+형용사+que …

Elles sont moins grandes que mes soeurs.

Il est plus malin que vous ne le pensez.
(*que 이하에 절이 오면 절속에 허사 'ne')

C'est aussi facile que tu ne le crois.
(*que 이하에 절이 오면 절속에 허사 'ne')

Elle est moins maligne que vous ne le pensez.
(*que 이하에 절이 오면 절속에 허사 'ne')

Il n'est pas si[aussi] bon que son ami. (*동등비교의 부정문에서 aussi는 보통 si로 바꿔 쓰지만, 그대로 쓰기도 함)

Ⓑ **최상급** : 절대최상급과 상대최상급이 있는데, 절대최상급(superlatif absolu)은 비교의 개념 없이 최고의 정도를 나타내며, 보통은 부사 **très, fort, bien, tout à fait, extrêmement, infiniment** 등을 형용사 앞에 놓아 만드는데, 때로는 **extra-**, **ultra-** 등의 접속사를 붙이거나 **-issisme**이라는 접미사를 붙여 표현하기도 한다. 상대최상급(superlatif relatif)은 우등과 열등최상급이 있는데, 형용사 앞에 정관사(le, la, les)와 함께 plus, moins을 놓아 만들며, 비교의 항은 de…(…중에서)를 사용한다.

(a) 절대최상급

Il est très savant en la philosophie. 그는 철학에 매우 조예가 깊다.

Le désert est fort immense. 그 사막은 매우 광대하다.

C'était bien terrible. 그것은 아주 끔직했다.

Votre réponse est tout à fait exacte. 당신의 대답은 아주 정확하다.

Je suis extrêmement fâchée. 나는 극도로 화가 났다.

C'est infiniment grand. 그것은 무지하게 크다.

Le vin est extra-fin. 그 포도주는 극상품이다.

Cet avion est ultra-rapide. 이 비행기는 초고속이다.

Il est révérendissisme. 그는 매우 존귀하다.

Cette peinture est excellentissisme. 이 그림은 매우 훌륭하다.

(b) 상대최상급

[우등최상급] : le (la, les) plus + 형용사 + de …

Elle est la plus grande de notre classe.
그녀는 우리 학급에서 가장 키가 크다.

[열등최상급] : le (la, les) moins + 형용사 + de …

Il est le moins heureux du monde.

그는 세상에서 가장 덜 행복하다[가장 불행하다].

Ⓒ 몇몇 형용사는 비교급이 따로 있어 plus나 moins을 사용하지 않는 것이 있는데, 그 경우엔 그것의 비교급 앞에 정관사 le, la, les를 붙이면 최상급이 된다.

원급	비교급-우등비교급	최상급
bon	meilleur	le(la, les) meilleur(e, s(es))
mauvais	pire[plus mauvais]	le(la, les) pire(s)[le(la, les) plus mauvais(e, (es))]
petit	moindre[plus petit]	le(la, les) moindre(s)[le(la, les) plus petit(e, s(es))]

* mauvais, petit의 우등비교는 2가지가 가능하다. plus mauvais, plus petit는 구체적인 의미로 사용되고, pire, moindre는 추상적, 비유적인 의미로 사용된다.
(참조 : 제7장 부사 4. 비교급과 최상급 361쪽)

※ 부사의 최상급도 형용사의 최상급에 준하는데, 단 항상 정관사는 le만 사용한다 :

Il mange le plus(le moins) parmi nous.

그는 우리들 중 가장 많이(적게) 먹는다.

Elle travaille le plus(le moins) dans sa famille.

그녀는 자기 가족 중 가장 많이(적게) 일한다.

5 기 능

품질형용사는 명사와 함께 부가형용사(épithète)나 동격(apposition)으로, 또는 동사와 함께 속사(attribut)로 사용된다.

Ⓐ **부가형용사** : 품질형용사가 명사의 앞이나 뒤에 놓여 명사를 수식할 때

un beau garçon 미소년

la chanson française 프랑스 노래

Ⓑ **명사의 동격 :** 쉼표(,)에 의해 분리되어 명사를 수식하는 품질형용사는 동격으로 사용된 것으로, 그 형용사 앞에 'qui+être'가 생략된 것으로 볼 수 있다.

Sa tante, furieuse, s'arracha les cheveux.

노발대발한 그의 아주머니는 자신의 머리 쥐어뜯었다. (=Sa tante, qui etait furieuse, s'arracha les cheveux.)

Ⓒ 속사로 사용된 품질형용사

(a) 주어의 속사 : 연결동사(être, semble, paraître, devenir, rester 등) 다음에 와서 주어의 속사로 쓰여 주어의 특성을 나타내며, 주어의 성과 수에 일치한다.

La table est ronde. 테이블이 원형이다.

Tu sembles inquiet. 너는 불안해 보인다.

Elles restent calmes. 그녀들은 침착한 상태로 있다.

(b) 목적보어의 속사 : 목적보어의 속사를 취하는 타동사(croire, déclarer, estimer, juger, supposer, trouver, rendre, laisser, proclamer 등)의 목적보어의 속사로 사용되며 목적보어의 성과 수에 일치한다.

Elle le croit riche. 그녀는 그가 부자라고 생각한다.

Il te faut rendre ma fille heureuse.

자네는 내 딸을 행복하게 만들어줘야 하네.

Je trouve le médecin excellent.

나는 그 의사가 탁월하다고 생각한다.

Ils ont laissé les enfants seuls **dans la maison.**

그들은 아이들을 집안에 혼자 남겨두었다.

6 타품사로 전환된 품질형용사

품질형용사는 명사나 부사로 전환되어 사용되기도 한다.

Ⓐ 명사로 전환된 품질형용사

(a) 관사와 함께 앞에 언급된 명사를 대신하는 경우

De mes trois jupes, je préfère la blanche.

내 치마 세 개 중에서, 나는 흰색 치마를 선호한다. (*la jupe blanche에서 명사가 생략됨)

(b) 관사와 함께 「…것, …사람」을 의미하는 경우

Il faut joindre l'utile **à** l'agréable.

쾌적한 것에 유용한 것을 결부시켜야만 한다.

Le malade **est mon oncle.** 그 환자는 내 아저씨이다.

Son père est un malvoyant. 그의 아버지는 시각장애인이다.

Ⓑ 부사로 전환된 품질형용사 : 남성단수형이 부사로 사용되기도 하는데, 일반 부사처럼 불변이다.

Il parle haut. 그는 큰 소리로 말한다.

Elle a crié fort. 그녀는 큰 소리로 부르짖었다.

Ce produit coûte cher. 이 제품은 값이 비싸게 나간다.

Il faut faire grand. 대규모로 해야만 한다.

Il m'a répondu ferme. 그는 내게 단호하게 대답했다.

7 위 치

프랑스어에서는 형용사가 대체적으로 명사 뒤에 놓인다. 그러나 명사 앞에 오거나, 뒤에 오거나, 앞 · 뒤에 두루 오는 경우도 있다.

Ⓐ 명사 앞에 오는 경우

(a) 단음절 형용사나 일상어에서 자주 사용되는 짧은 음절의 형용사

un beau **garçon** 미소년

une grande **maison** 대저택

une petite **fille** 꼬마 여자아이

un vieux **monsieur** 나이든 신사 분

(b) 명사와의 결합이 긴밀하여 하나의 관념처럼 되어버린 형용사

un jeune homme 젊은이

le bon sens 상식

Ⓑ 명사 뒤에 오는 경우

(a) 색상 · 형태 · 맛 · 온도 · 날씨, 인체 또는 물체의 성질을 나타내는 형용사

une chemise verte 초록색 와이셔츠
une table ronde 원형 테이블
un fruit acide 신 과일
une saison froide 추운 계절
un temps pluvieux 우기(雨期)
une femme grosse 뚱뚱한 여자
l'acier dur 경강(硬鋼)

(b) 국적 · 주(州) · 도시 · 대륙 따위를 표현하는 형용사

une femme coréenne 한국여자
des pêcheurs bretons 브르타뉴 어부
l'accent marseillais 마르세이유 악센트
l'économie européenne 유럽의 경제

(c) 직업 · 직책 · 종교 등을 표현하는 형용사

un commis marchand 상점원
un homme bureaucratique 관료
l'église protestante 신교 교회
des livres bouddhiques 불교 서적들

(d) 현재분사나 과거분사에서 전환된 형용사

un chemin montant 오르막 길
une chanteuse ambulante 떠돌이 가수
un roseau pensant 생각하는 갈대
une femme instruite 교육받은[유식한] 여자
un professeur respecté 존경받는 교수
une voyageuse fatiguée 피곤한 여자여행자

(e) 동사에서 나온 형용사, 음절이 긴 형용사, 고유명사에서 생긴 형용사

un service utilisable 이용 가능한 서비스

l'eau buvable 마실 수 있는 물

une nuit effroyable 끔찍한 밤

un homme ambitieux 야심 많은 남자

une conversation ennuyeuse 지루한 대화

la litterature sartrienne 싸르트르의 문학

(b) 보어와 함께 사용된 형용사

une victoire grande par ses conséquences 그 결과가 지대한 승리

la prière longue à réciter 암송하기엔 긴 기도

une mère contente de ses enfants 자기 자식들에 만족하는 어머니

ⓒ 명사의 앞 · 뒤에 두루 오는 경우 : 어떤 형용사는 명사 앞에 놓일 때와 뒤에 놓일 때 그 뜻이 달라지는 것이 있다. 뒤에 놓일 때는 그 형용사의 본래의 뜻으로 사용되며, 앞에 놓이면 비유적인 뜻으로 쓰는 것이 보통이다.

un ancien ami 옛 친구 – un ami ancien 오래된 친구

un bon homme 호인 – un homme bon 선량한 남자

un brave homme 정직한 남자 – un homm brave 용감한 남자

un grand homme 위인 – un homme grand 키가 큰 남자

une grosse femme 뚱뚱한 여자 – une femme grosse 임신한 여자

un simple soldat 졸병 – un soldat simple 순박한 군인

une triste femme 한심한 여자 – une femme triste 슬픈 여자

une vieil ami 옛 친구 – un ami vieux 늙은 친구

un vilain homme 엉큼한 사람 – un homme vilain 추남

2. 수형용사

수형용사에는 기수형용사와 서수형용사가 있다.

1 기수형용사

Ⓐ 명사 앞에 놓여, 사람 · 사물의 수량을 표시한다. 그 명사가 명사의 보어나 관계절로 한정을 받을 경우 정관사와 함께, 또는 지시 · 소유형용사 등과 함께 사용될 수 있다.

Il y a trois hommes et deux femmes dans la salle d'attente.
대기실에 세 명의 남자와 두 명의 여자가 있다.

Les deux chiens de mon oncle sont noirs.
내 아저씨의 두 마리 개는 검은 색이다. (*명사보어 de mon oncle의 한정을 받는 chiens 앞에서 정관사와 함께 사용된 경우)

Les deux filles qui sont là-bas sont Americaines.
저기 있는 두 소녀는 미국 사람이다. (*관계절 qui sont là-bas의 한정을 받는 filles 앞에서 정관사와 함께 사용된 경우)

J'ai déjà acheté ces trois sacs.
난 이미 이 세 개의 가방을 샀다. (*지시형용사 ces와 함께 사용된 경우)

Il ne fait rien de ses dix doigts.
그는 손가락 하나 까딱하지 않는다. (*소유형용사 ses와 함께 사용된 경우)

Ⓑ 수량을 표시하지 않고, 해와 날짜(단, 초하루는 서수), 군주의 세수(世數)(단, 1세는 서수), 책의 쪽수, 장(章), 장(場), 막(幕), 조(條), 항(項) 등(단, 쪽수 이외의 나머지 것들은 제1~의 경우 서수를 사용하기도 함)에 사용되어 서수를 대신하여 순서를 나타내기도 한다.

en 1999 1999년에
le 2 février 2월 2일(에) (*단, 초하루는 서수 : ex. le 1er avril 4월 1일(에))
Louis XIV 루이 14세 (*단, 군주 1세는 서수 : ex. Napoléon 1er 나폴레옹 1세)
page 1 1쪽
page 35 35쪽
chapitre I [또는 **chapitre 1er**] 제1장(章)

chapitre trois 제3장
chapitre IV 제4장
acte I [또는 acte 1er] 제1막
acte 2 제2막
acte III 제3막
scène I [또는 scène 1ère] 제1장(場)
scène 4 제4장
scène V 제5장
article III 제3조
paragraphe 3 제3항

Ⓒ 시각과 번호(약자는 N°)에 사용된다.

à une heure 한 시에
Il est trois heures. 세 시이다.
la chambre (N°) 508 508호실
(N°) 55, rue de Passy 파시가 55번지

Ⓓ 수형용사들이 단독으로 쓰여, 명사, 대명사로 사용될 때도 있다. 이 경우에는 한정받는 명사가 표현되지 않은 것으로 생각한다.

Nous n' étions que trois(=trois personnes) dans le wagon.
그 객차엔 우리 3명만 있었다.

Ils sont vingt(=vingt étudiants) dans la classe.
그 학급엔 20명이 있다.

Trois et cinq font huit.
3+5=8

2 서수형용사

Ⓐ 서열이나 등급을 표시할 때 사용하며, 일반적으로 정관사, 지시 · 소유형용사와 함께 사용된다. 기수형용사에 -ième을 붙여 만든다. 단, 기수형용사 어미의 e는 없애고, q엔 u를 추가하고, f는 v로 바꾼 다음에 -ième를 붙인다.

J'ai choisi le deuxième cahier.
난 두 번째 공책을 선택했다. (*정관사 le와 함께)

Prenez la troisième rue à gauche.
왼쪽 세 번째 거리로 가시오. (*정관사 la와 함께)

Il préfère cette onzième photo.
그는 그 열한 번째 사진을 선호한다. (*onze에서 e는 없애고 –ième를 붙임. 지시형용사 cette와 함께)

C'est ma quatrième visite.
이번이 나의 네 번째 방문이다. (*quatre에서 e는 없애고 –ième를 붙임. 소유형용사 ma와 함께)

Aujourd'hui, c'est le cinquième jour du mois.
오늘은 이번 달 5번째 날이다. (*cinq에 u를 추가한 후 –ième를 붙임. 정관사 le와 함께)

Quel jour est-ce le neuvième jour de ce mois?
이번 달 9번째 날이 무슨 요일인가? (*neuf에서 f를 v로 바꾼 후 –ième를 붙임. 정관사 le와 함께)

Ⓑ un(e)는 premier(ère)로 바뀌는데, 복합형의 수형용사에서는 변하지 않는다. deux는 deuxième 또는 second(e)의 두 가지로 사용되는데, 일반적으론 deuxième를 사용된다. 서수형용사는 기수형용사와는 달리 한정 받는 명사의 성과 수에 일치한다.

Elle est ma vingt-et-unième amie.
그녀는 나의 스물한 번째 여자친구이다. (*복합형의 수형용사에선 un(e)은 premier(ère)로 변하지 않는다. 따라서 vingt-et-premier(ère)란 표현은 오류)

La première classe est complète.
일등석은 만원이다. (*여성단수 명사 classe와 일치시켜 여성단수)

Il m'a donné un billet de deuxième[seconde] classe.
그는 내게 이등석 표를 한 장 주었다. (*deuxième나 seconde는 여성단수 명사 classe와 일치시킨 여성단수)

Plusieurs deuxièmes[seconds] prix étaient décernés.
여러 개의 이등 상이 수여됐었다. (*deuxièmes나 seconds는 남성복수 명사 prix

와 일치시켜 남성복수)

© 수사는 아니지만 순서를 나타낼 때, '최후의'는 dernier(ère)로, '끝에서 두 번째'는 avant-dernier(ère)로 표시한다.

Mettez-le au dernier moment.

그것을 마지막 순간에 넣으시오. (*au는 전치사 à와 정관사 le가 결합된 축약관사)

L'avant-dernière place est la vôtre.

끝에서 두 번째 좌석이 당신 자리입니다.

3. 지시형용사

대화 중에 이미 알려진 사람이나 사물을 가리키는 명사 앞에 쓰여서 지시하는 한정사로, 단일형과 복합형이 있다.

1 단일형

뒤에 오는 명사의 성 · 수에 일치한다. 남성단수형의 제2형 cet는 모음이나 무성 h로 시작하는 단어 앞에 사용되며 연음된다. 복수형은 남 · 여성 모두 ces이다.

남성 단수	여성 단수	남 · 여성 복수
ce (cet)	cette	ces

Regarde ce garçon ; il est très mignon.

이 소년을 보세요. 그는 매우 귀엽습니다.

Retenez cet homme par les bras. Il est un malade.

이 남자를 팔로 부축해 주십시오. 그는 환자입니다.

J'adore cet enfant.

난 이 아이를 너무나 좋아한다.

Tout le monde respecte cet illustre écrivain.
모두가 그 유명한 작가를 존경한다.

Il y a une jupe, et cette jupe est courte.
스커트가 하나 있는데, 이 스커트는 짧다.

Donnez-moi ces livres.
내게 이 책들을 주세요.

Je voudrais acheter tous ces poupées.
난 이 인형들을 모두 다 사고 싶습니다.

Ⓐ 관사나 소유형용사와는 함께 사용될 수 없지만, 수형용사나 몇몇 부정형용사와는 사용되기도 한다.

ce le cousin (×) → 오류 (*지시형용사는 관사와 함께 사용 못함)
cette ma maison (×) →오류 (*지시형용사는 소유형용사와 함께 사용 못함)
ces trois roses 이 세 송이 장미 (*수형용사와 함께 사용 가능)
ces quelques assiettes 이 몇 개의 접시들 (*부정형용사와 함께 사용 가능)

Ⓑ 시간을 나타내는 명사 앞에 붙어 현재와 관계된 시간을 나타낸다.

ce moment 이 순간
ce matin 오늘 아침
ce soir 오늘 저녁
cette semaine 이번 주
ce mois 이번 달
cette année 올 해, 금년
cet hiver 올 겨울

Ⓒ 놀라움이나 분노를 나타내는 감탄의 표현과 함께 쓰여 강조의 의미를 갖는다.

Oh, ces jolies fleurs!
어머나, 이런 예쁜 꽃들이 있다니!

Sacrebleu, cet imbécile!
제기랄, 이런 바보가 있나!

2 복합형

단일형 지시형용사와 함께 사용된 명사 뒤에 -ci, -là를 붙인 형태로, 「이…, 저…, 그…」의 뜻을 가진다. 한 명사와 다른 명사를 구별하기 위해, 또는 장소·시간상의 원근을 구별하기 위해 사용된다. 장소의 원근일 경우, 원칙적으로 -ci는 가까이에 위치한 것, -là는 좀더 떨어져 있는 것을 가리킨다. 시간의 원근일 경우, -ci는 현재, -là는 과거나 미래를 나타낸다.

ce monsieur-ci 이 신사 분 / ce monsieur-là 저 신사 분
cet oiseau-ci 이 새 / cet oiseau-là 저 새
cette fille-ci 이 소녀 / cette fille-là 저 소녀
ces cahiers-ci 이 공책들 / ces cahiers-là 저 공책들
ces voitures-ci 이 자동차들 / ces voitures-là 저 자동차들

Le vent vient de ce côté-ci de la plaine.
바람이 벌판의 이쪽으로부터 불어온다.
Je vais aller voir ce côté-là de la rue.
난 길 저쪽을 보러 가겠다.

Ces jours-ci, la vie est chère.
요즘은 물가가 비싸다.
Cette année-là, il pleuvait beaucoup.
그 해에는 비가 많이 왔다.
Il te fera signe à ce moment-là.
그는 그 순간에 네게 신호를 할 거다.

※ -là가 떨어져 있는 것을 지시하기 보다는, 단지 지시형용사의 의미를 강조하기 위해 사용되기도 한다 :

Il ne s'intéresse guère à cette dame-là.
그는 그 부인에게 별로 관심 없다.

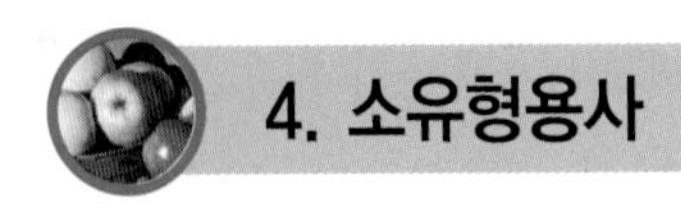

4. 소유형용사

사람 · 물건 · 개념 따위에 대한 일반적인 소유의 뜻을 나타내는 형용사로, 인칭은 소유자에 따라 결정되지만, 성 · 수는 뒤에 오는 명사, 즉 피소유물의 성과 수에 일치시킨다. 단, 소유자의 성과는 무관하나, 소유자의 수에 따라 단수 · 복수의 구별은 있다.

소유자 \ 피소유자	남성 단수		여성 단수		남 · 여성 복수	
je	mon	père	ma	mère	mes	frères/soeurs
tu	ton		ta		tes	
il/elle	son		sa		ses	
nous	notre		notre		nos	
vous	votre		votre		vos	
ils/elles	leur		leur		leurs	

1 소유형용사 ma, ta, sa는 모음이나 무성 h로 시작하는 여성단수명사나 형용사 앞에서 mon, ton, son으로 바뀌어 사용된다.

〈 a··· 〉 amie / auto / aventure / aimable invitation

ma mon 〈 e··· 〉 ennemie / évasion

ta → ton 〈 i··· 〉 invitation / imprudence / insolence

sa son 〈 o··· 〉 ordonnance

〈 u··· 〉 urne

〈 h··· 〉 habitude / histoire / horrible famille / humble opinion

2 소유자가 사물일 경우엔 별로 사용하지 않지만, 같은 문장 내에서는 사용한다.

Séoul et ses environs 서울과 그 근교

Ce film a son propre charme.
이 영화는 그 나름의 매력이 있다.

3 특수용법

Ⓐ 소유형용사가 존경 · 애정 · 경멸 등을 나타내는 감정적 용법으로 사용될 때가 있다.

[존경] monsieur (mon sieur의 준말) … 씨(*성인남자에 대한 경칭) / ma soeur 수녀님 / sa majesté 폐하 / mon colonel 대령님 / mon président 재판장 각하

[애정] mon fils 아들아 / ma fille 딸아 / mon (petit) poulet 얘야 / mon enfant 얘야 / mon(ma) chéri(e) 여보

[경멸] votre chute 추락 / ta condamnation 유죄판결 / son expulsion 축출

Ⓑ 소유형용사가 소유의 개념 없이 광범위한 의미로 쓰여, 단지 습관적인 사실이나 관심을 나타내는 경우에 사용될 때도 있다.

As-tu pris ton café?
너 커피 마셨니?

Aujourd'hui elle a sa migraine.
오늘 그녀는 두통을 앓는다.

C'est demain que je passe mon concours.
바로 내일 나는 시험을 치른다.

Mon fils fait son droit.
내 아들은 법학 공부를 한다.

Ⓒ 신체의 일부를 나타내는 명사는 소유형용사를 사용하지 않고 정관사를 사용하는 것이 원칙이지만, 주어로 사용된 경우엔 소유형용사를 사용하기도 한다.

J'ai mal à la tête. (*J'ai mal à ma tête는 오류)
Il lève la main pour prêter serment. (*Il lève sa main pour~는 오류)
Tournez la tête. (*Tournez ta tête는 오류)

Ta tête est ronde et grande.
네 머리는 둥글고 크다. (*주어로 사용된 경우)

Ses mains sont très sales.
그의 손은 몹시 더럽다. (*주어로 사용된 경우)

Ⓓ 소유자가 부정대명사 on, personne, tout le monde인 경우와, 「il faut…」, 「il est+형용사+de…」 등의 비인칭구문에서 소유자가 명시되지 않은 경우엔, 소유형용사 son, sa, ses를 사용한다. 단, 후자의 경우 소유자가 명시되었을 때는 그에 따른 인칭을 사용해야 한다.

Comme on fait son lit, on se couche.
《격언》 자업자득[자기가 한 짓은 자기에게로 돌아온다].

Personne ne veut gaspiller ses biens.
아무도 자기 재산을 낭비하고 싶어하진 않는다.

Tout le monde gagne sa vie. 모두가 생활비를 번다.

Il faut garder son sang-froid. 자신의 침착성을 유지해야만 한다.

Il est bon de revoir sa famille. 자기 가족을 다시 만난다는 것은 즐겁다.

【비교】

Il me faut faire mon devoir.
나는 나의 의무를 다 해야만 한다.

Ⓔ 소유자가 chacun인데 주어나 보어로 사용된 경우엔, 소유형용사 son, sa, ses를 사용된다. 하지만 소유자가 chacun인데 주어 · 보어로 사용된 nous, vous의 동격인 경우엔 소유형용사 notre, nos, votre, vos를 사용하고, 주어 · 보어로 사용된 3인칭복수의 동격인 경우엔 소유형용사 son 또는 leur를 쓸 수 있다.

Chacun a son idéal.
저마다 자기 이상을 갖고 있다. (*소유자 chacun이 주어)

À chacun selon ses mérites.
각자에게 공로에 따라 상이 주어질 것이다. (*소유자 chacun이 간접목적보어)

Nous payons chacun notre part.
우리는 각자 참가비를 낸다. (*소유자 chacun이 주어 nous의 동격)

Il nous a rendu à chacun nos biens.
그는 우리 각자에게 우리 재산을 돌려줬다. (*소유자 chacun이 간접목적보어 nous의 동격)

Vous devez faire chacun votre devoir.
당신들은 각자 의무를 다 해야만 한다. (*소유자 chacun이 주어 vous의 동격)

Je vous laisse chacun rentrer dans vos classes.
너희들 각자 자기 학급으로 가라. (*소유자 chacun이 직접목적보어 vous의 동격)
Ils rentrent chacun dans sa[leur] maison.
그들은 각자 자기네 집으로 돌아간다. (*소유자 chacun이 주어로 사용된 3인칭복수 ils의 동격)
Je les pousse chacun à faire son[leur] mieux.
난 그들 각자가 최선을 다하게끔 부추긴다. (*소유자 chacun이 직접목적보어로 사용된 3인칭복수 les의 동격)
Il leur indique à chacun sa[leur] place.
그는 그들 각자에게 자리를 지적해 준다. (*소유자 chacun이 간접목적보어로 사용된 3인칭복수 leur의 동격)

5. 의문형용사

의문문에서 명사와 함께 쓰여 그 관계된 명사의 특성을 나타내거나 지시하는데 사용되며, 「어떤…, 무슨…」의 뜻으로 해석된다. 부가형용사로 사용될 수도 있고 속사로도 사용되며, 또한 의문의 뜻은 전혀 없이 감탄의 뜻으로 사용되기도 한다. 관계되는 명사 또는 주어의 성과 수에 일치한다. 관사, 지시형용사, 소유형용사와는 함께 사용될 수 없다.

남성 단수	여성 단수	남성 복수	여성 복수
quel	quelle	quels	quelles

1 부가형용사로 사용될 경우 : 명사 앞에 놓이며, 그 명사의 성과 수에 일치한다.

Quel train as-tu pris? 너는 무슨 기차를 탔니?
Quelle heure est-il maintenant? 지금 몇 시입니까?
Quels livres voudriez-vous? 당신은 어떤 책들을 원하십니까?

Quelles fleurs va-t-il acheter? 그가 무슨 꽃들을 살까?

2 속사로 사용될 경우 : 주어의 성과 수에 일치한다.

Quel est son métier? 그의 직업이 무엇입니까?
Quelle est la couleur de ce parapluie? 이 우산의 색깔은 무엇입니까?
Quels sont ces arbres? 이 나무는 무슨 나무입니까?
Quelles sont vos intentions? 당신들의 의도는 무엇입니까?

3 감탄의 뜻으로 사용될 경우 : 관계하는 명사의 성과 수에 일치한다. 품질 형용사와 함께 사용되어 감탄의 뜻이 더욱 명확히 될 때도 있다. 문어체에서는 속사로 쓰여 감탄의 뜻을 가질 때도 있는데, 그때 주어는 동사 뒤에 온다. 의문의 뜻이 아닌 감탄의 뜻인 의문형용사와 함께 사용된 명사가 주어 · 목적보어로 사용된 경우엔, 주어와 동사의 도치는 없다.

Quel courage! 굉장한 용기로군!
Quelle question! 어처구니없는 질문일세!

Quel beau temps! 얼마나 좋은 날씨가!
Quelle mauvaise chanson! 얼마나 엉터리 노래인가!
Quels gamins impossibles! 얼마나 구제불능의 말썽쟁이들인가!
Quelles bonnes nouvelles! 얼마나 좋은 소식인가!

Quel fut alors son étonnement! 그의 놀라움이 얼마나 컸었는지!
Quelle fut sa joie! 그의 기쁨이 얼마나 컸었는지!

Quelle chance incroyable l'a favorisé!
얼마나 굉장한 행운이 그를 도왔는지!
Quel vin superbe nous avons bu!
우리는 얼마나 좋은 포도주를 마셨는지!

6. 부정형용사

명사 앞에 놓여 종류 · 수량 같은 추상적 개념을 막연하게 표현하는 형용사로, 불변하는 것도 있지만 일반적으로 관계하는 명사의 성 · 수에 일치한다.

1 nul, aucun, pas un : 부정을 나타내는 부정형용사들이다. nul과 aucun은 단수형으로 사용되지만, 단수형이 없는 명사나 복수형이 특이한 의미로 사용되는 명사 앞에서는 복수로 사용된다. nul은 문어체에서 흔히 사용되고, aucun은 회화체에서 nul 대신 사용되며, pas un은 회화체에서 aucun 대신으로 쓰여 더욱 뜻을 강조한다. nul과 aucun은 pas는 취하지 않고 'ne' 나 'sans' 과 함께 사용되고, pas un은 'ne' 와 함께 사용된다.

Nul livre ne lui plaît. 어떤 책도 그의 마음에 들지 않는다.
Je n'ai aucune question. 난 아무런 질문도 없다.

Aujourd'hui, il n'y a nulles funérailles.
오늘은 그 어떤 장례도 없다. (*단수형 없는 여성명사 앞에서 복수형이 된 nulles)
Vous ne payez aucuns frais.
당신은 그 어떤 비용도 내지 않습니다. (*단수형 없는 남성명사 앞에서 복수형이 된 aucuns)

Pas une femme n'aime être grosse.
어떤 여자도 뚱뚱한 걸 원치 않는다.
Le Parc Monceau est sans nul doute le plus raffiné des parcs parisiens.
몽소공원은 의심의 여지없이 파리의 공원들 중 가장 우아하다.
Elle m'a quitté sans laisser aucun mot.
그녀는 아무런 말도 남기지 않고 나를 떠났다.

2 tout : 단수형(tout, toute)으로 사용될 때와 복수형(tous, toutes)으로 사용될 때 약간의 의미 차이가 있다.

Ⓐ 단수형으로 사용될 때

(a) 정관사, 부정관사, 지시 · 소유형용사와 함께 쓰여 「온, 모든(=tout entier)」의 뜻을 가진다.

Tout le monde l'adore.
모든 사람이 그녀를 몹시 좋아한다. (*정관사와 함께 남성단수형으로)

J'ai travaillé toute la nuit.
난 밤새도록 일을 했다. (*정관사와 함께 여성단수형으로)

Toute une ville en parle.
한 도시 전체가 그것에 대해 말한다. (*부정관사와 함께 여성단수형으로)

Ici, il pleut tout un hiver.
이곳에선 한 겨울 내내 비가 온다. (*부정관사와 함께 남성단수형으로)

Il te faut manger tout ce pain.
넌 이 빵을 전부 먹어야 한다. (*지시형용사와 함께 남성단수형으로)

Remplace toute ta farine par ça.
너의 모든 밀가루를 저것으로 바꿔라. (*소유형용사와 함께 여성단수형으로)

(b) 무관사 명사와 함께 쓰여, 「무엇이든, 누구든(=n'importe quel)」의 뜻을 가진다. 각(=chaque)」의 의미에 가깝지만, 모든 것이 같은 조건에 있음을 나타낸다.

Tout homme a le droit à la vie. 누구든 살 권리가 있다.

Toute peine mérite salaire. 어떤 고생이든 보상받아 마땅하다.

(c) 성구(成句)에서 무관사 명사와 함께 사용된다.

à toute heure 줄곧, 끊임없이

à toute allure[vitesse] 전속력으로

de tout coeur 충심으로

en toute franchise 솔직히

en tout cas 어쨌든, 하여간 (*참조 : un en-tout-cas 양산 겸용 우산)

Ⓑ 복수형으로 사용될 때

(a) 정관사, 지시 · 소유형용사와 함께 쓰여, 「예외 없이 모두, 모든」의 전체의 뜻을 가진다.

Tous les autocars sont arrivés. 모든 리무진 버스들이 도착했다.

Il faut apprendre par coeur toutes les phrases.
모든 문장들을 암기해야만 한다.

J'aime tous ces enfants. 난 이 모든 아이들을 사랑한다.

Il a parcouru toutes ces villes. 그는 그 모든 도시들을 돌아다녔다.

Je veux tous tes crayons. 나는 너의 모든 연필을 원한다.

Toutes mes amies sont aimables. 내 모든 여자친구들은 상냥하다.

(b) 「tous(toutes)+les+복수명사」는 「각각, …마다(=chaque)」의 뜻을 나타내기도 한다.

Il vient me voir tous les trois jours. 그는 사흘마다 날 만나러 온다.

Il y a une borne tous les kilomètres. 매 킬로미터마다 이정표가 있다.

Tous les combien y a-t-il un train? 몇 시간마다 기차가 있습니까?

Il y a un autobus toutes les quinze minutes.
매 15분마다 버스가 있습니다.

(c) 성구(成句)에서 무관사 명사와 함께 사용된다.

à tous égards 모든 점에서(볼 때)

à toutes jambes 전 속력으로

de tous côtés 사방에서

de toutes parts 사방에서

toutes sortes de… 모든 종류의…

3 chaque : 항상 단수로 사용되며 무관사 명사 앞에 놓인다.

Chaque homme a ses défauts. 각 사람마다 결점이 있다.

Chaque fille a reçu un bon cadeau. 각 소녀마다 좋은 선물을 받았다.

4 certain : un, une와 함께 명사 앞에서 단수로 쓰여 「어떤(=quelque)」의 의미를 가지며, 복수로 쓰여 「몇몇의, 얼마 만큼의」라는 수량의 의미를 갖는다.

dans un certain sens 어떤 의미로는

une certaine conception du cinéma 영화에 대한 어떤 개념

Il a déjà visité certains pays européens.
그는 이미 몇몇 유럽 나라를 방문했다.

Certaines femmes disent le contraire.
몇몇 여자들은 그 반대를 얘기한다.

※ certain이 품질형용사로서 명사 뒤에 오거나 또는 속사로 사용될 때에는 「확실한, 의심의 여지없는」의 뜻을 가진다 :

Donnez-moi un gage certain. 확실한 담보를 주십시오.

Il a affronté une mort certaine. 그는 확실한 죽음을 무릅썼다.

C'est certain. 그것은 확실하다. (*주어의 속사)

Ils sont certains de réussir.
그들은 성공하리라고 확신하고 있다. (*주어의 속사)

Cela a rendu ces postulations certaines.
그것이 이 가정들을 확실한 것으로 만들었다. (*직접목적보어의 속사)

5 quelque : 주로 문어체에서 단수로 쓰여 「어떤, 얼마 만큼의」라는 막연한 뜻을 가지며, 셀 수 있는 명사 앞에서 복수형 quelques로 사용되면 「약간의, 몇몇의」의 뜻을 갖는다.

dans quelque temps 얼마 후에

J'ai eu quelque peine à m'en souvenir.
난 그것을 기억해내는 데 얼마간 힘들었다.

quelques jours après 며칠 후에

Dites-lui quelques mots. 그에게 몇 마디 하십시오.

6 plusieurs : 뜻은 「몇몇의, 얼마간의, 여러」이며, 항상 복수형으로 사용되고 성변화를 하지 않는다. 따라서 여성명사 앞에서도 plusieures로 변하지 않는다.

Il y avait plusieurs personnes. 사람이 몇 명 있었다.

Il y a plusieurs étudiants à vouloir y rester.
여러 학생들이 그곳에 남으려 한다.

7 maints, divers : 항상 복수형으로 사용되며, 「몇몇의, 여러」의 뜻을 갖는다. 수식하는 명사의 성에 따라 변화한다.

Maints soir, nous errons dans le val.
여러 날 밤 우리는 계곡에서 헤매고 있다.

Elle a maintes préoccupations. 그녀는 여러 관심사를 가지고 있다.

Je le lui ai répété maintes fois. 난 그에게 여러 번 그것을 반복해서 말했다.

en divers endroits 여러 곳에(서)

en diverses occasions 여러 기회에

8 même : 명사 앞에 놓이면 「…와 같은」의 뜻이고, 명사 뒤에 놓이면 「…조차, 바로, …자체, …자신」의 뜻을 갖는다. 성 · 수 변화를 한다.

Voici le même livre que le mien. 여기 내 것과 같은 책이 있다.

Il a acheté la même voiture que la tienne.
그는 네 것과 같은 자동차를 샀다.

Les mêmes causes porduisent les mêmes effets.
같은 원인은 같은 결과를 낳는다.

C'était le lendemain même de son départ.
그가 출발한 바로 그 다음날이었다.

Dieu est la sagesse même. 신은 지혜 그 자체이다.

Les étrangers mêmes aiment Paris. 외국인들조차 파리를 좋아한다.

※ même가 강세형인칭대명사에 걸릴 때에는 연결선(-)으로 연결된다 :

moi-même 나 자신 / **toi-même** 너 자신 / **lui-même** 그 자신 / **elle-même** 그녀 자신 / **soi-même** 자기 자신 / **nous-mêmes** 우리 자신 / **vous-même(s)** 당신(들) 자신 / **eux-mêmes** 그들 자신 / **elles-mêmes** 그녀들 자신

※ même가 부사로 사용될 때에는 불변이다 :

Je voudrais chanter même au dernier moment.
나는 마지막 순간까지도 노래를 부르고 싶다.

C'est ici même qu'il est mort. 그가 사망한 곳은 바로 이곳이다.

9 autre : 「다른, 또 하나의, 상이한」의 뜻을 가지며, 한정사 · 인칭대명사와 같이 사용되기도 하고, être 뒤에서 속사로 사용되기도 한다.

Donnez-moi un autre verre.
또 한 잔 주세요. (*한정사인 부정관사와 함께)

C'est une autre femme.
이 사람은 다른 여자이다.

Venez me voir une autre fois.
다음에 날 만나러 와 주세요.

J'attendrai jusqu'à l'autre lundi.
난 다음 월요일까지 기다리겠다. (*한정사인 정관사와 함께)

Vous autres, vous partez tout de suite.
당신네들은 즉시 떠나시오. (*인칭대명사와 함께)

Mon opinion est tout autre.
내 의견은 전혀 다르다. (*속사)

※ nous autres와 vous autres는 우리들과 당신들을 확연히 구분할 때 nous와 vous를 강조하기 위해서 사용한다 :

Que faisiez-vous, vous autres, pendant que nous, nous travaillions?
우리들이 일하는 동안에 당신네들을 무엇을 했는가?

CHAPITRE 3 연 습 문 제

Q-1 : 아래 품질형용사의 여성형을 괄호 속에 적어 넣으시오.

1. grand – (   )
2. petit – (   )
3. rond – (   )
4. bleu – (   )
5. vert – (   )
6. vrai – (   )
7. facile – (   )
8. utile – (   )
9. célèbre – (   )
10. habile – (   )
11. pauvre – (   )
12. jaune – (   )
13. rouge – (   )
14. blanc – (   )
15. sec – (   )
16. public – (   )
17. beau – (   )
18. nouveau – (   )
19. étranger – (   )
20. cher – (   )
21. fier – (   )
22. léger – (   )
23. coquet – (   )
24. muet – (   )
25. net – (   )
26. complet – (   )
27. inquiet – (   )
28. chanteur – (   )
29. flatteur – (   )
30. pêcheur – (   )
31. enchanteur – (   )
32. pécheur – (   )
33. antérieur – (   )
34. intérieur – (   )
35. majeur – (   )
36. meilleur – (   )
37. actif – (   )
38. bref – (   )
39. naïf – (   )
40. neuf – (   )
41. vif – (   )
42. long – (   )
43. oblong – (   )
44. amical – (   )
45. civil – (   )
46. fatal – (   )
47. cruel (   )
48. nul – (   )
49. gentil – (   )
50. réel – (   )

51 pareil –	(　　　)	52 vermeil –	(　　　)
53 plein –	(　　　)	54 brun –	(　　　)
55 voisin –	(　　　)	56 lointain –	(　　　)
57 ancien –	(　　　)	58 bon –	(　　　)
59 mignon –	(　　　)	60 poltron –	(　　　)
61 marron –	(　　　)	62 sot –	(　　　)
63 idiot –	(　　　)	64 épars –	(　　　)
65 gris –	(　　　)	66 bas –	(　　　)
67 gras –	(　　　)	68 gros –	(　　　)
69 épais –	(　　　)	70 las –	(　　　)
71 accusateur –	(　　　)	72 créateur –	(　　　)
73 médiateur –	(　　　)	74 heureux –	(　　　)
75 jaloux –	(　　　)	76 joyeux –	(　　　)
77 doux –	(　　　)	78 faux –	(　　　)
79 roux –	(　　　)		

Q-2 : 아래 [보기]에서 각 문장에 적합한 품질형용사를 찾아 적합한 형태로 바꿔 넣으시오.

fou / vieux / nouveau / beau / mou

1. Il est un (　　) homme. 그는 미남이다.
2. Les (　　) hommes me plaisent. 그 미남들은 내 마음에 든다.
3. Je ne veux plus maintenir le (　　) espoir.
   나는 더 이상 그런 터무니없는 희망을 간직하고 싶지 않다.
4. C'étaient les plus (　　) espoirs.
   그것들은 가장 어리석은 희망들이었다.
5. Il m'a donné un (　　) album de photo.
   그는 내게 오래된 사진첩을 한 권 줬다.

⑥ Il y a beaucoup de ( ) albums de photo.
오래된 사진첩이 많다.

⑦ Je préfère ce ( ) oreiller. 나는 이 푹신한 베개가 더 좋다.

⑧ Achetons ces ( ) oreillers. 이 푹신한 베개들을 사자.

⑨ Est-ce un ( ) art d'apprendre? 그것은 새로운 학습법인가?

⑩ Il y a des chaises pour les ( ) arrivants.
새로 도착한 사람들을 위한 의자들이 있다.

Q-3 : 아래 각 품질형용사 남성 · 여성형의 복수형을 괄호 속에 적어 넣으시오.

① grand – ( ) / grande – ( )
② petit – ( ) / petite – ( )
③ blanc – ( ) / blanche – ( )
④ fou – ( ) / folle – ( )
⑤ mou – ( ) / molle – ( )
⑥ gras – ( ) / grasse – ( )
⑦ gros – ( ) / grosse – ( )
⑧ faux – ( ) / fausse – ( )
⑨ vieux – ( ) / vieille – ( )
⑩ amical – ( ) / amicale – ( )
⑪ international – ( ) / internationale – ( )
⑫ banal – ( ) / banale – ( )
⑬ fatal – ( ) / fatale – ( )
⑭ galcial – ( ) / galciale – ( )
⑮ naval – ( ) / navale – ( )
⑯ beau – ( ) / belle – ( )
⑰ nouveau – ( ) / nouvelle – ( )
⑱ blou – ( ) / bloue – ( )

⑲ hébreu – ( ) / hébraïque – ( )

Q-4 : 아래 [보기]에서 각 문장에 적합한 품질형용사를 찾아 괄호 속에 적합한 형태로 바꿔 넣으시오.

beau / gentil / honnête / blanc / vieux / grand / courageux / vilain / divers / intelligent / rare / mignon / pauvre / nouveau / merveilleux

1. Quelles ( ) filles! 얼마나 아름다운 소녀들인가!
2. C'est une ( ) decouverte. 이것은 매우 진귀한 발견이다.
3. Je préfère cette voiture ( ). 나는 이 흰색 차가 더 좋다.
4. C'est un phénomène ( ). 그것은 새로운 현상이다.
5. Sa chatte est très ( ). 그녀의 암고양이는 매우 귀엽다.
6. Les ( ) vendeuses ont toujours répondu à la demande de leurs clients.
   그 친절한 여점원들은 고객들의 요구에 항상 부응했다.
7. Beaucoup de femmes sont folles de son ( ) sourire.
   많은 여성들이 그의 기막히게 멋진 웃음에 홀딱 반했다.
8. Mon frère et mes soeurs sont très ( ).
   내 오빠와 언니들은 매우 똑똑하다.
9. Il me faut un album et des photos ( ).
   내겐 사진첩 한 권과 각종 사진들이 필요하다.
10. Ils cherchent un médecin ou une infirmière ( ).
    그들은 용감한 의사 또는 간호사를 찾고 있다.
11. Là-bas, il y a des gens bien ( ).
    저기에 키가 매우 큰 사람들이 있다.

⑫ Il déteste toutes ces (   ) gens.
그는 이 모든 비열한 사람들을 혐오한다.

⑬ J'apprécie tous ces (   ) gens.
나는 이 모든 정직한 사람들을 존경한다.

⑭ Toutes les (   ) gens sont bien accueillies ici.
노인들 모두 이곳에서 환대를 받았다.

⑮ Ayez pitié de tous les (   ) gens.
모든 가엾은 사람들을 불쌍히 여기십시오.

Q-5 : 아래 [보기]에서 각 문장에 적합한 복합형용사를 찾아 괄호 속에 적합한 형태로 바꿔 넣으시오.

avant-dernier / aigre-doux / sourd-muet / arabo-andalouse / franco-américain

① Ici, il n'y a que des filles (   ).
이곳엔 농아인 소녀들밖에 없다.

② Toutes ces sauces (   ) nous plaisent.
이 모든 새콤달콤한 소스가 우리 마음에 든다.

③ Les deux couples (   ) entretiennent des relations d'amitié.
프랑스인과 미국인으로 이뤄진 두 쌍의 부부가 친구관계를 유지하고 있다.

④ Ils ont laissé quitter les (   ) troupes.
그들은 끝에서 두 번째 부대가 떠나도록 놔뒀다.

⑤ J'aime des chansons (   ).
나는 아랍 안달루시아 노래들을 좋아한다.

Q-6 : 아래 [보기]에서 각 문장에 적합한 색상을 나타내는 형용사를 찾아 괄호 속에 적합한 형태로 바꿔 넣으시오.

violet / céladon / noir / orange / kaki / jaune pâle / marron / pourpre / brun foncé / bleu clair

1. J'ai acheté des cahiers (   ) 나는 연 노란색 공책들을 샀다.
2. Cette robe (   ) te va bien.
   이 자주색 원피스는 네게 잘 어울린다.
3. Mes yeux sont (   ). 내 눈은 짙은 갈색이다
4. Elle a choisi des portefeuilles (   ).
   그녀는 연 파란색 지갑들을 선택했다.
5. Il ne reste que des parapluies (   ).
   연두색 우산들만 남았다.
6. Je cherche une ceinture (   ).
   나는 밤색 허리띠를 찾고 있다.
7. Apporte-moi mon écharpe (   ).
   내 보라색 스카프를 가져와라.
8. Il y a des voitures avec des plaques (   ).
   검정색 번호판을 가진 차들이 있다.
9. Dans son armoire, il y a trois vestes (   ).
   그의 옷장에는 세 점의 카키색 상의가 있다.
10. Ces deux clowns portent des châpeaux (   ).
   그 두 광대는 오렌지색 모자를 쓰고 있다.

Q-7 : 아래 괄호 속에 공통적으로 들어갈 적합한 단어를 적어 넣으시오.

1. (   )-chose(n.) 대단한 것[일]
2. (   )-croix(f.) (레종도뇌르의) 최고 훈장
3. (   )-faim(f.) 지독한 배고픔

④ (　　　)-soif(f.) 지독한 갈증

⑤ (　　　)-mère(f.) 조모

⑥ (　　　)-tante(f.) 대고모

⑦ (　　　)-messe(f.) 대미사

⑧ à (　　　)-peine(loc.adv.) 간신히, 가까스로, 겨우

⑨ (　　　)-voile(f.) 큰 돛

⑩ (　　　)-garde(f.) 전초부대

⑪ (　　　)-peur(f.) 큰 두려움

⑫ (　　　)-route(f.) 한길

⑬ (　　　)-rue(f.) (도시의) 중심가

Q-8 : 아래 각 문장을 읽고 괄호 속 형용사를 적합한 형태로 바꿔 넣으시오.

① J'aime ta bouche, ainsi que tes mains, (doux) et (jolie).
나는 네 손과 마찬가지로 부드럽고 예쁜 네 입이 좋다.

② Ton beau-frère ainsi que ta soeur me paraissent (gentil).
네 형부와 네 언니는 친절해 보인다.

③ La situation actuelle est des plus (embarrassant).
현 상황은 매우 난처하다.

④ Cette taille est des moins (petit). 이 사이즈는 아주 작다.

⑤ Ce travailleur est des mieux (favorisé).
이 노동자는 매우 혜택을 받았다.

Q-9 : 아래 각 문장의 괄호 속에 적합한 단어를 적어 넣으시오.

① Tu es (　　) bavarde (　　) elle.
너는 그녀보다 더 수다스럽다.

② J'en suis (　　) capable (　　) toi.
나는 그것에 대해 너만큼 능력 있다.

3. Ma femme est (   ) grande (   ) moi.
내 아내는 나보다 키다 덜 크다.

4. À mes yeux, il est (   ) (   ) beau (   ) monde.
내 눈엔, 그가 이 세상에서 가장 미남이다.

5. Cette carte est (   ) (   ) originale (   ) mes cartes.
이 카드가 내 카드들 중에서 가장 독창적이다.

6. Qui est (   ) (   ) avare (   ) ces riches?
이 부자들 중에서 누가 가장 덜 인색한가?

7. Elle est (   ) (   ) chic (   ) ces mannequins.
그녀는 이 모델들 중에 가장 덜 멋지다.

8. Sa voix est (   ) douce.
그의 목소리는 아주 부드럽다.

9. Elle n'est pas (   ) arrogante (   ) sa soeur.
그녀는 그녀 언니만큼 거만하지 않다.

10. Il est (   ) modeste (   ) vous (   ) le pensez.
그는 당신이 생각하는 것보다 더 겸손하다.

11. Elle est (   ) vertueuse (   ) tu (   ) l'imagines.
그녀는 네가 상상하는 것만큼이나 정숙하다.

12. C'est (   ) sérieux (   ) tout le monde (   ) le croit.
그것은 모든 사람이 생각하는 것보다 덜 심각하다.

Q-10 : 아래 각 문장에 해당되는 것을 [보기]에서 찾아 괄호 속에 적어 넣으시오.

a-절대최상급 / b-상대최상급 중 우등최상급 / c-상대최상급 중 열등최상급

1. Où est la fille la plus jolie de cette classe? (   )
2. Il est laidissisme. (   )

3. Quel est le moins cher de tous ces articles? (   )
4. Son bâtiment est ultra-moderne. (   )
5. C'est le plus bel objet de cette boutique. (   )
6. Vous êtes bien aimable. (   )
7. C'est la moins efficace des sanctions. (   )
8. Les chansons sont bellissismes. (   )
9. Cette moutarde est extra-forte. (   )
10. Ce sont les entreprises les plus dynamiques du marché. (   )
11. C'est un cas extrêmement rare. (   )
12. Je suis infiniment heureuse d'être parmi vous ce soir. (   )
13. Les livres sont les moins intéressants de cette librairie. (   )
14. Elle fait semblant d'être tout à fait idiote. (   )
15. Ce comédien est fort modeste. (   )
16. C'est le plus spécifique de tous ces termes. (   )
17. Ma femme est très bonne. (   )

Q-11 : 아래 [보기]에서 각 문장에 적합한 형용사를 찾아 괄호 속에 적합한 형태로 바꿔 넣으시오.

mauvais / petit / bon

1. Ceci est (   ) que cela. 이것이 저것보다 더 좋다.
2. C'est (   ) produit dans cette compagnie.
   이것이 이 회사에서 가장 좋은 제품이다.
3. Elle est (   ) danseuse de ce groupe.
   그녀는 이 집단에서 최고의 무용수이다.
4. Ce sont (   ) cahiers parmi les miens.
   이것들은 내 공책들 중 최고의 것들이다.

5. J'ai choisi (   ) pommes de sa récolte.
   나는 그의 수확물 중 최상의 사과들을 선택했다.
6. Ton mensonge est (   ) que ton erreur.
   네 거짓말이 네 실수보다 더 나쁘다. 《추상적, 비유적 의미》
7. C'est (   ) chapeau parmi les tiens.
   그것은 네 모자들 중 최악이다. 《추상적, 비유적 의미》
8. Elle est (   ) vendeuse de ce magasin.
   그녀는 이 상점의 최악의 점원이다. 《추상적, 비유적 의미》
9. Ils sont (   ) travailleurs de cette troupe.
   그들은 부대에서 최악의 작업병들이다. 《추상적, 비유적 의미》
10. André n'est pas (   ) que Philippe.
   앙드레가 필립보다 더 심술궂진 않다. 《구체적 의미》
11. Il est (   ) pirate du monde.
   그는 세상에서 가장 악독한 해적이다. 《구체적 의미》
12. Elle est (   ) cuisinière parmi vous.
   그녀는 당신들 중 가장 서투른 요리사이다. 《구체적 의미》
13. Ces cravates sont (   ) parmi les tiens.
   이 넥타이들은 네 것들 중 가장 후진 것들이다. 《구체적 의미》
14. Le gain est (   ) que celui qui était estimé.
   이익은 예측했던 것보다 더 적다. 《추상적, 비유적 의미》
15. C'est (   ) desir humain.
   그것은 인간의 최소한의 욕망이다. 《추상적, 비유적 의미》
16. Elle n'a pas (   ) idée.
   그녀는 최소한의 [아무런] 생각도 없다. 《추상적, 비유적 의미》
17. Il ne faut pas omettre même (   ) détails.
   매우 사소한 세부사항도 누락해선 안 된다. 《추상적, 비유적 의미》
18. Il est (   ) que mon frère. 그는 내 오빠보다 키가 더 작다.

⑲ C'est (   ) chien du monde.
이것은 세상에서 가장 작은 개이다.

⑳ Je cherche (   ) jupe dans ce magasin.
나는 이 상점에서 가장 작은 치마를 찾고 있다.

㉑ Ce sont (   ) modèles réduits.
이것들은 가장 작은 축소모형들이다.

㉒ Quelles sont (   ) fleurs connues?
알려진 가장 작은 꽃들은 어떤 것들인가?

Q-12 : 아래 각 문장 내에서 밑줄 친 형용사가 어떤 기능을 담당하고 있는지 [보기]에서 찾아 괄호 속에 적어 넣으시오.

a-주어의 속사 / b-부가형용사 / c-목적보어의 속사 / d-명사의 동격

① Je proclame son assertion vraie. (   )
나는 그의 주장이 틀림없다고 단언한다.

② Ce bel homme est mon oncle. (   )
이 잘생긴 남자는 내 아저씨이다.

③ Personne ne peut me rendre malheureuse. (   )
아무도 나를 불행하게 만들 수 없다.

④ Marie, triste et solitaire, pleurait comme un veau. (   )
마리는 슬프고 외로워 엉엉 울었다.

⑤ Il me paraît têtu. (   ) 그는 고집스러워 보인다.

⑥ Ne jugez pas cet homme fou. (   )
그 남자가 미쳤다고 생각하지 마시오.

⑦ Elle est innocente. (   ) 그녀는 순수하다.

⑧ Il te trouve très gaie ce matin! (   )
그가 오늘 아침 네가 매우 명랑해 보인다더라!

⑨ Cette salade semble très appétissante. ( )
이 샐러드는 매우 맛이 있어 보인다.

⑩ Il est devenu un outil indispensable. ( )
그것은 필수적인 도구가 되었다.

⑪ Ne laisses pas ta femme seule. ( )
자네 아내를 혼자 내버려두지 말게.

⑫ Elles sont devenues complètement folles! ( )
그녀들은 완전히 미쳐버렸어!

⑬ Je t'estime plus intelligent que moi. ( )
나는 네가 나보다 더 똑똑하다고 생각한다.

⑭ Ne restez plus seul. ( ) 더 이상 혼자 있지 마세요.

⑮ Elle me croit pauvre. ( ) 그녀는 내가 가난하다고 생각한다.

⑯ Il a amassé une fortune fabuleuse. ( )
그는 엄청난 재산을 모았다.

⑰ Tu le supposes imbécile. ( ) 너는 그가 어리석다고 생각한다.

⑱ La femme, fâchée, cria. ( ) 그 여자는 화가 나서 소리를 질렀다.

⑲ Il a déclaré cette accusé coupable. ( )
그는 그 피고가 유죄라고 선고했다.

⑳ Le Petit Prince, reconnaissable à son échape qui flotte au vent, s'approche de lui. ( )
바람에 나부끼는 그의 스카프로 알아볼 수 있는 어린왕자가 그에게 다가왔다.

Q-13 : 아래 각 문장에서 밑줄 친 형용사가 어떤 품사로 전환되어 사용되고 있는지 [보기]에서 찾아 괄호 속에 적어 넣으시오.

a-명사로 전환된 품질형용사 / b-부사로 전환된 품질형용사

① Tu l'as acheté cher. ( ) 넌 그것을 비싸게 샀다.

2. Parmi les trois cahiers, j'ai choisi le jaune. ( )
   세 공책 중에 나는 노란색 공책을 선택했다.
3. Ne parlez pas haut. ( ) 큰 소리로 말하지 마시오.
4. Il faut se débarrasser de l'inutile. ( )
   쓸모없는 것을 없애 버려야만 한다.
5. C'est fort beau. ( ) 그것은 매우 아름답다.
6. Il est un plaisant. ( ) 그는 익살스러운 사람이다.
7. Il a travaillé ferme. ( ) 그는 열심히 공부했다.
8. L'être humain est le seul à cuisiner ses aliments. ( )
   인간은 음식을 요리하는 유일한 존재이다.
9. Il ne faut pas faire grand. ( ) 대규모로 해서는 안된다.
10. Il y a le mangeable et le non mangeable. ( )
    먹을 수 있는 것과 먹을 수 없는 것이 있다.

Q-14 : 아래 표현 중 밑줄 친 형용사의 위치가 올바른 것엔 O, 잘못된 것엔 ×표를 하시오.

1. un garçon beau 미소년 ( )
2. une grande maison 대저택 ( )
3. une fille jolie 예쁜 소녀 ( )
4. un vieux monsieur 나이든 신사분 ( )
5. un homme jeune 젊은이 ( )
6. le sens bon 상식 ( )
7. une verte jupe 초록색 치마 ( )
8. une carrée table 사각형 테이블 ( )
9. un fruit délicieux 맛있는 과일 ( )
10. la chaude saison 더운 계절 ( )
11. le tempéré climat 온화한 기후 ( )

⑫ une maigre femme 빼빼한 여자 (   )
⑬ le doux acier 연강(軟鋼) (   )
⑭ un américain produit 미국제품 (   )
⑮ un scuplteur lorrain 로렌지방의 조각가 (   )
⑯ la dijonaise sauce 디종(프랑스 지방도시)식 소스 (   )
⑰ l'asiatique politique 아시아의 정치 (   )
⑱ un commis marchand 상점원 (   )
⑲ un bureaucratique homme 관료 (   )
⑳ la catholique église 구교 교회 (   )
㉑ le confucianiste temple 유교사원 (   )
㉒ une montante rue 오르막 길(   )
㉓ un marchant ambulant 떠돌이 상인(   )
㉔ un pensant roseau 생각하는 갈대 (   )
㉕ un instruit homme 교육받은[유식한] 남자 (   )
㉖ un artiste respecté 존경받는 예술가 (   )
㉗ des fatigués sportifs 피곤한 운동선수들 (   )
㉘ une utilisable machine 이용 가능한 기계 (   )
㉙ un champignon mangeable 식용버섯 (   )
㉚ un reconnaissable style 식별할 수 있는 스타일 (   )
㉛ une femme ambitieuse 야심 많은 여자 (   )
㉜ une moelleuse voix 부드러운 음성 (   )
㉝ une kafkaïenne oeuvre 카프카의 작품 (   )
㉞ une longue histoire à raconter 얘기하기엔 긴 줄거리 (   )
㉟ un heureux homme de son sort 자신의 운명에 행복해하는 남자 (   )

Q-15 : 아래 형용사들은 위치가 명사 전에 오는지 뒤에 오는지에 따라 그 뜻이 달라지는 것들이다. 한글 표현에 맞는 위치를 찾아 적합한 명사와 함께 괄호 속에 적어 넣으시오.

① ancien : 오래된 친구 – un (   ) / 옛 친구 – un (   )

② bon : 선량한 남자 – un (　　　　) / 호인 – un (　　　　)
③ brave : 용감한 남자 – un (　　　　) / 정직한 남자 – un (　　　　)
④ grand : 키가 큰 남자 – un (　　　　) / 위인 – un (　　　　)
⑤ gros : 임신한 여자 – une (　　　　) / 뚱뚱한 여자 – une (　　　　)
⑥ simple : 순박한 군인 – un (　　　　) / 졸병 – un (　　　　)
⑦ triste : 슬픈 여자 – une (　　　　) / 한심한 여자 – une (　　　　)
⑧ vieux : 늙은 친구 – un (　　　　) / 옛 친구 – un (　　　　)
⑨ vilain : 추남 – un (　　　　) / 엉큼한 사람 – un (　　　　)

Q-16 : 아래 각 문장의 괄호 속에 알맞은 수형용사를 적어 넣으시오.

① ② J'ai acheté (　　) pommes et (　　) poires.
나는 사과 5개와 배 4개를 샀다.

③ Les (　　) coffrets de ma mère sont très chers.
내 어머니의 보석상자 2개는 매우 비싼 것이다.

④ Regarde les (　　) hommes qui chantent là-bas.
저기서 노래하고 있는 6명의 남자를 봐라.

⑤ J'aimerais visiter tous ces (　　) musées.
나는 그 박물관 5곳을 모두 방문하고 싶다.

⑥ Apporte-moi tes (　　) livres sur Pascal.
파스칼에 관한 네 10권의 책을 내게 가져다줘.

⑦ Il est arrivé à (　　) heure de l'après-midi.
그는 오후 1시에 도착했다.

⑧ Je me suis réveillé à (　　) heures du matin.
나는 아침 7시에 일어났다.

⑨ La chambre (　　　　), s'il vous plaît. 95호실 부탁드립니다.

⑩ (　　　　), Boulevard Jourdan. 주르당 대로 17번지

⑪ En tout, ce sont (　　　　). 모두 8개입니다.

⑫~⑭ (   ) et (   ) font (   ). 4+9=13

⑮ La (   ) boîte est la tienne. 그 세 번째 상자가 네 것이다.

⑯ Elle a fait de son mieux pour cette (   ) édition.
그 일곱 번째 판을 위해 그녀는 최선을 다했다.

⑰ J'ai reçu son (   ) lettre. 나는 그의 열세 번째 편지를 받았다.

⑱ Aujourd'hui, c'est son (   ) anniversaire.
오늘이 그의 55번째 맞는 생일이다.

⑲ Elle est sa (   ) secrétaire. 그녀는 그의 19번째 비서이다.

⑳ Le (   ) chien est le mien. 그 서른한 번째 개가 내 것이다.

㉑ Sa (   ) femme est morte jeune.
그의 첫 번째 아내는 젊어서 요절했다.

㉒ Avez-vous un billet de (   ) classe?
이등석 표 한 장 있습니까?

㉓ J'aimerais prendre les (   ) gants.
나는 두 번째 장갑을 사겠다.

㉔ C'est la (   ) feuille de l'automne.
이것은 가을의 마지막 잎이다.

㉕ Ceci est son (   ) mot. 이것이 그의 끝에서 두 번째 말이다.

Q-17 : 아래 아라비아숫자나 로마숫자로 적힌 부분을 어떻게 읽어야 하는지 알맞은 수형용사로 괄호 속에 적어 넣으시오.

① 2006년에 : en 2006 → (   )

② 7월 31일(에) : le 31 juillet → (   )

③ 5월 1일(에) : le 1er mai → (   )

④ 앙리 4세 : Henri IV → (   )

⑤ 루이 필립 1세 : Louis-Phillipe 1er → (   )

6. 엘리자베스 1세 : Elisabeth 1ère → (　　　　)
7. 1쪽 : page 1 → (　　　　)
8. 99쪽 : page 99 → (　　　　)
9. 제1장(章) : chapitre I → (　　　　)
10. 제1장(章) : chapitre 1er → (　　　　)
11. 제13장(章) : chapitre 13 → (　　　　)
12. 제6장 : chapitre VI → (　　　　)
13. 제1막 : acte I → (　　　　)
14. 제1막 : acte 1er → (　　　　)
15. 제2막 : acte 2 → (　　　　)
16. 제3막 : acte III → (　　　　)
17. 제1장(場) : scène I → (　　　　)
18. 제1장(場) : scène 1ère → (　　　　)
19. 제2장(場) : scène 2 → (　　　　)
20. 제4장(場) : scène IV → (　　　　)
21. 제3조 : article III → (　　　　)
22. 제5항 : paragraphe 5 → (　　　　)

Q-18 : 아래 각 문장의 괄호 속에 적합한 지시형용사를 적어 넣으시오.

1. Qui est (　　) monsieur? 이 신사분은 누구인가?
2. (　　) horloge avance de quinze minutes.
   이 괘종시계는 15분 빨리 간다.
3. J'aime (　　) oreiller. 나는 이 베개가 좋다.
4. Je n'aime pas (　　) couleur. 나는 이 색상을 좋아하지 않는다.
5. J'aime tous (　　　) comédiens. 나는 이 모든 배우들을 좋아한다.
6. (　　) voitures d'occasion sont en bon état.
   이 중고차들은 상태가 좋다.

⑦ Mettez (　　) huit oranges dans le panier.
그 바구니에 이 여덟 개의 오렌지를 넣으시오.

⑧ Il m'a donné (　　) quelques fleurs.
그는 내게 이 몇 송이 꽃을 줬다.

⑨ Laisse-moi jouir de (　　) moment!
이 순간을 향유하도록 날 내버려둬!

⑩ ~ ⑫ Je l'ai pris (　　) matin, (　　) après-midi, et (　　) soir. 나는 그것을 오늘 아침, 오늘 오후, 그리고 오늘 저녁에 먹었다.

⑬ Tu dois le finir (　　) semaine.
너는 그것을 이번 주에 끝내야만 한다.

⑭ ⑮ Pas (　　) mois! Mais il viendra (　　) année.
이번 달은 아냐! 하지만 그는 올해 올 거야.

⑯ ~ ⑲ (　　) printemps, (　　) été, (　　) automne, (　　) hiver
올 봄, 올 여름, 올 가을, 올 겨울

⑳ Merde de (　　) voiture! 이놈의 빌어먹을 차!

㉑ Ah! Ah! (　　) crétin! 아 하아, 이런 머저리!

Q-19 : 아래 각 단어를 복합형 지시형용사와 함께 괄호 속에 적어 넣으시오.

① sac : 이 가방 (　　　) / 저 가방 (　　　)
② hôtel : 이 호텔 (　　　) / 저 호텔 (　　　)
③ escargot : 이 달팽이 (　　　) / 저 달팽이 (　　　)
④ écharpe : 이 스카프 (　　　) / 저 스카프 (　　　)
⑤ vin : 이 포도주 (　　　) / 저 포도주 (　　　)
⑥ ceinture : 이 허리띠들 (　　　) / 저 허리띠들 (　　　)
⑦ direction : 이 방향 (　　　) / 저 방향 (　　　)
⑧ jour : 요즘 (　　　)
⑨ année : 그 해 (　　　)

⑩ instant : 그 순간 (   )

⑪ homme : Je ne m'intéresse peu à (   ).
나는 그 남자에게 별로 관심 없다.

Q-20 : 아래 각 표현에 적합한 소유형용사를 괄호 속에 적어 넣으시오.

❶ 나의 팔찌 : (   ) bracelet
❷ 나의 초대 : (   ) invitation
❸ 나의 우견(愚見) : (   ) humble opinion
❹ 나의 편지 : (   ) lettre
❺ 나의 공책들 : (   ) cahiers
❻ 나의 카드들 : (   ) cartes
❼ 너의 베개 : (   ) oreiller
❽ 너의 모험 : (   ) aventure
❾ 너의 유일한 조처 : (   ) unique mesure
❿ 너의 허리띠 : (   ) ceinture
⓫ 너의 가방들 : (   ) sacs
⓬ 너의 신발들 : (   ) chaussures
⓭ 그의 남자친구 : (   ) ami
⓮ 그의 여자친구 : (   ) amie
⓯ 그의 끔찍한 가족 : (   ) horrible famille
⓰ 그의 자동차 : (   ) voiture
⓱ 그의 면도기들 : (   ) rasoirs
⓲ 그의 의자들 : (   ) chaises
⓳ 그녀의 지갑 : (   ) portefeuille
⓴ 그녀의 무례함 : (   ) insolence
㉑ 그녀의 끔찍한 실수 : (   ) horrible erreur
㉒ 그녀의 반지 : (   ) bague
㉓ 그녀의 남자친구들 : (   ) amis

㉔ 그녀의 여자친구들 : (　　　) amies
㉕ 우리의 차례 : (　　　) tour
㉖ 우리의 적 : (　　　) ennemie
㉗ 우리의 싹싹한 딸 : (　　　) aimable fille
㉘ 우리의 빈곤 : (　　　) pauvreté
㉙ 우리의 여행들 : (　　　) voyages
㉚ 우리의 조건들 : (　　　) conditions
㉛ 당신의 지갑 : (　　　) portefeuille
㉜ 당신의 오렌지 : (　　　) orange
㉝ 당신의 잊을 수 없는 경험 : (　　　) inoubliable expérience
㉞ 당신의 넥타이 : (　　　) cravate
㉟ 당신의 충고들 : (　　　) conseils
㊱ 당신의 질문들 : (　　　) questions
㊲ 당신들의 건물 : (　　　) immeuble
㊳ 당신들의 오믈렛 : (　　　) omelette
㊴ 당신들의 상냥한 딸 : (　　　) aimable fille
㊵ 당신들의 관용 : (　　　) tolérance
㊶ 당신들의 개들 : (　　　) chiens
㊷ 당신들의 자취들 : (　　　) traces
㊸ 그들의 고양이 : (　　　) chat
㊹ 그들의 습관 : (　　　) habitude
㊺ 그들의 지긋지긋한 휴한(休閑) : (　　　) épouvantable jachère
㊻ 그들의 이론 : (　　　) théorie
㊼ 그들의 학생들 : (　　　) étudiants
㊽ 그들의 접시들 : (　　　) assiettes
㊾ 그녀들의 잡지 : (　　　) magazine
㊿ 그녀들의 도주 : (　　　) évasion
51 그녀들의 풍부한 아량 : (　　　) abondante générosité

52 그녀들의 헤어스타일 : (   ) coiffure
53 그녀들의 바지들 : (   ) pantalons
54 그녀들의 치마들 : (   ) jupes
55 파리와 그 근교 : Paris et (   ) banlieues
56 이 기계와 그것의 장점들 : cette machine et (   ) mérites

Q-21 : 아래 표현들은 소유형용사의 특수용법이다. 알맞은 소유형용사를 괄호 속에 적어 넣으시오.

1 …씨 : (   )sieur
2 수녀님 : (   ) soeur
3 폐하 : (   ) majesté
4 대령님 : (   ) colonel
5 재판장 각하 : (   ) président
6 아들아 : (   ) fils
7 딸아 : (   ) fille
8 애야 : (   ) poulet
9 애야 : (   ) enfant
10 여보 : (   ) chéri
11 여보 : (   ) chérie
12 그녀는 차를 마셨는가? : A-t-elle pris (   ) thé?
13 보통 언제 그녀는 생리를 하는가? :
Quand est-ce qu'elle a habituellement (   ) règles?
14 On a (   ) âge. 사람들은 나이가 있다.
15 Personne ne peut disposer de (   ) propre vie tout seul.
아무도 자신의 삶을 혼자서 마음대로 할 수는 없다.
16 Tout le monde a (   ) poulet. 모두가 자기 닭을 가졌다.
17 Il faut garder (   ) position. 자신의 위치를 지켜야만 한다.
18 Il nous faut trouver nous-même (   ) bonheur.
우리는 우리 스스로 우리의 행복을 찾아야만 한다.
19 Il n'est pas facile d'avouer (   ) faute.
자신의 잘못을 고백하는 것은 쉽지가 않다.
20 Chacun doit payer (   ) part. 각자 참가비를 내야만 한다.

㉑ À chacun (   ) goût. 사람마다 자기 취미가 있다.

㉒ Nous avons choisi chacun (   ) plat préféré.
우리는 각자 자신이 좋아하는 요리를 선택했다.

㉓ Il nous a rendu à chacun (   ) téléphones mobiles.
그는 우리 각자에게 우리의 휴대폰들을 돌려줬다.

㉔ Prenez chacun sur (   ) droite.
여러분 각자 자신의 오른쪽을 쳐다보십시오.

㉕ Je vais vous laisser chacun aller chercher (   ) cheins.
나는 너희들 각자 자기 개를 찾으러 가도록 하겠다.

㉖ Ils sont partis chacun de (   ) côté.
그들은 각자 제 갈 길로 갔다.

㉗ Ils rentrent chacun dans (   ) maisons.
그들은 각자 자기네들 집들로 돌아간다.

㉘ Je voudrais les aider chacun de trouver (   ) emploi.
나는 그들이 각자 자신의 일자리를 찾도록 돕고 싶다.

㉙ Elle les empêche chacun de rester dans (   ) chambres.
그녀는 그들 각자가 자기네들 방들에 처박혀 있는 걸 막는다.

㉚ Il leur indique à chacun (   ) place.
그는 그들 각자에게 자리를 지적해 준다.

Q-22 : 아래 각 문장에서 잘못된 부분을 찾아 밑줄을 그은 후 그것을 대체할 적합한 단어를 괄호 속에 적어 넣으시오.

❶ J'ai mal à mon estomac. 나는 배가 아프다. (   )

❷ Il a mal à ses dents. 그는 이가 아프다. (   )

❸ Elle lève sa tête, mais la rebaisse immédiatement sans rien dire. 그녀는 머리를 들었지만 즉시 아무 말도 없이 다시 숙인다. (   )

❹ Lève tes bras. 네 팔들을 들어올려라. (   )

5. Les lèvres sont entrouvertes.
그녀의 입술이 방긋이 열려있다. (　　　)

6. Les mains sont moites. 네 손은 축축하다. (　　　)

7. Les yeux sont marron. 내 눈은 밤색이다. (　　　)

Q-23 : 아래 각 문장에 적합한 의문형용사를 괄호 속에 적어 넣으시오.

1. (　　　) autobus dois-je prendre? 저는 어떤 버스를 타야만 합니까?
2. (　　　) pièces de théâtre faut-il étudier?
어떤 희곡들을 공부해야만 하는가?
3. (　　　) saison préfères-tu? 넌 어떤 계절을 더 좋아하니?
4. (　　　) visiteurs sont-ils venus? 어떤 방문객들이 왔습니까?
5. (　　　) est votre nom? 당신 이름은 무엇입니까?
6. (　　　) sont les conditions à remplir pour se marier?
결혼하기 위해 충족시켜야할 조건들은 무엇인가?
7. (　　　) est donc cette fleur? 이 꽃은 대체 무슨 꽃입니까?
8. (　　　) sont les bons exemples?
좋은 본보기들은 어떤 것들입니까?
9. (　　　) panorama! 멋진 전경일세!
10. (　　　) vitesse incroyable! 얼마나 굉장한 속도인가!
11. (　　　) bel homme! 얼마나 미남인지!
12. (　　　) histoire! 기막힌 얘기로군!
13. (　　　) moyens immoraux! 얼마나 부도덕한 방법들인가!
14. (　　　) drame épouvantable! 얼마나 끔찍한 참극인가!
15. (　　　) fut la panique! 그 공포가 얼마나 컸었는지!
16. (　　　) bonnes idées! 얼마나 좋은 아이디어들인가!

⑰ (　　) fut son bonheur! 그의 행복이 얼마나 컸었는지!

⑱ (　　) bonne chance il a! 그는 얼마나 운이 좋은가!

⑲ (　　) souci permanent la tracasse!
얼마나 계속적인 걱정이 그녀를 괴롭히는지!

Q-24 : 아래 각 문장의 괄호 속 부정형용사를 적합한 형태로 만들어 넣으시오.

1. Tu ne le pourras trouver (nul) part ailleurs.
넌 그것을 다른 어떤 곳에서도 찾을 수 없을 것이다.

2. C'est un homme sans (aucun) tache.
이 사람은 아무런 흠도 없는 남자이다.

3. Il est mort sans ressentir (aucun) remords de son crime.
그는 자신의 죄에 대해 아무런 회한도 느끼지 않은 채 죽었다.

4. (nul) homme ne peut être accusé, arrêté ni détenu que dans les cas déterminés par la loi et selon les formes qu'elle a prescrites. 어떤 사람도 법이 정한 경우에 법이 규정한 절차에 의거해서가 아니면 기소, 체포, 감금될 수 없다.

5. Il n'y a (aucun) information sur la maladie.
그 병에 관한 어떤 정보도 없다.

6. J'aimerais vivre sans (nul) souci.
나는 아무런 걱정 없이 살고 싶다.

7. Elle n'a (aucun) regret. 그녀는 그 어떤 후회도 없다.

8. Elle a passé une année sans (aucun) vacances.
그녀는 아무런 휴가도 없이 한 해를 보냈다.

9. Ce mois-ci, je ne veux assister à (nul) obsèques.
이번 달엔, 나는 그 어떤 장례식에도 참석하고 싶지 않다.

10. Il n'y a (aucun) résultats pour le moment.
당분간 아무런 구체적 성과도 없다.

⑪ Sans (nul) valise, je me prépare pour ce voyage.
아무런 여행가방 없이, 나는 이번 여행을 준비한다.

⑫ Je n'ai (pas un) sou sur moi. 나는 한 푼도 없다.

⑬ Je n'ai (aucune) excuses à lui faire.
나는 그에게 어떤 사과도 할 것 없다.

⑭ Le cicl est sans (aucun) nuage. 하늘엔 구름 한 점 없다.

⑮ (pas un) goutte d'eau n'est tombée sur les paines du Serengeti.
세렌게티 초원에 물 한 방울도 떨어지지 않았다.

⑯ Parlez sans (aucun) ambages. 단도직입적으로 말하시오.

Q-25 : 아래 [보기]에서 각 문장의 괄호 속에 들어갈 부정형용사를 골라 적합한 형태로 만들어 넣으시오.

autre / quelque / tout / même / chaque / certain

❶ Elle chante (　　) le temps. 그녀는 항상 노래를 한다.

❷ Cette villa est disponible (　　) l'année.
이 별장은 일년 내내 사용할 수 있다.

❸ (　　) la difficulté réside dans ce point.
모든 어려움이 이 점에 있다.

❹ J'en fais (　　) un fromage. 나는 그것으로 치즈 하나 전부를 만들었다.

❺ (　　) une équipe supporte le travail.
한 팀 전부가 그 일을 감당하고 있다.

❻ Pourquoi y a-t-il (　　) cette violence?
왜 이런 모든 폭력이 있단 말인가?

❼ Il a consacré (　　) sa vie à cette étude.
그는 자신의 삶 전부를 그 연구에 헌신했다.

8. La passion fait perdre (   ) contrôle raisonnable.
   열정은 어떤 합리적 통제력도 상실하게 만든다.
9. Il essuiera bientôt (   ) larme de nos yeux.
   그는 곧 우리 눈의 어떤 눈물이든 닦아줄 것이다.
10. Voilà la salle libre de faire des fêtes à (   ) heure.
   여기 줄곧 파티를 할 수 있는 빈방이 있다.
11. Le bus a filé à (   ) allure. 그 버스는 전속력으로 달렸다.
12. Il progresse à (   ) vitesse.
   그는 전속력으로 진보하고 있다.
13. Je vous remercie de (   ) coeur pour votre générosité.
   당신의 후의에 충심으로 감사드립니다.
14. Elle m'a répondu en (   ) franchise.
   그녀는 내게 솔직하게 대답했다.
15. En (   ) cas, merci! 어쨌든 고마워!
16. J'ai (   ) les dossiers nécessaires.
   난 필요한 모든 서류를 가지고 있다.
17. Il voudrait lire (   ) les fables de la Fontaine.
   그는 라 퐁텐느의 모든 우화들을 읽고 싶어한다.
18. Nous ferons pour vous (   ) ces travaux.
   우리는 당신을 위해 이 모든 일들을 할 것이다.
19. (   ) ces cartes sont totalement neuves.
   이 모든 카드들은 완전히 새것들이다.
20. Elle a (   ) tes films à la maison.
   그녀는 집에 네 모든 영화들을 가지고 있다.
21. Nous répondons à (   ) vos questions.
   우리는 여러분의 모든 질문들에 대답을 합니다.

㉒ Je lave les cheveux (   ) les deux jours.
나는 머리를 이틀마다 감는다.

㉓ La page s'actualise (   ) les trois secondes.
그 페이지는 매 30초마다 업데이트된다.

㉔ C'est à (   ) égards celui qui nous convient le mieux.
우리에게 가장 최선의 사람은 모든 점에서 볼 때 바로 그이나.

㉕ Il a couru à (   ) jambes vers sa maison.
그는 자기 집을 향해 전속력으로 달렸다.

㉖ On le critique de (   ) côtés. 사람들이 사방에서 그를 비난한다.

㉗ C'est un projet déjà critiqué de (   ) parts.
그것은 이미 사방에서 비난을 받은 계획이다.

㉘ Vous pourrez y trouver (   ) sortes de parapluies.
당신은 거기서 모든 종류의 우산들을 발견할 수 있을 것이다.

㉙ Vis (   ) jour comme si c'était ton dernier jour!
각각의 날을[하루하루를] 네 마지막 날처럼 살아라!

㉚ Lisez attentivement (   ) citation.
각각의 인용문을 주의 깊게 읽으시오.

㉛ Je me souviens d'avoir aimé 'un (   ) sourire' de Michel Louvain. 나는 미셸 루벵의 '어떤 미소'를 좋아했던 기억이 있다.

㉜ Il est très choqué à cause d'une (   ) mort annoncée.
그는 공고된 어떤 한 죽음으로 인해 매우 충격을 받았다.

㉝ Il y a (   ) liens entre ces deux phénomènes.
이 두 현상 사이엔 얼마간의 관계가 있다.

㉞ (   ) émissions disparaissent, d'autres arrivent.
몇몇 방송들은 사라지고, 다른 것들은 생긴다.

㉟ J'ai besoin de (   ) argent. 나는 돈이 얼마간 필요하다.

㊱ Il m'a acheté (　　　) cadeaux. 그는 네게 선물을 몇 개 사줬다.

㊲ Nous avons le (　　　) groupe sanguin.
우리는 같은 혈액형을 가지고 있다.

㊳ C'est la (　　　) chose. 그것은 마찬가지 것이다.

㊴ Ils ont lu les (　　　) livres que les miens.
그들은 내 책들과 동일한 책들을 읽었다.

㊵ Elle est la gentillesse (　　　).
그녀는 친절 그 자체이다[정말 친절하다].

㊶ La fin ne justifie pas les moyens. Les moyens (　　　) comptent.
결과가 수단을 정당화하지 않는다. 수단 자체가 중요하다.

㊷ Connais-toi toi-(　　　). 너 자신을 알라.

㊸ Il a décidé de le faire lui-(　　　).
그는 그것을 그 스스로 하려고 결심했다.

㊹ On n'aime que soi-(　　　). 사람은 자기 자신밖에 사랑하지 않는다.

㊺ Faites le vous-(　　　). 당신 스스로 그것을 하시오.

㊻ Eprouvez-vous, vous-(　　　)! 여러분들 스스로를 시험해 보시오!

㊼ Laissez-les parler d'eux-(　　　).
그들이 스스로에 대해 말하게 내버려 두시오.

㊽ Tu peux le remplacer par un (　　　) produit de même style.
너는 그것을 동일한 스타일의 다른 제품으로 대체할 수 있다.

㊾ Venez la voir un (　　　) jour. 다른 날 그녀를 만나러 오세요.

㊿ Cela se trouve de l'(　　　) côté de la route.
그것은 도로 다른 쪽에 있다.

51 Partez les premiers, nous (　　　) vous rattraperons en chemin.
먼저들 떠나시면, 우리가 곧 따라가겠습니다.

52 Elle est (　　　) qu'elle était. 그녀는 예전과는 다르다.

Q-26 : 아래 각 문장의 괄호 속 부정형용사를 적합한 형태로 만들어 넣으시오.

1. (Plusieurs) magasins de ce quartier sont fermés.
이 동네의 여러 가게들이 문을 닫았다.

2. Avec ça, on peut gérer (plusieurs) boîtes aux lettres en même temps. 이것만 있으면, 동시에 여러 편지함을 관리할 수 있다.

3. Il explique avec (maints) détails les techniques de cet art martial. 그는 이 무술의 기술들을 상세하게 설명하고 있다.

4. Elle l'a affirmé à (maints) reprises.
그녀는 그것을 여러 차례 확언했다.

5. Plusieurs rassemblements d'agriculteurs ont été organisés samedi dernier en (divers) endroits de la Corée du Sud.
농민 집회들이 지난 토요일 한국의 여러 곳에서 조직됐었다.

6. Dans cette salle, il y a beaucoup de livres en (divers) langues.
이 방에는 여러 언어로 된 책들이 많이 있다.

답

Q-1 : 1-grande / 2-petite / 3-ronde / 4-bleue / 5-verte / 6-vraie / 7-facile / 8-utile / 9-célèbre / 10-habile / 11-pauvre / 12-jaune / 13-rouge / 14-blanche / 15-sèche / 16-publique / 17-belle / 18-nouvelle / 19-étrangère / 20-chère / 21-fière / 22-légère / 23-coquette / 24-muette / 25-nette / 26-complète / 27-inquiète / 28-chanteuse / 29-flatteuse / 30-pêcheuse / 31-enchanteresse / 32-pécheresse / 33-antérieure / 34-intérieure / 35-majeure / 36-meilleure / 37-active / 38-brève / 39-naïve / 40-neuve / 41-vive / 42-longue / 43-oblongue / 44-amicale / 45-civile / 46-fatale / 47-cruelle / 48-nulle / 49-gentille / 50-réelle / 51-pareille / 52-vermeille / 53-pleine / 54-brune / 55-voisine / 56-lointaine / 57-ancienne / 58-bonne / 59-mignonne / 60-poltronne / 61-maronne / 62-sotte / 63-idiote / 64-éparse / 65-grise / 66-basse / 67-grasse / 68-grosse / 69-épaisse / 70-lasse / 71-accusatrice / 72-créatrice / 73-médiatrice / 74-heureuse / 75-jalouse / 76-joyeuse / 77-douce / 78-fausse / 79-rousse

Q-2 : 1-bel / 2-beaux / 3-fol / 4-fous / 5-vieil / 6-vieux / 7-mol / 8-mous / 9-nouvel / 10-nouveaux

Q-3 : 1-grands, grandes / 2-petits, petites / 3-blancs, blanches / 4-fous, folles / 5-mous, molles / 6-gras, grasses / 7-gros, grosses / 8-faux, fausses / 9-vieux, vielles / 10-amicaux, amicales / 11-internationaux, internationales / 12-banals, banales / 13-fatals, fatales / 14-glacials, glaciales / 15-navals, navales / 16-beaux, belles / 17-nouveaux, nouvelles / 18-bleus, bleues / 19-hébreux, hébraïques

Q-4 : 1-belles / 2-rare / 3-blanche / 4-nouveau / 5-mignonne / 6-gentilles / 7-merveilleux / 8-intelligents / 9-diverses / 10-courageux / 11-grands / 12-vilaines / 13-honnêtes / 14-vieilles / 15-pauvres (*11번~15번까지는 제2장 명사에서 '성(性)의 구별' 참조)

Q-5 : 1-sourdes-muettes / 2-aigres-douces / 3-franco-americains / 4-avant-dernières / 5-arabo-andalouses

Q-6 : 1-jaune pâle / 2-pourpre / 3-brun foncé / 4-bleu clair / 5-céladon / 6-marron / 7-violette / 8-noires / 9-kaki / 10-orange

Q-7 : 1~13-grand

Q-8 : 1-douce, jolie / 2-gentils / 3-embarrassants / 4-petits / 5-favorisés

Q-9 : 1-plus, qu' / 2-aussi, que / 3-moins, que / 4-le plus, du / 5-la plus, de / 6-le moins, de / 7-la moins, de / 8-très / 9-si[aussi], que / 10-plus, que, ne / 11-aussi, que, ne / 12-moins, que, ne

Q-10 : 1-b / 2-a / 3-c / 4-a / 5-a / 6-a / 7-c / 8-a / 9-a / 10-b / 11-a / 12-a / 13-c / 14-a / 15- a / 16-b / 17-a

Q-11 : 1-meilleur / 2-le meilleur / 3-la meilleure / 4-les meilleurs / 5-les meilleures / 6-pire / 7-le pire / 8-la pire / 9-les pires / 10-plus mauvais / 11-le plus mauvais / 12-la plus mauvaise / 13-les plus mauvaises / 14-moindre / 15-le moindre / 16-la moindre / 17-les moindres / 18-plus petit / 19-le plus petit / 20-la plus petite / 21-les plus petits / 22-les plus petites

Q-12 : 1-c / 2-b / 3-c / 4-d / 5-a / 6-c / 7-a / 8-c / 9-a / 10-b / 11-c / 12-a / 13-c / 14-a / 15-c / 16-b / 17-c / 18-d / 19-c / 20-d

Q-13 : 1-b / 2-a / 3-b / 4-a / 5-b / 6-a / 7-b / 8-a / 9-b / 10-a

Q-14 : 1-× / 2-○ / 3-× / 4-○ / 5-× / 6-× / 7-× / 8-× / 9-○ / 10-× / 11-× / 12-× / 13-× / 14-× / 15-○ / 16-× / 17-× / 18-○ / 19-× / 20-× / 21-× / 22-× / 23-○ / 24-× / 25-× / 26-○ / 27-× / 28]-× / 29-○ / 30-× / 31-○ / 32-× / 33-× / 34-× / 35-×

Q-15 : 1-ami ancien, ancien ami / 2-homme bon, bon homme / 3-homme brave. brave homme / 4-homme grand, grand homme / 5-femme grosse, grosse femme / 6-soldat simple, simple soldat / 7-femme triste, triste femme / 8-ami vieux, vieil ami / 9-homme vilain, vilain homme

Q-16 : 1~2-cinq, quatre / 3-deux / 4-six / 5-cinq / 6-dix / 7-une / 8-sept / 9-quatre-vingt quinze / 10-dix-sept(*실제론 아라비아 숫자 사용) / 11-huit / 12~14-quatre, neuf, treize / 15- troisième / 16-septième / 17-treizième / 18-cinquante-cinquième / 19-dix-neuvième / 20-trente-et-unième / 21-première / 22-deuxième [seconde] / 23-deuxièmes [secondes] / 24-dernière / 25-avant-dernier

Q-17 : 1-deux mille six cents / 2-trente et un / 3-premier / 4-quatre / 5-premier / 6-première / 7-un / 8-quatre-vingt-dix-neuf / 9-un / 10-premier / 11-treize / 12-six / 13-un / 14-premier / 15-deux / 16-trois / 17-une / 18-première / 19-deux / 20-quatre / 21- trois / 22-cinq

Q-18 : 1-ce / 2-Cette / 3-cet / 4-cette / 5-ces / 6-Ces / 7-ces / 8-ces / 9-ce / 10-ce / 11-cet / 12-ce / 13-cette / 14-ce / 15-cette / 16-Ce / 17-cet / 18-cet / 19-cet / 20-cette / 21-ce

Q-19 : 1-ce sac-ci, ce sac-là / 2-cet hôtel-ci, cet hôtel-là / 3-cet escargot-ci, cet escargot-là / 4-cette écharpe-ci, cette écharpe-là / 5-ce vin-ci, ce vin-là / 6-ces ceintures-ci, ces ceintures-là / 7-cette direction-ci, cette direction-là / 8-ces jours-ci / 9-cette année-là / 10-cet instant-là / 11-cet homme-là

Q-20 : 1-mon / 2-mon / 3-mon / 4-ma / 5-mes / 6-mes / 7-ton / 8-ton / 9-ton / 10-ta / 11-tes / 12-tes / 13-son / 14-son / 15-son / 16-sa / 17-ses / 18-ses / 19-son / 20-son / 21-son / 22-sa / 23-ses / 24-ses / 25-notre / 26-notre / 27-notre / 28-notre / 29-nos / 30-nos / 31-votre / 32-votre / 33-votre / 34-votre / 35-vos / 36-vos / 37-votre / 38-votre / 39-votre / 40-votre / 41-vos / 42-vos / 43-leur / 44-leur / 45-leur / 46-leur / 47-leurs / 48-leurs / 49-leur / 50-leur / 51-leur / 52-leur / 53-leurs / 54-leurs / 55-ses / 56-ses

Q-21 : 1-mon / 2-ma / 3-sa / 4-mon / 5-mon / 6-mon / 7-ma / 8-mon / 9-mon / 10-mon / 11-ma / 12-son / 13-ses / 14-son / 15-sa / 16-son / 17-sa / 18-notre / 19-sa / 20-sa / 21-son / 22-notre / 23-nos / 24-votre / 25-vos / 26-son [leur] / 27-ses [leurs] / 28-son [leur] / 29-ses [leurs] / 30-sa [leur]

Q-22 : 1-mon → l' / 2-à ses → aux / 3-sa → la / 4-tes → les / 5-Les → Ses / 6-Les → Tes / 7-Les → Mes (*marron은 불변하는 형용사)

Q-23 : 1-Quel / 2-Quelles / 3-Quelle / 4-Quels / 5-Quel / 6-Quelles / 7-Quelle / 8- Quels / 9-Quel / 10-Quelle / 11-Quel / 12-Quelle / 13-Quels / 14-Quel / 15-

Quelle / 16-Quelles / 17-Quel / 18-Quelle / 19-Quel

Q-24 : 1-nulle / 2-aucune / 3-aucun (*remords는 남성단수명사) / 4-Nul / 5-aucune / 6-nul / 7-aucun / 8-aucunes (*vacance의 복수형인 vacances는 '휴가' 란 의미) / 9-nulles (*obsèques는 단수형 없는 여성복수형 명사) / 10-aucuns (*resultat의 복수형 resultats는 '구체적인 성과' 란 의미) / 11-nulle / 12-pas un / 13-aucunes (*excuse의 복수형 excuses는 '사과, 사죄' 란 의미) / 14-aucun / 15-Pas une / 16-aucunes (*ambages '완곡한 말투' 는 단수형 없는 여성복수형 명사)

Q-25 : 1-tout / 2-toute / 3-Toute / 4-tout / 5-Toute / 6-toute / 7-toute / 8-tout / 9-toute / 10-toute / 11-toute / 12-toute / 13-tout / 14-toute / 15-tout / 16-tous / 17-toutes / 18-tous / 19-Toutes / 20-tous / 21-toutes / 22-tous / 23-toutes / 24-tous / 25-toutes / 26-tous / 27-toutes / 28-toutes / 29-chaque / 30-chaque / 31-certain / 32-certaine / 33-certains / 34-Certaines / 35-quelque / 36-quelques / 37-même / 38-même / 39-mêmes / 40-même / 41-mêmes / 42-même / 43-même / 44-même / 45-même / 46-mêmes / 47-mêmes / 48-autre / 49-autre / 50-autre / 51-autres / 52-autre

Q-26 : 1-Plusieurs / 2-plusieurs / 3-maints / 4-maintes / 5-divers / 6-diverses

CHAPITRE

4 대명사(le pronom)

대명사는 명사를 대신하는 것이 본래의 기능이지만, 형용사 · 부정법 · 절 · 문장을 대신하기도 한다. 명사를 대신할 때는 그 명사의 인칭과 성과 수에 따라 그 형태가 달라진다.

대명사는 형태와 의미에 따라 **인칭대명사**(pronom personnel), **지시대명사**(pronom démonstratif), **소유대명사**(pronom possessif), **관계대명사**(pronom relatif), **의문대명사**(pronom interrogatif), **부정대명사**(pronom indéfini)의 6가지로 나뉜다.

1. 인칭대명사

인칭대명사는 1인칭, 2인칭, 3인칭이 있으며, 각 인칭에는 단수형과 복수형이 있다. 또한 인칭대명사에는 주어로 사용되는 대명사와 직접목적보어, 간접목적보어로 사용되는 대명사 및 인칭대명사 강세형이 있다.

수(數)	인칭	비 강 세 형			강 세 형
		주어	직접목적보어	간접목적보어	주어 · 목적보어 대신, 전치사와 함께
단수	1인칭	je	me	me	moi
	2인칭	tu	te	te	toi
	3인칭	il/elle	le/la	lui	lui/elle
복수	1인칭	nous	nous	nous	nous
	2인칭	vous	vous	vous	vous
	3인칭	ils/elles	les	leur	eux/elles
재귀대명사(3인칭)			se	se	soi
비고 : 특수용법		on, il(비인칭)	le	en, y	

1 주어 인칭대명사

Ⓐ 1인칭단수 **je**는 그 뒤에 오는 품사가 모음 또는 무성 h로 시작되면 **j'**가 된다.

J'ai **un livre**. (*Je ai (×))

J'en **ai envie**. (*Je en (×))

J'étais **malade**. (*Je etais (×))

J'irai **à pied**. (*Je irai (×))

J'y **suis allée**. (*Je y (×))

Ⓑ 1 · 2인칭의 단수와 복수형은 성의 구별 없이 사용되며, 뒤에 놓이는 속사에 의해서 성이 구별된다. 3인칭에서는 남 · 여성이 구별되어 있으며, 1 · 2인칭과는 달리 사람과 사물을 모두 대신할 수 있다.

Je **suis** content.

(*속사인 형용사 content이 남성이므로 je가 남성임을 알 수 있음)

Je **suis** contente.

(*속사인 형용사 contente가 여성이므로 je가 여성임을 알 수 있음)

Nous **sommes** beaux.

(*속사인 형용사 beaux가 남성복수이므로 nous가 남성임을 알 수 있음)

Nous sommes belles.
(*속사인 형용사 belles이 여성복수이므로 nous가 여성임을 알 수 있음)

Je connais son frère. Il est grand. (*il이 사람을 대신한 경우)

J'aime sa soeur. Elle est grande. (*elle이 사람을 대신한 경우)

J'ai un baton. Il est court. (*il이 사물을 대신한 경우)

Je porte une jupe. Elle est courte. (*elle이 사물을 대신한 경우)

Ⓒ 1인칭 복수 **nous**는 위엄을 나타내기 위해(국왕 · 사법[행정]관 · 주교 등), 또는 겸손을 표시하기 위해(저자 · 편집자 등), je 대신에 사용된다. 이때 속사는 단수형을 사용한다.

Nous vous avons dispensés de l'exigence d'accomplir le devoir.
짐은 그대들이 그 의무를 완수할 필요를 면제해 주었다. (*위엄을 나타내기 위해 je 대신 사용한 nous)

Dans ce chapitre, nous avons essayé de donner un aperçu général sur notre étude. 이번 장에서 필자는 본 연구의 개관을 제시하고자 했다. (*겸손을 표시하기 위해 je 대신 사용한 nous)

Nous sommes très honoré de vous accueillir chez moi.
당신을 제 집에 맞이하게 되어 저로서는 매우 영광입니다. (*겸손을 표시하기 위해 je 대신 사용한 nous라서 속사 honoré는 단수형)

Ⓓ 2인칭 복수 **vous**는 복수의 뜻(너희들은, 여러분은)과 tu 대신 사용된 단수 존칭의 뜻(당신은, 그대는)을 함께 갖고 있다. 이 '존칭의 vous(vous de politesse)'를 사용할 경우, 뒤에 따르는 형용사 · 과거분사는 단수형을 사용된다.

Tes soeurs et toi, vous avez visité le musée.
네 언니들과 너, 너희들은 박물관을 방문했다.

Vous êtes très gentils. 여러분은 매우 친절하십니다.

Vous êtes très gentil. 당신은 매우 친절하십니다.
(*2인칭 복수가 아닌 tu 대신 사용된 단수 존칭의 vous이므로 형용사는 단수형)

Ⓔ 남 · 여성이 합쳐진 무리를 가리킬 때엔, 남성복수 ils을 사용한다. 따라서 예를 들어 여성이 999명이고 남성이 1명인 무리의 경우도 ils로 받는다.

André et Sophie, ils sont joyeux. 앙드레와 소피, 그들은 즐겁다.

Ⓕ **on**은 다른 주어 인칭대명사 대신에 사용될 때도 있으며(=je, tu, nous, vous, il, elle, ils, elles) 특히 회화체에서는 nous 대신에 on을 많이 사용한다. 이때 속사로 쓰인 형용사 · 과거분사는 경우에 따라 성 · 수 변화를 할 수도 있다. 3인칭을 가리킬 때 「사람, 세상 사람들, 누구든지」의 부정대명사적 의미로 사용되기도 한다. 동사는 단수로 사용된다. 세련된 표현에서는 si, ou, que, et, où 뒤에서 **l'on**으로 써서 모음충돌을 피한다.

Oui, oui, on y va. 예, 예, 저 지금 갑니다. (*주어 인칭대명사 je 대신)

A-t-on été sage, mon enfant?
얘야, 너 얌전히 있었니? (*주어 인칭대명사 tu 대신)

Est-on riche? 당신들은 부자입니까? (*주어 인칭대명사 vous 대신)

Est-on prêtes? 여러분 준비됐습니까? (*주어 인칭대명사 vous 대신한 on의 속사로 쓰인 형용사가 성 · 수 변화를 한 경우)

On suit quelquefois mes conseils.
그[그녀]는 가끔 내 충고를 듣기도 한다. (*주어 인칭대명사 il이나 elle 대신)

On m'a apporté des fruits.
그들[그녀들]이 내게 과일을 가져왔다. (*주어 인칭대명사 ils이나 elles 대신)

Nous, on veut bien.
우리요, 우린 좋습니다[원합니다].(속어) (*주어 인칭대명사 nous 대신)

On est rentré très tard.
우리는 아주 늦게 돌아왔다. (*주어 인칭대명사 nous 대신)

On est fatiguées. 우리는 피곤하다. (*주어 인칭대명사 nous 대신한 on의 속사로 쓰인 형용사가 성 · 수 변화를 한 경우)

On ne suarait penser à tout. 사람은 모든 걸 다 생각할 순 없다. (*3인칭을 가리키며 부정대명사적 의미로 사용된 경우)

Quand on veut, on peut. 누구든지 원하면 할 수 있다. (*3인칭을 가리키며 부정대명사적 의미로 사용된 경우)

On dit que tous les hommes sont égaux. 사람들이 말하길 모든 인간

은 평등하다고 한다. (*3인칭을 가리키며 부정대명사적 의미로 사용된 경우)

Si l'on veut, je le ferai.
당신들이 원한다면, 난 그것을 하겠다. (*si 다음에서 모음충돌 피하기 위해 l'on으로 / on이 주어 인칭대명사 vous를 대신)

Ou l'on chante, ou l'on pleure. Je m'en fiche!
네가 노래를 하든, 울든. 난 상관 없어! (*ou 다음에서 모음충돌 피하기 위해 l'on으로 / on이 주어 인칭대명사 tu를 대신)

La robe que l'on m'a vendu est déchirée.
그[그녀]가 내게 판 원피스가 찢어졌다. (*que 다음에서 모음충돌 피하기 위해 l'on으로 / on이 주어 인칭대명사 il이나 elle을 대신)

Et l'on m'a dit qu'elle était menteuse.
그리고 그들은 내게 그녀가 거짓말쟁이라고 말했다. (*et 다음에서 모음충돌 피하기 위해 l'on으로 / on이 주어 인칭대명사 ils이다 elles을 대신)

La maison où l'on est allé est jolie.
우리들이 갔던 그 집은 예쁘다. (*ou 다음에서 모음충돌 피하기 위해 l'on으로 / on이 주어 인칭대명사 nous를 대신)

Ⓖ 비인칭대명사 **il**은 비인칭주어로서 날씨 · 시간 · 존재 · 필요 · 의무 · 기분 · 가능성 등을 표현한다. 비인칭동사와 경우에 따라 비인칭동사가 되는 동사의 비인칭주어로, 또는 진짜주어(le sujet réel)가 있는 구문에서 문법상의 가주어인 비인칭주어로 사용되며, 동사는 항상 3인칭 단수이다.

Il pleut beaucoup. 비가 많이 온다.
(*비인칭동사로 사용된 pleuvoir의 비인칭주어 – 날씨)

Il fait gris. 날씨가 흐리다. (*비인칭동사로 사용된 faire의 비인칭주어 – 날씨)

Il est six heures. 6시이다. (*비인칭동사로 사용된 être의 비인칭주어 – 시간)

Il est temps de se quitter. 헤어질 시간이다.
(*비인칭동사로 사용된 être의 비인칭주어 – 시간)

Il est mort, il y a trois jours. 그는 죽었는데, 3일 되었다.
(*avoir동사의 비인칭적 용법인 il y a에서 비인칭주어 – 시간)

Il y a cinq mois que tu es parti. 네가 떠난 지 5달 되었다.

(*avoir동사의 비인칭적 용법인 il y a에서 비인칭주어–시간)

Il y a **des voitures dans ce parking.** 그 주차장에 차들이 있다.
(*avoir동사의 비인칭적 용법인 il y a에서 비인칭주어–존재)

Il tombe **de la neige.** 눈이 내린다.
(*비인칭동사로 사용된 tomber의 비인칭주어–진짜주어(명사 de la neige)가 있는 구문에서 문법상 가주어–날씨)

Il était **une fois un roi.** 옛날에 한 왕이 있었다.
(*비인칭동사로 사용된 être의 비인칭주어–진짜주어(un roi)가 있는 구문에서 문법상 가주어–존재 : il est (=il y a))

Il **me** faut **de l'argent.** 내겐 돈이 필요하다.
(*비인칭동사 falloir의 비인칭주어–진짜주어(명사 de l'argent)가 있는 구문에서 문법상의 가주어–필요)

Il faut **sourire.** 웃어야만 한다.
(*비인칭동사 falloir의 비인칭주어–진짜주어(부정법 sourire)가 있는 구문에서 문법상 가주어–의무)

Il est **nécessaire de le faire maintenant.**
지금 그걸 하는 것이 필수적이다. (*비인칭 동사로 사용된 être의 비인칭주어 – 진짜주어(de+부정법)가 있는 구문에서 문법상 가주어–필요)

Il faut **que vous partiez.** 당신들은 떠나야만 한다.
(*비인칭동사 falloir의 비인칭주어–진짜주어(que 이하 절)가 있는 구문에서 문법상 가주어–필요)

Il fait **bon chanter.** 노래 부르는 것은 기분 좋다.
(*비인칭동사로 사용된 faire의 비인칭주어–진짜주어(부정법 chanter)가 있는 구문에서 문법상 가주어–기분)

Il se peut **que vous soyez menteur.** 당신이 거짓말쟁이일 수도 있다.
(*비인칭동사 se pouvir의 비인칭주어–진짜주어(que 이하 절)가 있는 구문에서 문법상 가주어–가능성)

Il arrive **qu'il vienne le soir.** 그는 밤에 오는 일이 있다.
(*비인칭동사로 사용된 arriver의 비인칭주어–진짜주어(que 이하 절)가 있는 구문에서 문법상 가주어–가능한 사실)

Il arriva **qu'elle y resta.** 그녀는 그곳에 남았다.
(*비인칭동사로 사용된 arriver의 비인칭주어 – 진짜주어(que 이하 절)가 있는 구문에서 문법상 가주어 – 현실적 사실)

Il vaut **mieux partir.** 떠나는 것이 더 낫다.
(*비인칭동사로 사용된 valoir의 비인칭주어 – 진짜주어(부정법 partir)가 있는 구문에서 문법상 가주어 – 가치판단)

※ 경우에 따라 비인칭동사가 되는 다음 동사들과 함께 사용된 il은 문맥에 따라 비인칭대명사(비인칭주어)나 인칭대명사(인칭주어)가 되므로 유의할 것 :
Il arrive … / Il est … / Il fait … / Il vaut … / Il tombe …

2 보어 인칭대명사

보어에는 **직접목적보어**(complément d'objet direct)와 **간접목적보어**(complement d'objet indirect)가 있는데, 그러한 목적보어를 대명사로 쓸 경우, 직접 · 간접보어 인칭대명사라고 한다. me, te, le, la는 그 뒤에 모음 또는 무성 h로 시작되는 품사가 오면 각각 m', t', l'로 생략된다.

Ⓐ 직접 · 간접보어 인칭대명사 비강세형은 항상 동사 앞에 놓인다. 단, 긍정명령문에서는 둘 다 모두 동사 뒤에 놓이게 된다. 특히 긍정명령문에서 둘이 함께 오는 경우엔 항상 직접보어 인칭대명사가 간접보어 인칭대명사 앞에 오며, 각 인칭대명사와 동사 사이에 연결부호(–)를 넣는다. 또한 긍정명령문에 쓰인 me, te는 강세형 moi, toi로 바뀐다.

Ma mère m'**aime, et je** la **respecte.**
내 어머니는 날 사랑하고, 난 그녀를 존경한다.

Philippe ne te **connaît pas.** 필립은 너를 모른다.

Je ne les **aime pas.** 난 그(녀)들을 사랑하지 않는다.

Il m'**a donné ce livre.** 그는 나에게 이 책을 주었다.

Personne ne lui **a dit de venir.** 아무도 그(녀)에게 오라고 하지 않았다.

Elle leur **a envoyé des lettres.** 그녀는 그(녀)들에게 편지들을 보냈다.

Ne les cueillez pas, ces fleurs. 이 꽃들, 그것들을 꺾지 마시오.

Ne le regardes pas, mais regarde-la.
그를 쳐다보지 말고, 그녀를 쳐다봐.

C'est un joli chapeau. Portez-le. 이것은 예쁜 모자입니다. 그것을 쓰세요.

Apportez-le-moi. 그것을 내게 가져오십시오.

Aide-moi. 나를 도와줘.

Donnez-moi de vos nouvelles. 내게 당신 소식을 주십시오.

Lève-toi. 일어나라.

Ⓑ 직접 · 간접보어 인칭대명사가 한 문장에서 함께 사용될 때의 위치 :

(a) 평서문이나 부정명령문에서 직접보어 인칭대명사, 간접보어 인칭대명사가 모두 3인칭인 경우는 직접보어 인칭대명사가 간접보어 인칭대명사 앞에 온다.

Je voudrais la lui présenter. 난 그녀를 그에게 소개하고 싶다.

Elle ne le lui amènera pas. 그녀는 그를 그에게 데려가지 않을 것이다.

Elle va les leur envoyer. 그녀는 그것들을 그들에게 보낼 것이다.

Ne le leur dites pas. 그것을 그들에게 말하지 마라.

(b) 평서문이나 부정명령문에서 간접보어 인칭대명사가 1 · 2인칭일 때, 간접보어 인칭대명사가 항상 직접보어 인칭대명사 앞에 온다.

Il m'a promis de me la présenter.
그는 내게 그녀를 소개해 준다고 약속했다.

Je te les ai envoyés. 난 네게 그것들을 보냈다.

Ils vont nous le montrer. 그들은 우리에게 그를 보여줄 것이다.

Elle aimerait vous les offrer.
그녀는 너희들에게 그것들을 제공하고자 한다.

Ne me le répétez pas. 나에게 그것을 되풀이해서 말하지 마시오.

(c) 평서문이나 부정명령문에서 직접보어 인칭대명사가 1 · 2인칭일 때, 간접보어 인칭대명사는 'à+강세형'으로 동사 뒤에 놓는다. 이 경우, 보어 인칭대명사를 둘 다 동사 앞에 놓을 수는 없다.

Je te présente à elle.
난 너를 그녀에게 소개한다. [*Je te lui presente.(×)]
On va vous présenter à nous.
사람들이 당신을 우리에게 소개할 것이다. [*On va vous nous presenter.(×)]
Ne me présentez pas à eux.
날 그들에게 소개하지 마시오. [*Ne me leur presente pas.(×)]
Elle va nous présenter à lui.
그녀는 우리를 그에게 소개할 것이다. [*Elle va nous lui presenter.(×)]

(d) 긍정명령문에서는 두 보어 인칭대명사가 모두 동사 뒤에 놓이며, 항상 직접보어 인칭대명사가 간접보어 인칭대명사 앞에 온다. 또한 각 인칭대명사와 동사 사이에 연결부호(-)를 넣으며, me, te는 강세형 moi, toi로 바뀐다.

Dis-le-moi. 그것을 내게 말해줘.
Presentez-la-moi. 그녀를 내게 소개해 주세요.
Encourage-moi à l'accomplir. 내가 그것을 완수하도록 격려해 줘.
Donne-le-lui. 그것을 그에게 줘라.
Envoyez-les-leur. 그것들을 그들에게 보내시오.
Lave-toi les mains. 손을 씻어라.

(e) 중성대명사 y, en이 다른 보어 인칭대명사와 함께 사용되면, 그것 뒤에 놓인다.

Je vais vous en parler. 나는 당신에게 그것에 관해 말하겠다.
Ne lui en parlez pas. 그에게 그것에 관해 말하지 마시오.
Parlez-leur-en. 그들에게 그것에 관해 말하시오.

3 재귀대명사

보어 인칭대명사가 주어(대)명사와 같은 인칭을 취하는 경우, 그 보어 인칭대명사를 재귀형이라고 한다.

Je me
Tu te
Il(Elle) se

Nous nous
Vous vous
Ils(Elles) se

Ⓐ 1 · 2인칭 단 · 복수의 재귀형은 보어 인칭대명사와 같은 형이지만, 3인칭은 **se**를 취한다. se는 단 · 복수와 직접 · 간접보어의 형태가 동일하게 불변이다. 또한 se와 함께 사용된 동사는 대명동사를 형성한다(참조 : 제5장 동사에서 '대명동사').

Je me **regarde dans le miroir.** 나는 거울을[거울 속 내 모습을] 본다.
(*me는 직접보어 인칭대명사 – 여기서 me regarde는 대명동사)

Tu te **laves la bouche.** 너는 네 입을 닦는다.
(*te는 간접보어 인칭대명사 – 여기서 te laves는 대명동사)

Nous nous **regardons les uns les autres.**
우리는 서로서로를 쳐다본다. (*nous는 직접보어 인칭대명사 – 여기서 nous regardons은 대명동사)

Vous vous **disputez la prééminence.**
당신들은 서로 패권을 다투고 있다. (*vous는 간접보어 인칭대명사–여기서 vous disputez는 대명동사)

Il s'**asseoit sur la chaise.** 그는 의자에 앉는다.
(*se는 직접보어 인칭대명사 – 여기서 s'asseoir는 대명동사)

Elles se **couchent.** 그녀들은 잠잔다.
(*se는 직접보어 인칭대명사 – 여기서 se couchent는 대명동사)

Ⓑ se의 강세형 **soi**는, 원칙상 부정대명사 on, chacun, personne, tout le monde 등이 주어인 문장에서 전치사 뒤에 놓인다.

On **n'est heureux que** chez soi. 사람은 자기 집에서만 행복하다.

Chacun **travaille** pour soi. 각자는 자신을 위해 일한다.

Personne **n'aime entendre mal** parler de soi.
아무도 자기 욕하는 걸 듣기 좋아하지 않는다.

Tout le monde **ne vit que** pour soi. 모두가 자기만을 위해서 산다.

Que faut-il **savoir** de soi?
자신에 대해 무엇을 알아야만 하는가? (*비인칭주어 il)

4 강세형 인칭대명사

단독 또는 전치사와 함께 사용되며, 다른 인칭대명사를 강조하기도 한다.

Ⓐ 전치사와 함께 사용되는 경우

Elle est partie avec lui. 그녀는 그와 함께 떠났다.

Ce livre est à moi. 이 책은 나의 것이다.

Je pense à toi. 나는 너를 생각한다.

Tu as besoin d'eux. 넌 그들이 필요하다.

Chacun doit travailler pour soi. 각자 자기를 위해 일해야 한다.

Ⓑ 주어 인칭대명사를 강조하는 동격으로 사용되는 경우. 이때, 주어를 강조하는 lui, eux는 moi, toi 등과는 다르게, 단독적으로 주어로 사용될 수 있다.

Moi, je travaille pour ma patrie. 난, 나는 나의 조국을 위해 일한다.

Toi, tu es Coréene. 넌, 너는 한국인[한국여자]이다.

Lui, il ne viendra pas. 그, 그는 돌아오지 않을 것이다.

Eux, ils ne m'ont rien dit. 그들, 그들은 내게 아무 말도 하지 않았다.

Lui n'a rien fait. 그는 아무것도 하지 않았다.

Eux ne reviendront pas. 그들은 돌아오지 않을 것이다.

Ⓒ 직접 · 간접보어 인칭대명사를 강조하여 문장 앞, 또는 뒤에 쉼표(,)와 함께 놓이는 경우. 이때 간접보어 인칭대명사를 강조하는 강세형 인칭대명사의 경우엔 전치사 à와 함께 사용된다.

Il l'aime, elle, pas toi. 그는 네가 아닌 그녀, 그녀를 사랑한다.

Toi, je te connais! 난, 너 너를 알아!

Je le connaît, lui. 나는 그, 그를 안다.

Elle m'a écrit, à moi. 그녀는 나, 내게 편지했다.

À toi, je ne te le dirai jamais.
나는 너, 너에게 결코 그것을 말하지 않겠다.

Ⓓ 속사로서, 또는 비교어로서 que 뒤에, 그리고 c'est···que 구문에서 사용되는 경우

Qui est-ce? - C'est moi. 누구세요? 나야

Sophie est plus grande que lui. 소피는 그보다 더 크다.

C'est toi que j'aime. 내가 사랑하는 사람은 바로 너다.

Ⓔ 생략어로서 사용되는 경우

Qui le cherche? - Moi. 누가 그를 찾죠? 저요.

À qui veux-tu le donner? - À lui. 누구에게 그것을 주고 싶니? 그에게.

Ⓕ 등위접속사 et로 연결되는 주어 · 직접목적보어 · 간접목적보어와 함께 사용되는 경우

Philippe et elle vont le faire. 필립과 그녀가 그것을 할 것이다.
(*주어 Philippe과 등위접속사 et로 연결된 또 다른 주어 elle(강세형 인칭대명사))

Lui et eux étaient heureux. 그와 그들은 행복했었다.
(*등위접속사 et로 연결된 주어 lui와 eux(둘 다 강세형 인칭대명사))

J'attends toi et ta femme. 난 너와 네 아내를 기다린다.
(*등위접속사 et로 연결된 직접목적보어 toi(강세형 인칭대명사)와 ta femme)

Il songe à sa famille et à moi. 그는 자기 가족과 나를 생각한다.
(*등위접속사 et로 연결된 간접목적보어 à sa famille와 à moi(강세형 인칭대명사))

Ⓖ 형용사 même를 붙여 한 낱말로 사용되는 경우

J'aimerais travailler pour moi-même.
난 나 자신을 위해서 일하고 싶다.

Connais-toi toi-même. 너 자신을 알라.

L'important est de rester soi-même.
중요한 것은 자기 분수를 지키는 것이다.

5 중성 인칭대명사

한정되지 않은 중성적인 것을 대신하며, le, en, y의 3가지 종류가 있다. 성 · 수의 변화를 하지 않고 불변이다.

Ⓐ 중성대명사 **le**는 속사로 사용된 무관사 명사, 형용사 또는 과거분사, 부정법 또는 절이나 문장을 대신한다.

Son père est médecin. Il a voulu l'être aussi.

그의 아버지는 의사이다. 그도 그것이 되기를 원했다. (*무관사 명사 médecin을 대신한 le)

Es-tu heureuse? – oui, je le suis.

넌 행복하니? – 응, 난 그래. (*형용사 heureuse를 대신한 le)

Il est vaincu, mais je ne le serai pas.

그는 패배했지만 나는 그렇지 않을 것이다. (*과거분사 vaincu를 대신한 le)

Puis-je partir? – Oui, vous le pouvez.

떠나도 될까요? – 네, 그러셔도 됩니다. (*부정법 partir를 대신한 le)

Sais-tu qu'il part demain? - Oui, je le sais.

그가 내일 떠난다는 걸 아니? 응, 그거 알아. (*que 이하 절을 대신한 le)

Il est malin. Je le vois aussi.

그는 약삭빠르다. 난 그것을 안다. (*앞문장을 대신한 le)

Ⓑ 중성대명사 **en**은 「de+명사」를 대신한다. 또한 수 또는 양을 나타내는 표현과 함께 사용된 명사를 대신하거나, 부분적인 양을 나타내는 부분관사, 또는 부정의 de와 함께 사용된 명사를 대신한다. 한편 「de+장소의 명사」를 대신할 때는 부사적 용법이다.

J'ai parlé de ce projet. → J'en ai parlé.

난 그것(그 계획)에 대해 말했다. (* 'de+명사' 를 대신한 en)

Il ne joue pas du violon. → Il n'en joue pas.

그는 그것(바이올린)을 연주하지 않는다. (* 'de+명사' 를 대신한 en)

J'ai besoin d'argent. → J'en ai besoin.

난 그것(돈)이 필요하다. (* 'de+명사' 를 대신한 en)

Elle est aimée de ses amis. → Elle en est aimée.

그녀는 (친구들에게) 사랑받는다. (* 'de+명사' 를 대신한 en)

Tu es digne de louanges. → Tu en es digne.

자네는 그럴 만(칭찬받을 만)하네. (* 'de+명사' 를 대신한 en)

Tu n'as pas la clef de ta valise. → Tu n'en as pas la clef.

넌 그(네 가방의) 열쇠를 갖고 있지 않다. (* 'de+명사' 를 대신한 en)

Le toit de la maison est rouge. → Le toit en est rouge.

그(그 집의) 지붕은 빨갛다. (* 'de+명사' 를 대신한 en)

J'ai deux soeurs. → J'en ai deux. 난 (여자 형제가) 둘이 있다.
(*수를 나타내는 표현 deux와 함께 사용된 명사를 대신한 en)

Il a beaucoup de livres. → Il en a beaucoup.
그는 그것(책들)을 많이 갖고 있다. (*양을 나타내는 표현 beaucoup de 함께 사용된 명사를 대신한 en)

Je n'ai aucun livre. → Je n'en ai aucun.
난 그것(책)을 하나도 갖고 있지 않다. (*수를 나타내는 표현 aucun과 함께 사용된 명사를 대신한 en)

Tu as mangé du pain. → Tu en as mangé.
넌 그것(빵)을 먹었다. (*부분관사 du와 함께 사용된 명사를 대신한 en)

On n'a plus de vin. → On n'en a plus.
우린 더 이상 그것이(포도주가) 없다. (*부정의 de와 함께 사용된 명사를 대신한 en)

※ en이 「de+장소의 명사」를 대신하는 부사적 용법으로 사용된 경우 :

Il est rentré du promenade.

→ Il en est rentré. 그는 거기서(산책에서) 돌아왔다.

Je reviens du supermarché.

→ J'en reviens. 난 거기에서(슈퍼에서) 돌아온다.

ⓒ 중성대명사 y는 「à+명사 또는 부정법」을 대신한다. 이때 명사는 대개 사물이지만, penser à, songer à, rêver à, croire à, renoncer à, tenir à 등처럼 간접보어 인칭대명사 대신 「à+강세형 인칭대명사」를 사용하는 동사들의 경우엔 「à+사람」을 y로 받을 수 있다. 한편 「à, dans, sur, sous+장소의 명사」와 「chez+강세 인칭대명사」를 대신할 때는 부사적 용법이다. 한 문장에서 en과 함께 사용될 경우엔, y가 먼저 오고 다음에 en이 놓인다.

Consentez-vous au mariage? – Oui, j'y consens.
결혼에 동의하나요? – 네, 그것에 동의합니다. (*à+명사(le marriage)를 대신)

Penses-tu à ton travail? – Oui, j'y pense.
네 일을 생각하니? – 응, 그것을 생각해. (*à+명사(ton travail)를 대신)

J'ai reçu sa lettre. Il faut y répondre.
난 그의 편지를 받았다. 난 그것에 답장해야만 한다. (*à+명사(sa lettre)를 대신)

Es-tu fidèle à cette doctrine? – Oui, j'y suis fidèle.
넌 그 교리에 충실하니? 응, 난 그것에 충실해. (*à + 명사(cette doctrine)를 대신)
Pense-t-il à le faire? – Oui, il y pense.
그는 그것을 할 생각인가? – 응, 그는 그렇게 할 생각이야. (*à + 부정법을 대신)
Consens-tu à partir? – Oui, j'y consens.
너는 떠나는 것에 동의하니? – 응, 나는 그것에 동의해. (*à + 부정법을 대신)

Pensez-vous à votre femme? 당신은 아내를 생각하시나요?
– **Oui, je pense à elle.** 네, 나는 그녀를 생각합니다.
– **Oui, j'y pense.** (*Oui, je lui pense.(×))
(*간접보어 인칭대명사 대신 'à + 강세형 인칭대명사' 를 사용하는 동사 penser는 'à + 사람' 을 y로 받을 수 있음)
Elle tient beaucoup à moi? 그녀가 내게 몹시 애착을 느낀다고?
– **Oui, elle tient beaucoup à toi.**
응, 그녀는 네게 몹시 애착을 느끼고 있어.
– **Oui, elle y tient beaucoup.** (*Oui, elle te tient beaucoup.(×))
(*간접보어 인칭대명사 대신 'à + 강세형 인칭대명사' 를 사용하는 동사 tenir는 'à + 사람' 을 y로 받을 수 있음)

※ y가 부사적 용법으로 사용된 경우 :
Vas-tu au grand magasin? – Oui, j'y vais.
너 백화점에 가니? 응, 나 거기 가.
Es-tu dans ta voiture? – Oui, j'y suis. 너 차 안에 있니? 응, 거기 있어.
Le crayon est sur la table? – Oui, il y est.
연필이 책상 위에 있니? 응, 거기 있어.
Vivent-ils sous la tante? – Oui, ils y vivent.
그들은 천막에 살아? 응, 그들은 거기에 살아.
Est-il chez lui? – Oui, il y est. 그는 집에 있나요? 네, 그는 거기 있습니다.

※ 한 문장에서 en과 함께 사용될 경우엔, y가 먼저 오고 다음에 en이 놓인다.
J'ai deux rosiers. 나는 두 그루의 장미나무를 가지고 있다.

→ J'en ai deux.
나는 두 그루(장미나무)를 갖고 있다.

J'ai deux rosiers dans mon jardin. → J'y en ai deux.
난 거기에(정원에) 두 그루(장미나무)를 갖고 있다.

2. 지시대명사

1 변화하지 않는 지시대명사

Ⓐ **ce**(이것, 저것, 그것)는 성과 수의 구별이 없는 중성의 지시대명사로 상황에 따라 사람, 사물, 관념, 또는 절이나 문장을 대신하며, 또 비인칭동사의 가주어로도 사용된다. être 동사와 함께 형용사가 오면 남성단수형으로 받는다. devoir, pouvoir와 함께 사용되기도 하며, 관계절의 선행사로도 사용되고, 간접의문절 앞에 놓이기도 한다.

Mon meilleur ami, c'est toi.
내 가장 좋은 친구, 그건 너다. (*ce가 사람을 대신)

Ces livres, ce sont les miens.
이 책들, 그건 내 것들이다. (*ce가 사물을 대신)

Cette idée, ce n'est pas la mienne.
그 의견, 그것은 내 의견이 아니다. (*ce가 관념을 대신)

J'ai cru que tout s'arrangerait, mais c'était une erreur.
난 모든 게 잘 해결되리라 믿었지만, 그것은 오산이었다. (*ce가 절을 대신)

Il est bon de faire son mieux. C'est certain.
최선을 다하는 것은 좋은 일이다. 그것은 확실하다. (*ce가 문장을 대신)

C'est mon habitude de ne pas fumer avant le dîner.
식전 금연이 내 습관이다. (*비인칭동사의 가주어로 사용된 ce, 진짜주어는 de 이하)

C'est **certain.** 그것은 확실하다.
(*ce 다음에 être 동사와 함께 형용사가 오면 남성단수형으로 받으므로 certain)

C'est **intéressant, cette affaire.**
이 일은 흥미롭다. (*ce 다음에 être 동사와 함께 형용사가 오면 남성단수형으로 받으므로 intéressant)

Ce devait **être faux.**
그것은 거짓임에 틀림없다. (*devoir와 함께 사용된 ce)

Ce pouvait **arriver un jour.**
그것은 언젠가는 일어날 수 있었다. (*pouvoir와 함께 사용된 ce)

Ce qui me plaît, **c'est sa tolérance.**
내 마음에 드는 것은, 그의 관용이다. (*관계절의 선행사로 사용된 ce)

Ce qu'il dit **est amusant.**
그가 말한 것은 재미있다. (*관계절의 선행사로 사용된 ce)

Je me demande ce qui l'inquiète.
그를 걱정시키는 것이 뭔지 난 의아스럽다. (*간접의문절 앞에 사용된 ce)

Je te demande ce que tu sais faire.
난 네게 뭘 할줄 아는지 묻는다. (*간접의문절 앞에 사용된 ce)

Ⓑ **ceci**(이것), **cela**(**ça**는 구어형 : 저것)는 ce의 복합형으로, 이미 표현된 것, 또는 표현되지 않은 것도 가리키며, 명사, 절, 문장, 또는 그 속에 포함된 생각을 나타낸다. 또 비인칭동사의 가주어로도 사용된다. 그러나 ce와는 달리 속어적 표현 이외에는 사람에게는 사용하지 않는다. 또한 시간 · 공간적인 원근을 표시하여, ceci는 가까이 있는 것이나 앞으로 말할 사실, cela는 멀리 있는 것이나 이미 말한 사실을 표시라는 경우가 있는데, 그런 경우가 아니고는 주로 cela가 즐겨 사용된다. ça는 특히 회화체 표현에서 많이 사용된다.

Emportez cela. 그것을 가져가시오. (*cela가 이미 표현된 것을 대신)

Les cigaettes, je n'aime pas ça.
담배, 난 그것을 싫어한다. (*ça가 명사를 대신)

Le temps s'assombrit, cela **m'inquiète.**
날이 어두워진다, 그것이 날 불안하게 한다. (*cela가 절을 대신)

Il ne vit que pour soi. Cela est vrai.
그는 자신만을 위해서 산다. 그것은 사실이다. (*cela가 문장을 대신)

Cela m'est difficile d'entendre ses plaintes.
그의 불평을 듣는 것은 내게는 어렵다. (*비인칭동사의 가주어로 사용된 cela, 진짜주어는 de 이하)

Les gosses, ça n'aime pas rester immobile.
아이들은 가만히 있는 걸 싫어한다. (*ça가 속어적 표현에서 사람을 대신해 사용된 경우)

Ceci est mieux que cela.
이것이 저것보다 더 낫다. (*Ceci와 cela는 공간적 원근을 표시)

Je préfère ceci à cela.
난 이것이 저것보다 더 좋다. (*ceci와 cela는 공간적 원근을 표시)

Retenez bien ceci, j'aime tout ce que vous aimez.
이걸 명심하세요, 난 당신이 좋아하는 걸 다 좋아해요. (*ceci는 앞으로 말할 사실을 대신)

Il est bon de soulager la misère. N'oubliez pas cela.
불쌍한 사람을 돕는 것은 좋은 일이오. 그걸 잊지 마시오. (*cela는 이미 말한 사실을 대신)

2 변화하는 지시대명사

대신하는 명사의 성과 수에 따라 변화한다.

성 · 수		단 순 형	복 합 형
남성	단수	celui	celui-ci / celui-là
	단수	ceux	ceux-ci / ceux-là
여성	단수	celle	celle-ci / celle-là
	단수	celles	celles-ci / celles-là

Ⓐ 지시대명사 단순형 **celui, celle, ceux, celles**는 앞에 나온 명사, 사람, 사물을 대신하며, 단독으로 사용되지 않고 반드시 'de+명사의 한정보어', 또는 관계절과 함께 사용된다. 하지만 앞에 나온 특정한 명사를 가리키지 않고 단지 관계대명사의 선행사로 쓰여 주어나 목적보어가 될 때에는 「… 사람」을 뜻하며, celui는 남자를, celle는 여자를 의미한다.

Voila la mère de Paul et celle de Pierre.

저기 쏠의 어머니와 피에르의 그분(어머니)이 있다. (* 'de+명사의 한정보어' 와 함께 사용된 지시대명사 단순형 celle – 사람)

Il y a mon livre et celui de Sophie.

내 책과 소피의 그것(책)이 있다. (* 'de+명사의 한정보어' 와 함께 사용된 지시대명사 단순형 celui – 사물)

Ma voiture est en panne. Et j'ai pris celle de mon père.

내 차는 고장이 났다. 그래서 아버지의 그것(차)을 탔다. (* 'de+명사의 한정보어' 와 함께 사용된 지시대명사 단순형 celle – 사물)

Emporte tes chapeaux et ceux de Philippes.

네 모자들과 필립의 그것들(모자들)을 가져가라.(* 'de+명사의 한정보어' 와 함께 사용된 지시대명사 단순형 ceux – 사물)

J'ai lavé mes jupes et celles de ma soeur.

난 내 치마들과 언니의 그것들(치마들)을 빨았다. (* 'de+명사의 한정보어' 와 함께 사용된 지시대명사 단순형 celles – 사물)

Celui qui ne sait pas aimer n'est pas heureux.

사랑할 줄 모르는 자는 불행하다. (*지시대명사 단순형 celui가 관계대명사절에서 주어 역할인 선행사 – 사람)

Connais-tu celle qui t'a souri tout à l'heure?

너 방금 네게 웃은 여자를 아니? (*지시대명사 단순형 celle가 관계대명사절에서 주어 역할인 선행사 – 사람 : 여자)

Je n'aime pas ceux qui sont paresseux.

난 게으른 사람들을 좋아하지 않는다. (*지시대명사 단순형 ceux가 관계대명사절에서 주어 역할인 선행사 – 사람)

C'est celui que j'aime le plus.

이 사람은 내가 제일 좋아하는 남자이다. (*지시대명사 단순형 celui가 관계대명사절에서 목적보어 역할인 선행사 – 사람: 남자)

Cette femme n'est pas celle que je cherche.
그 여자는 내가 찾는 여자가 아니다. (*지시대명사 단순형 celle가 관계대명사절에서 목적보어 역할인 선행사 – 사람: 여자)

Ⓑ 지시대명사 단순형에 시간 · 공간적인 원근을 뜻하는 **–ci**(가까운 것/후자), **–là**(먼 것/전자)를 첨가하여 만든 복합형은, 단순형과는 다르게 한정보어 없이 단독으로 문장에서 주어, 목적보어의 기능을 갖는다. 그런데 일상어에서는 –ci, –là의 구별을 명확히 하지 않으며 점차 **celui–là**를 사용하는 경향이 있다.

Voilà deux voitures. Celle-ci est rouge et celle-là est blanche.
차가 두 대 있다. 이것은 빨갛고 저것은 하얗다. (*주어로 사용된 복합형 지시대명사 celle-ci(가까운 것)와 celle-là(먼 것))

Je préfère celui-là.
난 저것을 더 좋아한다. (*목적보어로 사용된 복합형 지시대명사 celui-là(먼 것))

Ces robes sont à moi. Et celles-là sont à ma soeur.
이 원피스들은 내것이다. 그리고 저것들은 내 언니의 것이다. (*주어로 사용된 복합형 지시대명사 celles-là(먼 것))

Marie et son frère sont arrivés, celui-ci par le train, celle-là par la voiture. 마리와 그 오빠가 왔는데, 후자(그)는 기차로 전자(그녀)는 차로 왔다. (*주어로 사용된 복합형 지시대명사 celui-ci(후자인 오빠)와 celle-là(전자인 마리))

Il y a deux Japonais et trois Françaises. Je connais ceux-là.
두 일본남자와 세 프랑스여자가 있는데 난 전자들(두 일본남자)을 안다. (*목적보어로 사용된 복합형 지시대명사 ceux-là(전자인 두 일본남자))

Dieu jugera les bons et les méchants, ceux-ci pour les punir, ceux-là pour les récompenser. 하나님은 선인들과 악인들을 심판할 것이며, 후자들(악인들)은 벌 주고 전자들(선인들)은 상 주실 것이다. (*목적보어로 사용된 복합형 지시대명사 ceux-ci(후자인 악인들)과 ceux-là(전자인 선인들))

De tous ses enfants, celui-là est le plus intélligent.
그의 아이들 중에서 애[재]가 가장 똑똑하다. (*주어로 사용된 복합형 지시대명사 celui-là(일상어에서 –ci, –là의 구별을 명확히 하지 않으며 점차 ~–là를 사용하는 경향))

Si tu cherches une affaire intéressante, je vous conseille celle-là.
만약 자네가 유리한 사업을 찾고 있다면, 이것[저것]을 권하네. (*목적보어로 사용된 복합형 지시대명사 celle-là(일상어에서 –ci, –là의 구별을 명확히 하지 않으며 점차 ~–là를 사용하는 경향))

3. 소유대명사

소유대명사는 소유자를 나타냄과 동시에 이미 명시된 피소유물(사람 · 사물)을 대신하며 「나의 것, 너의 것, 그의 것」이라는 뜻을 지닌다. 반드시 정관사와 함께 사용되며, 소유형용사처럼 소유자의 인칭과 수, 피소유물의 성과 수에 따라 변화한다.

소유자 \ 피소유물	남성단수	여성단수	남성복수	여성복수
je	le mien	la mienne	les miens	les mienne
tu	le tien	la tienne	les tiens	les tiennes
il/elle	le sien	la sienne	les siens	les siennes
nous	le nôtre	la nôtre	les nôtres	
vous	le vôtre	la vôtre	les vôtres	
ils/elles	le leur	la leur	les leurs	

1 소유형용사와 함께 사용된 명사를 대신한다.

Voilà mon sac et le tien.
저기 내 가방과 네 것(네 가방)이 있다. (*le tien은 ton saç를 대신)

Elle préfère ta jupe à la sienne.
그녀는 네 치마를 자기 것(그녀의 치마)보다 더 좋아한다. (*la sienne은 sa jupe를 대신)

Il a ses parents. Moi aussi, j'ai les miens.
그는 양친이 있다. 나 역시 그것(양친)이 있다. (*les miens은 mes parents을 대신)

Ta voiture est plus petite que la nôtre.
네 차는 우리 것(우리 차)보다 더 작다. (*la nôtre는 notre voiture를 대신)

Ils ont versé nos soupes dans les vôtres.
그들은 우리의 스프들을 당신들 것들(당신들 스프들) 속에 부었다. (*les vôtres는 vos soupes를 대신)

Nos chaises sont aussi confortables que les leurs.
우리의 의자들은 그들의 것들(그들의 의자들) 만큼 편안하다. (*les leurs는 leurs chaises를 대신)

2 명사적으로 사용되어 특정한 의미를 갖는다. 남성단수형은 재산 · 돈, 소유물을 나타내고, 남성복수형은 가족, 가까운 친척, 친구 등을 가리킨다.

J'apporta du mien. Mettez-y du vôtre.
난 내 재산을 투자했소, 당신도 당신 재산을 투자하시오. (*남성단수형 소유대명사가 명사적으로 사용되어 재산 · 돈을 나타내는 경우)

Elle ne demande que le sien.
그녀는 자기 몫만 요구한다. (*남성단수형 소유대명사가 명사적으로 사용되어 소유물을 나타내는 경우)

Il est plein d'égards pour les siens.
그는 자기 가족을 끔찍이 생각한다. (*남성복수형 소유대명사가 명사적으로 사용되어 가족을 가리키는 경우)

Faites mes amitiés aux vôtres.
당신 친지들에게 안부 전해 주시오. (*남성복수형 소유대명사가 명사적으로 사용되어 가까운 친척, 친구를 가리키는 경우)

4. 관계대명사

관계대명사는 접속사와 대명사의 기능을 동시에 갖고 있는 대명사로, 원칙적으로 선행사(antécedent)의 바로 뒤, 관계절 맨 앞에 놓여 선행사를 수식하는 형용사절을 이끈다. 형태는 **단순형**(qui, que, quoi, dont, ou)과 **복합형**(lequel, laquelle, lesquels, lesquelles)의 두 가지가 있다. 또한 모든 관계대명사의 선행사는 반드시 관사 등의 한정사가 붙는 명사이거나 대명사이어야 한다.

Montre-moi le livre que tu as acheté hier.
네가 어제 산 그 책을 내게 보여주렴. (*선행사는 le livre)
Je vois les enfants qui courent.
나는 달리고 있는 아이들을 본다. (*선행사는 les enfants)
Elle porte des bijoux sur la valeur desquels on peut hésiter.
그녀는 별 가치가 없는 보석들을 걸치고 있다. (*선행사는 des bijoux)
Je remercie mon professeur à la bienveillante intervention de qui je dois cette faveur.
나는 그분의 호의 넘친 중재의 덕을 본 나의 교수님께 감사드린다. (*선행사는 mon professeur)

1 단순형 관계대명사

선행사에 따른 성 · 수의 변화가 없다.

관계절속 기능 \ 선행사	사 람	사 물	중성대명사 ce
주어	qui	qui	qui
속사, 직목보어	que	que	que
간목보어, 상황보어	전치사+qui	×	전치사+quoi
장소, 시간	×	où	×
de+명사	dont	dont	dont

Ⓐ **qui** : 관계대명사 주격으로 선행사는 사람, 사물, 중성대명사 ce 등 모두 가능하다. 「전치사+qui(à qui, de qui, avec qui, pour qui …)」는 간접목적보어, 상황보어의 기능을 가지며, 선행사는 원칙적으로 사람이지만 의인화된 사물, 동물 등이 될 수도 있다. 이때 de qui는 주로 dont 또는 duquel(de laquelle, desquels, desquelles)로 바뀌어 사용된다.

Regarde ton professeur qui te parle.
네게 말씀하시는 네 선생님을 쳐다봐라. (*선행사가 사람)

Prenez votre valise qui est à votre droite.
당신 오른쪽에 있는 여행가방을 드시오. (*선행사가 사물)

Tous les chiens qui aboient ne mordent pas.
짖는 모든 개가 무는 건 아니다. (*선행사가 동물)

Qui est celui qui travaille bien?
일 잘하는 사람이 누군가요? (*선행사가 지시대명사 celui)

Elle l'a entendu qui chantait.
그녀는 그가 노래하는 걸 들었다. (*선행사가 인칭대명사 le)

Le voila qui t'aime.
널 좋아하는 그가 저기 있다. (*선행사가 인칭대명사 le)

Moi qui suis fatigué, je n'irai pas au concert.
피곤한 나는 음악회에 안갈 것이다. (*선행사가 강세형 인칭대명사 moi)

Il n'y a rien qui lui plaise.
그의 마음에 드는 것이 하나도 없다. (*선행사가 부정대명사 rien)

J'aime ce qui est jolie.
난 예쁜 것을 좋아한다. (*선행사가 중성대명사 ce)

Celui à qui elle parle maintenant est son mari.
그녀가 지금 말을 건네고 있는 남자는 그녀 남편이다. (*선행사가 지시대명사 celui/à qui는 관계절 내에서 간접목적보어 기능)

Voici le professeur à qui je dois beaucoup de choses.
내가 많은 신세를 진 교수님이 이분이시다. (*선행사가 사람/à qui는 관계절 내에서 간접목적보어 기능)

La femme de qui(=dont, de laquelle) **tu m'as parlé plusieurs fois,**

c'est sa soeur. 네가 내게 여러 번 얘기한 여자는 그의 누나이다.
(*선행사가 사람/de qui는 관계절 내에서 간접목적보어 기능)

Je connais la dame avec qui **il danse.**
나는 그가 함께 춤추고 있는 숙녀를 안다. (*선행사가 사람/avec qui는 관계절 내에서 상황보어 기능)

Ma tante chez qui **je vais souvent est gentille.**
내가 가끔 그 집에 가는 나의 아주머니는 친절하시다. (*선행사가 사람/chez qui는 관계절 내에서 상황보어 기능)

Ce chien à qui **tu fais tant de caresses est dangereux.**
네가 그토록 어루만지는 그 개는 위험하다. (*선행사가 동물/à qui는 관계절 내에서 간접목적보어 기능)

C'est une femme pour qui **il peut tout faire.**
이 사람은 그가 그녀를 위해서라면 뭐든 할 수 있을 그런 여자이다. (*선행사가 사람/pour qui는 관계절 내에서 상황보어 기능)

Voilà le professeur par qui **tu seras interrogé.**
네게 질문하실 교수님이 저기 있다. (*선행사가 사람/par qui는 동작주 보어 기능)

Ⓑ **que** : 선행사는 사람, 사물 또는 중성적으로 사용된 대명사 모두 가능하며, 관계절 내 동사의 직접목적보어, 또는 속사로 사용된 명사나 형용사를 대신한다.

Elle aime bien le garçon que **tu lui as présenté hier.**
그녀는 어제 네가 그녀에게 소개한 그 소년을 좋아한다. (*선행사가 사람/que는 관계절 내에서 직접목적보어로 사용된 명사 le garçon을 대신)

La dame que **vous cherchez n'est pas ici.**
당신이 찾는 그 숙녀 분은 여기에 없습니다. (*선행사가 사람/que는 관계절 내에서 직접목적보어로 사용된 명사 la dame을 대신)

Prenez le stylo que **je vous ai donné.**
내가 당신에게 준 펜을 집으시오. (*선행사가 사물/que는 관계절 내에서 직접목적보어로 사용된 명사 le stylo를 대신)

Montre-moi ses lettres que **tu as reçues.**
네가 받은 그의 편지들을 내게 보여주렴. (*선행사가 사물/que는 관계절 내에서 직접목적보어로 사용된 명사 ces lettres를 대신)

Ecoutez bien ce qu'il dit. 그가 하는 말을 잘 들으시오.
(*선행사가 중성대명사 ce/que는 관계절 내에서 직접목적보어 기능)

Ce sont mes livres et ceux que je lui ai empruntés.
이것은 내 책들과 그에게 빌려온 것들(책들)이다. (*선행사가 지시대명사 ceux/que는 관계절 내에서 직접목적보어 기능)

La petite fille que j'étais a grandi.
어린 소녀였던 내가 성장했다. (*선행사가 사람/que는 관계절 내에서 주어의 속사로 사용된 명사 la petite fille를 대신)

Gentil qu'il etait, il me l'a donné.
그는 친절했기에 내게 그것을 줬다. (*que는 관계절 내에서 주어의 속사로 사용된 형용사 gentil를 대신)

© **전치사+quoi** : quoi는 항상 전치사와 함께 사용된다. 대개의 경우 ce(cela : 생략도 가능)를, 때로는 부정대명사 rien, quelque chose 같은 막연한 어휘, 또는 앞의 절 전체 또는 일부를 선행사로 갖는다. de quoi는 대개의 경우 dont으로 대치되지만, 특수용법인 'de quoi+부정법(…하기에 족한 것)' 일 경우는 예외이며, 이때 부정법은 생략되는 수도 있다.

C'est (ce) à quoi je m'intéresse.
그건 내가 흥미를 느끼는 것이다.

Le sujet de quoi(=dont) il traite est intéressant.
그가 다루고 있는 주제는 흥미롭다.

Vous ne disez rien en quoi je puisse me confier.
당신은 제가 신뢰할 수 있는 말을 하나도 하지 않는군요. (*선행사가 부정대명사 rien)

Il y a quelque chose sur quoi on doit discuter.
우리가 논의해야만 할 뭔가가 있다. (*선행사가 부정대명사 quelque chose)

Il le lui donna, après quoi il se retira.
그는 그녀에게 그것을 주었고, 그리곤 물러갔다. (*선행사가 앞의 절 전체)

Rends-moi ce que tu as emporté, sans quoi je ne peux vivre.
네가 가져간 것 내게 돌려줘, 그것 없인 난 살 수가 없어. (*선행사가 앞의 절의 일부인 ce que tu as emporté)

Il ont de quoi vivre.

그는 먹고 살만한 것이 있다. (*de quoi+부정법은 dont으로 대치가 안됨)

Avez-vous de quoi écrire?

뭐 쓸 것[필기도구] 좀 있소? (*de quoi+부정법은 dont으로 대치가 안됨)

Il n'y a pas de quoi (remercier).

천만에요. (*de quoi+부정법은 dont으로 대치가 안됨 / de quoi+부정법에서 부정법이 생략되는 수도 있음)

Ⓓ **dont** : 관계절에서 전치사 de과 함께 사용된 명사군을 대신하여, de qui, de quoi, duquel(de laquelle, desquels, desquelles)의 뜻을 가진다. 즉, de로 이루어진 명사 · 형용사 · 동사의 보어를 대신한다.

Voici le garçon dont la soeur est jolie.

그 누나가 예쁜 소년이 여기 있다. (*선행사는 le garçon/dont은 관계절 내에서 la soeur의 명사보어로 사용된 de ce garçon을 대신)

L'homme dont la voiture a été brûlée est mon ami.

그의 차가 불탄 남자는 나의 친구이다. (*선행사는 l'homme/dont은 관계절 내에서 la voiture의 명사보어로 사용된 de cet homme를 대신)

Le fils dont elle est fière est médecin.

그녀가 자랑스러워하는 아들은 의사이다. (*선행사는 le fils/dont은 관계절 내에서 형용사 fière의 형용사보어로 사용된 de ce fils를 대신)

C'est une maison dont je suis content.

그것은 내가 만족해하는 집이다. (*선행사는 une maison/dont은 관계절 내에서 형용사 content의 형용사보어로 사용된 de cette maison을 대신)

Voilà le mensonge dont il se repent.

그것이 그가 뉘우치고 있는 거짓말이다. (*선행사는 le mensonge/dont은 관계절 내에서 동사 se repent의 보어로 사용된 de ce mensonge를 대신)

Où est l'outil dont vous vous servez?

당신이 사용하는 도구는 어디에 있습니까? (*선행사는 l'outil/dont은 관계절 내에서 동사 vous servez의 보어로 사용된 de cet outil를 대신)

Voici le professeur dont(=de qui) **je t'ai parlé.**

네게 말했던 교수님이 여기 있다. (*선행사는 le professeur/dont은 관계절 내

에서 동사 ai parlé의 보어로 사용된 de ce professeur를 대신)

Je te prête ma valise dont(=de laquelle) tu as besoin.

네가 필요로 하는 내 여행가방을 네게 빌려주마. (*선행사는 ma valise/dont은 관계절 내에서 동사 as besoin의 보어로 사용된 de ma valise를 대신)

Voici ce dont j'ai besoin.

이것이 내가 필요로 하는 것이다. (*선행사는 중성대명사 ce)

Ⓔ **où** : 관계절의 시간 · 장소의 상황보어를 대신하며, 선행사는 장소와 시간을 나타내는 명사, 또는 부사가 될 수 있다. 시간을 나타낼 땐 où 대신에 que를 사용해도 무관하다. où는 전치사 de, par, jusque와 함께 쓰여, d'où, par où, jusqu' où가 된다.

Montréal est la ville où(=dans laquelle) je suis né.

몬트리올은 내 출생 도시이다. (*선행사가 장소를 나타내는 명사 la ville)

Je serai avec vous partout où vous irez.

난 당신이 가는 곳엔 어디나 함께 하겠다. (*선행사가 장소를 나타내는 부사 partout)

Je me souviens du jour où(=que) tu es partie.

난 네가 떠난 그 날을 기억한다. (*선행사가 시간을 나타내는 명사 le jour / 시간을 나타낼 땐 où 대신 que를 사용해도 무관)

L'été est la saison où(=qu') il pleut beaucoup.

여름은 비가 많이 내리는 계절이다. (*선행사가 시간을 나타내는 명사 la saison / 시간을 나타낼 땐 où 대신 que를 사용해도 무관)

Le trou d'où le rat est sorti est au coin de la cave.

쥐가 나온 구멍은 지하실 구석에 있다. (*선행사가 장소를 나타내는 명사 le trou /où가 전치사 de와 함께 사용된 경우)

C'est le chemin par où tu dois passer.

이것이 네가 거쳐 가야만 할 길이다. (*선행사 장소를 나타내는 명사 le chemin /où가 전치사 par와 함께 사용된 경우)

Venez à dix-sept heures jusqu'où ce travail sera fini.

오후 5시에 오면 그때까지 이 일은 끝마쳐질 거요. (*선행사가 시간을 나타내는 부사 ce soir/où가 전치사 jusque와 함께 사용된 경우)

② 복합형 관계대명사

단순형과는 달리, 선행사의 성 · 수에 따라 변화하기 때문에 선행사를 명시할 수 있고 사람 또는 사물을 선행사로 갖는 장점이 있지만, 형태가 복잡하기 때문에 그 사용이 제한되어 있으며, 일상용어로서는 많이 사용되지 않는다.

선행사 / 관계절속기능	남 성		여 성		비고
	단수	복수	단수	복수	
주어, 직목보어	(lequel	lesquels	laquelle	lesquelles)	거의 사용 안함
à의 뒤에서	auquel	auxquels	à laquelle	auxquelles	전치사와 함께 사용한 보어
de의 뒤에서	duquel	desquels	de laquelle	desquelles	
par의 뒤에서 etc. ⋮	par lequel	par lesquels	par laquelle	par lesquelles	

Ⓐ 복합형 관계대명사는 주어 · 직접목적보어의 대용으로 사용되는 경우는 거의 없다. 하지만 법조문이나 선고문에서 또는 의미의 애매함을 피하기 위해서 선행사의 성과 수를 명시할 수 있는 복합형을 사용할 수가 있다.

L'article 12 de la déclaration des droits de l'homme et du citoyen est concernant la garantie des droits de l'homme et du citoyen, laquelle nécessite une force publique.

프랑스 인권선언 제12조는 인간과 시민의 권리 보장에 관한 것으로, 그것은(그 보장은) 공권력을 필요로 한다. (*laquelle을 사용하여 선행사가 la garantie임을 명확히 해줌)

Il m'a envoyé trois livres de sa soeur, lesquels sont arrivés hier.

그는 내게 자기 누나의 책을 세 권 보냈는데, 그것들은 어제 도착했다.
(*lesquels을 사용하여 선행사가 trois livres임을 명확히 해줌)

Ⓑ **전치사+lequel :** 복합형의 가장 보편적인 용법이다. 선행사가 사람인 경우는 '전치사+qui'를 사용하고, 선행사가 중성인 ce, rien일 경우는 '전치사+quoi'를 쓰기 때문에, 선행사가 사물 · 동물일 경우를 위해서는 '전치사+lequel'이 없어서는 안 되며, 일상용어에도 흔히 사용된다. 그러나 선행사가 사람일 때 '전치사+lequel'

을 사용하는 수도 있다. 또한 auquel, dans lequel, sur lequel이 장소나 시간의 뜻을 가질 때에는 주로 단순형 관계사 où가 사용된다.

Ne laisse pas traîner les objets auxquels tu tiens.
네가 애착을 갖는 물건들을 굴러다니게 놔두지 마라. (*선행사가 사물(les objets))

C'est un travail duquel (=dont) **il n'est pas capable.**
그것은 그가 할 수 없는 일이다. (*선행사가 사물(un travail))

Les vacances dureront deux mois, pendant lesquelles j'irai à la campagne. 방학은 두 달간 계속될 건데, 그 동안 나는 시골에 갈 것이다. (*선행사가 사물(les vacances))

C'est la chatte avec laquelle elle est venue.
그것은 그녀와 함께 온 암고양이이다. (*선행사가 동물(la chatte))

C'est le chien auquel il a jeté de la viande.
그것은 그가 고기를 던져준 개이다. (*선행사가 동물(le chien))

La femme à qui (=à laquelle) **il s'adresse est belle.**
그가 말을 걸고 있는 여자는 아름답다. (*선행사가 사람일 땐 전치사+qui를 사용하지만, 전치사+복합형 관계대명사도 사용 가능)

Reviens à dix-neuf heures où (=auxquelles) **il arrivera.**
그가 도착할 저녁 7시에 다시 와라. (*전치사+복합형 관계대명사가 시간의 뜻을 가질 때는 주로 단순형 관계사 où를 사용)

Dites-moi le livre où (=dans lequel) **tu a lu cette histoire.**
당신이 이 이야기를 읽은 책을 내게 말해 주십시오. (*전치사+복합형 관계대명사가 장소의 뜻을 가질 때는 주로 단순형 관계사 où를 사용)

Voici la chaise où (=sur laquelle) **il s'était assis.**
이것이 그가 앉았었던 의자이다. (*전치사+복합형 관계대명사가 장소의 뜻을 가질 때는 주로 단순형 관계사 où를 사용)

ⓒ duquel은 대개의 경우 dont으로 대치되는데, dont을 사용할 수 없는 경우가 있다. 즉 duquel이 관계절 내 명사의 보어를 대신하게 됐을 때 그 명사가 다른 전치사구와 함께 사용된 경우엔, 선행사가 사람일 때는 de qui를, 사물일 때는 duquel형을 사용한다.

Il a entrepris des démarches au succès desquelles on s'attend déjà. 그는 교섭에 대한 계획을 세웠는데 사람들은 이미 그 교섭의 성공을 기대하고 있다. (*관계절이 된 원래의 문장은 on s'attend déjà au succès des démarches였는데, des démarches가 다른 전치사구와 함께 사용된 명사 au succès의 명사보어라서, 그것을 대신한 관계사는 desquelles이 되면서 다른 전치사구와 함께 사용된 앞의 명사도 함께 선행사 des démarches 뒤로 가게 됨)

Ce problème à l'étude duquel il a consacré sa vie n'est pas simple. 그가 그것의 연구에 일생을 바친 그 문제는 단순하지가 않다. (*관계절이 된 원래의 문장은 il a consacré sa vie à l'étude de ce problème이었음)

L'homme à la honnêteté duquel(=de qui) je me confie est son frère. 내가 그의 정직성을 신뢰하는 그 남자는 그의 형이다. (*관계절이 된 원래의 문장은 je me confie à la honnêteté de cet homme이었음 / 원래 선행사가 사람일 땐 전치사+qui를 사용하지만, 전치사+복합형 관계대명사도 사용 가능하므로, 이 경우엔 duquel이나 de qui 둘 다 사용 가능함)

3 부정 관계대명사

선행사 없이 사용된 qui 이외에, quiconque, qui que, quoi que, qui que ce soit qui, qui que ce soit que, quoi que ce soit qui, quoi que ce soit que와 같이 복합으로 된 부정 관계대명사가 있다.

Quiconque le connaît viendra.
그를 아는 사람은 누구든 간에 올 것이다.

Qui que vous soyez, attendez votre tour.
당신이 누구든 간에 차례를 기다리시오.

Quoi que vous disiez, on ne vous croira pas.
당신이 뭐라고 말하든 간에, 사람들은 당신을 믿지 않을 거요.

Qui que ce soit qui vienne, dis-lui que je suis occupé.
그 누가 오더라도 내가 바쁘다고 말해.

Quoi que ce soit qui **te tracasse, ne t'en préoccupes pas trop.**
너를 걱정시키는 것이 무엇이든 간에, 너무 신경 쓰지 마.
Sur quoi que ce soit qu'on **l'interroge, il a réponse prête.**
사람들이 무엇에 관해서 그에게 물어보든 그는 준비된 대답을 갖고 있다.

5. 의문대명사

사람이나 사물을 대신하는 의문을 표시한다. 보통 문장의 맨 앞에 놓여 직접의문문을 만들며, 또는 문장 속에 놓여 간접의문절을 이루기도 한다.

직접의문문에서의 주어 · 동사의 위치를 보면, 의문대명사가 주어로 사용된 경우를 제외하곤 의문대명사 뒤에는 주어 · 동사가 반드시 도치되는데, **강세형(est-ce que**나 **est-ce qui**가 붙는 형)에서는 도치를 하지 않는다. 간접의문절에서의 주어 · 동사의 위치는 평서문의 위치와 같은데, 단 que와 qu'est-ce que는 **ce que**로, qu'est-ce qui는 **ce qui**로 각각 바뀐다.

Qui **est venu?** (=Qui est-ce qui est venu?)
누가 왔는가? (*의문대명사가 주어일 때 주어 · 동사 도치 안함)
Qui **es-tu?** (=Qui est-ce que tu es?)
너는 누구니? (*의문대명사 뒤에서 주어 · 동사 도치 / 강세형(est-ce que가 붙는 형)에서는 주어 · 동사 도치 안함)
Qui **cherchez-vous?** (=Qui est-ce que vous cherchez?)
당신은 누구를 찾으십니까?
Que **regardez-vous?** (=Qu'est-ce que vous regardez?)
당신은 무엇을 바라보고 계십니까?
À qui **le donnes-tu?** (=À qui est-ce que tu le donnes?)
넌 그걸 누구에게 주니?
De quoi **parles-tu?** (=De quoi est-ce que tu parles?)

넌 무엇에 대해 말하는 거니?

Qui **est-elle?** (=Qui est-ce qu'elle est?) **- Je ne sais pas** qui **elle est**.
그녀는 누구니? – 난 그녀가 누군지 몰라. (*간접의문절에서의 주어 · 동사의 위치는 평서문의 위치와 같음)

Qui **aimes-tu?** (=Qui est-ce que tu aimes?) **- Je ne sais pas** qui **j'aime**.
넌 누구를 좋아하니? – 난 내가 누구를 좋아하는지 몰라. (*간접의문절에서의 주어 · 동사의 위치는 평서문의 위치와 같음)

Qu'est-ce qui **se passe? - Je ne sais pas** ce qui **se passe**.
무슨 일이니? – 나는 무슨 일인지 몰라. (*간접의문절에서 직접의문문의 qu'est-ce qui가 ce qui로 바뀌었고, 주어 · 동사의 위치는 평서문의 위치와 같음)

Que **fais-tu?**(=Qu'est-ce que tu fais?) **- Je ne sais pas** ce que **je fais**.
너 뭐 하니? – 난 내가 뭐 하는지 몰라. (*간접의문절에서 직접의문문의 qu'est-ce que가 ce que로 바뀌었고, 주어 · 동사의 위치는 평서문의 위치와 같음)

1 의문대명사 단순형

단순형 **qui**, **que**, **quoi**는 변화하지 않는다. 아래의 도표에서 괄호 속의 형태는 **강세형**으로, 주어인 경우 의문대명사에 **est-ce qui**를, 목적보어인 경우엔 **est-ce que**를 첨가하여 만들며 회화체에서 많이 사용된다.

	주 어	직접목적보어, 속사	간접목적보어, 상황보어
사 람	qui (qui est-ce qui)	qui (qui est-ce que)	전치사+qui (전치사+qui est-ce que)
사 물	(que) (qu'est-ce qui)	que (qu'est-ce que)	전치사+quoi (전치사+quoi est-ce que)

Ⓐ **사람을 나타내는 의문대명사 qui** : qui(qui est-ce qui)는 주어, 직접목적보어와 주어의 속사(누가?/누구를?/누구?)로, 선지사+qui(선지사+qui est-ce que)는 간접목적보어(누구에게?) 또는 상황보어로 사용된다. 주어일 경우엔 항상 남성단수로

취급한다.

Qui cherche Paul? (=Qui est-ce qui cherche Paul?)
누가 폴을 찾는가? (*주어)

Qui aimes-tu le mieux? (=Qui est-ce que tu aimes le mieux?)
넌 누구를 가장 좋아하니? (*직접목적보어)

Qui est-il? (=Qui est-ce qu'il est?) 그는 누굽니까? (*주어의 속사)

À qui parlez-vous? (=À qui est-ce que vous parlez?)
당신은 누구에게 말씀하십니까? (*간접목적보어)

À qui ressemble Jean? (=À qui est-ce que Jean ressemble?=À qui ressemble-t-il Jean?) 쟝은 누구를 닮았는가? (*간접목적보어)

Chez qui es-tu maintenant? (=Chez qui est-ce que tu es maintenant?)
너 지금 누구 집에 있니? (*상황보어)

Pour qui sont ces fleurs? (=Pour qui est-ce que ces fleurs sont?)
이 꽃들은 누구를 위한 것들인가요? (*상황보어)

Ⓑ **사물을 나타내는 의문대명사 que, quoi** : 주어일 경우, que는 비인칭동사의 진짜주어일 때만 사용되고 그 이외에는 항상 qu'est-ce qui(무엇이?)가 사용되며 남성단수로 취급한다. que(qu'est-ce que)는 직접목적보어와 주어의 속사로(무엇을?/무엇?), 전치사+quoi(전치사+quoi est-ce que)는 간접목적보어 또는 상황보어로 사용된다. 또한 quoi는 동사 없이 사용된 의문문에서 전치사 없이 주어나 직접목적보어로 사용된다.

Qu'y a-t-il? 무엇이 있느냐? (*비인칭동사 il y a의 진짜주어일 때만)

Que se passe-t-il?
무슨 일이니? (*비인칭동사 il se passe의 진짜주어일 때만)

Qu'est-il arrivé?
무슨 일이 일어났니? (*비인칭동사 il est arrivé의 진짜주어일 때만)

Qu'est-ce qui est cassé?
무엇이 깨졌는가? (*사물이 주어일 경우 항상 Qu'est-ce qui 사용 / Qu'est cassé?는 오류(×))

Qu'est-ce qui est dans la boîte?

무엇이 상자 속에 있나요? (*사물이 주어일 경우 항상 Qu'est-ce qui 사용 / Qu'est dans la boîte?는 오류(×))

Qu'est-ce qui t'empeche de parler?
무엇이 널 말하지 못하게 하는가? (*사물이 주어일 경우 항상 Qu'est-ce qui 사용 / Que t'empêche de parler?는 오류(×))

Que voulez-vous prendre?(=Qu'est-ce que vous voulez prendre?)
무엇을 드시겠습니까? (*직접목적보어)

Que désirez-vous?(=Qu'est-ce que vous désirez?)
당신은 무엇을 바라시죠? (*직접목적보어)

À quoi pensez-vous?(=À quoi est-ce que vous pensez?)
당신은 무엇을 생각하십니까? (*간접목적보어)

À quoi cela peut-il servir?(=À quoi est-ce que cela peut servir?)
그게 무슨 소용이 있는가? (*간접목적보어)

Qu'est-ce devenu?(=Qu'est-ce que c'est devenu?)
그것은 무엇이 됐지? (*주어의 속사)

Qu'est-ce?(=Qu'est-ce que c'est?=Qu'est-ce que c'est que cela?)
이것은 무엇인가요? (*주어의 속사)

Sur quoi doit-on mettre ça?(=Sur quoi est-ce qu'on doit mettre ça?)
무엇 위에 그것을 놓아야만 하는가? (*상황보어)

Avec quoi as-tu ouvert la porte?(=Avec quoi est-ce que tu as ouvert la porte?) 넌 무엇으로 문을 열었니? (*상황보어)

Quoi de neuf?
별일 없니? (*quoi가 동사 없이 사용된 의문문에서 전치사 없이 주어로 사용됨.)

Une chose me gêne. - Quoi?
한 가지 일이 마음에 걸려. – 무엇이? (*quoi가 동사 없이 사용된 의문문에서 전치사 없이 주어로 사용됨.)

Je l'ai vu dans le jardin. - Quoi?
난 그것을 정원에서 봤어. – 무엇을? (*quoi가 동사 없이 사용된 의문문에서 전치사 없이 직접목적보어로 사용됨.)

2 의문대명사 복합형

정관사(le, la, les)와 의문형용사 quel(quelle, quels, quelles)이 합쳐져 만들어진 것이다. 단독으로 사용되는 경우는 드물고, 명사보어 또는 대명사보어와 함께 사용되는데, 한정된 사람 또는 사물에 관해 사용되며 특정적인 선택의 개념(어느 누가?/어느 것이?)을 가진다. 대신하는 명사나 대명사에 따라 성 · 수의 변화를 한다. 주어, 직접목적보어 이외에 전치사와 함께 간접목적보어, 상황보어로 사용된다. 전치사 à나 de와 함께는 축약된다.

	남성단수	여성단수	남성복수	여성복수
주어, 직목보어	lequel	laquelle	lesquels	lesquelles
간목보어, 상황보어	전치사+lequel (예) auquel duquel ⋮	전치사+laquelle à laquelle de laquelle ⋮	전치사+lesquels auxquels desquels ⋮	전치사+lesquelles auxquelles desquelles ⋮

Lequel de ces livres est le vôtre? (=De ces livres, lequel est le vôtre?)
이 책들 중 어느 것이 당신 것인가? (*주어 : 사물)

Lequel d'entre vous désirez le voir?
너희들 중 어느 누가 그를 만나길 바라는가? (*주어 : 사람)

Parmi ces filles, laquelle est la plus grande?
이 소녀들 중 어느 누가 가장 키가 큰가? (*주어 : 사람)

Lesquels de tous ces rubans sont rouges?
이 모든 리본들 중 어느 것들이 빨간색인가? (*주어 : 사물)

De ces jeunes filles, lesquelles sont tes soeurs?
이 아가씨들 중 어느 누구들이 네 언니들이니? (*주어 : 사람)

Il y a deux itinéraires possibles. - Lequel me conseilles-tu?
두 개의 가능한 여정이 있다. – 내게 어느 것을 권하겠니? (*직접목적보어 : 사물)

Voici deux roses. Laquelle préfères-tu?
장미가 두 송이 있다. 어느 것이 더 좋니? (*직접목적보어 : 사물)

Auquel des deux employés as-tu donné?
이 두 직원 중 어느 누구에게 줬니? (*간접목적보어 : 사람)

À laquelle de tes amies as-tu écrit?
네 여자친구들 중 어느 누구에게 편지를 썼니? (*간접목적보어 : 사람)

Auxquelles de ces demoiselles donnez-vous des leçons?
당신은 이 아가씨들 중 어느 누구들에게 레슨을 해 주나요? (*간접목적보어: 사람)

De laquelle de ces revues parles-tu?
넌 이 잡지들 중 어느 것에 대해 말하는 거니? (*상황보어 : 사물)

Avec lequel de ses fils travaille-t-il?
그는 자기 아들 중 어느 누구와 함께 일하는가? (*상황보어 : 사람)

6. 부정대명사

사람이나 사물을 막연하게 지시하는 대명사로, 특정한 명사를 대신하지 않는다. 그 자체로서 명사의 기능을 하여, 주어, 보어 등으로 사용된다. 성 · 수에 따라 변하지 않는 것과 변하는 것이 있다.

1 변화하지 않는 부정대명사

항상 단수이며, 사실상 복수거나(on의 경우) 여성일 때라도 문법상으로 남성단수로 사용된다. 단, plusieurs만은 항상 복수이며 남성 또는 여성도 된다.

on	사람, 사람들
quelque chose	그 무엇
rien	아무 것도
autre chose	다른 것, 별개의 것[문제]
personne	아무도
grand-chose	대단한 것[일] (*항상 앞에 pas가 따라붙어 부정으로만 사용됨)
plusieurs	몇몇 사람[물건], 여러 사람[여럿]
peu de chose	대수롭지 않은 일, 별것

autrui	남, 타인
quiconque…	…하는 사람은 누구나[누구든지], 아무도

Ⓐ **on**은 항상 사람을 가리키고 주어로만 사용되는데, 비특정인을 가리키며 「어떤 사람이, 누군가가, 사람들이」로 해석된다. **autrui**는 문어체에 사용되며 대개 보어가 된다.

On est venu te voir. 어떤 사람이 너를 만나러 왔다.

On dit que la récolte est bonne cette année.
사람들이 올해는 풍년이라고 한다.

Tu ne prendras pas le bien d'autrui.
타인의 것을 빼앗지 마라. (*명사보어)

Je n'aime pas confier mes secrets à autrui.
난 내 비밀을 타인에게 털어놓는 걸 싫어한다. (*간접목적보어)

Ⓑ **personne**와 **rien**은 가장 널리 사용되는 부정대명사로 부정문에서 ne만 취하고 pas 없이 사용되며, 단독으로 생략문에서 사용될 때도 있다. rien은 부정법과 함께 놓일 때는 직전에, 복합시제에서는 조동사와 과거분사 사이에 놓인다. 부정의 뜻 · 의심을 나타내는 문맥에서 personne나 rien은 긍정형(personne→quelqu'un(누구, 누군가)/rien→quelque chose(무엇인가))으로 사용될 때가 있다. personne의 문법적 성은 남성단수로 취급하는데, 단 personne가 여자를 지칭할 때는 personne에 일치하는 말은 여성으로 해야 한다.

Il n'aime personne. 그는 아무도 사랑하지 않는다.

Personne n'est venu chez moi. 아무도 우리 집에 오지 않았다.

Non, l'avenir n'est à personne.(Hugo)
아니오, 미래는 그 누구의 것도 아니오.(위고)

Je ne vois rien. 아무것도 안 보인다.

Rien ne me presse. 아무것도 나를 재촉하지 않는다.

Je ne veux rien comprendre.
난 아무것도 이해하고 싶지 않다. (*rien이 부정법과 함께 놓일 때는 직전에)

Je n'ai rien vu.
난 아무것도 보지 않았다. (*rien이 복합시제에서는 조동사와 과거분사 사이에)

Qui vient? – Personne.
누가 오는가? – 아무도. (*생략문에서 단독으로 사용된 personne)

Que désirez-vous? – Rien.
뭘 원하십니까? – 아무것도. (*생략문에서 단독으로 사용된 rien)

Je doute que personne n'en est vraiment frustré.
나는 누군가가 그것으로 인해 실제로 의기소침해졌는지 의심스럽다. (*부정의 뜻 · 의심을 나타내는 문맥에서 긍정형(누구, 누군가)으로 사용된 personne)

Il est trop naïf pour rien soupçonner.
무엇인가를 눈치 채기엔 그는 너무나 순진하다. (*부정의 뜻 · 의심을 나타내는 문맥에서 긍정형(무엇인가=quelque chose)으로 사용된 rien)

Personne n'est plus belle que ma femme.
내 아내보다 더 아름다운 사람은[여자는] 없었다. (*personne의 문법적 성은 남성단수로 취급하는데, 단 personne가 여자를 지칭할 때는 personne에 일치하는 말은 여성으로 해야 함)

Ⓒ **personne, rien, quelque chose, autre chose** 등을 형용사로 수식할 때에는 'de+형용사'를 뒤에 놓으며, 남성단수형 형용사를 취한다.

Je ne connais personne d'aussi heureux que cet homme.
나는 저 남자만큼 행복한 사람을 알지 못한다.

Rien de neuf sous le soleil. 이 세상엔 새로운 건 아무것도 없다.

J'ai lu quelque chose d'étonnant dans mon journal.
난 신문에서 놀랄만한 것을 읽었다.

Où peut-on trouver autre chose de mieux?
어디서 더 좋은 다른 걸 찾을 수 있지?

Ⓓ **plusieurs**는 주로 명사적으로 사용되며, 「몇몇 사람, 여러 사람」, 「몇몇, 여럿」의 의미를 갖는다.

Plusieurs sont partis. 몇몇 사람이 떠났다.

Plusieurs de nos malheurs sont l'effet de notre paresse.
우리의 불행 중 몇몇은 우리 게으름의 결과이다.

Ⓔ **grand-chose**는 항상 앞에 pas가 따라붙어 부정으로만 사용된다.

Cela ne vaut pas grand-chose.

그것은 중대한 일이 아니다.

Pas grand-chose de bon.

그다지 좋은 일은 아니다.

Ⓕ **quiconque**는 관계대명사를 포함한 특수한 형태이다.

Quiconque la connaît l'aime bien.

그녀를 아는 사람은 누구든 그녀를 좋아한다.

Ne parle pas à quiconque.

아무에게도 말하지 마라.(*이 경우는 personne와 같은 의미지만 personne와는 달리 pas와 함께 쓰임)

2 변화하는 부정대명사

남성단수	여성단수	남성복수	여성복수	의 미
aucun	aucune	–	–	아무도, 아무것도(부정)
nul	nulle	–	–	아무도, 아무것도
pas un	pas une	–	–	아무도, 아무것도
(certain)	(certaine)	certains	certaines	몇몇 사람[것], 어떤 사람[것]들
chacun	chacune	–	–	각자, 각기
tout	toute	tous	toutes	전부, 전체, 모두
quelqu'un	quelqu'une	quelques-uns	quelques-unes	어떤 사람[것](들), 몇몇 사람[것]
l'un	l'une	les uns	les unes	한 사람, 한 쪽(들)
l'autre	l'autre	les autres	les autres	다른 사람(들), 다른 쪽(들)
(un) tel	(une) telle	tels	telles	어떤 사람[것](들), 그런 사람[것](들)
le même	la même	les mêmes	les mêmes	같은 사람[것](들)

Ⓐ **aucun, nul, pas un**은 단수로 취급하며, 일상어에서는 이것들이 사람을 나타낼 경우 대신 personne를 사용할 때가 많다. 부정문에서 ne만을 취하고 pas 없이 사용된다. aucun은 긍정 · 비교 · 불확실 · 의문 · 가정을 나타내는 문맥에서 긍정형(어떤 사람[것], 어느 누구/문어에서 복수형 aucuns으로 어떤 사람들)으로 사용될 때도 있다.

Parmi tes amis, aucun ne m'attire.
네 친구들 중 아무도 내 맘에 들지 않는다. (*aucun이 사람을 나타낼 때 일상어에선 흔히 personne를 대신 사용)

As-tu reçu de ses nouvelles? – Aucune.
그의 소식 들었니? – 전혀 아무런 것도.

Nul n'est exempte de mourir.
아무도 죽음을 면할 수 없다. (*Nul이 사람을 나타낼 때 일상어에선 흔히 Personne를 대신 사용)

Parmi toutes les vertus, nulle n'est plus aimable que la charité.
모든 미덕들 중, 아무것도 자비심보다 더 다정하진 못하다.

Pas un ne t'en voudra.
아무도 너를 탓하지 않을 것이다. (*Pas un이 사람을 나타낼 때 일상어에선 흔히 Personne를 대신 사용)

Elle a beaucoup de jupes, mais pas une ne lui plaît.
그녀는 치마가 많지만, 아무것도 그녀 마음에 들지 않는다.

Je chante mieux qu'aucun de mes frères.
난 내 형제들 중 어느 누구보다 노래를 잘한다. (*aucun이 긍정형(어느 누구, 어떤 사람)으로 사용된 경우)

Aucuns[D'aucuns] pourront le critiquer.
어떤 사람들은 그를 비판할 수도 있을 것이다. (*문어에서 복수형 aucuns이 긍정형으로(어떤 사람들)로 사용된 경우)

Ⓑ **aucun, pas un, quelqu'un** 등을 수식할 때에는 'de+형용사'를 뒤에 놓으며, 남성단수형를 취한다.

Parmi ces soldats, il n'y avait aucun de blessé.
그 군인들 중에, 부상당한 자는 아무도 없었다.

Il y a beaucoup d'outils, mais je ne peux trouver pas un de maniable. 도구들이 많지만, 나는 다루기 쉬운 건 아무것도 발견할 수 없다.

Personne n'aime quelqu'un de têtu.
아무도 고집스러운 사람을 좋아하지 않는다.

Ⓒ **chacun과 tout** : chacun은 단수로 사용되며 전체 속의 하나하나를 의미한다. 단독적 용법으로 사용될 때 chacun은 사람(저마다, 누구나)만을 가리키며 남성단수형으로만 사용된다. 단수 tout는 전부, 모두, 때로는 무엇이든지(=n'importe quoi), 모든 사람을 나타내며, 단수 tout가 부정법과 함께 놓일 때는 직전에, 복합시제에서는 조동사와 과거분사 사이에 놓인다. 복수 tous, toutes는 문제된 사람이나 사물의 「모든 사람[것]들」, 「예외 없이 모두」를 나타낸다. 여성단수 toute는 형용사로는 흔히 사용되지만 대명사로는 간혹 사용될 뿐이다. chacun과 tous, toutes는 주어와 떨어져 그 동격으로 사용될 경우가 많다.

J'aime chacun de ces arbres. 난 그 나무들 하나하나를[각각을] 사랑한다.

Ces livres coûteront 10 euros chacun. 그 책들은 각각 10유로씩이다.

Il l'a envoyé à chacune de ses amies.
그는 그것을 자기 여자친구들 각자[한 사람 한 사람]에게 보냈다.

Chacun a son idéal. 각자[저마다] 자신의 이상을 가지고 있다.

L'argent n'est pas tout. 돈이 전부가 아니다.

Voici deux kilos de tomates. Prenez tout, si vous voulez.
여기 토마토 2kg이 있소. 원한다면 모두 가지시오.

Elle veut tout mordre. 그녀는 무엇이든지 깨물려고 한다.
(*tout가 n'importe quoi의 의미로 사용된 경우/ tout가 부정법과 함께 놓일 때는 부정법 직전에 놓임)

Femmes, enfants, vieillards, tout était là.
여자들 아이들 노인들 모두 그곳에 있었다. (*tout가 모든 사람을 나타낸 경우)

Il avait tout perdu. 그는 모든 것을 잃어 버렸다.
(*tout는 복합시제에서 조동사와 과거분사 사이에 놓임)

Tous répondront oui. 모든 사람들이 그렇다고 대답할 것이다.

Je vous invite tous. 난 여러분 모두를 초대합니다.

Laisse ces outils à leur place, je me sers de tous.
이 연장들을 제자리에 두어라, 내가 모두 쓰는 것이니.

Elles sont toutes chez elles. 그녀들은 모두들 다 자기네 집에 있다.

Soyez témoins, vous tous! 여러분 모두, 증인이 되어 주시오.
(*tous가 주어와 떨어져 그 동격으로 사용된 경우)

Ⓓ **quelqu'un**(어떤 사람)과 **quelque-uns**(몇몇 사람)은 단독으로 사용되면 사람을 나타내는데, 이따금 보어와 함께 사물을 대신할 수 있다.

Quelqu'un est venu lui rendre visite.
어떤 사람이 그를 방문하러 왔다.

J'ai trouvé en lui quelqu'un de dévoué.
난 그에게서 헌신적인 사람의 모습을 발견했다.

Il ne faut pas réserver votre enseignement à quelques-uns.
당신의 교육을 일부 몇몇 사람에게만 한정시켜서는 안된다.

Parmi ces dames, quelques-unes sont petites.
그 숙녀들 중, 몇몇은 키가 작다.

J'achète quelqu'une de ses oeuvres.
나는 그의 작품들 중 어느 하나를 사겠다. (*보어와 함께 사용되어 사물을 대신한 경우)

Quelques-uns de ses tableaux sont remarquables.
그의 그림들 중 몇몇은 훌륭하다. (*보어와 함께 사용되어 사물을 대신한 경우)

Ⓔ **l'un**과 **l'autre**는 「한쪽은, 다른 쪽은」의 뜻으로 사람 · 사물을 가리키면서 대립과 선택을 표시한다. 때로는 「서로서로」라는 상호관계를 나타내기도 한다. 단독으로 사용되거나, 또는 et, ou등의 접속사와 함께 사용되는데, 전치사를 사이에 놓고 쓸 수도 있다.

L'un l'approuve, l'autre le désapprouve.
한 사람[쪽]은 그것을 인정하고, 다른 한 사람[쪽]은 부인한다.

Parmi toutes ces roses, les unes seront vendues, les autres seront données.
이 모든 장미들 중 일부는 팔릴 것이고, 다른 일부는 기증될 것이다.

Ils s'aiment les uns les autres.
그들은 서로서로를 사랑한다.

Elle rangeait ses poupées l'une près de l'autre.
그녀는 인형들을 나란히 정돈했다.

Ils se nuisent l'un à l'autre.
그들은 서로에게 손해를 입힌다.

Ⓕ **tel**은 「어떤 사람[것], 그런 사람[것]」이란 뜻으로 대개 부정 관계대명사로 취급하며, 「…와 같은 사람」의 뜻으로 사용될 때는 관계대명사의 선행사도 된다.

Tel l'en blâmait, tel l'en excusait.
어떤 사람은 그를 책망했고, 어떤 사람은 용서했다.

Ce n'est pas du Bordeaux bien qu'on me l'ait vendu comme tel.
그런 것(=보르도 포도주)이라고 내게 팔았지만 그것은 보르도 포도주가 아니다.

Tel qui rit vendredi dimanche pleurera.
오늘 웃는 자는 내일 운다.《격언》 (*Tel이 「…와 같은 사람」의 뜻으로 사용되면서 관계대명사 qui의 선행사가 된 경우)

Ⓖ **le même, la même, les mêmes**는 항상 앞에 나온 사람 · 사물을 대신하며, 동일성을 나타낸다.

Il a acheté une nouvelle voiture. – J'ai la même que la sienne.
그는 새 자동차를 샀다. 나도 그와 같은 차가 있다.

Quant aux joies et aux peines, nous avons les mêmes.
기쁨과 고통에 대해 말하자면, 우리도 똑같은 걸 가지고 있다.

Ses amis m'ont rendu visite hier soir. Les mêmes viendront ce soir. 그의 친구들이 어제 나를 방문했다. 바로 그들이 오늘 저녁에 올 것이다.

CHAPITRE 4 연습문제

Q-1 : 아래 각 문장의 괄호 속에 알맞은 주어 인칭대명사를 적어 넣으시오.

1. (   ) sommes tristes à cause de sa mort.
   우리는 그의 죽음으로 인해 슬프다.
2. (   ) suis Coréenne. 나는 한국여자이다.
3. (   ) es belle. 너는 아름답다.
4. Marie et Sophie, (   ) ne sont pas encore arrivées.
   마리와 소피, 그녀들은 아직 도착하지 않았다.
5. (   ) en ai marre. 나는 이제 지긋지긋하다.
6. (   ) a beaucoup de talents. 그는 재능이 많다.
7. (   ) avons divisé l'héritage en sept catégories.
   짐은 그 유산을 7개의 범주로 나누었다.
8. André, Henri, Jean, Paul, Pierre et Marie, (   ) sont tous Parisiens.
   앙드레, 앙리, 쟝, 폴, 피에르 그리고 마리, 그들은 모두 파리사람들이다.
9. (   ) ai mal à la tête. 나는 머리가 아프다.
10. (   ) sont allées à l'aéroport.
    그녀들은 공항에 갔다.
11. (   ) sommes très honoré de recevoir votre appel téléphonique.
    저는 당신 전화를 받게 되어 너무나 영광입니다.
12. (   ) y vais. 나는 그곳에 간다.
13. Marie, Brigitte, Cécile, Sophie et Paul, (   ) vont partir ensemble.
    마리, 브리짓, 쎄실, 소피 그리고 폴, 그들은 함께 떠날 것이다.
14. (   ) êtes gentil. 당신은 친절하십니다
15. (   ) êtes très méchants. 너희들은 매우 심술궂다.

⑯ (　　) ne viendront pas ce soir.
그들은 오늘 저녁에 안 올 것이다.

⑰ Il y a des gens bien grands. (　　) sont Allemands.
키가 매우 큰 사람들이 있다. 그들은 독일사람들이다.

⑱ (　　) m'a donné cette ceinture.
그녀가 내게 이 허리띠를 줬다.

⑲ Pierre et Marie, (　　) s'entendent bien.
피에르와 마리, 그들은 사이가 좋다.

⑳ Dans ce chapitre, (　　) traitons essentiellement des procédés technologiques de fabrication des produits en question.
이번 장에서, 필자는 문제되고 있는 제품들의 제조에 있어 기술적 방법들을 주로 다루고 있다.

Q-2 : 아래 각 문장에서 밑줄 친 on이 대신하고 있는 주어 인칭대명사를 괄호 속에 적어 넣으시오.

❶ Tu ne viens pas? Non, on arrive tout de suite! (　　)
너 안 와? 아니, 곧 가!

❷ A-t-on sommeil, mon fils? (　　)
내 아들아, 졸리니?

❸ Est-on heureuses? (　　) 행복들 하십니까?

❹ Est-on fatiguées? (　　) 피곤들 하십니까?

❺ J'aimerais savoir si l'on est malade. (　　)
나는 그가 아픈지 알고 싶다.

❻ On me rend visite chaque lundi. (　　)
그녀는 매주 월요일 나를 방문한다.

❼ Tu pars, ou l'on part. (　　)
내가 떠나라, 아니면 그들이 떠난다.

8. N'attends pas que l'on t'apporte des boîtes. (   )
그녀들이 네게 상자들을 가져오기를 기다리지 마라.

9. Et l'on est battues de ces voyous. (   )
그래서 우린 그 깡패들에게 얻어 맞았다.

10. Je me souviens des jours où l'on était heureux ensemble. (   ) 나는 우리가 함께 행복했던 나날들을 기억한다.

Q-3 : 아래 각 문장에서 밑줄 친 비인칭대명사 il은 비인칭주어로 문법상의 가주어이다. 진짜주어를 [보기]에서 찾아 괄호 속에 적어 넣으시오.

a-명사 / b-부정법 / c-de+부정법 / d-que 이하 절

1. Il est honteux de dire un mensonge. (   )
2. Il tombe de la pluie. (   )
3. Il fait mauvais marcher dans un temps de glace. (   )
4. Il est vrai qu'elle etait malade. (   )

Q-4 : 아래 각 문장에서 주어 역할을 하고 있는 밑줄 친 il이 '비인칭대명사'인지, '인칭대명사'인지 괄호 속에 적어 넣으시오.

1. Il arrive à sept heures et demies. (   )
2. Il arrive qu'elle ne vienne pas. (   )
3. Il est bon de manger assez de fruits. (   )
4. Il est gentil. (   )
5. Il fait passer la jument dedans. (   )
6. Il fait froid dehors. (   )
7. Il ne vaut rien. (   )
8. Il vaut mieux rester à la maison. (   )
9. Il tombe de la grêle. (   )

⑩ Il tombe de cheval. (　　　)

⑪ Il y a trois femmes. (　　　)

Q-5 : 아래 각 문장의 괄호 속에 적합한 직접 · 간접보어 인칭대명사를 적어 넣으시오.

❶ Il (　　) aime, et tu (　　) respecte.
그는 널 사랑하고, 넌 그를 존경한다.

❷ Tu ne veux pas (　　) inviter à dîner?
너 날 저녁식사에 초대하지 않을래?

❸ Il ne veut pas (　　) voir. 그는 널 만나보고 싶어하지 않는다.

❹ Ne (　　) quitte pas. 날 떠나지마.

❺ Veux-tu que je (　　) accompagne?
넌 내가 그녀를 동행하길 바라니?

❻ Elle (　　) incite à mentir. 그녀는 그를 거짓말하도록 부추긴다.

❼ Pourquoi (　　) regardes-tu? 넌 왜 그녀를 쳐다보니?

❽ Il (　　) a blâmés de légèreté. 그는 우리를 경솔하다고 비난했다.

❾ Elle (　　) a guéri. 그녀는 당신을 완쾌시켰다.

❿ Je (　　) invite à dîner. 난 당신들을 저녁식사에 초대한다.

⓫ Est-ce que tu (　　) trouves belles?
넌 그녀들을 아름답다고 생각하니?

⓬ Qui (　　) soigne maintenant? 누가 지금 그들을 돌보고 있는가?

⓭ Tu (　　) as promis de revenir le lendemain.
넌 그 다음날 다시 오겠다고 내게 약속했었다.

⓮ Ne (　　) dis pas ça. 내게 그걸 말하지 마.

⓯ Il ne (　　) donnera aucune réponse positive.
그는 네게 그 어떤 긍정적인 대답도 주지 않을 것이다.

⑯ Je sais que tout ça ( ) horrifie.
난 그 모든 것이 너를 두렵게 한다는 사실을 안다.

⑰ Elle ( ) a offert le trophée.
나는 그에게 트로피를 줬다.

⑱ Je suis allée ( ) rendre visite plusieurs fois par jour.
나는 하루에 여러 번 그녀를 방문하러 갔다.

⑲ Il ( ) a enseigné à conduire. 그는 우리에게 운전을 가르쳐 줬다.

⑳ Elle ne ( ) dira pas 'Adieu'.
그녀는 당신에게 '아듀' 라고 말하지 않을 것이다.

㉑ Je ne ( ) demande rien.
나는 당신들에게 아무것도 요구하지 않는다.

㉒ Ne ( ) montre pas que tu as peur.
네가 두려워하고 있다는 태도를 그들에게 보이지 마라.

㉓ Il ( ) a commandé de se taire. 그는 그녀들에게 침묵을 명했다.

㉔ Tu dois ( ) ( ) présenter. 너는 그녀를 그에게 소개해야만 한다.

㉕ Je ne ( ) ( ) dirai pas. 난 그것을 그에게 말하지 않을 것이다.

㉖ Il va ( ) ( ) distribuer. 그는 그것들을 그들에게 분배할 것이다.

㉗ Ne ( ) ( ) donne pas. 그것을 그들에게 주지 마시오.

㉘ Elle ( ) ( ) a prêté. 그녀는 내게 그것을 빌려줬다.

㉙ Il veut ( ) ( ) céder.
그는 내게 그것(자동차 : la voiture)을 양도하고자 한다.

㉚ Je ( ) ( ) ai déjà montrés. 내가 네게 그것들을 이미 보여줬다.

㉛ Ils vont ( ) ( ) offrir. 그들은 우리에게 그것을 제공할 것이다.

㉜ Je ne vais pas ( ) ( ) vendre.
난 그것(치마 : la jupe)을 당신에게 팔지 않을 것이다.

33 Ne (   ) (   ) achetez pas. 내게 그것들을 사 주지 마세요.

34 Conduisez-(   ) à cette adresse. 날 이 주소로 데려다 주세요.

35 Promets-(   ) de revenir demain. 내일 다시 온다고 내게 약속해 줘.

36 Montre-(   )-(   ). 내게 그것을 보여 줘.

37 Donnez-(   )-(   ). 내게 그것을(블라우스 : la blouse) 주세요.

38 Assieds-(   ) près de moi. 내 옆에 앉아라.

39 Lave-(   ) le visage. 얼굴을 씻어라.

40 Ne (   ) (   ) dis pas. 그에게 그것을 말하지 마라.

41 Emmène-(   )-(   ). 그것들을 그들에게 가져가라.

42 Ne (   ) arrachez pas. 그것들을 뽑지 마시오.

43 Ne (   ) empêchez pas de le faire.
그가 그것을 하는 걸 막지 마시오.

44 Ne (   ) fais pas pleurer. 그녀를 울리지 마라.

45 Laisse-(   ) tranquille. 날 좀 내버려 둬.

46 Je vais (   ) en donner. 난 그것을 네게 줄 것이다.

47 Ne (   ) en donnes pas. 그녀에게 그것을 주지 마라.

48 Donnez-(   )-en. 그들에게 그것을 주시오.

Q-6 : 아래 문장들 중 문법적으로 옳은 것엔 O, 잘못된 것엔 ×를 각각의 괄호 속에 적어 넣으시오.

1 Je vais t'amener à lui. (   )

2 Tu veux me lui amener. (   )

3 Elle me lui a présentée. (   )

4 Il te présentera à eux. (   )

5 Ne nous leur presentez pas. (   )

6. Ne m'amène pas à elle. (   )
7. Ils vont nous vous envoyer. (   )
8. Nous allons vous envoyer à elles. (   )

Q-7. 아래 각 문장의 괄호 속에 들어갈 적합한 재귀대명사를 적어 넣으시오.

1. Je (   ) sens fatigué. 나는 피곤한 느낌이 든다.
2. Tu (   ) mets en colère. 넌 화를 낸다.
3. Nous ne (   ) entendons pas bien. 우리는 사이가 좋지 않다.
4. On (   ) lève tôt le matin. 우리는 아침에 일찍 일어난다.
5. Ne (   ) disputez pas. 여러분 언쟁하지 마십시오.
6. Vous (   ) couchez très tard. 당신은 매우 늦게 취침한다.
7. Il va (   ) cacher derrière l'arbre.
   그는 나무 뒤로 몸을 숨길 것이다.
8. Ils (   ) battent. 그들은 서로 때린다.
9. Elle (   ) promène dans le parc. 그녀는 공원에서 산책을 한다.
10. Elles (   ) regardent l'une l'autre. 그녀들은 서로를 쳐다본다.

Q-8 : 아래 각 문장의 괄 속에 들어갈 적합한 강세형 인칭대명사를 적어 넣으시오.

1. Il faut rester chez (   ). 자기 집에 머물러 있어야만 한다.
2. Elle chante pour (   ). 그녀는 날 위해 노래한다.
3. Tout le monde a le droit de vivre pour (   ).
   모든 사람은 자신을 위해 살 권리가 있다.
4. Je pense à (   ). 나는 너를 생각한다.
5. Ils sont souvent avec (   ). 그들은 종종 그녀와 함께 있다.

⑥ Chacun se contente de ( ). 각자 자기 자신에 대해 만족한다.

⑦ Tu parles toujours de ( ). 넌 항상 그에 관해 이야기한다.

⑧ Il viendra ce soir chez ( ). 그는 오늘 저녁 우리집에 올 것이다.

⑨ Personne ne peut échapper à ( ).
아무도 자기 자신을 벗어날 수 없다.

⑩ Il sait tout sur ( ). 그는 당신에 관해 모든 것을 알고 있다.

⑪ Tu peux la trouver derrière ( ).
넌 그녀를 그들 뒤에서 발견할 수 있다.

⑫ Que doit-on prendre avec ( ) au moment de faire sa valise?
짐 쌀 때 무엇을 지참해야만 할 것인가?

⑬ Il se dirigea vers ( ). 그는 그녀들을 향해 갔다.

⑭ Je suis une nouvelle venue parmi ( ).
저는 여러분들 중에 신참입니다.

⑮ ( ), je vis pour ma famille. 나, 나는 내 가족을 위해 산다.

⑯ ( ), tu es mon meuilleur ami. 너, 너는 내 최고의 친구이다.

⑰ ( ), il est avare. 그, 그는 인색하다.

⑱ ( ) est plus vieux que sa femme.
그는 자기 아내보다 더 나이 들었다.

⑲ ( ), elle n'aime pas son fils.
그녀, 그녀는 자기 아들을 사랑하지 않는다.

⑳ ( ), ils sont enfin libres. 그들, 그들은 마침내 자유의 몸이다.

㉑ ( ) sont les survivants. 그들은 생존자들이다.

㉒ ( ), elles sont femmes au foyer.
그녀들, 그녀들은 가정주부들이다.

㉓ ( ), nous sommes heureuses. 우리, 우리는 행복하다.

24. (   ), vous travaillez trop. 당신들, 당신들은 지나치게 일한다.

25. (   ), vous êtes malades! 당신, 당신은 아픕니다!

26. Je la déteste, (   ), pas (   ). 난 그가 아닌 그녀, 그녀를 미워한다.

27. (   ), je t'ai cherché partout. 너, 난 너를 도처에서 찾았다.

28. (   ), il vous aime beaucoup. 당신, 그는 당신을 매우 사랑한다.

29. Il m'a avoué son amour, à (   ).
그는 나, 나에게 자신의 사랑을 고백했다.

30. À (   ), elle leur a envoyé beaucoup de cadeaux.
그들, 그들에게 그녀는 많은 선물을 보냈다.

31. Je le leur ai donné, à (   ). 나는 그것을 그녀들, 그녀들에게 줬다.

32. Il vous a écrit une lettre, à (   ), pas à (   ).
그는 우리들에게가 아니라, 너희들, 너희들에게 편지를 썼다.

33. Qui garde son fils? - Ce sont (   ).
누가 그의 조카를 데리고 있지? 그들이다.

34. C'est (   ) qui avons gagné la finale.
결승전에서 우승한 사람은 바로 우리들이다.

35. Qui t'a donné ça? - C'est (   ). 누가 그걸 네게 줬지? 그녀야.

36. Je suis plus forte que (   ). 나는 너보다 더 강하다.

37. Ce sont (   ) et (   ) qu'ils ont choisis.
그들이 선택한 것은 그와 나이다.

38. C'est avec (   ) qu'elle veut travailler.
그녀가 함께 일하고 싶어 하는 사람은 바로 너희들이다.

39. Ce sont (   ) qui ont besoin de cette chambre.
이 방이 필요한 사람은 바로 그녀들이다.

40. C'est à (   ) qu'il a confié sa voiture.
그가 자기 차를 맡긴 사람은 바로 당신이다.

41 Qui va le lui envoyer? - (   )! 누가 그것을 그에게 보내지? 너!

42 Qui est-ce qu'elle veut voir? - (   ).
그녀는 누구를 만나고 싶어하지? 나.

43 Pour qui travailles-tu? - Pour (   ).
넌 누굴 위해 일하니? 그를 위해.

44 À qui doit-on s'adresser? - À (   ).
누구에게 문의해야 합니까? 우립니다.

45 Qui est mince? - (   )! 누가 날씬하죠? 당신이요!

46 Mes soeurs et (   ) sont allés pour faire du shopping.
내 언니들과 그는 쇼핑하러 갔다.

47 (   ) et (   ), vous n'avez pas encore participé à la lutte contre l'illettrisme.
그녀와 너, 너희들은 아직 문맹 퇴치에 참여하지 않았다.

48 Ils attendent (   ) et (   ). 그들은 당신과 나를 기다린다.

49 Je pense à (   ) et à (   ). 나는 당신들과 그녀들을 생각한다.

50 (   ) et (   ) sont effrayés. 그들과 그녀들은 겁을 먹었다.

51 Elle demande cela à (   ) et à (   ).
그녀는 그것을 우리와 그에게 요구한다.

Q-9 : 아래 각 문장의 괄호 속에 들어갈 적합한 낱말을 우측 번역문을 참고해서 적어 넣으시오.

1 C'est (   ) qui me l'a demandé.
그것을 내게 요구한 사람은 바로 그 자신이다.

2 Je me bats avec (   ). 나는 나 자신과 싸운다.

3 On doit être vraiment sincère avec (   ).
자기 자신에 정말로 솔직해야만 한다.

4. Va vers (   )! 너 자신을 향해 가라!
5. Elle l'a choisi (   ). 그녀는 그것을 그녀 스스로 선택했다.
6. Faut-il être seul pour être (   )?
   자기 자신이기 위해서는 혼자이어야만 하는가?
7. Sommes-nous libre de penser par (   )?
   우리는 우리 자력으로 사고할 수 있도록 자유로운가?
8. Tout le monde fait le choix pour (   ).
   모두가 자기 자신을 위해 선택을 한다.
9. Vous devez renoncer à (   ).
   당신은 당신 자신을 포기해야만 한다.
10. Faites la recherche, (   ). 여러분들 스스로 조사해 보세요.
11. Chacun ne vit que pour (   ).
    각자 자기 자신을 위해 살 뿐이다.
12. Ils ont fait leurs travaux d'électricité (   ).
    그들은 그들 스스로 전기 작업을 했다.
13. Personne ne peut parfaitement garder la sévérité envers (   ).
    아무도 자기 자신에 대한 엄격함을 완벽하게 지킬 수는 없다.
14. Elles ne pensent pas à (   ).
    그녀들은 그녀 자신들에 대해 생각하지 않는다.

Q-10 : 아래 각 문장의 괄호 속에 들어갈 적합한 중성 인칭대명사를 [보기]에서 찾아 적어 넣으시오.

le / en / y

1. Songe-t-il toujours à toi? - Oui, il (   ) songe toujours.
   그는 항상 네 생각하니? – 응, 그는 항상 그래.

2. Marie est infirmière. Son petit frère veut ( ) être aussi.
마리는 간호사이다. 그녀의 남동생도 그것이 되길 원한다.

3. Je ne pense pas à lui! - Si, tu ( ) penses.
난 그를 생각하지 않아! – 아냐, 넌 그를 생각해.

4. Quand reviendra-t-elle du Brésil? - Elle n'( ) reviendra pas.
그녀는 언제 브라질에서 돌아오지? – 그녀는 거기서 돌아오지 않을 것이다.

5. Quand viendra-t-il chez elle? - Il n'( ) viendra jamais.
그는 언제 그녀의 집에 올까? – 그는 결코 그곳에 오지 않을 거야.

6. Est-il rentré de l'école? - Oui, il ( ) est rentré.
그는 학교에서 돌아왔니? – 응, 그는 거기서 돌아왔어.

7. Consentez-vous donc à tout? - Oui, j'( ) consens.
당신은 그럼 모든 것에 동의하시는 겁니까? – 네, 그것(모든 것)에 동의합니다.

8. Es-tu contente? - Oui, je ( ) suis. 넌 만족하니? – 응, 난 그래.

9. Je n'ai pas de fromage. Et toi? - Moi non plus, je n'( ) ai pas.
난 치즈가 없어. 그런데 너는? – 나도 그것이 없어.

10. Nous somme foutus, mais tu ne dois pas ( ) être.
우린 끝장났지만, 넌 그렇게 되선 안돼.

11. Veux-tu déjeuner sous l'arbre? - Non, je ne veux pas ( ) déjeuner.
너 나무 아래서 점심 먹을래? – 아니, 난 거기서 점심 먹고 싶지 않아.

12. Veut-elle lui pardonner tout? - Oui, elle ( ) veut.
그녀는 그에게 모든 걸 용서해 주고 싶어 하니? – 응, 그녀는 그걸 원해.

13. Il est malade comme tu ( ) sais. 그는 네가 알다시피 아프다.

14. Je mange de la viande, mais elle n'( ) mange pas.
나는 고기를 먹지만, 그녀는 그것을 먹지 않는다.

15. Est-elle dans sa maison? - Oui, elle ( ) est.
그녀는 집 안에 있니? – 응, 그녀는 거기에 있어.

⑯ As-tu appuyé sur le bouton? - Oui, j'(   ) ai appuyé.
너 버튼을 눌렀니? – 응, 나는 그것을 눌렀어.

⑰ Veut-il du riz sauté? - Oui, il (   ) veut.
그가 볶음밥을 원하니? – 응, 그는 그걸 원해.

⑱ Elle est morte, mais ses parents ne (   ) savent pas encore.
그녀는 죽었지만, 그녀의 부모는 아직 그것을 모른다.

⑲ Est-ce que tu tiens à lui? - Oui, j'(   ) tiens.
너 그에게 애착을 가지고 있니? – 응, 난 그에게 애착을 가지고 있어.

⑳ Sont-ils allés au supermarché? - Oui, ils (   ) sont allés.
그들은 슈퍼마켓에 갔니? – 응 그들은 거기에 갔어.

㉑ As-tu lui parlé de notre relation? - Non, je ne lui (   ) pas parlé. 너 그에게 우리 관계에 대해 말했니? – 아니, 난 그것에 대해 그에게 말하지 않았어.

㉒ A-t-il consenti à faire partie de ce club? - Oui, il (   ) a consenti.
그가 그 클럽 일원이 되는 것에 동의했어? – 응, 그는 그것에 동의했어.

㉓ Je me soumets aux décisions de la majorité. Et toi? - Moi aussi, j'(   ) soumets.
난 다수의 결정에 복종하는데, 너는? – 나 역시, 나도 그것에 복종해.

㉔ Il joue du piano. Sa soeur (   ) joue aussi.
그는 피아노를 친다. 그의 여동생도 역시 그것을 친다.

㉕ As-tu répondu à sa lettre? - Non, je n'(   ) ai pas encore répondu. 너 그의 편지에 답장 보냈니? 아니, 난 아직 그것에 답장 못했어.

㉖ Cette copie-ci est confrome à l'original, mais celle-là n'(   ) est pas conforme.
이 사본은 원본과 일치하는데, 저것은 그것에 일치하지 않는다.

㉗ Tout le monde croit a ses paroles. - Moi aussi, j'(   ) crois.
모두 그의 말을 믿는다. – 나 역시, 그것을 믿는다.

㉘ Quel pays renonce-t-il à la peine de mort? - C'est la Turquie qui (   ) renonce.
어느 나라가 사형을 중단한다고? – 바로 터키가 그것을 중단한데.

㉙ Il est aimé d'elle. Voudriez-vous (   ) étre aimé?
그는 그녀에게 사랑받는다. 당신도 그녀에게 사랑받고 싶은가?

㉚ N'est-elle pas fidèle à son mari? - Si, elle (   ) est fidèle.
그녀는 자기 남편에게 충실하지 않니? – 아니, 그녀는 그에게 충실해.

㉛ Cette phrase correspond-t-elle au thème? - Oui, elle (   ) correspond. 이 문장은 주제에 부합하니? – 응, 그것은 그것에 부합해.

㉜ N'est-il pas content de ton succès? - Si, il (   ) est très content.
그는 네 성공에 만족해하지 않니? – 아니, 그는 그것에 매우 만족해 해.

㉝ Songes-tu au pire? - Non, je n'(   ) songe pas.
넌 최악을 생각하니? – 아냐, 난 그것을 생각하지 않아.

㉞ J'ai renoncé à le persuader. - Nous (   ) avons déjà renoncé.
난 그를 설득하길 포기했어. – 우린 이미 그것을 단념했어.

㉟ N'a-t-elle pas besoin de mon aide? - Si, elle (   ) a besoin.
그녀는 내 도움이 필요 없니? – 아니, 그녀는 그것이 필요해.

㊱ Il a longtemps rêvé à ce projet, tandis que tu n'(   ) ai pas du tout rêvé. 그는 오랫동안 이 계획을 숙고한 반면에, 너는 그것을 전혀 숙고하지 않았다.

㊲ Je n'ai pas la clé de ta chambre. C'est Marie qui (   ) a la clé.
난 네 방 열쇠 가지고 있지 않다. 그것의 열쇠를 가지고 있는 사람은 바로 마리이다.

㊳ Personne n'a songé à lui donner ce travail. - Si, j'(   ) ai songé.
아무도 그에게 이 일을 주려고 생각하지 않았다. – 아냐, 난 그렇게 하려고 생각했어.

㊴ Qu'est-ce qui soulève le couvercle de la casserole? La vapeur

(　　) soulève le couvercle. 무엇이 냄비의 뚜껑을 들어올리고 있지? 수증기가 그것의 뚜껑을 들어올리고 있다.

40 Les fleurs de ce jardin sont magnifiques. La fontaine n'(　　) est pas profonde.
이 정원의 꽃들은 매우 아름답다. 그곳의 분수는 깊지 않다.

41 Il tient beaucoup à sa vie. - Et toi, tu n'(　　) tiens pas?
그는 생에 매우 집착한다. 그럼 넌, 너는 그것에 집착하지 않니?

42 Combien de voitures a-il? - Il (　　) a trois.
그는 차를 몇 대 가지고 있는가? – 그는 그것을 세 대 가지고 있다.

43 A-t-il beaucoup d'argent? - Oui, il (　　) a beaucoup.
그는 돈이 많니? – 응, 그는 그게 많아.

44 Il ne pense qu'à te rendre heureuse. - Non, il n'(　　) pense pas.
그는 널 행복하게 해 줄 생각만 해. – 아냐, 그는 그것을 생각하지 않아.

45 A-t-elle assez d'amis? - Oui, elle (　　) a assez.
그녀는 친구가 꽤 되니? 응, 그녀는 그게 꽤 돼.

46 J'ai acheté quelques cartes de Noël. Et toi? - Je n'(　　) ai acheté aucune.
난 크리스마스카드를 몇 장 샀는데, 넌? – 난 그걸 하나도 안 샀다.

47 Mon mari tient à se venger. Mais moi, je n'(　　) tiens pas.
내 남편은 복수하기를 열망한다. 하지만 나는 그것을 열망하지 않는다.

48 Puis-je manger des fruits? - Non, tu ne dois pas (　　) manger maintenant. 저 과일 먹어도 되나요? – 안돼, 넌 지금 그것을 먹어선 안돼.

49 Penses-tu à ton avenir? - Oui, j'(　　) pense.
넌 너의 미래를 생각하니? – 응, 난 그것을 생각해.

50 Combien de crayons as-tu dans ton tiroir? - J'(　　)(　　) ai treize. 넌 서랍 속에 연필을 몇 개나 가지고 있니? – 난 거기에 그것을 13 개 가지고 있어.

Q-11 : 아래 각 문장의 괄호 속에 들어갈 적합한 지시대명사를 [보기]에서 찾아 적어 넣으시오.

ce / ceci / cela

1. Les filles, ( ) aime les voyous.
   소녀들은 불량소년들을 좋아한다.
2. Votre conjoint idéal, ( ) est lui.
   당신의 이상적 배우자는 바로 그이다.
3. Elle ne s'intéresse pas à ( ). 그녀는 그것에 관심이 없다.
4. Ces rubans, ( ) sont les siens.
   이 리본들, 그건 그녀의 것들이다.
5. Que savez-vous de ( )?
   당신은 그것에 대해 무엇을 아십니까?
6. Ce concept, ( ) est conforme au réel.
   이 관념, 그것은 실제에 부합한다.
7. Avez-vous noté ( )? 당신은 그것에 유의했습니까?
8. Tu crois avoir trouvé la solution, mais ( ) n'est pas vrai.
   넌 해결책을 발견했다고 생각하지만, 그건 사실이 아니다.
9. ( ) n'arrivera jamais. 그런 일은 결코 일어나지 않을 것이다.
10. Il est malade. ( ) est certain. 그는 아프다. 그것은 확실하다.
11. ( ) va sans dire. 그것은 말할 것도 없다.
12. ( ) me plaît beaucoup plus que ( ).
    이것이 저것보다 훨씬 내 마음에 든다.
13. ( ) est bête de lui en demander.
    그에게 그것을 요구하는 것은 어리석다.
14. Apportez-moi ( ). 내게 그것을 가져오시오.

⑮ Il faut chercher (   ) qui te convient.
네게 적합한 것을 찾아야만 한다.

⑯ La fumée de cigarette, je n'aime pas (   ).
담배연기, 난 그것을 싫어한다.

⑰ Il aime (   ) que je lui ai donné.
그는 내가 그에게 준 것을 좋아한다.

⑱ Le jour de son départ s'approche, (   ) m'attriste.
그의 출발일이 다가오는데, 그것이 날 슬프게 한다.

⑲ Il te demande (   ) qui t'intéresse.
그는 네가 무엇에 흥미를 갖는지 물어본다.

⑳ Il est un imposteur. (   ) est évident.
그는 사기꾼이다. 그것은 명백하다.

㉑ Je me demande (   ) qu'elle veut vraiment.
난 그녀가 정말로 원하는 것이 무엇인지 자문해 본다.

㉒ (   ) n'est pas facile d'y arriver à l'heure.
거기에 제 시간에 도착하는 것은 쉽지가 않다.

㉓ N'oublie pas (   ), je t'aime de tout mon coeur.
이걸 잊지 마, 난 널 진심으로 사랑해.

㉔ Il faut s'aimer pour pouvoir après aimer les autres. Retenez bien (   ). 다른 사람들을 사랑할 수 있으려면 자신을 사랑해야만 한다. 그걸 명심해라.

Q-12 : 아래 각 문장의 괄호 속에 들어갈 적합한 지시대명사를 [보기]에서 찾아 적어 넣으시오.

celui / celle / ceux / celles / celui-ci / celui-là / celle-ci / celle-là / ceux-ci / ceux-là / celles-ci / celles-là

1. J'ai deux rouges à lèvres, (   ) est pourpre et (   ) est rose. 나는 두 개의 루즈가 있는데, 이것은 자주색이고 저것은 핑크색이다.
2. Il y a le mari de Cécile et (   ) de Marie.
   세실의 남편과 마리의 그(남편)가 있다.
3. Mes amies et lui sont partis, (   ) par le train, (   ) par la voiture. 내 여자 친구와 그는 떠났는데, 후자(그)는 기차로 전자들(내 여자친구들)는 차로 떠났다.
4. Ce sont les photos de (   ) que j'aime.
   이것은 내가 사랑하는 여자들의 사진들이다.
5. Ce sont mes amis. (   ) est Josephe et (   ) est Gilbert.
   내 친구들이야. 이쪽 애는 조셉이고 저쪽 애는 질베르야.
6. La femme de Paul et (   ) de Gabriel s'entendent bien.
   폴의 아내와 가브리엘의 그녀(아내)는 사이가 좋다.
7. Dans cette crèche, il y a beaucoup d'enfants. (   ) ont trois ans, et (   ) ont quatre ans.
   이 탁아소엔 아이들이 많다. 얘들은 세 살이고, 쟤들은 네 살이다.
8. Je ne pardonne pas (   ) qui te fait mal.
   나는 네게 아픔을 주는 자를 용서하지 않는다.
9. Les amis de Jean sont plus gentils que (   ) de Paul.
   장의 친구들은 폴의 그들(친구들)보다 더 친절하다.
10. Il y a deux téléphones portables et trois casettes. (   ) sont moins chères que (   ).
    휴대폰 2개와 카세트 3개가 있다. 후자들(카세트 3개)은 전자들(휴대폰 2개)보다 덜 비싸다.
11. Ces fleurs sont à moi, mais (   ) sont à toi.
    이 꽃들은 내 것이지만, 저것들(꽃들)은 네 것이다.
12. Beaucoup de candidates sont venues à ce concours. (   )

sont étudiantes et (   ) sont professionnelles.
이 경기엔 여자 지원자들이 많이 왔다. 이 지원자들은 학생들이고, 저 지원자들은 직업 선수들이다.

⑬ J'ai acheté beaucoup de livres, (   ) pour moi et (   ) pour toi.
난 책을 많이 샀는데, 이것들은 날 위해서이고 저것들은 널 위해서이다.

⑭ Je veux inviter les soeurs de Marie et (   ) de Daniel.
나는 마리의 자매들과 다니엘의 그녀들(자매들)을 초대하고 싶다.

⑮ J'ai rencontré sa mère et sa soeur. (   ) est moche, mais (   ) est très belle. 나는 그의 어머니와 누이를 만나봤다. 후자(그의 누이)는 밉상인데, 전자(그의 어머니)는 매우 미인이다.

⑯ (   ) qui chante maintenant est très belle.
지금 노래하고 있는 여자는 매우 아름답다.

⑰ Tandis que le manteau de Béatrice est jolie, (   ) de Marie ne l'est pas.
베아트리스의 외투는 예쁜데, 마리의 그것(외투)는 그렇지 못하다.

⑱ Il faut remercier à tous (   ) qui nous ont aidé à surmonter des difficultés financières. 우리로 하여금 경제적 난관을 극복하도록 도와준 모든 분들께 감사해야만 한다.

⑲ La cravatte de Pierre est jaune, et (   ) de Patrick est rouge.
피에르의 넥타이는 노란색이고, 파트릭의 그것(넥타이)는 빨간색이다.

⑳ Je ne sais pas (   ) qui sont là-bas.
나는 저기에 있는 여자들을 모른다.

㉑ (   ) qu'elles aiment est mon oncle.
그녀들이 사랑하는 사람은 나의 아저씨이다.

㉒ Je connais sept Français et deux Allemandes. (   ) sont belles et (   ) sont beaux. 나는 7명의 프랑스 남자와 2명의 독일 여자를 안다. 후자들(2명의 독일 여자)은 미녀이고 전자들(7명의 프랑스 남자)는 미남이다.

㉓ Montre-moi les tableaux de ta soeur et (   ) de son frère.
내게 네 언니의 그림들과 그녀 오빠의 그것들(그림들)을 보여줘.

㉔ Je ne suis pas (   ) que tu crois.
나는 네가 생각하는 여자가 아니다.

㉕ Les cartes de Christophe sont carrées, et (   ) de Pierre sont rondes.
크리스토프의 카드들은 네모나고, 피에르의 그것들(카드들)은 동그랗다.

㉖ Ce sont (   ) que l'amour a blessés.
이들은 사랑에 상처 입은 사람들이다.

㉗ Il y a deux pommes. (   ) est petite, et (   ) est grande.
사과가 두 개 있다. 이것은 작고 저것은 크다.

㉘ Je préfère ce tableau-ci à (   ).
난 이 그림을 저것(그림)보다 더 좋아한다.

㉙ Parmi toutes ses étudiantes, (   ) est la plus retardée.
그의 학생들 중에서 얘[걔]가 가장 학업이 뒤쳐졌다.

㉚ Si tu veux acheter un livre, je te conseille (   ).
만약 자네가 책을 사고자 한다면, 이것[저것]을 권하네.

Q-13 : 아래 각 문장의 괄호 속에 들어갈 적합한 소유대명사를 적어 넣으시오.

① J'aime ma femme. Et toi, tu aimes (   )?
난 내 아내를 사랑해. 그런데 너는 네 아내를 사랑하니?

② Dans ce sac, il y a ton stylo et (   ).
이 가방 안에, 네 펜과 내 것이 있다.

③ Tes lunettes sont meilleures que (   ).
네 선글라스는 그의 것보다 더 낫다.

④ Nos serviettes sont très propres. Et (   )?
우리 타올들은 매우 깨끗하다. 그런데 너희 것들은?

5. Tout le monde résout ses problèmes. Tu dois résoudre (   ).
   모든 사람이 자기 문제들을 해결한다. 너는 네 것들을 해결해야만 한다.
6. J'aime mon nom, mais elle n'aime pas (   ).
   난 내 이름을 좋아하는데, 그녀는 자기 것을 좋아하지 않는다
7. Ta voiture est rouge, et (   ) est noire.
   네 자동차는 빨간색이고, 내 것은 검정색이다.
8. Ses lèvres sont plus jolies que (   ).
   그녀의 입술은 네 것보다 더 예쁘다.
9. Il chérit ses chiens, mais nous maltraitons (   ).
   그는 자기 개들을 극진히 사랑하는데, 우리는 우리의 것들을 학대한다.
10. Tu as ta part. Ne leur envie pas (   ).
    너는 네 몫을 가졌어. 그들의 것을 부러워하지 마.
11. Notre voiture consomme plus d'essence que (   ).
    우리 차는 당신의 것보다 더 많은 휘발유를 소모한다.
12. Tandis que ses enfants sont grands, (   ) sont petits.
    그의 아이들은 키가 큰데, 내 아이들은 키가 작다.
13. Sa soeur est plus âgée que (   ).
    그의 누나는 우리 누나보다 나이가 더 많다.
14. Il a son travail, et nous avons (   ).
    그는 그의 일이 있고, 우리는 우리의 일이 있다.
15. Elle m'a montré ses boucles d'oreilles, mais je ne lui ai pas montré (   ). 그녀는 자기 귀걸이들을 내게 보여줬지만, 나는 내 것들을 그녀에게 보여주지 않았다.
16. J'ai déjà perdu mon père. Mais vous avez toujours (   ).
    나는 이미 내 부친을 여의었다. 하지만 당신에겐 여전히 당신 부친이 있다.
17. Ayant notre maison, nous n'avons pas besoin de (   ).
    우리는 우리 집이 있어서 그들의 것은 필요 없다.

⑱ Mes bijoux et (   ) sont dans le coffre fort de l'hôtel.
내 패물들과 그녀의 것들은 호텔 안전금고 속에 있다.

⑲ J'ai mon portefeuille. Où est (   )?
난 내 지갑이 있다. 네 것은 어디에 있니?

⑳ Elle préfère ma fille à (   ).
그녀는 자기 딸보다 내 딸을 더 좋아한다.

㉑ Nos photos sont pires que (   ).
우리 사진들은 그들의 것들보다 더 못하다.

㉒ Tu ne dois pas convoiter (   ).
너는 내 재산을 탐내선 안된다.

㉓ Son père travaille dur pour nourrir (   ).
그의 아버지는 자기 가족을 부양하려고 고되게 일한다.

㉔ Je vous embrasse ainsi que tous (   ).
당신과 당신 친지들에게 포옹을 보냅니다.

Q-14 : 아래 각 문장의 괄호 속에 들어갈 적합한 단순형 관계대명사를 [보기] 에서 찾아 적어 넣으시오.

qui / que / quoi / dont / où

❶ Voilà tes soeurs (   ) arrivent.
저기 네 언니들이 도착한다.

❷ Il s'occupe bien du chien (   ) je lui ai donné.
그는 내가 그에게 준 개를 잘 돌본다.

❸ Le thème de (   ) ce livre traite est très important.
이 책이 다루고 있는 주제는 매우 중요하다.

❹ C'est le scientifique (   ) tout le monde est fier.

이분은 모든 사람이 자랑스러워하는 과학자이다.

5 Séoul est la ville ( ) je suis née. 서울은 내 출생 도시이다.

6 Les étudiants ( ) elle a enseignés etaient ingrats.
그녀가 가르친 학생들은 배은망덕했다.

7 Je me souviens des jours heureux ( ) nous étions amis.
난 우리가 친구였던 행복한 날들을 기억한다.

8 Passe-moi la bouteille ( ) se trouve derrière toi.
네 뒤에 있는 그 병을 내게 건네주렴.

9 Montre-lui les photos de ton chat, sans ( ) il ne peut l'identifier. 그에게 네 고양이 사진들을 보여줘, 그것 없인 그가 그것을 확인할 수 없어.

10 Il n'y a rien ( ) il est content.
그가 만족해하는 건 아무것도 없다.

11 Montre-moi la bague ( ) tu as acheté hier.
네가 어제 산 그 반지를 내게 보여주렴.

12 C'est tout ce ( ) elle se souvient.
이것이 그녀가 기억하는 전부이다.

13 Personne n'aime ce perroquet ( ) bégaie.
아무도 말을 더듬는 이 앵무새를 좋아하지 않는다.

14 C'est (ce) à ( ) il s'intéresse.
그건 그가 흥미를 느끼는 것이다.

15 Apétissante ( ) la salade paraît, elle se vend bien.
샐러드는 맛있어 보여서 잘 팔린다.

16 Celui ( ) sait ne dit rien et celui ( ) dit ne sait rien.
아는 자는 아무 말도 하지 않고, 말하는 자는 아무것도 모른다.

17 Il y a tes montres et celles ( ) ils m'ont offertes.
이것은 네 시계들과 그들이 내게 준 것들(시계들)이다.

⑱ Aujourd'hui nous avons de (　　　) fêter.
오늘 우리가 축하할만한 것이 있다.

⑲ J'ai quelques informations sur la comédienne de (　　　) tu m' as parlé autrefois.
네가 예전에 내게 말했던 그 여배우에 대해 나는 몇 가지 정보를 가지고 있다.

⑳ Je cherche des lunettes (　　　) il s'est servies.
나는 그가 사용했던 안경을 찾고 있다.

㉑ Je serai avec toi partout (　　　) le rêve existe.
난 꿈이 존재하는 어디에서나 너와 함께 하겠다.

㉒ Je n'aime pas celle (　　　) te taquine.
나는 너를 괴롭히는 여자는 싫다.

㉓ La voilà (　　　) t'a cherché partout.
널 사방에서 찾았던 그녀가 저기 있다.

㉔ Voici le livre (　　　) l'auteur est ex-criminel.
그 저자가 전과자인 책이 여기 있다.

㉕ Ce (　　　) reste, ce sont des images. 남는 건 이미지들이다.

㉖ Je ne peux pas croire ce (　　　) il m'a dit.
나는 그가 내게 말한 것을 믿을 수 없다.

㉗ Je ne vois au monde aucune chose (　　　) demeure toujours en même état.
나는 이 세상에서 항상 같은 상태로 있는 건 아무것도 못 봤다.

㉘ J'ai besoin de (　　　) boire.
난 마실 것이 필요하다.

㉙ Les lunettes (　　　) il porte ne lui vont pas.
그가 낀 안경은 그에게 어울리지 않는다.

㉚ La jeunesse est un puit d'(　　　) jaillit la folie.
청춘은 광기가 뿜어져 나오는 우물이다.

31 Toi (   ) m'as tellement aimé, tu me trahis?
날 그토록 사랑했던 네가 날 배반해?

32 Elle consolait son amie (   ) la maison a été incendiée.
그녀는 집에 화재를 당한 자신의 여자친구를 위로하고 있었다.

33 Il n'y a rien (   ) t'empêche de venir me voir.
네가 날 보러 오는 걸 막는 건 아무것도 없다.

34 Je me souviens du petit cri (   ) elle a poussé.
나는 그녀가 내지른 자그마한 소리를 기억한다.

35 Il t'a vu (   ) dansais avec elle.
그는 네가 그녀와 춤추고 있는 걸 봤다.

36 C'est ce vers de son poème par (   ) on commence ce livre.
우리는 그의 시의 이 행(行)으로부터 이 책을 시작한다.

37 Choisissez ce (   ) vous plaît.
마음에 드는 걸 고르세요.

38 Depuis le moment (   ) on l'a jeté dans la prison, il était malade. 감옥에 던져진 이래로, 그는 아팠다.

39 Je ne connais pas ceux à (   ) tu t'es adressé.
네가 말 걸었던 사람들을 나는 모른다.

40 Il existe encore quelque chose sur (   ) on doit poursuivre nos études.
그것에 대해 우리의 연구를 계속해 나가야만 할 뭔가가 아직 있다.

41 C'est celui par (   ) le phénomène est expliqué.
이분이 그 현상을 설명한 사람이다.

42 Pardonnons-lui ses crimes (   ) elle se repent sincèrement.
그녀가 진심으로 뉘우치고 있는 그녀의 중죄를 용서하자.

43 Je me souviens du petit garçon (   ) il était.
나는 어린 소년이었던 그를 기억한다.

44 L'homme à (   ) j'ai prêté mille euros l'année dernière me les doit encore. 내가 작년에 천 유로를 빌려준 그 남자는 내게 아직도 그것을 갚지 않고 있다.

45 Merci beaucoup! - Il n'y pas de (   ).
대단히 감사합니다! – 천만에요.

46 Je ne lui ai pas encore rendu son chien à (   ) je tiens beaucoup.
내가 많은 애착을 느끼는 그의 개를 나는 아직 그에게 돌려주지 않았다.

47 Elle n'a pu lui peindre le bonheur (   ) elle jouissait.
그녀는 자신이 누리고 있는 행복을 그에게 표현할 수가 없었다.

48 Qui est celui avec (   ) tu vis?
네가 함께 살고 있는 사람은 누구냐?

49 Je ne connais rien en (   ) consiste l'objectivité scientifique.
나는 과학적 객관성의 근거를 모른다.

50 Je vais te présenter mon ami chez (   ) j'ai séjourné.
내가 그의 집에서 머물렀던 내 친구를 네게 소개해 줄게.

51 On aura toujours de (   ) rêver.
우리는 꿈꿀 뭔가를 항상 가지고 있을 것이다.

52 Revenez demain matin jusqu'(   ) tout sera prêt.
내일 아침에 오면 그때까지 만반의 준비가 되어있을 것이다.

53 Ne fais pas mal à ta famille pour (   ) tu vis.
네 삶의 목적인 가족에게 아픔을 주지 마라.

54 Il a touché le fond jusqu'(   ) je n'ai pas imaginé qu'il puisse descendre.
그가 거기까지 내려가리라곤 내가 상상도 못했던 바닥까지 그는 내려갔다.

55 Elle me l'a donné, après (   ) elle s'est retirée.
그녀는 내게 그것을 주었고, 그리곤 물러갔다.

56 Au moment (   ) il m'a regardé, tout basculait.
그가 나를 쳐다본 순간, 모든 것이 동요했다.

57 Où est la femme (   ) tu m'as parlé?
네가 내게 말했던 그 여자는 어디에 있니?

58 Je remercie mon professeur à la bienveillante intervention de (   ) je dois cette faveur.
나는 그분의 호의 넘친 중재의 덕을 본 나의 교수님께 감사드린다.

59 Personne ne s'intéresse à ce (   ) tu fais.
아무도 네가 하는 것에 관심 없다.

60 J'ai du dégoût pour tout ce (   ) lui plaît.
나는 그의 마음에 드는 모든 것에 대해 혐오감을 느낀다.

Q-15 : 아래 각 문장의 괄호 속에 들어갈 적합한 복합형 관계대명사를 [보기]에서 찾아 적어 넣으시오.

lequel / laquelle / lesquels / lesquelles
auquel / à laquelle / auxquelles
duquel / desquels / desquelles
sur lequel / sur laquelle
avec lequel / avec laquelle
dans lequel / dans lesquels
pendant lequel / par lesquels / selon laquelle

1 Je connais le nom de la femme, (   ) vous avez choisie.
나는 당신이 선택한 여자의 이름을 안다.

2 Ce sont des solutions (   ) je n'ai pas pensé.
그것은 내가 생각하지 않았던 해결책들이다.

3 C'est un voyage (   ) je me souviens.
그것은 내가 기억하는 여행이다.

④ C'est le dictionnaire de ma soeur, (   ) ne contient pas les noms propres.
그것은 내 누나의 사전인데, 그것(사전)은 고유명사를 싣고 있지 않다.

⑤ C'est une question (   ) j'ai médité longtemps.
그것은 내가 오랫동안 심사숙고한 문제이다.

⑥ Je ne me rappelle plus le titre du film (   ) elle a joué le rôle principal.
난 그녀가 주인공 역할을 했던 그 영화 제목이 이젠 기억나지 않는다.

⑦ Dans cette déclaration, il y a un article sur le principe de toute souveraineté, (   ) réside essentiellement dans la Nation.
이 선언에는 모든 주권의 근본에 대한 조항이 있는데, 그것은(그 근본은) 본질적으로 국가에 있다.

⑧ L'infirmier (   ) elle s'adresse est mon cousin.
그녀가 말을 걸고 있는 남자간호사는 나의 사촌이다.

⑨ Tous les regards sont tournés vers trois témoins, (   ) ont affirmé l'innocence de l'accusé.
모든 시선이 세 명의 증인에게로 돌려졌는데, 그들은 피고의 무죄를 주장했다.

⑩ Il faut avoir confiance en son camarade (   ) on partage sa vie. 자신의 삶을 함께 나누는 동지를 신뢰해야만 한다.

⑪ Cet article est concernant le but de toute association politique, (   ) est la conservation des droits naturels et imprescriptibles de l'homme. 이 조항은 모든 정치적 결사(結社)의 목적에 관한 것으로, 그것은(그 목적은) 인간의 천부적이고 소멸시효가 없는 권리들의 보전이다.

⑫ On remarque une potence en fer, (   ) sont suspendus des chaînes et des carcans. 사람들은 쇠로 된 교수대를 알아봤는데, 그것에는 쇠사슬들과 쇠고리들이 매달려 있었다.

⑬ Il m'a montré trois poupées de sa fille, (   ) sont très mignonnes. 그는 내게 자기 딸의 인형 세 개를 보여줬는데, 그것들(인형들)은 매우 귀여웠다.

⑭ Il y a huits chemins principaux (   ) il pratique la magie.
그가 그것을 통해 마술을 하는 8가지 방법이 있다.

⑮ Il m'a appelé à vingt-trois heures (   ) elle était dans son lit.
그는 그녀가 침대에 있던 밤 11시에 내게 전화했다.

⑯ Il travaille pour les entreprises (   ) plusieurs sont nos clientes. 그는 그 중 몇몇이 우리의 고객인 기업들을 위해 일한다.

⑰ J'ai un cheval de 10 ans, (   ) j'ai mis un quart d'heure à monter. 나는 10살 난 말이 있는데, 그 위에 올라타는데 십오 분 걸렸다.

⑱ Où est l'oiseau (   ) tu penses maintenant?
네가 지금 생각하고 있는 새는 어디에 있는가?

⑲ Le temps de repas reste un seul moment privilégié (   ) la famille peut se parler. 식사시간은 가족들이 서로 얘기할 수 있는 유일하게 특별한 순간으로 남아 있다.

⑳ Je t'achète une chatte (   ) tu vas vivre ensemble!
네가 함께 살 암고양이 한 마리를 네게 사 주마!

㉑ ㉒ Nous rejettons la fausse doctrine (   ) il y aurait des domaines de notre vie (   ) nous n'appartiendrions pas à Jesus-Christ. 그것에 의하면 우리가 그 안에서 예수에게 속하지 않는 우리 삶의 영역들이 있다는 거짓된 교리를 우리는 배척한다.

㉓ Elle reconnaît en lui son tortionnaire à cause (   ) elle est aujourd' hui traumatisée et presque folle. 그녀는 그자 때문에 오늘날 자신이 심한 충격을 받고 거의 실성할 지경에 있게 된 자신의 고문범을 알아봤다.

㉔ Tu n'as pas pardonné à celles par la faute (   ) tu étais obligé de le réparer. 너는 그녀들의 잘못으로 인해 네가 그것을 수리해야만 했던 여자들을 용서하지 않았다.

㉕ Je te souhaite un grand succès au sommet (   ) tu restes pour toujours.
나는 네가 영원히 그 정점에 머물 수 있는 큰 성공을 네게 축원한다.

㉖ Elle porte des bijoux sur la valeur (   ) on peut hésiter.
그녀는 별 가치가 없는 보석들을 지니고 있다.

Q-16 : 아래 각 문장의 밑줄 친 부정 관계대명사 중 잘못된 것을 올바른 형태로 고쳐 넣으시오.

❶ Quoi que ce soit qui j'achète, ça dépend complètement de moi. 내가 무엇을 사든, 그건 전적으로 내 마음이다.

❷ Quoi qui il arrive, je le ferai.
무슨 일이 있더라도, 나는 그것을 할 것이다.

❸ Voilà quoi qui est beau.
미남이 저기 있다.

❹ Quoi que ce soit que te rend triste, dis-le-moi.
너를 슬프게 하는 것이 무엇이든, 내게 그것을 말해라.

❺ Qui que ce soit que est coupable doit être puni.
죄있는 사람은 누구든 처벌되어야 한다.

❻ Quoi que tu sois, ici tu peux parler de tes problèmes.
네가 누구든 간에, 이곳에서 너는 네 문제들을 말할 수 있다.

❼ Qui que ce soit qui tu aimes, je m'en fous.
네가 누구를 사랑하든, 난 상관 안한다.

❽ Il propose cela à queconque partage cette opinion.
그는 이 견해를 함께 하는 사람에겐 누군든 그것을 제안한다.

Q-17 : 아래 각 문장의 밑줄 친 의문대명사를 올바른 형태로 고쳐 넣으시오.

❶ Que est parti? 누가 떠났는가?

2. Qu'est-ce qui a dit cela? 누가 그걸 말했는가?
3. Que regarde-il? 그는 누구를 쳐다보고 있는가?
4. Qui est-ce qui tu cherches? 넌 누구를 찾고 있니?
5. Que es-tu? 너는 누구니?
6. Qui est-ce qui tu es? 너는 누구니?
7. Qu'est-ce qu'ils sont? 그들은 누구입니까?
8. Qui est-ce qui il est ce monsieur? 이 남자 분은 누구입니까?
9. Qui est-elle devenue notre ville?
   우리의 도시는 무엇이[어떻게] 됐는가?
10. Qui est-ce que c'est devenu? 그것은 무엇이[어떻게] 됐지?
11. Qu'est-ce qui tu appelles? 너 누구를 부르는 거니?
12. Qui cherches-tu? 넌 무엇을 찾고 있니?
13. Qui est-ce que tu veux acheter? 넌 무엇을 사고 싶니?
14. Qu'est cassé? 무엇이 깨졌는가?
15. Qu'est dans la boîte? 무엇이 상자 속에 있나요?
16. Que t'empêche de parler? 무엇이 널 말하지 못하게 하는가?
17. Qui y a-t-il? 무엇이 있느냐?
18. Qui se passe-t-il? 무슨 일이니?
19. Qui est-il arrivé? 무슨 일이 일어났니?
20. Qui est-ce? 이것은 무엇인가?
21. Qui est-ce qui c'est? 이것은 무엇인가?
22. À quoi l'a donné-elle? 그녀는 그것을 누구에게 주었는가?
23. À quoi est-ce que tu as écrit? 넌 누구에게 편지를 썼니?
24. À qui penses-tu? 넌 무엇에 대해 생각을 하고 있니?

㉕ De quoi parlez-vous? 너희들은 누구에 대해 말하고 있니?

㉖ De qui avez-vous parlé? 너희들은 무엇에 대해 말했니?

㉗ Avec quoi vas-tu le faire? 넌 누구와 함께 그것을 할 거니?

㉘ Chez quoi est-il allé? 그는 누구 집에 갔니?

㉙ À quoi ressemble-il? 그는 누구를 닮았는가?

㉚ Pour quoi cette place est? 이 자리는 누구를 위한 것인가?

㉛ De qui est-il responsable? 그는 무엇에 대해 책임이 있는가?

㉜ De qui profite-il? 그는 무엇을 이용하는가?

㉝ Sur qui est-elle fondée cette théorie?
이 이론은 무엇에 근거했는가?

㉞ À qui servent-ils ces livres? 이 책들은 무슨 소용이 있는가?

㉟ Que de neuf? 별일 없니?

㊱ Une chose me gêne. - Que? 한 가지 일이 마음에 걸려. – 무엇이?

㊲ Je l'ai vu dans le jardin. - Que?
난 그것을 정원에서 봤어. – 무엇을?

㊳ Il me demande que tu es. 그는 네가 누군지 내게 묻는다.

㊴ Je ne te demande pas que tu aimes.
난 네가 누구를 사랑하는지 묻지 않는다.

㊵ Dis-moi qui s'est passé. 무슨 일이 일어났는지 내게 말해라.

㊶ Il veut savoir quoi tu va faire.
그는 네가 무엇을 하려는지 알고 싶어한다.

㊷ ㊸ Qui veut-elle acheter? - Je ne sais pas qui elle veut acheter.
그녀는 무엇을 사고 싶어하니? 난 그녀가 뭘 사고 싶어하는지 모른다.

㊹ ㊺ Qui est-ce que te rend triste? – Je ne te dirai pas que me rend triste. 나를 슬프게 하는 것을 네게 말하지 않을 것이다.

㊻ ㊼ Qu'est-ce qui tu aimes? - Dis-moi que tu aimes.
넌 누구를 좋아하니? – 네가 누구를 좋아하는지 내게 말해라.

㊽ ㊾ Qui est-ce que tu fais? - Dis-moi qui tu fais.
넌 무엇을 하니? – 네가 무엇을 하는지 내게 말해라.

㊿ 51 Qui est-ce qui se passe? - Dis-moi qui se passe.
무슨 일이니? – 무슨 일인지 내게 말해라.

Q–18 : 아래 각 문장의 괄호 속에 들어갈 알맞은 형태의 의문대명사 복합형 (lequel / laquelle / lesquels / lesquelles – 필요 시 전치사와 함께 사용됨)을 적어 넣으시오.

1. Parmi ces animaux, ( ) préférez-vous?
   이 동물들 중에 어느 것을 선호하십니까?
2. ( ) de ces montres est la tienne?
   이 시계들 중 어느 것이 네 것이냐?
3. ( ) de ces pays est-il orginaire?
   그는 이 나라들 중 어느 나라 출신인가?
4. ( ) d'entre vous a trouvé ma valise?
   너희들 중 누가 내 여행가방을 발견했니?
5. Parmi ces films, ( ) est le meilleur?
   이 영화들 중에 어느 것이 가장 좋은가?
6. ( ) des 9 péchés capitaux du satanisime risquez-vous succomber?
   당신은 악마숭배의 주요 9가지 죄악 중 어느 것에 굴복할 위험이 있는가?
7. Parmi tes filles, ( ) est la plus mignonne?
   네 딸들 중, 누가 가장 귀엽니?
8. ( ) de ces tableaux sont les siens?
   이 그림들 중 어느 것들이 그의 것인가?

⑨ Il y a trois casseroles. (   ) utilises-tu le plus?
냄비가 세 개 있다. 어느 것을 너는 가장 많이 사용하니?

⑩ (   ) de ces brosses à dent veux-tu te brosser les dents?
너는 이 칫솔들 중 어느 것으로 양치질하고 싶니?

⑪ De ces marques, (   ) avez-vous choisie?
이 상표들 중, 당신은 어느 것을 선택하셨습니까?

⑫ De ces livres, (   ) avez-vous lus?
당신은 이 책들 중 어느 것들을 읽었는가?

⑬ (   ) de ces questionnires as-tu répondu?
이 질문서들 중 어느 것들에 너는 대답을 했는가?

⑭ (   ) de nos régions la ville de Lyon est-elle la capitale?
도시 리용은 우리 고장들 중 어느 것의 수도인가?

⑮ De ces voitures, (   ) ont-ils choisies?
이 차들 중에서 어느 것들을 그들은 선택했는가?

⑯ (   ) de ces épisodes peut-on découvrir les personnages?
이 에피소드들 중 어느 것 안에서 그 인물들을 발견할 수 있는가?

⑰ Parmi les banques, (   ) avez-vous visitées?
은행들 중, 어느 것들을 방문하셨습니까?

⑱ (   ) de ces patientes a-t-on prescrit un médicament particulier? 이 여자 환자들 중 어떤 이들에게 특별한 약을 처방했는가?

Q-19 : 아래 [보기]에서 각 문장의 괄호 속에 들어갈 적합한 부정대명사를 찾아 적어 넣으시오.

on / personne / rien / grand-chose / plusieurs / autrui / quiconque / quelque chose / autre chose / peu de chose

1. Ce n'est (   ). 그것은 아무것도 아니다.
2. Cela ne fait pas (   ). 대수롭지 않다.
3. Nous sommes bien (   ).
   우리는 실로 별 것 아니다[대수롭지 않은 존재이다].
4. Ce n'est à (   ). 그것은 누구의 것도 아니다.
5. Pour (   ), la seule plage accessible c'est ici.
   몇몇 사람에겐 접근 가능한 유일한 해변은 이곳이다.
6. On ne peut être riche sans (   ) faire.
   아무것도 하지 않고서 부자가 될 순 없다.
7. (   ) est venu te voir. 어떤 사람이 너를 만나러 왔다.
8. Je n'ai (   ) mangé. 난 아무것도 먹지 않았다.
9. Ne parle pas à (   ). 아무에게도 말하지 마라.
10. Qui aime-t-il? - (   )! 그는 누구를 사랑하니? – 아무도!
11. (   ) est de parler, (   ) est d'agir.
    말과 행동은 별개의 것[다른 것]이다.
12. (   ) ne suarait penser à tout.
    사람은 모든 걸 다 생각할 순 없다.
13. Tu ne comprends (   ). 넌 아무것도 이해하지 못한다.
14. (   ) désigne toute personne autre que soi.
    남이란 자기가 아닌 모든 다른 사람들을 가리킨다.
15. Il est trop naïf pour (   ) soupçonner.
    무엇인가를 눈치 채기엔 그는 너무나 순진하다.
16. Quand (   ) veut, (   ) peut. 사람은 원한다면 할 수 있다.
17. Comment peut-il vivre sans aimer (   )?
    어떻게 그는 누군가를 사랑하지 않고 살 수가 있지?

⑱ Elle ne veut (   ) acheter. 그녀는 아무것도 사지 않으려 한다.

⑲ Y a-t-il (   ) de nouveau? 새로운 뭔가가 있나요?

⑳ (   ) ne veut ton malheur. 아무도 너의 불행을 원치 않는다.

㉑ Est-ce que tu ne me donne (   )? 넌 내게 아무것도 안 주니?

㉒ Il peut gérer (   ) de ces boîtes aux lettres en même temps. 그는 이 우체통들 중 여럿을 관리할 수 있다.

㉓ Il est parti sans faire du mal à (   ).
그는 아무에게도 해를 끼치지 않고 떠났다.

㉔ Je n'aime pas confier mes secrets à (   ).
난 내 비밀을 타인에게 털어놓는 걸 싫어한다.

㉕ Je ne pense à (   ). 나는 아무것도 생각하지 않는다.

㉖ Mon coeur demande (   ). 내 마음이 다른 것을 요구한다.

㉗ Il ne craint (   ). 그는 아무도 겁내지 않는다.

㉘ (   ) n'a pas d'argent ne peut y entrer.
돈 없는 사람은 누구든 그곳에 들어갈 수 없다.

㉙ (   ) ne l'amuse. 아무것도 그를 즐겁게 하지 않는다.

㉚ Je doute que (   ) n'en est vraiment frustré.
나는 누군가가 그것으로 인해 실제로 의기소침해졌는지 의심스럽다.

㉛ (   ) dit que tous les hommes sont égaux.
사람들이 말하길 모든 인간은 평등하다고 한다.

㉜ C'est (   ). 그것은 대수롭지 않은 일이다.

㉝ Je n'ai pas vraiment appris (   ). 난 사실 별것 배우지 못했다.

㉞ Tu ne prendras pas le bien d'(   ). 타인의 것을 빼앗지 마라.

㉟ Je n'ai vu (   ). 난 아무도 못 봤다.

㊱ C'est (   ). 그건 별개의 것[문제]이다.

㊲ Qu'est-ce qu'il y a? - (   ). 무슨 일이니? – 아무것도 아냐.

㊳ (   ) n'était plus belle que Cléopâtre.
클레오파트라보다 더 아름다운 사람은[여자는] 없었다.

㊴ J'aimerais lire (   ) d'intéressant.
나는 흥미로운 뭔가를 읽고 싶다.

㊵ Pas (   ) de mauvais. 그다지 나쁜 일은 아니다.

Q-20 : 아래 [보기]에서 각 문장의 괄호 속에 들어갈 형용사를 찾아 적합한 형태로 만들어 적어 넣으시오.

utile / blessé / spécial / âgé / facile / beau / interessant / sûr / nouveau / méchant / étonnant / stupide / simple / bien

❶ Il m'a dit quelque chose (   ).
그는 내게 어리석은 뭔가를 말했다.

❷ Il n'y a personne (   ). 부상자는 아무도 없다.

❸ Montre-moi autre chose (   ).
더 단순한 다른 것을 내게 보여줘.

❹ Il n'y a rien (   ). 놀랄 게 하나도 없다.

❺ Je ne connais personne (   ) que toi.
나는 너만큼 심술궂은 사람을 알지 못한다.

❻ Ma vie présente n'a rien (   ).
내 현재의 삶은 특별한 건 아무것도 없다.

❼ Il cherche toujours quelque chose (   ).
그는 항상 새로운 뭔가를 찾는다.

❽ Y a-t-il autre chose (   )? 더 아름다운 다른 것이 있습니까?

❾ Il ne reste pas un (   ). 좋은 건 아무것도 남지 않았다.

⑩ Parmi toutes ces choses, il n'y a pas une (   ).
이 모든 것들 중에, 유용한 건 하나도 없다.

⑪ Je cherche quelqu'un (   ).
나는 확실한 남자를 찾고 있다.

⑫ Il y avait beaucoup de photos, mais je n'ai trouvé aucune (   ).
사진들은 많았지만, 나는 흥미로운 건 하나도 발견하지 못했다.

⑬ Tu as plusieurs choix possibles, mais il n'y a aucun (   ).
넌 여러 가능한 선택권을 가지고 있지만, 쉬운 건 아무것도 없다.

⑭ Quelqu'une (   ) est venu te voir.
매우(très) 나이 먹은 어떤 여자가 널 보러 왔다.

Q-21 : 아래 각 문장 괄호 속의 부정대명사를 알맞은 형태로 바꿔 넣으시오.

① De toutes ces filles, (aucun) ne me plaît.
이 소녀들 중 아무도 내 마음에 들지 않는다.

② Y a-t-il quelques commentaires? - (Aucun).
논평들이 좀 있는가? 아무것도 없다.

③ Elle chante mieux qu'(aucun) de mes soeurs.
그녀는 내 자매들 중 어느 누구보다 노래를 잘한다.

④ (Aucun) pourront le critiquer.
어떤 사람들은 그를 비판할 수도 있을 것이다.

⑤ (Nul) n'est exempte de mourir. 아무도 죽음을 면할 수 없다.

⑥ Parmi toutes ces fleurs, (nul) n'est plus jolie que ça.
이 모든 꽃들 중, 아무것도 그것보다 더 예쁘진 않다.

⑦ Il y a beaucoup de voitures, mais (pas un) n'appartient à moi.
차들은 많지만, 하나도 내 것은 없다.

⑧ (Pas un) ne te demande d'y aller.
아무도 네게 거기 가라고 요구하지 않는다.

9. J'apprécie (certain) de ses actions.
   나는 그의 행동들 중 어떤 것들은 높이 평가한다.
10. (Certain) d'entre eux sont déjà partis.
    그들 중 몇몇은 이미 떠났다.
11. (Chacun) d'elles a sa voiture.
    그녀들 각자 자기 차가 있다.
12. J'ai arrosé (chacun) de ces plantes.
    나는 이 식물들 각각에게 물을 줬다.
13. (Chacun) a sa chimère. 각자[저마다] 꿈이 있다.
14. J'aime (tout) en lui.
    나는 그의 모든 걸[그에게서 발견할 수 있는 건 뭐든] 사랑한다.
15. J'aimerais (tout) comprendre. 난 모든 걸 이해하고 싶다.
16. Il m'a (tout) donné. 그는 내게 모든 것을 주었다.
17. Paul, Jean, et Albert, (tout) est descendu.
    폴, 쟝, 그리고 알베르 모두 차에서 내려있었다.
18. Il est mort pour (tout). 그는 모든 사람들을 위해 죽었다.
19. Ces trois jupes me plaisent. (tout) sont jolies.
    이 세 치마가 내 마음에 든다. 그 모든 것들이 예쁘다.
20. Eux (tout), ils sont des pirates.
    그들 모두 해적들이다.
21. Je trouve en elle (quelqu'un) de très généreuse.
    나는 그녀에서 매우 관대한 사람의 모습을 발견한다.
22. Elle est partie avec (quelqu'un) des ses meilleurs amies.
    그녀는 자신의 가장 친한 여자친구들 중 몇몇과 함께 떠났다.
23. Donnez-moi (quelqu'un) de ces crayons.
    내게 이 연필들 중 몇 개를 주시오.

㉔ ㉕ J'ai deux cravattes. (l'un) est rouge, (l'autre) est bleue foncée. 나는 넥타이가 두 개인데, 하나는 빨간색이고, 다른 하나는 짙은 파랑색이다.

㉖ ㉗ Ils chantent (l'un) après (l'autre).
그들은 한 명씩 차례로 노래한다.

㉘ ㉙ Elles se critiquent (l'un) (l'autre).
그녀들은 서로들 비난을 한다.

㉚ ㉛ Aidons-nous (l'un) (l'autre).
우리 서로들 도웁시다.

㉜ Ils s'intéressent (l'un à l'autre).
그들은 서로들에게 관심이 있다.

㉝ ㉞ (Tel) rit, et (tel) pleure.
어떤 사람은 웃고, 어떤 사람은 운다.

㉟ (Tel) brille au second rang qui s'éclipse au premier rang (Voltaire).
제1선에서 빛을 못내는 그런 사람은 제2선에서 빛을 낸다.(볼테르)

㊱ Ce n'est pas l'eau de toilette bien qu'on me l'ait vendu comme (tel). 그런 것(=오 드 뜨왈렛)이라고 내게 팔았지만 그것은 오 드 뜨왈렛이 아니다.

㊲ Elle est toujours (le même).
그녀는 예나 지금이나 변함이 없다.

㊳ Il y a deux fourrures. Ce sont (le même).
모피 옷 두 벌이 있다. 그것들은 똑같은 것들이다.

㊴ Elle cherche (le même) que le mien.
그녀는 내 것과 똑같은 것을 찾고 있다.

㊵ Vous êtes tous (le même)!
너희들 모두 똑같아!

답

Q-1 : 1-Nous / 2-Je / 3-Tu / 4-elles / 5-J' / 6-Il / 7-Nous (*위엄 나타내기 위해 je 대신 사용한 nous) / 8-ils / 9-J' /10-Elles / 11-Nous (*겸손을 표시하기 위해 je 대신 사용한 nous라서 속사 honoré는 단수형) / 12-J' / 13-ils / 14-Vous (*tu 대신 사용된 단수 존칭의 vous라서 속사인 형용사는 단수형) / 15-Vous (*2인칭복수의 vous라서 속사인 형용사는 복수형) / 16-Ils /17-Ils (*gens의 경우 한정되지 않은 다수의 사람을 나타낼 때는 남성복수이며, 그때 뒤에 오는 형용사나 gens을 받는 대명사는 남성복수로 함 / 참조: 제2장 명사에서 '성(性)의 구별' 중 '두 개의 성을 동시에 갖는 명사') / 18-Elle / 19-ils /20-nous (*겸손을 표시하기 위해 je 대신 사용한 nous)

Q-2 : 1-je / 2-tu / 3-vous (*주어 인칭대명사 vous 대신한 on의 속사로 쓰인 형용사가 성 · 수 변화를 한 경우) / 4-vous / 5-il / 6-Elle / 7-ils / 8-elles / 9-nous (*주어 인칭대명사 nous 대신한 on의 속사로 쓰인 형용사가 성 · 수 변화를 한 경우) / 10-nous

Q-3 : 1-c / 2-a / 3-b / 4-d

Q-4 : 1-인칭대명사 / 2-비인칭대명사 / 3-비인칭대명사 / 4-인칭대명사 / 5-인칭대명사 / 6-비인칭대명사 / 7-인칭대명사 / 8-비인칭대명사 / 9-비인칭대명사 / 10-인칭대명사 / 11-비인칭대명사

Q-5 : 1-t', le / 2-m' / 3-te / 4-me / 5-l' / 6-l' / 7-la / 8-nous / 9-vous / 10-vous / 11-les / 12-les / 13-m' / 14-me / 15-te / 16-t' / 17-lui / 18-lui / 19-nous / 20-vous / 21-vous / 22-leur / 23-leur / 24-la, lui / 25-le, lui / 26-les, leur / 27-le, leur / 28-me, l' / 29-me, la / 30-te, les / 31-nous, l' / 32-vous, la / 33-me, les / 34-moi / 35-moi / 36-le, moi / 37 la, moi / 38-toi / 39-toi / 40-le, lui / 41-les, leur / 42-les / 43-l' / 44-la / 45-moi / 46-t' / 47-lui / 48-leur

Q-6 : 1-○ / 2-× / 3-× / 4-○ / 5-× / 6-○ / 7-× / 8-○ (이상의 1~8번 문제는 평서문이나 부정명령문에서 직접보어 인칭대명사가 1 · 2인칭일 때, 간접보어 인칭대명사는 'à+강세형'으로 동사 뒤에 놓이며, 이 경우 보어 인칭대명사를 둘 다 동사 앞에 놓을 수 없음을 주지시키기 위한 것임)

Q-7 : 1-me / 2-te / 3-nous / 4-se / 5-vous / 6-vous / 7-se / 8-se / 9-se / 10-se

Q-8 : 1-soi / 2-moi / 3-soi / 4-toi / 5-elle / 6-soi / 7-lui / 8-nous / 9-soi / 10-vous / 11- eux / 12-soi / 13-elles / 14-vous / 15-Moi / 16-Toi / 17-Lui / 18-Lui / 19-Elle / 20-Eux / 21-Eux / 22-Elles / 23-Nous / 24-Vous / 25-Vous / 26-elle, lui / 27-Toi / 28-Vous / 29-moi / 30-eux / 31-elles / 32-vous, nous / 33-eux / 34-nous / 35-elle / 36-toi / 37-lui, moi / 38-vous / 39-elles / 40-vous / 41-Toi / 42-Moi / 43-lui / 44-nous / 45-Vous / 46-lui / 47-Elle, toi / 48-vous, moi / 49-vous, elles / 50-Eux, elles / 51-nous, lui

Q-9 : 1-lui-même / 2-moi-même / 3-soi-même / 4-toi-même / 5-elle-même / 6-soi-même / 7-nous-mêmes / 8-soi-même / 9-vous-même / 10-vous-mêmes /

11- soi-même / 12-eux-mêmes / 13-soi-même / 14-elles-mêmes

Q-10 : 1-y / 2-l' / 3-y / 4-en / 5-y / 6-en / 7-y / 8-le / 9-en / 10-l' / 11-y / 12-le / 13-le / 14-en / 15-y / 16-y / 17-en / 18-le / 19-y / 20-y / 21-en / 22-y / 23-y / 24-en / 25-y / 26-y / 27-y / 28-y / 29-en / 30-y / 31-y / 32-en / 33-y / 34-y / 35-en / 36-y / 37-en / 38-y / 39-en / 40-en / 41-y / 42-en / 43-en / 44-y / 45-en / 46-en / 47-y / 48-en / 49-y / 50-y, en

Q-11 : 1-cela / 2-c' / 3-cela / 4-ce / 5-cela / 6-c' 또는 cela / 7-cela / 8-ce 또는 cela / 9-Cela / 10-C' 또는 Cela / 11-Cela / 12-Ceci, cela / 13-C' 또는 Cela / 14-cela / 15-ce / 16-cela / 17-ce / 18-cela / 19-ce / 20-Cela 또는 C' / 21-ce / 22-Cela 또는 Ce / 23-ceci (*ceci가 앞으로 말할 사실을 대신) / 24-cela (*cela가 이미 말한 사실을 대신)

Q-12 : 1-celui-ci, celui-là / 2-celui / 3-celui-ci, celles-là / 4-celles / 5-Celui-ci, celui-là / 6-celle / 7-Ceux-ci, ceux-là / 8-celui / 9-ceux / 10-Celles-ci, ceux-là / 11-celles-là / 12-Celles-ci, celles-là / 13-ceux-ci, ceux-là / 14-celles / 15-Celle-ci, celle-là / 16-Celle / 17-celui / 18-ceux / 19-celle / 20-celles / 21-Celui / 22-Celles-ci, ceux-là / 23-ceux / 24-celle / 25-celles / 26-ceux / 27-Celle-ci, celle-là / 28-celui-là / 29-celle-là (*주어로 사용된 복합형 지시대명사 celle-là (일상어에서 -ci, -là의 구별을 명확히 하지 않으며 점차 ~-là를 사용하는 경향)) / 30-celui-là (*목적보어로 사용된 복합형 지시대명사 celui-là(일상어에서 -ci, -là의 구별을 명확히 하지 않으며 점차 ~-la를 사용하는 경향))

Q-13 : 1-la tienne / 2-le mien / 3-les siennes / 4-les vôtres / 5-les tiens / 6-le sien / 7-la mienne / 8-les tiennes / 9-les nôtres / 10-la leur / 11-la vôtre / 12-les miens / 13-la nôtre / 14-le nôtre / 15-les miennes / 16-le vôtre / 17-la leur / 18-les siens / 19-le tien / 20-la sienne / 21-les leurs / 22-le mien (*남성단수형 소유대명사가 명사적으로 사용되어 재산 · 돈을 나타내는 경우) / 23-les siens (*남성복수형 소유대명사가 명사적으로 사용되어 가족을 가리키는 경우) / 24-les vôtres (*남성복수형 소유대명사가 명사적으로 사용되어 가까운 친척, 친구를 가리키는 경우)

Q-14 : 1-qui / 2-que / 3-quoi / 4-dont / 5-où / 6-qu' / 7-où 또는 que (*선행사가 시간을 나타내는 명사일 땐 où 대신 que를 사용해도 무관) / 8-qui / 9-quoi / 10-dont / 11-que / 12-dont / 13-qui / 14-quoi / 15-que / 16-qui, qui / 17-qu' / 18-quoi / 19-qui / 20-dont / 21-où / 22-qui / 23-qui / 24-dont / 25-qui / 26-qu' / 27-qui / 28-quoi / 29-qu' / 30-où (*선행사가 장소를 나타내는 명사 un puit / où가 전치사 de와 함께 사용된 경우) / 31-qui / 32-dont / 33-qui / 34-qu' / 35-qui / 36-où (*선행사가 장소를 나타내는 명사 ce vers de son poème / où가 전치사 par와 함께 사용된 경우) / 37-qui / 38-où 또는 qu'(que l') (*선행사가 시간을 나타내는 명사일 땐 où 대신 que를 사용해도 무관) / 39-qui / 40-quoi / 41-qui / 42-dont / 43-qu' / 44-qui / 45-quoi / 46-qui / 47-dont / 48-qui / 49-quoi / 50-qui / 51-quoi / 52-où (*선행사가 시간을

나타내는 부사 demain matin / où가 전치사 jusque와 함께 사용된 경우) / 53-qui / 54-où (*선행사가 장소를 나타내는 명사 le fond / où가 전치사 jusque와 함께 사용된 경우) / 55-quoi / 56-où 또는 qu' (*선행사가 시간을 나타내는 명사일 땐 où 대신 que를 사용해도 무관) / 57-dont / 58-qui (*선행사는 mon professeur) / 59-que / 60-qui

Q-15 : 1-laquelle / 2-auxquelles / 3-duquel (*단순형 관계사 dont도 사용 가능) / 4-lequel / 5-sur laquelle / 6-dans lequel (*전치사+복합형 관계대명사가 장소의 뜻을 가질 때는 주로 단순형 관계사 où를 사용) / 7-lequel / 8-auquel (*선행사가 사람일 땐 전치사+qui를 사용하지만, 전치사+복합형 관계대명사도 사용 가능) / 9-lesquels / 10-avec lequel / 11-lequel / 12-à laquelle (*전치사+복합형 관계대명사가 장소의 뜻을 가질 때는 주로 단순형 관계사 où를 사용) / 13-lesquelles / 14-par lesquels / 15-auxquelles (*전치사+복합형 관계대명사가 시간의 뜻을 가질 때는 주로 단순형 관계사 où를 사용) / 16-desquelles (*단순형 관계사 dont도 사용 가능) / 17-sur lequel (*전치사+복합형 관계대명사가 장소의 뜻을 가질 때는 주로 단순형 관계사 où를 사용) /18-auquel / 19-pendant lequel (*전치사+복합형 관계대명사가 시간의 뜻을 가질 때는 주로 단순형 관계사 où를 사용) / 20-avec laquelle / 21-selon laquelle / 22-dans lesquels / 23-duquel (*원래 선행사가 사람(son tortionnaire)일 땐 전치사+qui를 사용하지만, 전치사+복합형 관계대명사도 사용가능하므로, 이 경우엔 dequel이나 de qui 둘 다 사용 가능) / 24-desquelles (*원래 선행사가 사람(celles)일 땐 전치사+qui를 사용하지만, 전치사+복합형 관계대명사도 사용가능하므로, 이 경우엔 desquelles이나 de qui 둘 다 사용 가능) / 25-duquel / 26-desquels (*선행사는 des bijoux)

Q-16 : 1-Quoi que ce soit que / 2-Quoi qu' / 3-qui (*선행사 없이 사용된 qui) / 4-Quoi que ce soit qui / 5-Qui que ce soit qui / 6-Qui que / 7-Qui que ce soit que / 8-quiconque

Q-17 : 1-Qui / 2-Qui est-ce qui / 3-Qui / 4-Qui est-ce que / 5-Qui / 6-Qui est-ce que / 7-Qui est-ce qu' / 8-Qui est-ce qu' / 9-Qu' / 10-Qu'est-ce que / 11-Qui est-ce que / 12-Que / 13-Qu'est-ce que / 14-Qu'est-ce qui (*사물이 주어일 경우 항상 Qu'est-ce qui 사용) / 15-Qu'est-ce qui (*사물이 주어일 경우 항상 Qu'est-ce qui 사용) / 16-Qu'est-ce qui (*사물이 주어일 경우 항상 Qu'est-ce qui 사용) / 17-Qu' (*사물이 주어일 때 비인칭동사 il y a의 진짜주어일 때만 que 단독 사용이 가능) / 18-Que (*사물이 주어일 때 비인칭동사 il se passe의 진짜주어일 때만 que 단독 사용이 가능) / 19-Qu' (*사물이 주어일 때 비인칭동사 il est arrivé의 진짜주어일 때만 que 단독 사용이 가능) / 20-Qu' / 21-Qu'est-ce que / 22-qui / 23-qui / 24-quoi / 25-qui / 26-quoi / 27-qui / 28-qui / 29-qui / 30-qui / 31-quoi / 32-quoi / 33-quoi / 34-quoi / 35-Quoi (*quoi가 동사 없이 사용된 의문문에서 전치사 없이 주어로 사용됨) / 36-Quoi (*quoi가 동사 없이 사용된 의문문에서 전치사 없이 직접목적보어로 사용됨) / 37-Quoi (*quoi가 동사 없이 사용된 의문문에서 전치사 없이 직접목적보어로 사용됨) / 38-qui / 39-qui / 40-ce qui / 41-ce que / 42-Que / 43-ce qu' / 44-Qu'est-ce qui / 45-ce qui / 46-Qui est-ce que / 47-qui / 48-Qu'est-ce que / 49-ce que / 50-Qu'est-ce qui / 51-ce qui

Q-18 : 1-lequel / 2-Laquelle / 3-Duquel / 4-Lequel / 5-lequel / 6-Auquel / 7-laquelle / 8-Lesquels / 9-Laquelle / 10-Avec laquelle / 11-laquelle / 12-lesquels / 13-Auxquels / 14-De laquelle / 15-lesquelles / 16-Dans lequel / 17-lesquelles / 18-Auxquelles

Q-19 : 1-rien / 2-grand-chose / 3-peu de chose / 4-personne / 5-plusieurs / 6-rien / 7-On / 8-rien / 9-quiconque / 10-Personne / 11-Autre chose, autre chose / 12-On / 13-rien / 14-Autrui / 15-rien / 16-on, on / 17-personne / 18-rien / 19-quelque chose / 20-Personne / 21-rien / 22-plusieurs / 23-personne / 24-autrui / 25-rien / 26-autre chose / 27-personne / 28-Quiconque / 29-Rien / 30-personne / 31-On / 32-peu de chose / 33-grand-chose / 34-autrui / 35-personne / 36-autre chose / 37-Rien / 38-Personne (*personne의 문법적 성은 남성단수로 취급하는데, 단 personne가 여자를 지칭할 때는 personne에 일치하는 말은 여성으로 해야 하므로 belle이 됨) / 39-quelque chose / 40-grand-chose

Q-20 : 1-de stupide / 2-de blessé / 3-de plus simple / 4-d'étonnant / 5-d'aussi méchant / 6-de spécial / 7-de nouveau / 8-de plus beau / 9-de bien / 10-d'utile / 11-de sûr / 12-d' intéressante / 13-de facile / 14-de très âgée

Q-21 : 1-aucune (*aucune이 사람을 나타낼 때 일상어에선 흔히 personne를 대신 사용) / 2-Aucun / 3-aucune (*aucune이 긍정형(어느 누구, 어떤 사람)으로 사용된 경우) / 4-Aucuns (*문어에서 복수형 aucuns이 긍정형으로(어떤 사람들)로 사용된 경우) /5-Nul / 6-nulle / 7-pas une / 8-Pas un (*Pas un이 사람을 나타낼 때 일상어에선 흔히 Personne를 대신 사용) / 9-certaines / 10-Certains / 11-Chacune / 12-chacune / 13-Chacun / 14-tout (*tout가 n'importe quoi의 의미로 사용된 경우) /15-tout (*tout가 부정법과 함께 놓일 때는 부정법 직전에 놓임) / 16-tout (*tout는 복합시제에서 조동사와 과거분사 사이에 놓임) /17-tout (*tout가 모든 사람을 나타낸 경우) / 18-tous (*복수 tous, toutes는 문제된 사람이나 사물의 「모든 사람[것]들」, 「예외 없이 모두」를 나타냄) / 19-Toutes / 20-tous (*tous가 주어와 떨어져 그 동격으로 사용된 경우) / 21-quelqu'une / 22-quelques-unes / 23-quelques-uns / 24-l'une / 25-l'autre / 26-l'un / 27-l'autre / 28-les unes / 29-les autres / 30-les uns / 31-les autres / 32-les uns aux autres / 33-Tel / 34-tel / 35-Tel (*Tel이 「…와 같은 사람」의 뜻으로 사용되면서 관계대명사 qui의 선행사가 된 경우) / 36-telle / 37-la même / 38-les mêmes / 39-le même / 40-les mêmes

CHAPITRE

5 동사 (le verbe)

동사는 주어의 동작, 상태, 존재 등을 나타내는 것으로, 주어와 함께 문장의 핵심요소이다. 주어의 수와 인칭, 그리고 나타내고자 하는 법 · 시제 · 태에 따라 변화한다. 동사는 하나의 동사만으로 이루어진 것과, 동사를 중심으로 몇 개의 단어가 모여 동사구(locution verbale)로 이뤄진 것이 있다.

1. 동사의 종류(les especès des verbes)

일반적으로 동사의 기능에 따라 자동사(verbe intransitif)와 타동사(verbe transitif)로 나누는데, 그 외에도 동사의 인칭 변화 여부에 따라 인칭동사(le verbe personnel)와 비인칭동사(verbe impersonnel)로 나누는 등 여러 가지 방법이 있다. 여기서는 편의상 **자동사**(verbe intransitif), **타동사**(verbe transitif), **대명동사**(verbe pronominal), **조동사**(verbe auxiliaire), **비인칭동사**(verbe impersonnel) 등의 5가지 종류로 나누어 살펴보기로 한다.

1 자동사

목적보어를 취하지 않고 주어의 행위나 상태, 양태를 나타내는 동사이다. 자동사는 보어나 속사 등이 없이도 완전한 뜻으로 사용될 수 있는 **완전자동사**(verbe intransitif complet)와 속사나 상황보어가 반드시 요구되는 **불완전자동사**(verbe intransitif incomplet)로 나뉜다.

Il viendra. 그가 올 것이다. (완전자동사)

La neige tombe. 눈이 내린다. (완전자동사)

Je suis au bureau. 난 사무실에 있다. (불완전자동사 : 상황보어와 함께)

Il deviendra médecin. 그는 의사가 될 것이다. (불완전자동사 : 속사와 함께)

Elle est gentille. 그녀는 친절하다. (불완전자동사 : 속사와 함께)

Ⓐ 불완전자동사 가운데서 주어와 속사, 또는 직접목적보어와 속사를 연결해 주는 동사를 **연결동사**(verbe copule)라고 한다. 주어의 속사를 유도하는 연결동사의 대표적인 것은 être이며, 상태, 모양, 변화를 나타내는 sembler, paraître, rester, demeurer, devenir 또는 mourir, naître, passer pour 등이 이에 속하는데, 속사로 사용된 명사 또는 형용사는 주어의 성과 수에 일치한다. 목적보어의 속사를 유도하는 연결동사는 대개 선택, 호칭, 변화, 판단 등을 나타내는 동사들로 faire, appeler, déclarer, prendre, trouver, juger, prendre pour, choisir pour, élire, nommer, traiter de, regarder comme 등이 여기에 속하며, 목적보어의 속사로 사용되는 명사나 형용사는 목적보어에 일치한다.

Elles sont étudiantes.
그녀들은 여학생들이다. (*주어와 동사를 연결)

Tu sembles fatigué. 너 피곤해 보인다.

Il passe pour idiot. 그는 바보 취급을 받고 있다.

On l'a rendue la reine.
사람들은 그녀를 여왕으로 삼았다. (*목적보어와 속사를 연결)

Je trouve cette histoire amusante.
난 그 이야기가 재미있다고 생각한다.

Ils ont choisi ce monsieur pour chef.
그들은 이 분을 지휘자로 뽑았다.

Ⓑ 자동사와 타동사의 구별은 동사 자체의 구별이 아니라 사용에 따른 기능상의 구별이므로, 하나의 동사가 자동사로도 사용되고, 타동사로도 사용되는 경우가 많다.

Il court vite. 그는 빨리 달린다.(자동사)

Il court un danger. 그는 위험에 직면해 있다. (타동사)

La fenêtre ferme mal. 창문이 잘 닫히지 않는다. (자동사)

Il ferme la fenêtre. 그는 창문을 닫는다. (타동사)

Elle est passée devant la boutique.
그녀는 상점 앞을 지나갔다. (자동사)

Elle passe le temps à lire un roman.
그녀는 소설을 읽으며 시간을 보낸다. (타동사)

Je sors de la chambre. 난 방에서 나온다. (자동사)

Je sors ma voiture. 난 나의 자동차를 꺼낸다. (타동사)

© 몇몇 자동사는 어원이 같거나, 뜻이 비슷한 명사를 목적보어로 취하여 타동사로 사용된다.

Tu as couru une longue course. 넌 장거리를 달렸다.

Elle a vécu une vie pénible. 그녀는 괴로운 인생을 살았다.

Il a dormi son dernier sommeil. 그는 마지막 잠이 들었다[죽었다].

Sa mère a pleuré de vraies larmes.
그녀의 어머니는 진짜 눈물을 흘리며 울었다.

2 타동사

목적보어를 취하는 동사를 말한다. 타동사에는 전치사 없이 직접목적보어를 취하는 **직접타동사**(verbe transitif direct)와 전치사와 함께 목적보어를 취하는 **간접타동사**(verbe transitif indirect)가 있다.

Ils aiment ses enfants. 그들은 자기 아이들을 사랑한다. (직접타동사)

Mon père lit le journal. 나의 아버지는 신문을 읽는다. (직접타동사)

Elles saluent le professeur. 그녀들은 교수에게 인사한다. (직접타동사)

Ils apprennent leur leçon. 그들은 학과를 배우고 있다. (직접타동사)

Je pense à ma famille. 난 나의 가족을 생각한다. (간접타동사)

Il consent à cette proposition. 그는 이 제의에 동의한다. (간접타동사)

Tu obéis à tes parents. 넌 너의 부모님에게 복종한다. (간접타동사)

Il doute de la fidélité de sa femme.
그는 자기 부인의 정숙함을 의심한다. (간접타동사)

Ⓐ 같은 동사가 때로는 직접타동사, 때로는 간접타동사가 될 수 있는데, 이때 대개의 경우 의미의 차이가 생긴다.

J'aspire l'air frais. 난 신선한 공기를 마신다. (직접타동사)

J'aspire aux honneurs. 난 명예를 열망한다. (간접타동사)

Ils assistent mon père. 그들은 내 아버지를 돕고 있다. (직접타동사)

Il a assisté à une réunion. 그는 한 회합에 참석했다. (간접타동사)

Elle a manqué son but. 그녀는 실패했다. (직접타동사)

Elle manque toujours à sa parole.
그녀는 항상 약속을 어긴다. (간접타동사)

Il tient des livres dans ses bras.
그는 책들을 품에 안고 있다. (직접타동사)

Il tient beaucoup à la vie. 그는 삶에 집착을 많이 한다. (간접타동사)

Il use sa santé. 그는 건강을 해친다. (직접타동사)

Il use de violence. 그는 폭력을 사용한다. (간접타동사)

Ⓑ 몇몇 동사는 목적보어가 사람이냐 사물이냐, 또는 다른 목적보어가 따라오느냐에 따라 용법이 달라진다.

Il a hérité de son père. 그는 부친에게서 유산을 받았다. (간접타동사)

Il a hérité de ce château.
그는 이 성을 유산으로 물려받았다. (간접타동사)

Il a hérité ce château de son père.
그는 부친에게서 이 성을 유산으로 받았다. (직접타동사)

Ⓒ 간접타동사가 취하는 전치사는 대부분 à, 또는 de, en, sur 등이다. 같은 동사가 다른 전치사를 취하는 경우엔 의미가 다르게 된다.

L'insomnie nuit à la santé. 불면증은 건강을 해친다.

Elle jouit de la vie. 그녀는 삶을 즐긴다.

Les fidèles croient en Dieu. 신자는 신을 믿는다.

On doit veiller sur soi-même. 언행을 삼가야만 한다.

Il croit à sa mission. 그는 자기 임무에 신념을 가진다.

Il croit en Dieu. 그는 신을 믿는다.

Il manque à sa parole. 그는 약속을 어긴다.

Il manque de courage. 그는 용기가 없다.

Elle veille à ses intérêts. 그녀는 자기의 잇속을 차린다.

Elle veille sur sa santé. 그녀는 자신의 건강에 유의한다.

Ⓓ 어떤 타동사들은 때로는 표면적으로는 목적보어를 취하지 않고 사용되기도 하는데, 하지만 목적보어를 내포한다는 것을 상황에 의해 명백하게 알 수 있을 때, 이것을 절대적 용법(l'emploi absolu)으로 사용된 **자동사적 타동사**라고 한다. 목적보어가 없다고 자동사와 혼동해서는 안된다. 이런 동사에는 voir, écouter, recevoir, manger, boire, chanter, prononcer … 등이 있다.

Ma mère lit. 나의 어머니는 독서한다.

Ce monsieur boit bien. 이 분은 술을 잘 마신다.

Son enfant n'obéit pas. 그의 아이는 순종하지 않는다.

Le docteur reçoit sur rendez-vous. 의사는 예약에 따라 환자를 받는다.

Les juges ont prononcé. 판사들이 언도를 내렸다.

Ⓔ 타동사에는 직접목적보어나 간접목적보어 중 어느 하나만을 취하는 동사와 그 둘을 동시에 취하는 동사가 있다. 두 개의 목적보어가 올 때, 간접목적보어는 대개 전치사 à(간혹 de)와 함께 사용된다.

Le chat a quatre pattes. 고양이는 다리가 4개이다.

L'enfant aime ses parents. 아이는 자기 부모를 사랑한다.

Elle ressemble beaucoup à sa mère. 그녀는 어머니를 많이 닮았다.

Il a renoncé à son projet. 그는 자기의 계획을 포기했다.

Il a prêté sa voiture à Hélène. 그는 자기 차를 엘렌에게 빌려 주었다.

J'ai acheté des fleurs à[de] la jeune fille. 난 그 아가씨에게서 꽃을 샀다.

Sa conduite les excite à la révolte.
그의 행동은 그들을 선동해서 반항하게 한다.

Je remercie mon oncle de ce cadeau.
난 이 선물에 대해 삼촌에게 감사한다.

Il nous a avertis de la coupure d'eau.
그는 단수에 대해 우리에게 예고했다.

Ⓕ 우리말과 불어의 동사 구조가 항상 동일한 것이 아니므로, 일부 동사의 경우 (a)-불어에서 직접목적보어로 사용된 것을 우리말로는 「…에게」라고 간접목적보어로 표현하기도 하고, (b)-불어에서 간접목적보어로 사용된 것을 우리말로는 「…을」이라고 직접목적보어로 표현하기도 하므로 동사의 사용을 확인해야 한다.

(a)의 경우 : saluer / remercier / avertir / prier / interroger / prévenir / supplier / exhorter

Elle salue Mr. Dubois. 그녀는 뒤브와 씨에게 인사한다.

Il l'a priée de partir ensemble. 그는 그녀에게 함께 떠나자고 애원했다.

Il l'a intérrogée sur la conjugaison.
그는 그녀에게 동사변화에 대해 질문했다.

Je l'ai prévenu de mon prochain départ.
난 그에게 내 가까운 출발을 예고했다.

(b)의 경우 : nuire à / penser à / songer à / se fier à / renoncer à

Sa telle conduite nuit à la réputation
그의 그런 행동은 명성을 훼손한다.

Je pense à elle sans cesse. 난 끊임없이 그녀를 생각한다.

Il a dû renoncer à son voyage en Asie.
그는 아시아 여행을 포기해야만 했다.

3 대명동사

주어와 같은 인칭의 보어인칭대명사 se를 수반하는 동사이다. se는 주어의 인칭과 수에 따라 변화하며, 그 동사의 성격과 또 하나의 목적보어를 취하느냐 않느냐에 따라 직접목적보어 혹은 간접목적보어가 된다. 복합시제에서는 être를 조동사로 사용하는데, 이때 과거분사는 보어인칭대명사 se가 직접목적보어일 때만 주어의 성 · 수에 일치한다. 대명동사는 의미에 따라 **재귀적 대명동사**(verbe pronominal réfléchi), **상호적 대명동사**(verbe pronominal réciproque), **수동적 대명동사**(verbe pronominal passif), **본래의 대명동사**(verbe pronominal propre)의 네 가지 종류로 구분한다.

Ⓐ **재귀적 대명동사** : 주어의 행위가 주어에게로 되돌아가서 미치는 동사를 말한다. 이때 보어인칭대명사 se가 직접목적보어가 되는 경우와, 간접목적보어가 되는 경우가 있다.

Elle s'est cachée **derrière la porte.** 그녀는 문 뒤에 숨었다. (직 · 목)

Ils se sont couchés **tard cette nuit.**
그들은 지난 밤 늦게 잠자리에 들었다. (직 · 목)

Il se tourna **du côté de la plaine.**
그는 벌판 쪽으로 돌아섰다. (직 · 목)

Elle s'est donnée **au travail.** 그녀는 일에 전념했다. (직 · 목)

Elle s'est lavé **les mains.** 그녀는 손을 씻었다. (간 · 목)

Elle s'est donné **beaucoup de peine.** 그녀는 고생을 사서 했다. (간 · 목)

Je me suis dit **que tout est fini.**
난 모든 것이 끝났다고 중얼거렸다. (간 · 목)

Il s'arrache **les cheveux de désespoir.**
그는 절망으로 머리를 잡아 뜯는다. (간 · 목)

Ⓑ **상호적 대명동사** : 주어가 행한 동작이 서로 상대방에게 미치는 동사로, 주어는 항상 복수이거나 복수의 개념을 지닌 것들이다. 이때 se는 직접목적보어 또는 간접목적보어가 되어 「서로서로를, 서로서로에게」로 해석되며, 상호적 의미를 보충하기 위해 접두사 entre를 동사 앞에 붙여 나타내기도 하고, 또한 l'un l'autre, l'un à l'autre, réciproquement, mutuellement, entre eux 등의 어구를 써서 강조하기도 한다.

Elles se sont saluées. 그녀들은 서로 인사를 했다. (직 · 목)

Nous nous sommes regardés. 우리들은 서로를 쳐다봤다. (직 · 목)

Ils se sont battus **longtemps.** 그들은 오랫동안 서로 싸웠다. (직 · 목)

Elles se sont aimées et respectées.
그녀들은 서로를 사랑하고 존경했다. (직 · 목)

Nous nous sommes écrit des lettres.
우리들은 서로에게 편지를 썼다. (간 · 목)

Ils se sont nui l'un à l'autre. 그들은 서로에게 손해를 입혔다. (간 · 목)

Ils ne se parlent pas. 그들은 서로 말을 하지 않는다. (간 · 목)

Ces deux femmes se sont adressé des injures.
이 두 여자는 서로에게 욕을 해댔다. (간 · 목)

Ils s'entr'aident. 그들은 서로서로를 돕는다.

Elles se sont montrées très contentes l'une de l'autre.
그녀들은 서로서로에게 매우 만족하고 있음을 보여 주었다.

Ils se sont loués l'un l'autre. 그들은 서로서로를 칭찬했다.

Ils se rendent réciproquement de bons offices.
그들은 서로에게 알선을 해 준다.

© **수동적 대명동사 :** 대명동사가 주어의 행위를 나타내는 것이 아니라 행위를 받아 수동의 의미를 갖는 것으로, 이 경우 주어는 대부분 사물이며 3인칭으로 사용된다. 이때 보어 se는 항상 직접목적보어이며, 복합시제에서 과거분사는 주어의 성 · 수에 일치한다. 한편, 수동적 대명동사는 모두 같은 동사의 수동형으로 대치할 수 있지만 다소 의미의 차이가 있는데, 전자엔 진행되고 있는 동작의 뜻이 포함되어 있고, 후자는 완료된 상태를 나타낸다.

Le rideau se lève. 막이 오른다.

Ce livre se vend bien. 이 책은 잘 팔린다.

Cet article se fabrique en Corée. 이 상품은 한국에서 생산된다.

La pièce s'est déjà jouée. 그 연극은 이미 공연되었다.

Le café au lait s'est servi bien chaud. 밀크커피는 따끈하게 대접되었다.

La tour se voit de loin. 이 탑은 멀리에서 보인다.

Ils s'aperçoivent même dans l'obscurité.
그들은 어둠 속에서도 눈에 뜨인다.

La grange se bâtit.
헛간이 세워진다. (*수동적 대명동사 – 진행되는 동작)

La grange est bâtie.
헛간이 세워졌다. (*동사의 수동형 – 완료된 상태)

Ⓓ **본래의 대명동사** : 재귀대명사 se가 의미상 목적보어라고 생각될 수 없는 동사이다. 그러나 문법상 직접목적보어로 정하고 있다. 복합시제에서 과거분사는 항상 주어의 성 · 수에 일치한다. (a)–se+자동사로 이루어진 것과, (b)–se+타동사로 이루어진 것이 있는데, 타동사에서 대명동사로 전환되어 사용된 일부 동사들은 타동사의 의미와 전혀 다른 의미를 가질 수 있다.

(a) se+자동사의 경우 : se disparaître / s'en aller

Ils se sont disparus. 그들은 사라졌다.

Elle s'en est allée. 그녀는 가버렸다.

(b) se+타동사의 경우 : s'agrandir / se tromper / se facher / s'éveiller / s'apercevoir / se dépêcher / se douter de

Le commerçant s'est agrandi. 그 상인은 사업을 확장했다.

Je me suis trompé. 내가 잘못 생각했다.

Elle s'est fâchée toute rouge. 그녀는 몹시 화를 냈다.

Tu t'es éveillé à l' amour. 너는 사랑에 눈을 떴다.

Elle s'est aperçue de son erreur. 그녀는 자기의 실수를 깨달았다.

Dépêchez-vous donc! 좀 서두르세요!

Je me doutais de son échec. 난 그의 실패를 짐작하고 있었다.

Ⓔ 대명동사를 **본질적 대명동사**(verbe essentiellement pronominal)와 **우연적 대명동사**(verbe accidentellement pronominal)로 분류하기도 하는데, 전자는 본래 보어인칭대명사 se를 동반하며 se 없이는 사용되지 않는 대명동사로, s'écrier, s'enfuir, se moquer de, se repentir de, s'évanouir, s'abstenir 등이 있고, 기타는 모두 후자이다.

Ils se sont écriés. 그들은 소리를 질렀다.

Le voleur s'est enfui. 도둑은 도망쳤다.

Il s'est moqué de moi. 그는 나를 비웃었다.

Tu te repens de ta faute. 넌 너의 잘못을 뉘우치고 있다.

Ma tante s'est évanouie. 나의 아주머니는 기절을 하셨다.

Il s'abstient de boire du vin. 그는 술 마시는 것을 삼가한다.

4 조동사

동사가 갖는 본래의 뜻을 잃고, 다른 동사의 분사 또는 부정법 등과 함께 쓰여, 법 · 시제 · 태를 규정하는 동사이다. 순수한 조동사로는 avoir와 être가 있다. 또한 조동사적으로 사용되는 **준조동사**(verbe semi-auxiliaire)가 있다.

Ⓐ **avoir를 조동사로 취하는 동사** : avoir와 être 동사, 그리고 모든 타동사와 대부분의 자동사는 복합시제를 만들 때, 조동사 avoir를 취한다.

J'ai eu peur. 나는 두려웠다.

Il a été là-bas. 그는 거기에 있었다.

Tu as fait ton devoir. 너는 네 의무를 다했다.

Elle a pris un enfant dans ses bras.
그녀는 한 아이를 품 안에 안았다.

Nous avons marché côte à côte. 우리는 나란히 걸었다.

J'ai couru (pendant) une heure. 나는 한 시간 동안 달렸다.

Ⓑ **être를 조동사로 취하는 동사** : 모든 수동태와 모든 대명동사, 그리고 장소의 이동이나 상태 및 상태의 변화를 나타내는 일부 자동사들(aller, sortir, partir, monter, venir, entrer, arriver, descendre, rentrer, repartir, retourner, revenir, parvenir, survenir, tomber, décider, rester, échoir, éclore, devenir, mourir, naître 등)은 복합시제를 만들 때 조동사 être를 취한다. 하지만 장소의 이동이나 상태(변화)를 나타낸다고 전부 être를 조동사로 쓰는 것은 아니어서, suivre, courir, marcher, commencer, changer 등은 avoir를 조동사로 사용한다.

Elle sera aimée de tout le monde.
그녀는 모든 사람에게 사랑을 받게 될 것이다.

La ville est détruite par la guerre. 그 도시는 전쟁으로 파괴되었다.

Il s'est levé à 6 heures du matin. 그는 아침 6시에 일어났다.

Je me suis heurté à de grosses difficultés.
난 커다란 곤란에 직면했다.

Elle est arrivée hier soir. 그녀는 어제 저녁에 도착했다.

Tu es tombé de haut. 너는 높은 데서 떨어졌다.

Ces fleurs sont écloses cette nuit. 이 꽃들은 오늘밤에 피었다.

Mon frère est devenu gros. 나의 오빠는 뚱뚱해졌다.

Il est né pauvre mais il est mort riche.
그는 가난하게 태어났으나 부유하게 죽었다.

ⓒ **때로는 avoir, 때로는 être를 조동사로 취하는 동사** : 몇몇 자동사는 동작 자체가 문제되는 경우에는 avoir를, 동작의 결과인 상태가 문제되는 경우에는 être를 사용한다.

Il a cessé de lire à 23 heures.
그는 밤 11시에 책 읽기를 중단했다. (조동사 avoir – 동작)

Il est cessé de lire depuis une heure.
그는 한 시간 전부터 책 읽기를 중단하고 있다. (조동사 être – 상태)

Elle a passé à 8 heures.
그녀는 8시에 지나갔다. (조동사 avoir – 동작)

Elle est passée depuis dix minutes.
그녀는 10분 전부터 지나간 상태이다. (조동사 être – 상태)

J'ai divorcé l'année dernière.
나는 작년에 이혼했다. (조동사 avoir – 동작)

Je suis divorcé depuis un an.
나는 일년 전부터 이혼한 상태이다. (조동사 être – 상태)

Ⓓ **준조동사 :** 시간 · 의무 · 필요 · 희망 등을 나타내는 동사 구성에 조동사처럼 사용되는 동사 및 동사구를 말한다.

【시간】 aller + inf.(근접미래) / venir de + inf.(근접과거) / être en train de + inf.(진행 중인 동작) / être sur le point de + inf.(지금 막 …하려고 한다)

Ils vont arriver. 그들은 도착할 것이다.

L'orage allait éclater. 폭풍우가 오려 하고 있었다.

Le bébé vient de naître il y a une minute.
아기가 방금 전에 태어났다.

J'étais en train de l'écouter. 난 그의 말을 듣고 있는 중이었다.

Elle est sur le point de partir. 그녀는 막 떠나려는 참이다.

【점증 · 계속】 aller + 현재분사 (점점 더…해지다)

Sa maladie va empirant. 그의 병이 점점 더 악화되어가고 있다.

【의무】 devoir + inf.(…해야 한다) / falloir + inf.(…해야 한다) / avoir à + inf.(…해야만 한다)

Vous devez vous excuser. 당신은 사과를 해야만 한다.

Il faut le finir tout de suite. 그것을 당장에 끝마쳐야만 한다.

J'ai à manger dix oeufs. 나는 계란 10개를 먹어야만 한다.

【가능성 · 추측】 pouvoir + inf.(…할 수 있다. …일 것이다) / se pouvoir(…일 수 있다) / devoir + inf.(…일 수 있다) / venir à + inf.(우발적인 일 : …하게 되다) / faillir + inf.(…할 뻔하다)

Elle peut bien le faire. 그녀는 그것을 잘 할 수 있다.

Il peut avoir quatre-vingts ans. 그는 80살 쯤 되었을 것이다.

Comment ça se peut? 어떻게 그럴 수가 있지?

Tu as dû faire erreur. 넌 실수를 저질렀을 것이다.

Alors elle vint à passer. 그때 그녀가 우연히 지나갔다.

Les feuillets viennent parfois à se perdre.
낱장의 종이들은 때때로 분실된다.

J'ai failli se casser une jambe. 난 하마터면 다리가 부러질 뻔했다.

【필연】 devoir + inf.(…하기 마련이다)

Tous les hommes doivent mourir. 모든 인간은 죽게 마련이다.

【미래 · 의도】 devoir + inf.(…할 것이다)

Ils doivent venir demain. 그들은 내일 오게 될 것이다.

【사역】 faire + inf.(…하게 하다)

Je l'ai fait réparer ma voiture. 난 내 자동차를 수리하게 했다.

【방임】 laisser + inf.(…하도록 내버려 두다)

On m'a laissé dire la vérité.
사람들이 내가 사실을 말하게 내버려 두었다.

【필요】 avoir besoin de + inf.(…이 필요하다)

J'ai besoin de ton aide. 난 너의 도움이 필요하다.

【바람】 vouloir(…하고 싶다) / tenir à + inf.(…하고 싶다) / désirer(…을 원하다)

Il veut jouer dans la cour. 그는 마당에서 놀고 싶어한다.

Elle tient à les inviter. 그녀는 그들을 꼭 초대하고 싶어한다.

Je désire prendre du thé. 난 홍차를 마시고 싶다.

5 비인칭동사

인칭의 의미가 없는 중성의 il이나 ce(cela,ça)을 형식상의 주어로 하여, 3인칭 단수로만 사용되는 동사를 말한다. 비인칭동사는 **본래의 비인칭동사**와 **전환된 비인칭동사**의 두 종류가 있다.

Ⓐ 본래의 비인칭동사

(a) 자연현상을 나타내는 동사

Il pleut. 비가 온다.　　Il neige. 눈이 온다.

Il vente. 바람이 분다. Il tonne. 천둥이 친다.

Il gèle. 얼음이 언다. Il grêle. 우박이 온다.

(b) falloir 동사 : Il faut… 구문에서, 관련된 사람은 간접목적보어로 동사 앞에 놓는다. (명사와 함께) …이 필요하다, (부정법, 절과 함께) …해야만 한다

Il me faut de l'argent pour voyager. 내게는 여행할 돈이 필요하다.

Il nous faut étudier nuit et jour. 우리는 주야로 공부해야만 한다.

Ⓑ 전환된 비인칭동사 : 인칭변화를 하는 동사가 비인칭적 용법으로만 사용된 것으로 avoir, être, faire가 대표적이다.

(a) 날씨를 나타낼 때의 faire 동사

Il fait de la neige. 눈이 온다.

Il fait jour. 날이 밝았다.

Il a fait beaucoup de vent. 바람이 몹시 불었다.

(b) 시간을 나타낼 때의 être 동사

Quelle heure est-il? 몇 시입니까?

Il est trois heures et demie. 세 시 삼십 분입니다.

(c) 관용적 표현 'il y a (…이 있다)' 에서의 avoir 동사

Il y a un homme et une femme. 남자 한 명과 여자 한 명이 있다.

Il y avait des tasses sur la table. 테이블 위에 잔들이 있었다.

(d) être로 이루어지는 비인칭적인 동사구 : il est + 형용사 + de부정법[que절]

Il m'est impossible de travailler sans cesse.
쉬지 않고 일하는 것은 내겐 불가능하다.

Il est bon que l'on soit ponctuel.
시간을 잘 지키는 것은 좋은 일이다.

(e) 그 외의 동사들로, 비인칭적으로 사용되어 비인칭 구문을 형성한다.

il advient … 한 일이 일어나다.

il importe … 이 중요하다.

il convient … 하는 것이 좋다.

il suffit … 에 족하다.

il vaut mieux … 하는 것이 더 좋다.

il manque … 이 부족하다.

il paraît … 인 것 같다.

il s'agit … 이 문제이다.

il semble … 같이 보이다.

Il importe que tu sois impartial. 네가 공정해야 한다는 것이 중요하다.

Il convient de partir. 떠나는 게 좋다.

Il me manque trois euros pour l'acheter.
그것을 사려면 내게 3유로 부족하다.

Il s'agit de sa reputation. 그의 명성이 문제이다.

(f) 자동사, 대명동사, 수동태의 동사들도 간혹 비인칭적으로 사용된다.

Il est arrivé un malheur. 불행이 닥쳐왔다.

Il m'est venu une bonne idée. 내게 좋은 생각이 떠올랐다.

Il venait chaque jour beaucoup de monde.
매일 수많은 사람들이 오곤 하였다.

Il se fit un grand calme. 아주 조용해졌다.

Il se vend beaucoup de livres. 책들이 많이 팔린다.

Il s'est répandu qu'elle sera punie.
그녀가 처벌을 받을 것이란 소문이 퍼졌다.

Il est raconté bien des bêtises. 숱한 어리석은 말들이 이야기되었다.

Il est défendu de fumer ici. 여기서 흡연은 금지되어 있다.

Il est dit que le prisonnier est malade. 그 죄수가 아프다고 한다.

2. 동사의 형태(les formes du verbe)

동사는 주어의 인칭 · 수 · 태 · 법 · 시제에 따라 그 형태가 변한다.

1 인칭과 수(la personne et le nombre)

동사는 주어의 인칭과 수에 따라 변화하는데, 이것을 동사의 일치(l'accord du verbe)라고 한다. 주어의 수에 따라 단수형과 복수형이 있고, 주어의 인칭에 따라 1인칭, 2인칭, 3인칭 세 가지가 있어, 어미변화는 이에 따라 6개의 형태를 갖는다.

• chanter 동사의 경우 :

인 칭	단 수	복 수
1인칭	je chante	nous chantons
2인칭	tu chantes	vous chantez
3인칭	il/elle chante	ils/elles chantent

2 태(la voix)

주어가 동작을 하는가, 아니면 동작을 받는가에 따라 형태가 변하는데, 이것을 동사의 태라고 하며 **능동태**와 **수동태**가 있다.

Ⓐ **능동태(voix active)** : 주어가 동작을 하는 것으로, 거의 모든 동사가 능동으로 사용된다.

Je pense, **donc je** suis. 나는 생각한다, 고로 존재한다.

Il conduira **ma voiture**. 그는 내 차를 운전할 것이다.

Elle m'a téléphoné **hier**. 그녀는 어제 내게 전화를 했다.

Tu es sorti **avec elle**. 너는 그녀와 함께 외출했다.

Ⓑ **수동태(voix passive)** : 주어가 동작을 받는 것으로, 직접타동사만이 수동태로 전환될 수 있다. 즉 능동태의 직접목적보어가 수동태의 주어로 놓이며, 주어는 **동작주 보어**가 되어 de나 par로 인도된다.

(a) 형태는 「조동사 être+과거분사」인데, 과거분사는 주어의 성과 수에 일치하고, 수동태의 시제는 조동사 être의 시제로 결정된다.

Marie ferme la porte. 마리는 문을 닫는다. (능동태)
(주어) (동사) (직접목적보어)

La porte est fermée par Marie. 문은 미리에 의해 닫힌다. (수동태 현재)
(주어) (동사) (동작주 보어)

Marie fermera la porte. 마리는 문을 닫을 것이다. (능동태)

La porte sera fermée par Marie.
문이 마리에 의해 닫힐 것이다. (수동태 미래)

Marie a fermé la porte. 마리는 문을 닫았다. (능동태)

La porte a été fermée par Marie.
문은 마리에 의해 닫혔다. (수동태 복합과거)

Jeanne donne ces livres à Paul. (능동태)

→ **Ces livres sont donnés à Paul par Jeanne.**
(능동태 직접목적보어가 수동태 주어)

→ **Paul est donné ces livres par Jeanne.**(×)
(능동태의 간접목적보어는 수동태 주어 못됨)

(b) 동작주 보어를 이끄는 par와 de의 사용상의 구별을 보면, par는 행위가 구체적이거나 일시적일 때, 또 일반적인 것에 사용되며, 동작주가 명확히 명시된 경우에 사용된다. de는 감정이나 생각 등을 나타내는 막연한 행위와, 습관적 · 정신적 · 지속적인 상태, 그리고 동작주가 불분명할 때 사용된다. 그러나 이런 경우라도, 행위 자체를 강조할 때는 par를 사용된다.

La fenêtre sera fermée par le vent. 창문은 바람에 의해 닫힐 것이다.

J'ai été puni par mon père. 나는 나의 아버지에 의해 벌을 받았다.

La maison est construite par deux ouvriers.
그 집은 2명의 일꾼에 의해 지어졌다.

Elle est aimée de ses camarades. 그녀는 동료들로부터 사랑을 받는다.

Tu es compris de tous. 넌 모든 사람으로부터 이해를 받는다.

Le toit est covert de neige. 지붕은 눈으로 덮여있다.

La maison est entourée de petits bois.
그 집은 작은 관목으로 둘러싸여 있다.

Elle fut saisie de peur, et d'étonnement.
그녀는 두려움과 경악에 사로잡혔다.

【비교】 Elle fut saisie par une main ferme.
그녀는 억센 손에 잡혔다.

Il était accompagné de ses gardes.
그는 호위병들에게 둘러싸여 있었다.

【비교】 Il fut accompagné par les gendarmes jusqu'à la frontière.
그는 국경까지 그 헌병들에 의해 호위됐다.

(c) 직접타동사 중 avoir, pouvoir 등 몇몇 동사는 수동태로 바꿀 수 없다.

J'ai une voiture. 나는 자동차를 갖고 있다.

Il peut tout sur nous. 그는 우리들에 대해 절대적인 힘이 있다.

(d) 원래 간접타동사라도 obéir(복종하다), désobéir(불복하다), pardonner(용서하다) 등은 관습상 예외적으로 수동태가 될 수 있다.

Commandez bien; vous serez obéi.
지휘를 잘하시오, 그러면 복종받을 겁니다.

Je n'accepte pas d'être désobéi.
나는 내게 불복하는 것을 용납하지 않는다.

Il sera pardonné s'il se conduit bien.
그가 행동을 잘한다면 용서받을 것이다.

(e) 능동태의 주어가 on인 경우, 수동태에서는 동작주 보어가 생략된다. 따라서 동작주 보어가 없는 수동태의 문장을 능동태로 바꿀 때에는 on을 주어로 놓는다.

On respecte les hommes honnêtes.
사람들은 성실한 사람을 존경한다. (능동태)

→ Les hommes honnêtes sont respectés.
성실한 사람들은 존경받는다. (수동태)

On a interrogé Marie. 마리를 심문했다. (능동태)

→ Marie a été interrogé. 마리가 심문 받았다. (수동태)

Le dessert fut apporté. 후식이 나왔다. (동작주 보어가 없는 수동태)

→ On apporta le dessert. 후식을 가져왔다. (능동태에서 on을 주어로)

Ce magasin sera ouvert demain.
이 가게는 내일 개장될 것이다. (동작주 보어가 없는 수동태)

→ On ouvrira ce magasin demain.
이 가게를 내일 개장한다. (능동태에서 on을 주어로)

(f) 그 외의 수동적인 표현을 갖는 것으로는 수동적인 대명동사, se voir+과거분사, se laisser+inf.가 있다.

L'immeuble se voit de loin. 그 건물은 멀리서 보인다.

Il s'est vu entouré des amis.
그는 자기가 친구들에게 둘러싸여 있는 걸 알았다.

La bicyclette s'est bien vendue. 그 자전거는 잘 팔렸다.

Il s'est laissé battre. 그는 그냥 맞고 있었다.

3 법과 시제(le mode et le temps)

법은 말하는 사람이 어떤 방법으로 생각 또는 행위를 표현하는가에 따라 변하는 동사의 형태로서, 동사의 어미가 인칭변화를 하느냐 안 하느냐에 따라서 크게 **인칭법**(mode personnel)과 **비인칭법**(mode impersonnel)으로 나뉘며, 다시 **직설법**(indicatif), **조건법**(conditionnel), **명령법**(impératif), **접속법**(subjonctif), **부정법**(infinitif), **분사법**(participe)의 6개로 세분된다.

시제는 동사가 표현하는 동작이나 상태가 어느 시점에 이루어지는가의 시간적인 관계를 나타내는 형태로, 크게 **현재**(présent), **과거**(passé), **미래**(futur)로 나눌 수 있다. 이 시제를 중심으로 다시 8개 시제로 세분된다. 또한 어미변화를 하는 하나의 동사만으로 된 단순시제와 「조동사+과거분사」의 형태로 된 복합시제로 나누기도 한다.

시제 \ 법		직설법	조건법	접속법	명령법	부정법	분사법
현 재		j'aime	j'aimerais	que j'aime	aime	aimer	aimant
과거	복합과거	j'ai aimé	j'aurais aimé	que j'aie aimé	aie fini	avoir aimé	ayant aimé
	단순과거	j'aimai					
	반과거	j'aimais		que j'aimasse			
	전과거	j'eus aimé					
	대과거	j'avais aimé		que j'eusse aimé			
미래	단순미래	j'aimerai					
	전미래	j'aurai aimé					

3. 동사 변화(la conjugaison des verbes)

동사는 주어의 인칭 · 수 · 태 · 법 · 시제에 따라 그 형태가 변하는데, **단순형**과 **복합형**이 있다. 단순형은 어간에 어미를 첨가하여 만들고, 복합형은 조동사와 과거분사가 합쳐 이뤄진 형태이다.

1 동사 변화의 종류

동사는 어미변화에 따라 3군으로 분류하는데, 1 · 2군동사는 **규칙동사**(verbes réguliers)이고, 3군동사는 **불규칙동사**(verbes irréguliers)이다. 1군동사는 어미가 -er로 끝난 것으로(aller, envoyer 제외) 불어 동사의 약 90%를 차지하고 있고, 2군동사는 어미가 -ir로 끝난 대부분의 동사들이다. 3군동사는 어미가 -re, -oir로 끝난 것들 전부와, -ir로 끝난 것의 일부(예 avoir), 그리고 aller, envoyer 동사이다. 그러나 1 · 2군 동사 중에 변칙동사들이 있다.

Ⓐ 1군동사 중 변칙동사들

(a) -cer로 끝난 동사 : a, o로 시작되는 어미변화 앞에서 c는 ç로 바뀐다.

〈commencer〉

nous	commençons
je	commençais
il	commença
현재분사 :	commençant

〈placer〉

nous	plaçons
je	plaçais
il	plaça
현재분사 :	plaçant

(b) -ger로 끝난 동사 : a, o로 시작되는 어미변화 앞에서는 g는 ge로 'e'를 첨가한다.

〈manger〉

je	mangeais
nous	mangeons
현재분사 :	mangeant

(c) -ayer, -uyer, -oyer로 끝난 동사 : 무음 e의 어미변화 앞(-e, -es, -ent)과 미래어간에서 y가 i로 바뀐다(-ayer의 경우, 지방에 따라 y을 그냥 사용하기도 하지만, 점점 i로 바꾸어 사용하는 경향이다).

〈payer〉

je	paie (je paye)
il	paie (il paye)
ils	paient (payent)
je	paierai (payerai)

〈essuyer〉

j'essuie	
il	essuie
ils	essuient
j'essuierai	

〈nettoyer〉

je	nettoie
il	nettoie
ils	nettoient
je	nettoierai

(d) -eler, -eter로 끝난 동사 : 대개 e 사이에 있는 l이나 t가 중복된다. 그러나 몇몇 동사들(celer, ciseler, congeler, déceler, démanteler, écarteler, geler, marteler, modeler, peler / acheter, corseter, crocheter, fureter, haleter, racheter)은 l이나 t가 e 사이에 오면 앞의 e가 è로 변한다.

〈appeler〉

j'appelle	
nous	appelons
ils	appellent
j'appellerai	
nous	appellerons
ils	appelleront

〈jeter〉

je	jette
nous	jetons
ils	jettent
je	jetterai
nous	jetterons
ils	jetteront

〈peler〉		〈acheter〉	
je	pèle	j'achète	
nous	pelons	nous	achetons
ils	pèlent	ils	achètent
je	pèlerai	j'achèterai	
nous	pèlerons	nous	achèterons
ils	pèleront	ils	achèteront

(e) −e나 −é +자음 +er : 동사어미 바로 앞 음절에 e나 é가 들어 있는 동사, 즉 −éder, −érer, −emer, −ener, −ever 등으로 끝난 동사는, 다음 음절에 무음 e가 있을 경우 è로 변한다. 그러나 é가 포함된 동사는 직설법 단순미래와 조건법에서 è로 변하지 않고 그대로 둔다.

〈semer〉		〈révéler〉		〈préférer〉	
je	sème	je	révèle	je	préfère
nous	semons	nous	révélons	nous	préférons
ils	sèment	ils	révèlent	ils	préfèrent
je	sèmerai	je	révélerai	je	préférerai
nous	sèmerons	nous	révélerons	nous	préférerons
ils	sèmeront	ils	révéleront	ils	préféreront

(f) aller, envoyer는 특이한 경우로, envoyer의 미래어간은 enverr−이다. aller의 현재변화는 불규칙, 미래어간은 ir−이다.

〈aller〉		〈envoyer〉	
je vais	j'irai	j'envoie	j'enverrai
tu vas	tu iras	tu envoies	tu enverras
il va	il ira	il envoie	il enverra
nous allons	nous irons	nous envoyons	nous enverrons
vous allez	vous irez	vous envoyez	vous enverrez
ils vont	ils iront	ils envoient	ils enverront

Ⓑ 2군동사 중 변칙동사들

(a) haïr 동사 : 모든 형태에서 tréma가 붙으나, 직설법 현재 단수와 명령법 현재 2

인칭 단수에서는 붙지 않는다.

je hais
tu hais
il hait
nous haïssons

명령법 현재 2인칭 단수 : hais

(b) fleurir 동사 : 이 동사는 「번영하다(=florir, prospérer)」라는 뜻으로 사용되면 반과거와 현재분사에서 어간이 flor-로 된다.

je **flor**issais
tu **flor**issais
il **flor**issait
nous **flor**issions

현재분사 : **flor**issant

【비교】 **fleurir(꽃피다) – fleurissant**

(c) bénir 동사 : 과거분사는 보통 béni로 사용되나 혹은 bénit로 사용될 때가 있다. bénit는 종교적 의식에 의해 축성된 사물인 eau bénite(성수)와 pain bénit(성체의 빵)에만 사용한다.

2 단순시제의 어미변화

<table>
<tr><th colspan="2" rowspan="2">구 분</th><th colspan="2">규 칙 동 사</th><th colspan="3">불 규 칙 동 사</th></tr>
<tr><th>1군동사</th><th>2군동사</th><th colspan="3">3군동사</th></tr>
<tr><td rowspan="3">직
설
법</td><td rowspan="2">현재</td><td rowspan="2">-e
-es
-e
-ons
-ez
-ent</td><td rowspan="2">-is
-is
-it
-issons
-issez
-issent</td><td>-e
-es
-e</td><td>-s
-s
-t(d)</td><td>-x
-x
-t</td></tr>
<tr><td colspan="3">-ons
-ez
-ent</td></tr>
<tr><td>단순
미래</td><td>-(r)ai
-(r)as
-(r)a
-(r)ons</td><td>1군과 동일</td><td colspan="3">1군과 동일</td></tr>
</table>

직설법	단순 미래	-(r)ez -(r)ont	1군과 동일	1군과 동일		
	반 과거	-ais -ais -ait -ions -iez -aient	-issais -issais -issait -issions -issiez -issaient	1군과 동일		
	단순 과거	-ai -as -a -âmes -âtes -èrent	-is -is -it -îmes -îtes -irent	-is -is -it -îmes -îtes -irent	-us -us -ut -ûmes -ûtes -urent	-ins -ins -int -înmes -întes -inrent
조건법	현재	-(r)ais -(r)ais -(r)ait -(r)ions -(r)iez -(r)aient	1군과 동일	1군과 동일		
접속법	현재	-e -es -e -ions -iez -ent	-isse -isses -isse -issions -issiez -issent	1군과 동일		
	반 과거	-asse -asses -ât -assions -assiez -assent	-isse -isses -ît -issions -issiez -issent	-isse -isses -ît -issions -issiez -issent	-usse -usses -ût -ussions -ussiez -ussent	-insse -insses -înt -inssions -inssiez -inssent
명령법	현재	<travailler> travaille travaillons travaillez	<finir> finis finissons finissez	<ouvrir> ouvre ouvrons ouvrez	<dormir> dors dormons dormez	<mettre> mets mettons mettez

부정법		-er	-ir	-ir, -oir, -re, -er
분사법	현재	-ant	-issant	-ant
	과거	-e	-i	-u, -s, -t, -é

3 복합시제의 형태

「조동사(avoir, être)+과거분사」로 되어 있다. 그러나 대명동사는 반드시 「s'être+과거분사」로 되며, avoir를 조동사로 하는 동사와 마찬가지로 보어대명사가 직접목적보어일 때만 그 성 · 수에 일치한다.

Ⓐ 직설법

- 복합과거(조동사의 현재+p.p.)

j'ai parlé / je suis allé(e) / je me suis levé(e)

- 전미래(조동사의 미래+p.p.)

j'aurai parlé / je serai allé(e) / je me serai levé(e)

- 대과거(조동사의 반과거+p.p.)

j'avais parlé / j'étais allé(e) / je m'étais levé(e)

- 전과거(조동사의 단순과거+p.p.)

j'eus parlé / je fus allé(e) / je me fus levé(e)

Ⓑ 조건법

- 과거(조동사의 조건법 현재+p.p.)

j'aurais parlé / je serais allé(e) / je me serais levé(e)

Ⓒ 접속법

- 과거(조동사의 접속법 현재+p.p.)

que j'aie parlé / que je sois allé(e) / que je me sois levé(e)

- 대과거(조동사의 접속법 반과거+p.p.)

que j'eusse parlé / que je fusse allé(e) / que je me fusse levé(e)

Ⓓ 명령법

- 과거(조동사의 명령법 현재+p.p.)

Aie parlé / Sois allé(e) / 없음

Ⓔ **부정법**

– 과거(조동사의 부정법 현재+p.p.)

avoir parlé / être allé(e, s, es) / s'être levé(e, s, es)

Ⓕ **분사법**

– 과거(조동사의 현재분사+p.p.)

ayant parlé / êtant allé(e, s, es) / s'êtant levé(e, s, es)

CHAPITRE 5 연습문제

Q-1 : 아래 문장들 중 수동태는 능동태로, 능동태는 수동태로 바꾸시오.

1. La fenêtre est ouverte par lui. →
2. Elle achètera cette robe. →
3. Ce parapluie a été réparé par Paul. →
4. Il donnera ce livre à sa femme. →
5. Ce prix a été attribué à Pierre par nous. →
6. Marie n'est pas aimée de ses amis. →
7. Personne ne l'a comrpise. →
8. Chaque arbre est couvert d'un beau manteau blanc. →
9. Il est toujours entouré de ses gardes du corps. →
10. Elle fut saisie d'une peur vague de l'inconu. →
11. Elle fut saisie par une main ferme. →
12. Elle était accompagnée de sa mère. →
13. Il fut accompagné par des policiers. →
14. Tu as une voiture. →
15. Ils peuvent tout sur nous. →

⑯ Vous serez obéi. →
⑰ Il désobéit à ses parents. →
⑱ Elle ne lui pardonnera jamais. →
⑲ De nombreuses avantages lui ont été attribués. →
⑳ Cet hôtel sera rénové. →
㉑ On a puni Sophie. →
㉒ On plante des arbres. →
㉓ Il leur apporta la vie. →
㉔ Cette comédie musicale a été composée par mon ami. →
㉕ Il la suivra jusqu'au bout du monde. →

Q-2 : 아래 각 동사를 지시에 따라 동사 변화시키시오.

❶ commencer – 직설법 현재 1인칭 복수, 현재분사 : ________ , ________
❷ commencer – 직설법 반과거 1인칭 복수 : ________________
❸ placer – 직설법 현재 1인칭 복수, 현재분사 : ________ , ________
❹ placer – 직설법 단순과거 3인칭 단수 : ________________
❺ manger – 직설법 현재 1인칭 복수, 현재분사 : ________ , ________
❻ manger – 직설법 반과거 2인칭 단수 : ________________
❼ payer – 직설법 현재 2인칭 단수 : ________________
❽ payer – 직설법 미래 2인칭 복수 : ________________
❾ essuyer – 직설법 현재 1인칭 단수 : ________________
❿ essuyer – 직설법 미래 3인칭 복수 : ________________
⓫ nettoyer – 직설법 현재 1인칭 복수 : ________________
⓬ nettoyer – 직설법 미래 3인칭 단수 : ________________
⓭ employer – 직설법 현재 3인칭 복수 : ________________
⓮ employer – 직설법 미래 2인칭 단수 : ________________
⓯ appeler – 직설법 현재 2인칭 단수 : ________________
⓰ appeler – 직설법 미래 1인칭 복수 : ________________

⑰ jeter – 직설법 현재 1인칭 단수 : ____________

⑱ jeter – 직설법 미래 2인칭 복수 : ____________

⑲ peler – 직설법 현재 3인칭 단수 : ____________

⑳ peler – 직설법 미래 3인칭 단수 : ____________

㉑ celer – 직설법 현재 2인칭 단수 : ____________

㉒ ciseler – 직설법 현재 3인칭 복수 : ____________

㉓ congeler – 직설법 미래 3인칭 단수 : ____________

㉔ déceler – 직설법 현재 2인칭 단수 : ____________

㉕ démanteler – 직설법 미래 3인칭 복수 : ____________

㉖ écarteler – 직설법 현재 1인칭 단수 : ____________

㉗ geler – 직설법 현재 3인칭 단수 : ____________

㉘ marteler – 직설법 미래 1인칭 단수 : ____________

㉙ modeler – 직설법 미래 1인칭 복수 : ____________

㉚ acheter – 직설법 현재 1인칭 단수 : ____________

㉛ acheter – 직설법 미래 2인칭 복수 : ____________

㉜ corseter – 직설법 현재 3인칭 단수 : ____________

㉝ crocheter – 직설법 미래 3인칭 단수 : ____________

㉞ fureter – 직설법 현재 1인칭 단수 : ____________

㉟ haleter – 직설법 미래 1인칭 복수 : ____________

㊱ racheter – 직설법 미래 3인칭 복수 : ____________

㊲ semer – 직설법 현재 3인칭 복수 : ____________

㊳ semer – 직설법 미래 2인칭 복수 : ____________

㊴ révéler – 직설법 현재 1인칭 단수 : ____________

㊵ révéler – 직설법 미래 1인칭 단수 : ____________

㊶ préférer – 직설법 현재 2인칭 단수 : ____________

㊷ préférer – 직설법 미래 2인칭 단수 : ____________

㊸ céder – 직설법 현재 3인칭 단수 : ____________

㊹ céder – 직설법 미래 3인칭 단수 : ____________

45. espérer – 직설법 현재 3인칭 복수 : ______________
46. espérer – 직설법 미래 1인칭 복수 : ______________
47. promener – 직설법 현재 2인칭 단수 : ______________
48. aller – 직설법 현재 3인칭 복수 : ______________
49. aller – 직설법 미래 1인칭 단수 : ______________
50. envoyer – 직설법 현재 2인칭 단수 : ______________
51. envoyer – 직설법 미래 3인칭 단수 : ______________
52. employer – 직설법 현재 1인칭 단수 : ______________
53. employer – 직설법 미래 3인칭 단수 : ______________
54. haïr – 직설법 현재 3인칭 단수, 명령법 현재 2인칭 단수 : ______ , ______
55. haïr – 직설법 현재 1인칭 복수 : ______________
56. fleurir(번영하다) – 직설법 반과거 3인칭 단수, 현재분사 : ______ , ______
57. fleurir(꽃피다) – 현재분사 : ______________
58. bénir – 직설법 현재 3인칭 단수 : ______________
59. bénir – 직설법 미래 3인칭 단수 : ______________
60. bénir – 과거분사 2가지 형태 : ________ , ________

Q-3 : 1군동사 chanter를 아래 지시에 따라 변화시키시오.

1. 직설법 현재 3인칭 단수 : ______________
2. 직설법 현재 3인칭 복수 : ______________
3. 직설법 미래 3인칭 복수 : ______________
4. 직설법 반과거 3인칭 복수 : ______________
5. 직설법 단순과거 1인칭 단수 : ______________
6. 직설법 단순과거 1인칭 복수 : ______________
7. 직설법 단순과거 3인칭 복수 : ______________
8. 조건법 현재 3인칭 복수 : ______________
9. 접속법 현재 2인칭 단수 : ______________
10. 접속법 현재 1인칭 복수 : ______________

⑪ 접속법 현재 3인칭 복수 : ______________

⑫ 접속법 반과거 1인칭 단수 : ______________

⑬ 접속법 반과거 3인칭 단수 : ______________

⑭ 명령법 현재 2인칭 단수, 복수[존칭] : ________ , ________

⑮ 현재분사, 과거분사 : ________ , ________

Q-4 : 2군동사 finir를 아래 지시에 따라 변화시키시오.

① 직설법 현재 1인칭 복수 : ______________

② 직설법 현재 3인칭 복수 : ______________

③ 직설법 미래 1인칭 복수 : ______________

④ 직설법 반과거 1인칭 복수 : ______________

⑤ 직설법 단순과거 3인칭 단수 : ______________

⑥ 직설법 단순과거 1인칭 복수 : ______________

⑦ 직설법 단순과거 3인칭 복수 : ______________

⑧ 조건법 현재 3인칭 복수 : ______________

⑨ 접속법 현재 2인칭 단수 : ______________

⑩ 접속법 현재 1인칭 복수 : ______________

⑪ 접속법 현재 3인칭 복수 : ______________

⑫ 접속법 반과거 3인칭 단수 : ______________

⑬ 접속법 반과거 1인칭 복수 : ______________

⑭ 명령법 현재 2인칭 단수, 복수[존칭] : ________ , ________

⑮ 현재분사, 과거분사 : ________ , ________

Q-5 : 불규칙동사 aller를 아래 지시에 따라 변화시키시오.

① 직설법 현재 1인칭 단수 : ______________

② 직설법 현재 2인칭 복수 : ______________

③ 직설법 미래 2인칭 복수 : ______________

④ 직설법 반과거 2인칭 복수 : ______________

5. 직설법 단순과거 2인칭 단수 : ________________
6. 직설법 단순과거 2인칭 복수 : ________________
7. 직설법 단순과거 3인칭 복수 : ________________
8. 조건법 현재 1인칭 복수 : ________________
9. 접속법 현재 1인칭 단수 : ________________
10. 접속법 현재 2인칭 복수 : ________________
11. 접속법 현재 3인칭 복수 : ________________
12. 접속법 반과거 2인칭 단수 : ________________
13. 접속법 반과거 2인칭 복수 : ________________
14. 명령법 현재 2인칭 단수, 복수[존칭] : ________ , ________
15. 현재분사, 과거분사 : ________ , ________

Q-6 : 불규칙동사 envoyer를 아래 지시에 따라 변화시키시오.

1. 직설법 현재 2인칭 단수 : ________________
2. 직설법 현재 1인칭 복수 : ________________
3. 직설법 미래 2인칭 단수 : ________________
4. 직설법 반과거 3인칭 복수 : ________________
5. 직설법 단순과거 1인칭 단수 : ________________
6. 직설법 단순과거 1인칭 복수 : ________________
7. 직설법 단순과거 3인칭 복수 : ________________
8. 조건법 현재 2인칭 복수 : ________________
9. 접속법 현재 3인칭 단수 : ________________
10. 접속법 현재 1인칭 복수 : ________________
11. 접속법 반과거 1인칭 단수 : ________________
12. 접속법 반과거 3인칭 단수 : ________________
13. 접속법 반과거 2인칭 복수 : ________________
14. 명령법 현재 2인칭 단수, 복수[존칭] : ________ , ________
15. 현재분사, 과거분사 : ________ , ________

Q-7 : 불규칙동사 avoir를 아래 지시에 따라 변화시키시오.

1. 직설법 현재 1인칭 단수 : ____________
2. 직설법 현재 3인칭 복수 : ____________
3. 직설법 미래 2인칭 단수 : ____________
4. 직설법 반과거 2인칭 단수 : ____________
5. 직설법 단순과거 2인칭 단수 : ____________
6. 직설법 단순과거 1인칭 복수 : ____________
7. 직설법 단순과거 3인칭 복수 : ____________
8. 조건법 현재 3인칭 복수 : ____________
9. 접속법 현재 1인칭 단수 : ____________
10. 접속법 현재 1인칭 복수 : ____________
11. 접속법 반과거 2인칭 단수 : ____________
12. 접속법 반과거 3인칭 단수 : ____________
13. 접속법 반과거 1인칭 복수 : ____________
14. 명령법 현재 2인칭 단수, 복수[존칭] : ________ , ________
15. 현재분사, 과거분사 : ________ , ________

Q-8 : 불규칙동사 être를 아래 지시에 따라 변화시키시오.

1. 직설법 현재 1인칭 단수 : ____________
2. 직설법 현재 1인칭 복수 : ____________
3. 직설법 현재 2인칭 복수 : ____________
4. 직설법 현재 3인칭 복수 : ____________
5. 직설법 미래 2인칭 단수 : ____________
6. 직설법 반과거 2인칭 복수 : ____________
7. 직설법 단순과거 3인칭 단수 : ____________
8. 직설법 단순과거 2인칭 복수 : ____________
9. 직설법 단순과거 3인칭 복수 : ____________
10. 조건법 현재 2인칭 복수 : ____________

⑪ 접속법 현재 2인칭 단수 : ________________

⑫ 접속법 현재 2인칭 복수 : ________________

⑬ 접속법 반과거 2인칭 단수 : ________________

⑭ 접속법 반과거 3인칭 단수 : ________________

⑮ 접속법 반과거 1인칭 복수 : ________________

⑯ 명령법 현재 2인칭 단수, 복수[존칭] : ________ , ________

⑰ 현재분사, 과거분사 : ________ , ________

Q-9 : 3군동사 dire를 아래 지시에 따라 변화시키시오.

① 직설법 현재 1인칭 복수 : ________________

② 직설법 현재 2인칭 복수 : ________________

③ 직설법 현재 3인칭 복수 : ________________

④ 직설법 미래 3인칭 복수 : ________________

⑤ 직설법 반과거 2인칭 복수 : ________________

⑥ 직설법 단순과거 3인칭 단수 : ________________

⑦ 직설법 단순과거 2인칭 복수 : ________________

⑧ 직설법 단순과거 3인칭 복수 : ________________

⑨ 조건법 현재 2인칭 복수 : ________________

⑩ 접속법 현재 1인칭 단수 : ________________

⑪ 접속법 현재 2인칭 복수 : ________________

⑫ 접속법 반과거 1인칭 단수 : ________________

⑬ 접속법 반과거 3인칭 단수 : ________________

⑭ 접속법 반과거 2인칭 복수 : ________________

⑮ 접속법 반과거 3인칭 복수 : ________________

⑯ 명령법 현재 2인칭 단수, 복수[존칭] : ________ , ________

⑰ 현재분사, 과거분사 : ________ , ________

Q-10 : 3군동사 mettre를 아래 지시에 따라 변화시키시오.

1. 직설법 현재 2인칭 단수 : ____________
2. 직설법 현재 3인칭 복수 : ____________
3. 직설법 미래 3인칭 단수 : ____________
4. 직설법 반과거 3인칭 복수 : ____________
5. 직설법 단순과거 3인칭 단수 : ____________
6. 직설법 단순과거 1인칭 복수 : ____________
7. 직설법 단순과거 3인칭 복수 : ____________
8. 조건법 현재 2인칭 단수 : ____________
9. 접속법 현재 3인칭 단수 : ____________
10. 접속법 현재 2인칭 복수 : ____________
11. 접속법 반과거 3인칭 단수 : ____________
12. 접속법 반과거 2인칭 복수 : ____________
13. 접속법 반과거 3인칭 복수 : ____________
14. 명령법 현재 2인칭 단수, 복수[존칭] : ________ , ________
15. 현재분사, 과거분사 : ________ , ________

Q-11 : 3군동사 pouvoir를 아래 지시에 따라 변화시키시오.

1. 직설법 현재 2인칭 단수 : ____________
2. 직설법 현재 1인칭 복수 : ____________
3. 직설법 현재 3인칭 복수 : ____________
4. 직설법 미래 2인칭 복수 : ____________
5. 직설법 반과거 2인칭 단수 : ____________
6. 직설법 단순과거 3인칭 단수 : ____________
7. 직설법 단순과거 1인칭 복수 : ____________
8. 직설법 단순과거 3인칭 복수 : ____________
9. 조건법 현재 2인칭 복수 : ____________
10. 접속법 현재 1인칭 복수 : ____________

⑪ 접속법 현재 3인칭 복수 : ________________

⑫ 접속법 반과거 2인칭 단수 : ________________

⑬ 접속법 반과거 3인칭 단수 : ________________

⑭ 접속법 반과거 1인칭 복수 : ________________

⑮ 현재분사, 과거분사 : ________ , ________

Q-12 : 3군동사 recevoir를 아래 지시에 따라 변화시키시오.

① 직설법 현재 3인칭 단수 : ________________

② 직설법 현재 2인칭 복수 : ________________

③ 직설법 현재 3인칭 복수 : ________________

④ 직설법 미래 1인칭 복수 : ________________

⑤ 직설법 반과거 3인칭 복수 : ________________

⑥ 직설법 단순과거 1인칭 단수 : ________________

⑦ 직설법 단순과거 2인칭 복수 : ________________

⑧ 직설법 단순과거 3인칭 복수 : ________________

⑨ 조건법 현재 1인칭 복수 : ________________

⑩ 접속법 현재 3인칭 단수 : ________________

⑪ 접속법 현재 1인칭 복수 : ________________

⑫ 접속법 반과거 2인칭 단수 : ________________

⑬ 접속법 반과거 3인칭 단수 : ________________

⑭ 접속법 반과거 3인칭 복수 : ________________

⑮ 접속법 반과거 1인칭 복수 : ________________

⑯ 명령법 현재 2인칭 단수, 복수[존칭] : ________ , ________

⑰ 현재분사, 과거분사 : ________ , ________

Q-13 : 3군동사 savoir를 아래 지시에 따라 변화시키시오.

① 직설법 현재 1인칭 복수 : ________________

② 직설법 현재 3인칭 복수 : ________________

③ 직설법 미래 2인칭 복수 : ______________
④ 직설법 반과거 3인칭 복수 : ______________
⑤ 직설법 단순과거 3인칭 단수 : ______________
⑥ 직설법 단순과거 1인칭 복수 : ______________
⑦ 직설법 단순과거 3인칭 복수 : ______________
⑧ 조건법 현재 3인칭 복수 : ______________
⑨ 접속법 현재 2인칭 단수 : ______________
⑩ 접속법 현재 1인칭 복수 : ______________
⑪ 접속법 반과거 1인칭 복수 : ______________
⑫ 접속법 반과거 3인칭 단수 : ______________
⑬ 접속법 반과거 2인칭 복수 : ______________
⑭ 접속법 반과거 3인칭 복수 : ______________
⑮ 명령법 현재 2인칭 단수, 복수[존칭] : ________ , ________
⑯ 현재분사, 과거분사 : ________ , ________

Q-14 : 동사 donner를 아래 지시에 따라 변화시키시오.

① 직설법 복합과거 3인칭 단수 : **Il** ______________
② 직설법 전미래 2인칭 복수 : **vous** ______________
③ 직설법 대과거 3인칭 복수 : **ils** ______________
④ 직설법 전과거 3인칭 단수 : **il** ______________
⑤ 조건법 과거 1인칭 복수 : **nous** ______________
⑥ 접속법 과거 2인칭 단수 : **tu** ______________
⑦ 접속법 대과거 1인칭 단수 : **je** ______________
⑧ 명령법 과거 2인칭 단수, 복수[존칭] : ________ , ________
⑨ 부정법 과거 : ______________
⑩ 분사법 과거 : ______________

Q-15 : 동사 venir를 아래 지시에 따라 변화시키시오.

1. 직설법 복합과거 3인칭 복수 : ils ______________
2. 직설법 전미래 3인칭 단수 : elle ______________
3. 직설법 대과거 1인칭 복수 : nous ______________
4. 직설법 전과거 1인칭 복수 : nous (*여성복수일 때) ______________
5. 조건법 과거 2인칭 단수 : tu ______________
6. 접속법 과거 2인칭 복수 : vous (*2인칭 남성단수인데 존칭으로 사용된 경우) ______________
7. 접속법 대과거 3인칭 단수 : elle ______________
8. 명령법 과거 2인칭 단수, 복수, 2인칭 여성단수인데 존칭으로 사용된 복수 :

   ______________ , ______________ , ______________
9. 부정법 과거 : ______________
10. 분사법 과거 : ______________

Q-16 : 동사 se coucher를 아래 지시에 따라 변화시키시오.

1. 직설법 복합과거 1인칭 단수 : je (*여성단수일 때) ______________
2. 직설법 전미래 3인칭 복수 : elles ______________
3. 직설법 대과거 1인칭 복수 : nous ______________
4. 직설법 전과거 3인칭 복수 : elles ______________
5. 조건법 과거 3인칭 복수 : ils ______________
6. 접속법 과거 2인칭 복수 : vous ______________
7. 접속법 대과거 1인칭 복수 : nous ______________
8. 명령법 현재 2인칭 단수와 복수[존칭], 명령법 과거 :

   ______________ , ______________ , ______________
9. 부정법 과거 : ______________
10. 분사법 과거 : ______________

답

Q-1 : 1-Il ouvre la fenêtre. / 2-Cette robe sera achetée par elle. / 3-Paul a réparé ce parapluie. / 4-Ce livre sera donné à sa femme par lui. (*능동태의 간·목은 수동태 주어 못되므로, Sa femme sera donné ce livre par lui란 문장은 오류) / 5-Nous avons attribue ce prix à Pierre. / 6-Ses amis n'aiment pas Marie. / 7-Elle n' a pas été comprise de personne. (*정신적 상태를 나타내므로 동작주 보어를 이끄는 de를 사용) / 8-Un beau manteau blanc couvre chaque arbre. / 9-Ses gardes du corps l'entoure toujours. / 10-Une peur vague de l'inconu la saisit. (*정신적 상태를 나타내므로 동작주 보어를 이끄는 de를 사용) / 11-Une main ferme la saisit. / 12-Sa mère l'accompagnait. / 13-Des policiers l'accompagna. / 14~15-(*직접타동사 중 avoir, pouvoir 등 몇몇 동사는 수동태로 바꿀 수 없음) / 16-On vous obéira. (*원래 간접타동사라도 obéir, désobéir, pardonner 등은 관습상 예외적으로 수동태가 될 수 있음 / 동작주 보어가 없는 수동태의 문장을 능동태로 바꿀 때에는 on을 주어로 놓음) / 17-Ses parents sont désobéis par[de] lui. (*원래 간접타동사라도 obéir, désobéir, pardonner 등은 관습상 예외적으로 수동태가 될 수 있음) / 18-Il ne sera jamais pardonné par elle. (*원래 간접타동사라도 obéir, désobéir, pardonner 등은 관습상 예외적으로 수동태가 될 수 있음) / 19-On lui a attribué de nombreuses avantages. (*동작주 보어가 없는 수동태의 문장을 능동태로 바꿀 때에는 on을 주어로 놓음) / 20-On rénovera cet hôtel. (*동작주 보어가 없는 수동태의 문장을 능동태로 바꿀 때에는 on을 주어로 놓음) / 21-Sophie a été punie. (*능동태의 주어가 on인 경우, 수동태에서는 동작주 보어가 생략됨) / 22-Des arbres sont plantés. (*능동태의 주어가 on인 경우, 수동태에서는 동작주 보어가 생략됨) / 23-La vie leur fut apportée par lui. / 24-Mon ami a composé cette comédie musicale. / 25-Elle sera suivie par lui jusqu'au bout du monde.

Q-2 : 1-commençons, commençant / 2-commençions / 3-plaçons, plaçant / 4-plaça / 5-mangeons, mangeant / 6-mangeais / 7-paies(payes) / 8-paierez(payerez) / 9-essuie / 10-essuieront / 11-nettoyons / 12-nettoiera / 13-emploient / 14-emploieras / 15-appelles / 16-appellerons / 17-jette /18-jetterez / 19-pèle / 20-pèlera / 21-cèles / 22-cisèlent / 23-congèlera / 24-décèles / 25-démantèleront / 26-écartèle / 27-gèle / 28-martèlerai / 29-modèlerons / 30-achète / 31-achèterons / 32-corsète / 33-crochètera / 34-furète / 35-halèterons / 36-rachèteront / 37-sèment / 38-sèmerons / 39-révèle / 40-révèlerai / 41-préfères / 42-préféreras / 43-cède / 44-cédera / 45-espèrent / 46-espérerons / 47-promènes / 48-vont / 49-irai / 50-envoies / 51-enverra / 52-emploie / 53-emploiera / 54-hait, hais / 55-haïssons / 56-florissait, florissant / 57-fleurissant / 58-bénit / 59-bénira / 60-béni, bénit

Q-3 : 1-chante / 2-chantent / 3-chanteront / 4-chantaient / 5-chantai / 6-chantâmes / 7-chantèrent / 8-chanteraient / 9-chantes / 10-chantions / 11-

chantent / 12-chantasse / 13-chantât / 14-chante, chantez / 15-chantant, chanté

Q-4 : 1-finissons / 2-finissent / 3-finirons / 4-finissions / 5-finit / 6-finîmes / 7-finirent / 8-finiraient / 9-finisses / 10-finissions / 11-finissent / 12-finît / 13-finissions / 14-finis, finissez / 15-finissant, fini

Q-5 : 1-vais / 2-allez / 3-irez / 4-alliez / 5-allas / 6-allates / 7-allèrent / 8-irions / 9-aille / 10-allions / 11-aillent / 12-allais / 13-allions / 14-va, allez / 15-allant, allé

Q-6 : 1-envoies / 2-envoyons / 3-enverras / 4-envoyaient / 5-envoyai / 6-envoyâmes / 7-envoyèrent / 8-envoyeriez / 9-envoie / 10-envoyions / 11-envoyasse / 12-envoyât / 13-envoyassiez / 14-envoie, envoyez / 15-envoyant, envoyé

Q-7 : 1-ai / 2-ont / 3-auras / 4-avais / 5-eus / 6-eûmes / 7-eurent / 8-auraient / 9-aie / 10-ayons / 11-eusses / 12-eût / 13-eussions / 14-aie, ayez / 15-ayant, eu

Q-8 : 1-suis / 2-sommes / 3-êtes / 4-sont / 5-seras / 6-étiez / 7-fut / 8-fûtes / 9-furent / 10-seriez / 11-sois / 12-soyez / 13-fusses / 14-fût / 15-fussions / 16-sois, soyez / 17-étant, été

Q-9 : 1-disons / 2-dites / 3-disent / 4-diront / 5-disiez / 6-dit / 7-dîtes / 8-dirent / 9-dirions / 10-dise / 11-disions / 12-disse / 13-dît / 14-dissiez / 15-dissent / 16-dis, dites / 17-disant, dit

Q-10 : 1-mets / 2-mettent / 3-mettera / 4-mettaient / 5-mit / 6-mîmes / 7-mirent / 8-metterais / 9-mette / 10-mettions / 11-mît / 12-missiez / 13-missent / 14-mets, mettez / 15-mettant, mis

Q-11 : 1-peux / 2-pouvons / 3-peuvent / 4-pourrez / 5-pouvais / 6-put / 7-pûmes / 8-purent / 9-pourriez / 10-puissions / 11-puissent / 12-pusses / 13-pût / 14-pussions / 15-pouvant, pu

Q-12 : 1-reçoit / 2-recevez / 3-reçoivent / 4-recevrons / 5-recevaient / 6-reçus / 7-reçûtes / 8-reçurent / 9-recevrions / 10-reçoive / 11-recevions / 12-reçusses / 13-reçût / 14-reçussent / 15-reçussions / 16-reçois, recevez / 17-recevant, reçu

Q-13 : 1-savons / 2-savent / 3-saurez / 4-savaient / 5-sut / 6-sûmes / 7-surent / 8-sauraient / 9-saches / 10-sachions / 11-susse / 12-sût / 13-sussiez / 14-sussent / 15-sache, sachez / 16-sachant, su

Q-14 : 1-a donné / 2-aurez donné / 3-avaient donné / 4-eut donné / 5-aurions donné / 6-aies donné / 7-J'eusse donné / 8-Aie donné, Ayez donné / 9-avoir donné / 10-ayant donné

Q-15 : 1-sont venus / 2-sera venue / 3-étions venus / 4-fûmes venues / 5-

serais venu / 6-soyez venu / 7-fût venue / 8-Sois venu, Soyez venus, Soyez venue / 9-être allé / 10-étant venu

Q-16 : 1-me suis couchée / 2-se seront couchées / 3-nous nous étions couchés / 4-se furent couchées / 5-se seraient couchés / 6-vous soyez couchés / 7-nous fussions couchés / 8-couche-toi, couchez-vous, 없음 / 9-s'être couché / 10-s'étant couché

CHAPITRE

6 법과 시제 (le mode et le temps)

말하는 사람의 의사를 전달하는 방법에 따른 법의 용법과 시제에 관해 살펴보자.

1. 직설법

현재의 사실을 나타내는 법으로, 현재나 과거 혹은 미래에 일어날 행위나 상태를 긍정, 부정 또는 의문의 형식으로 표현하는 객관적인 서술방법이다.

1 현재(le présent)

Ⓐ 말하고 있는 현 순간에 실제로 일어나고 있는 행위나 상태를 나타낸다.

Elle pleure en ce moment. 그녀는 지금 울고 있다.

Il est malade. 그는 아프다.

Ⓑ 과거에도 그랬고 앞으로도 계속될 현재의 상태를 나타낸다. 이를 묘사적 현재(le présent descriptif)라 한다.

Ce mois d'août est bien pluvieux. 이 8월은 비가 많이 온다.

La nuit tombe. 밤이 되고 있다.

Ⓒ 현재에도 계속되는 습관, 사실의 반복을 나타낸다.

Tous les matins je me lève à 6 heures.
매일 아침 난 6시에 일어난다.

Tous les jours, je promène mon chien.
매일 난 개를 산책시킨다.

Ⓓ 영원불변의 사실 · 진리 · 격언을 나타낸다.

Deux et deux font quatre. 2 더하기 2는 4이다.

La terre tourne. 지구는 돈다.

Le soleil brille pour tout le monde. 태양은 모든 사람을 위해 빛난다.

La passion aveugle l'homme. 정열이 사람을 눈멀게 한다.

Pierre qui roule n'amasse pas mousse.
《속담》 구르는 돌에는 이끼가 끼지 않는다.

Ⓔ 지나간 과거의 사실을 마치 지금 이루어지고 있는 듯이 박력있게 표현하는데 사용된다. 이것을 '역사적 현재(le présent historique)' 또는 '서술적 현재(le présent de narration)' 라 부른다.

Il marchait, une fusillade éclate.
그는 전진하고 있었다. 일제 사격이 터졌다.

L'orage menaçait : soudain le tonnerre gronde et la foudre tombe.
폭풍우가 몰려오는 듯싶었다. 그러더니 갑자기 천둥이 치고 번개가 번쩍였다.

Le 14 juillet 1789 la Bastille est prise par les Parisiens.
1789년 7월 14일 바스티유 감옥은 파리시민들에 의해 점거되었다.

Ⓕ 곧 근접과거나 근접미래의 뜻으로 자주 사용된다. 특히 왕래를 나타내는 동사와 함께 자주 사용된다. 일상어에서는 미래 대신에 사용하기도 한다.

Vas-tu au marché? – Non, j'en arrive.
너 시장 가니? – 아니, 거기서 오는 거야.

Tu cherches ton ami? Il sort d'ici.
네 친구를 찾니? 그는 방금 여기서 나갔어.

Je descends au prochain arrêt.
난 다음 정거장에서 내릴 것이다.

Attendez-moi ; je viens tout de suite. 날 기다려줘요, 곧 갈 테니.

Demain, je prends l'avion pour l'Asie.
내일 나는 아시아행 비행기를 탄다.

L'émission commence après-demain.
그 방송은 내일모레 시작한다.

Tu m'écris dès ton arrivée. 도착하자마자 내게 편지해라.

Ⓖ 수동태에서 현재와 미래의 사실이 확실한 것으로 여겨질 때, 미래의 결과를 나타낸다.

Je suis ruinée si je perds ce procès. (Molière)
이 소송에 지면 난 파멸이다.(몰리에르)

Il ne faut qu'un peu d'amour, et il est conquis.
약간의 사랑만으로도 그는 정복되리다.

Ⓗ 확실성이 큰 사실에 대한 가정을 나타낼 때, si절에 쓰여 미래를 나타낸다. 이때 si는 quand(…할 때)의 뜻을 갖는다고 볼 수 있다.

Si tu pars demain, je te suivrai.
자네가 내일 떠난다면, 난 자네를 따르겠네.

Si elle vient, je la recevrai.
그녀가 온다면, 난 그녀를 맞을 것이다.

Ⓘ 어조 · 억양 등에 의해 희망 · 기도 · 명령 · 충고 등을 나타낸다.

Vous venez? 오시는 거죠? (희망)

Tu prends l'air au jardin! 넌 정원에서 맑은 공기나 마셔라! (명령)

Je vous règle votre mois et vous ne revenez plus. Compris?
당신 월급을 정산해 줄 테니 다시는 오지 마시오. 알겠소? (명령)

Pour aller à la Place de la Bastille, vous prenez le métro.
바스티유 광장에 가시려면 전철을 타십시오. (충고)

2 단순미래 (le futur simple)

Ⓐ 미래에 일어날 사실을 묘사한다.

Demain il m'accompagnerai. 내일 그는 나를 동행할 것이다.

Sa mère viendra le voir. 그의 어머니는 그를 보러 올 것이다.

Ⓑ 예의상 어조를 부드럽게 하기 위해 현재 대신으로 사용한다.

Je vous prierai de m'écouter. 제 말씀을 들어보시길 부탁드립니다.

Je vous demanderai une bienveillante attention.
귀하의 친절한 주의를 바랍니다.

Ⓒ 명령이나 충고 · 요청 따위를 완곡하게 표현하는데 사용된다.

Vous me rendrez mon livre demain.
내일 내 책을 내게 돌려주시오. (완곡한 명령)

Vous prendrez garde aux méchants.
심술궂은 사람들을 경계하시오. (완곡한 충고)

Vous accepterez, n'est-ce pas? 수락하시는 거죠, 네? (완곡한 요청)

Ⓓ 미래 또는 현재에 있어서의 가능성 또는 추측을 나타낼 때 사용되는데, 이때 동사는 보통 avoir나 être이다.

Il est absent, il aura encore sa migraine.
그는 결석인데, 아직도 두통일 겁니다.

On sonne? À cette heure, ce sera le facteur.
초인종이 울리네? 이 시각이라면 아마 우편집배원일 거야.

Ⓔ 앞으로 계속될 현재의 반감을 나타낼 때 사용된다.

Quoi! Ils feront des bêtises! 뭐! 그들이 바보짓을 하다니!

Ⓕ 역사적인 과거의 사실을 표현할 때 사용되는데, 여러 사실이 연속적으로 나타날 때 어떤 사실 이후에 이루어지게 되는 과거 사실을 표현한다.

La Bastille fut prise d'assaut et le premier acte de la révolution sera de démolir cet édifice. 바스티유 감옥은 습격을 받았고 대혁명의 첫 번째 행위는 그 건물을 파괴하는 것이었다.

3 전미래 (le futur antérieur)

Ⓐ 미래의 어떤 사실보다 앞서 이루어질 다른 미래 사실을 나타낸다.

On récoltera ce qu'on aura semé.

뿌린 대로 거두리라.

Je te préviendrai quand il aura téléphoné.

그가 전화를 걸어오면 네게 알릴게.

Quand nous aurons assez répété la pièce, nous la jouerons.

우리는 그 연극을 충분히 연습하면, 그것을 공연할 것이다.

Ⓑ 독립문에서는 미래의 어떤 시점에서 이미 완료되어 있을 행위를 나타낸다.

En 2020, tout aura changé. 2020년에는 모든 것이 변할 것이다.

Dans quelques mois, il aura appris à lire.

몇 달 후면, 그는 읽게 될 것이다.

Il sera parti à 8 heures. 8시면 그는 떠났을 것이다.

Bientôt il aura fini son premier roman.

머지않아 그는 첫 소설을 끝낼 것이다.

Ⓒ 표현을 부드럽게 하거나, 불확실한 것, 추측 · 후회를 뜻하는 과거사실을 나타낸다. 복합과거를 대신한 용법이다.

Vous vous serez trompé, vous aurez confondu les noms.

당신은 잘못 아셨습니다, 이름을 혼동하셨습니다.

Je n'ai pas vu cela; j'aurai mal regardé.

난 그걸 못 봤는데, 잘못 본 모양이네요.

Tu te seras donné bien de la peine pour rien!

아무것도 아닌 일로 괴로워했구나!

Ⓓ 결론의 뜻을 가진 과거사실을 나타낸다. 복합과거를 대신한 용법이다.

Eh bien! J'aurai beaucoup travaillé aujourd'hui!

그래! 난 오늘 일을 많이 했어!

En 1987, il aura réussi à l'examen.

1987년에, 그는 시험에 합격했다.

4 복합과거 (le passé composé)

Ⓐ 말하는 시점에서 이미 완료되었으나 그 결과가 현재와 관련이 있을 때 사용된다.

On s'est rencontré il y a deux ans. 2년 전에 우리는 만났다.

Il y est passé ce matin. Tu ne pourras le voir.
그는 오늘 아침 거기를 지나갔어. 넌 이제 그를 볼 수 없을 거야.

Cette maison a été construite en 1994.
이 집은 1984년에 지어졌다.

Ⓑ 명확하지 않은 과거 어느 시기의 사실을 나타내는데, 이때에도 그 사실의 결과는 현재와 관련이 있음을 보여준다.

Je ne sais plus où j'ai mis mon sac.
어디에다 가방을 놔뒀는지 알 수가 없다.

Ⓒ 보편적인 진리나 영원히 확실한 사실을 표현하는 데도 사용되는데, 이때에는 흔히 시간의 뜻을 나타내는 상황보어가 함께 온다.

De tous temps l'imprudence a toujours tout gâté.
고금을 막론하고 경솔함은 항상 모든 것을 망친다.

Ⓓ 미래에 일어날 사실의 확실성이나 신속성을 나타내기 위하여 가까운 미래나 전미래 대신으로 사용된다.

Un peu de patience, et j'ai fini. 조금만 참어, 곧 끝낼 거야.

Aussitôt qu'il est arrivé, nous commençons nos travaux.
그가 도착하자마자, 우리는 일을 시작할 것이다.

Ⓔ 가정을 나타내는 si 다음에서 전미래의 뜻으로 사용된다.

Si dans une heure il n'est pas venu, vous me rappelez.
한 시간 후 그가 안 오면, 나를 부르시오.

Demain, si j'ai fini mon dessin, je vous le montrerai.
내일 내가 그림을 끝마치면, 당신에게 그걸 보여주겠소.

Ⓕ 과거에 여러 번 되풀이된, 습관적인 사실이 현재에도 관련이 있는 것을 나타낸다.

Quand j'ai bien travaillé, ma mère me donne de l'argent.
내가 공부를 잘 했을 때는, 내 어머니는 내게 돈을 주신다.

5 단순과거 (le passé simple)

Ⓐ 복합과거는 현재와 관련이 있는 비교적 가까운 과거사실을 나타내지만, 단순과거는 과거에 시작되어 끝났으며 현재와는 전혀 관계가 없는 과거사실, 즉 과거의 일정한 시기에 일어난 순간적인 동작 또는 사실의 서술에 사용된다. 문어체에서 주로 쓰이는 단순과거가, 구어체에서는 복합과거로 대치되고 있다. 그러나 과거사실을 서술할 때, 단수 3인칭은 자주 사용된다.

On marchait dans le bois; soudain un oiseau s'envola.
우리는 숲 속을 걷고 있었는데, 갑자기 새 한 마리가 날아올랐다.

Richelieu reconstruisit la Sorbonne.
리슐리외가 소르본느대학을 재건했다.

Jeanne d'Arc, autrefois, délivra sa patrie.
잔다르크는 예전에 자신의 조국을 구했다. (*구어체에선 복합과거(Jeanne d'Arc a delivré sa patrie.)로 대치)

Ⓑ 반과거가 사건의 배경을 묘사하는 반면에, 단순과거는 사건의 추이를 보여 주면서 이야기를 진행시켜주는 '서술적 과거시제(le temps de narration)' 이다. 과거에 있어서 여러 동작이 연속적으로 일어날 때 주로 사용된다.

Il entra dans la chambre, ouvrit la fenêtre, s'assit sur la chaise.
그는 방에 들어와서, 창문을 열고, 의자에 앉았다.

Napoléon 1er naquit à Ajaccio en 1769 et mourut en 1821.
나폴레옹 1세는 1769년 아작시오에서 태어나서 1821년 사망했다.

Je le vis, je rougis, je pâlis à sa vue.
나는 그를 보자 얼굴이 달아올랐고 그의 시선에 창백해졌다.

Ⓒ 반과거처럼 과거 사실의 연속이나 반복을 나타낼 수 있지만, 단순과거는 그 지속기간에 명확한 한계가 있어야 하며, 이때는 대개 시간을 나타내는 보어를 꼭 동반해야 한다. 왜냐하면 단순과거의 목적은 과거의 순수한 행위 자체를 나타내는 데 있기 때문이다.

Ce jour-là, il neigea pendant dix heures.
그날 열 시간 동안 눈이 왔다.

Louis XIV régna de 1642 à 1715.

루이 14세는 1642에서 1715까지 통치했다.

Ⓓ 문어에서는 보편적인 진리를 표현하기 위하여 현재 대신 간혹 단순과거를 사용하는데, 이럴 때는 시간을 뜻하는 상황보어와 함께 사용된다.

Qui ne sut se borner ne sut jamais écrire. (Boileau)

자제할 줄 모르는 자는 결코 글을 쓸 수 없다.(브왈로)

6 반과거 (l'imparfait)

Ⓐ 과거에 있어서의 계속적인 행위나 상태를 묘사한다.

Depuis l'aube il parcourait les champs.

새벽부터 그는 들판을 헤매고 있었다.

Que faisait-il? 그는 무엇을 하고 있었죠?

Lorsqu'il est arrivé, elle chantait.

그가 도착했을 때, 그녀는 노래하고 있었다.

Ⓑ 과거에 있어서의 행위나 사실의 반복 · 습관을 표현한다.

Chaque soir, elle tricotait. 매일 저녁, 그녀는 뜨개질을 하곤 했다.

Tous les jours il se couchait à 9 heures.

매일 그는 9시에 자곤 했다.

Ⓒ 다른 시제와 함께 쓰여 동시성을 나타낸다. 이것은 과거의 어떤 순간에 일어났던 행위나 상태, 말하자면 '과거에 있어서의 현재(le présent dans le passé)'를 나타낸 것이다. 두 개의 계속되는 동작이 함께 일어나는 경우, 둘 다 반과거로 표시할 수 있다.

J'entendis frapper à la porte ; c'était mon voisin.

난 문 두드리는 소리를 들었는데, 내 옆집 사람이었다.

Comme la nuit tombait, il arriva.

날이 저물면서, 그가 도착했다.

Je me suis adressé à un enfant que je connaissais.

나는 내가 아는 한 아이에게 말을 건넸다.

Il lisait quand je jouais du piano.
그는 내가 피아노를 치는 동안 책을 읽고 있었다.

Pendant qu'il dormait, je rangeais toutes ses affaires.
그가 잠을 자는 동안에, 나는 그의 물품들을 모두 정돈하고 있었다.

Ⓓ 간접화법에서 주절의 동사가 과거일 때 종속절에 반과거를 쓰는 것도 '과거에 있어서의 현재'를 나타내는 것이다.

Elle m'a dit que son fils jouait dans le couloir.
그녀는 자기 아들이 복도에서 놀고 있다고 내게 말했다.

Ⓔ 공손히 표현하고자 할 때, 반과거가 사용된다.

Je voulais vous dire que j'accepte votre proposition.
당신의 제안을 승낙한다고 말씀드리고 싶습니다.

Je venais voir si vous aviez bien réfléchi.
잘 생각해 보셨는지 보러 왔습니다.

Ⓕ 과거에 있어서의 순간적인 행위(une action instantanée)를 나타내기도 한다. 이것은 완전히 단순과거의 용법이지만, 현대 불어에서 널리 쓰이고 있다.

Soudain, la voiture dérapait et s'écrasait contre un arbre.
갑자기 차가 옆으로 미끄러졌다. 그러더니 나무에 부딪혀 박살이 났다.

Ⓖ 조건접속사 si 다음에서 현재에 대한 비현실적 가정을 나타내거나, 과거에 있어서의 관습적 사실을 나타내거나, 소원 · 제안 · 후회 등을 나타낸다.

Si tu étais généreux, tu me pardonnerais.
자네가 관대하다면, 날 용서할 텐데.

S'il pleuvait, je m'y abritais.
비가 내릴 때면, 난 거기서 비를 피하곤 했다.

J'ai soif. Si c'était de l'eau! 목이 마르다. 이것이 물이라면!

On est en retard. Si on prenait un taxi?
우린 늦었어. 택시를 잡을까?

Si j'étais avec toi! 너와 함께 있었으면 좋았을 걸!

7 대과거 (le plus-que-parfait)

Ⓐ 과거로 표시된 다른 사실보다 선행하는 과거 사실을 표현한다.

Quand il m'a appelé, j'avais terminé cette lettre.

그가 내게 전화했을 때, 난 이 편지를 다 썼었다.

Quand elle est venue en Corée, elle avait déja étudié le coréen.

그녀가 서울에 왔을 때, 그녀는 이미 한국말을 배웠었다.

Ⓑ 반복되었거나 습관적이었던 과거사실을 나타낸다. 이때 선행하는 행위는 대개 après que, quand, losque 등의 종속접속사와 함께 종속절에 놓이고, 또 다른 동작은 반과거로 주절에 놓인다.

Il jouait au tennis après qu'il avait bien travaillé.

그는 일을 많이 한 후에는 테니스를 치곤했다.

Quand on avait bien déjeuné, on allait se promener.

점심을 잘 먹었을 때면, 우리는 산책하곤 했다.

Ⓒ 직접화법을 간접화법으로 바꿀 때, 주절이 과거로 놓이고, 종속절에 과거시제가 오면 대과거로 바꾸어 사용한다. 즉 '과거에 있어서의 과거'를 나타낸다.

Je lui ai répondu que j'avais averti ma mère.

내 어머니에게 알렸다고 나는 그에게 대답했다.

Ⓓ 조건법 si 다음에서 과거에 실제로 이루어지지 않았던 사실에 대한 가정을 나타내며, 이때 주절에는 조건법 과거가 놓인다.

Si j'avais pu, j'aurais fait cela.

할 수 있었더라면 난 그것을 했을 텐데.

S'il n'avait pas été malade, il aurait pu sortir.

그가 아프지만 않았더라면, 그는 외출할 수 있었을 텐데.

Ⓔ 요구나 희망 등을 완화된 표현으로 나타내기 위해 현재 대용으로 사용된다.

J'étais venu vous demander une chose.

당신께 뭣 좀 하나 부탁하러 왔습니다.

8 전과거 (le passé antérieur)

Ⓐ 문어체에서만 사용되며, 주로 시간을 나타내는 종속접속사 quand, après que, dès que, aussitôt que, à peine que 등과 함께 종속절 속에서 사용된다. 주로 단순과거로 표시되는 과거행위보다 전에 일어난 사실, 즉 그 전에 완료된 과거사실을 나타내는 완료시제이다.

Dès qu'on eut frappé à la porte, l'enfant se réveilla.
문을 두드리자마자, 아이가 잠을 깼다.

Aussitôt qu'il l'eut rencontrée, il entra en conversation avec elle.
그는 그녀를 만나자마자, 그녀와 대화를 시작했다.

Dès qu'il fut rentré chez lui, il commença à boire.
집에 돌아가자마자, 그는 술을 마시기 시작했다.

À peine fut-elle partie qu'il vint à moi.
그녀가 떠나자마자, 그는 내게로 왔다.

Ⓑ 단독으로 독립문에서 쓰여서 과거의 어느 시점에서 신속히 이루어진 과거사실의 결과를 나타내며, 이때는 bientôt, vite, en un instant과 같은 보어가 뒤따른다. 그러나 회화체에서는 이러한 용법의 전과거를 복합과거가 대신한다.

En un instant, il eut réparé la machine.
순식간에, 그는 그 기계를 고쳤다.

2. 조건법

실현성이 적은 어떤 조건이나 가정이 이루어졌을 때 생길 수 있는 결과를 나타내는 비현실적인 법이다. 즉, 조건을 전제로 하는 법으로서의 용법이 그 원래의 용법인데, 조건법 현재와 과거의 두 종류가 있다. 조건법이 시제로서의 용법으로 사용될 때는 직설법과 같은 뜻으로 사용되는 것이며, '과거에 있어서의 미래'와 '과거에 있어서의 전미래' 두 종류가 있다.

1 법으로서의 용법

Ⓐ **조건법 현재** : 형태는 「미래 어간+반과거 어미」이다. si절에 반과거, 주절에는 조건법 현재가 놓인다. 그러나 조건절은 si 이외의 다른 형태의 부사구, 분사구문 또는 동명사로 대신될 수도 있고 생략될 수도 있다.

(a) 미래에 있어서 현실성이 불확실한 사실을 가정할 때 사용된다.

Si j'avais le temps un jour, je voyagerais.
언젠가 시간이 있으면, 여행할 텐데.

S'il faisait beau demain, nous irions nous promener.
내일 날씨가 좋다면 우리는 산책을 할 텐데.

Avec un peu de patience (=S'il avait un peu de patience), **il pourrait les gagner à sa cause.**
조금만 더 참는다면, 그는 그들을 자기편에 끌어들일 수 있을 텐데.

Se sentant fatigué (=S'il se sentait fatigué), **il se retirerait.**
피곤을 느낀다면, 그는 물러날 것이다.

En le cherchant bien (=Si tu le cherchais bien), **tu le trouverais.**
잘 찾는다면 넌 그것을 발견할 텐데.

(b) 현재의 사실과 반대되는 사실을 가정할 때 사용된다.

Si elle était moins bavarde, elle serait plus agréable à tout le monde. 그녀가 덜 수다스럽다면, 그녀는 모두에게 기분 좋은 사람일 텐데.

Si tu articulais plus nettement, on te comprendrait mieux.

만일 네가 좀더 명확히 발음한다면, 사람들이 네 말을 더 잘 이해할 텐데.

Sans toi, il ne serait pas de retour.

네가 없었다면, 그는 돌아오지 않았을 텐데.

Ⓑ **조건법 과거** : 형태는 조동사의 「조건법 현재+p.p」이다. 과거에 어떤 조건이 실현됐더라면 생겼을 결과를 나타낸다. 조건법 과거 제1형은 조건절에 직설법 대과거, 주절에는 조건법 과거가 놓인다. 제2형은 조건절과 주절에, 혹은 주절에만 조건법 과거 형태 대신에 접속법 대과거의 형태를 사용한 형식으로, 의미는 조건법 과거와 같으며, 문어체에서 많이 사용된다.

Autrefois, si j'avais eu le temps, j'aurais voyagé.

예전에 만일 내가 시간이 있었더라면, 여행을 했었을 텐데. (조건법 과거 제1형)

Si tu étais venu avec moi l'autre jour, j'en aurais été bien heureuse.

일전에 네가 나와 함께 갔었더라면, 나는 매우 흡족했었을 텐데. (조건법 과거 제1형)

Si tu eusses beaucoup voygé, tu eusses beaucoup appris.

만약 넌 여행을 많이 했었더라면, 너는 많은 걸 배웠을 텐데. (조건법 과거 제2형)

S'il n'eût pas plu hier, je fusse parti.

어제 비가 오지 않았다면, 난 떠났을 텐데. (조건법 과거 제2형)

Ⓒ 법으로서의 특수용법 : si절이 없이, 독립절이나 주절에서 사용된다.

(a) vouloir, avoir, savoir 등의 동사에서 희망이나 의사를 부드럽고, 공손하게 표현하기 위해 조건법을 사용한다.

Je voudrais mourir dans tes bras. 나는 당신 품안에서 죽고 싶습니다.

Auriez-vous l'obligeance de venir? 부디 와 주시겠습니까?

Je ne saurais vous l'indiquer exactement.

당신에게 명확히 알려드릴 수가 없소.

Vous devriez venir. 와 주셔야만 하겠습니다.

(b) 추측이나 의혹 등을 완곡하게 나타낼 때 조건법이 사용된다. 언론의 보도에 자주 사용된다.

J'aurais attrapé froid hier soir. 어제 저녁에 난 감기가 든 것 같다.

Un train déraille près de Lyon : il y aurait de nombreuses victimes.
리옹 근처에서 기차가 탈선했다. 그래서 수많은 희생자를 낸 것 같다.

Un accident aurait eu lieu à l'usine; il y aurait dix morts.
사고가 공장에서 발생했다고 하는데, 열 명이 사망했다고 한다.

L'arrestation de l'assassin serait proche.
살인자 체포는 임박한 것 같다.

(c) 꿈, 희망, 또는 상상적인 기쁨, 후회, 한탄의 기분으로 조건법이 사용된다.

Quoi! j'aimerais le voir! 뭐라고! 난 그를 볼 수 있으면 좋겠어!

Dans la maison de mon rêve, il y aurait des fleurs partout.
내가 꿈에 그리는 집에는 사방에 꽃들이 있을 텐데.

J'aurais dû le lui dire.
난 그에게 그것을 말했어야만 했는데.

J'aurais voulu vous parler (mais je n'ai pas pu).
난 당신에게 말을 하고 싶었었는데 (하지만 그렇게 하지 못했다).

Cet article aurait pu refléter plusieurs aspects de la société.
이 기사는 사회의 여러 면들을 반영할 수도 있었을 텐데.

(d) 분개나 놀라움, 외침의 표현에도 조건법이 사용된다.

Quoi, tu refuserais ce cadeau? 뭐, 이 선물을 넌 거절한다고?

Quoi, vous me céderiez votre tour?
뭐요, 당신 차례를 제게 양보하신다고요?

Moi, j'aurais trahi ma parole? 내가, 내 약속을 어겼다고?

2 시제로서의 용법

Ⓐ **조건법 현재** : 「과거에서의 미래」 사실을 나타낸다. 또한 직접화법을 간접화법으로 바꿀 때, 주절이 과거시제인 경우 종속절에 놓이는 미래는 조건법 현재로 바뀐다.

Je savais qu'il viendrait le lendemain.
난 그가 다음날 올 것이란 걸 알고 있었다.

Il m'a dit qu'il m'aimerait pour toujours.
그는 날 영원히 사랑하겠다고 말했다.

Tu m'as demandé : "Que feras-tu?"
넌 내게 "무엇을 할 거니?"라고 물었다.

→ Tu m'as demandé ce que je ferais.
넌 내게 내가 무엇을 할 것인지 물었다.

Elle disait : "Pierre reviendra."
그녀는 "피에르는 돌아올 거야"라고 말했다.

→ Elle disait que Pierre reviendrait.
그녀는 피에르는 돌아올 거라고 말했다.

Ⓑ **조건법 과거** : 「과거에서의 전미래」로, 과거를 기점으로 했을 때 미래의 어느 시점에 이미 완료되었을 사실을 나타낸다. 직접화법을 간접화법으로 바꿀 때, 주절이 과거시제인 경우 종속절에 놓이는 전미래는 조건법 과거로 바뀐다.

Tu as dit qu'il serait revenu avant midi.
너는 그가 정오 전에 돌아올 거라고 말했다.

Je prevoyais qu'il aurait déjà fini le travail avant mon arrivée.
난 그가 내가 도착하기 전에 일을 이미 끝냈으리라고 예측했었다.

Il m'a dit : "J'aurai été de retour avant ton départ."
그는 내게 "네가 떠나기 전에 돌아올게"라고 말했다.

→ Il m'a dit qu'il aurait été de retour avant mon départ.
그는 내게 내가 떠나기 전에 돌아올 거라고 말했다.

3. 명령법

말하는 사람이 상대방에게 내리는 명령, 금지, 요구, 희망, 기원 등을 나타내는 표현법으로, 명령법 현재와 명령법 과거(혹은 전미래라고도 함)의 두 시제가 있고, 2인칭 단수(tu …해라), 1인칭 복수(nous …합시다), 2인칭 복수(vous …하시오)의 세 종류가 있다.

1 명령법 현재 : 형태는 직설법 현재 변화에서 주어를 생략한 것이다. 2인칭 단수가 -es, -as로 끝난 경우 's'를 생략하는데, 하지만 대명사 y, en 앞에서는 다시 놓인다.

Ⓐ 명령을 나타내며, 부정명령의 경우 금지를 나타낸다.

Sortez! 나가시오.

Ne fumez pas. 금연

Ne fais pas **tant de bruit**. 너무 떠들지 마라.

Ⓑ 충고 · 격려 · 기원 등을 나타낸다.

Ne vous y obstinez pas. 그것에 집착하지 마시오.

N'allez pas **si vite**. 그렇게 빨리 가지 마시오.

Dormez **bien**. 잘 자시오.

Ⓒ 특히 nous에 대한 명령은 권고나 격려의 의미를 가질 때가 많다.

Allons-y! 갑시다!

Partons **tout de suite!** 즉시 떠납시다!

Poussons **plus fort**. 좀 더 세게 밉시다.

Ⓓ 가정 · 양보 · 허가를 나타내는 데에도 명령법이 사용된다. 이것은 문어체뿐 아니라 구어체에서도 자주 사용되는 용법이다.

Attendez **un peu, vous pourrez le voir.**

조금만 기다리면, 그를 만날 수 있을 거요.

Racontez **ce que vous voudrez, je ne vous crois pas.**

당신이 아무리 얘기해 봤자, 나는 믿지 못하겠소.

2 명령법 과거 : 형태는 「조동사 avoir나 être의 명령법 현재+pp.」이다. 미래의 어느 한 시점에 완료되어야 할 행위에 대한 명령 및 요구를 나타낸다. 즉, 의미는 미래완료에 해당하는 전미래에 속한다. 그래서 '명령법복합형'이라고도 한다.

Ayez fini ce travail pour ce soir.
이 일을 오늘 저녁에 끝마치도록 하시오.
Ayez lu ce livre dans trois jours.
3일 후엔 이 책을 다 읽도록 하시오.
Soyez rentrés à vingt-et-une heures!
밤 9시까지는 돌아들 와 있으시오.

3 그 외에 명령을 나타내는 것들

Ⓐ 부정법도 명령의 뜻을 가질 때가 많다.
Ralentir. 서행(徐行)
Ne pas se pencher au dehors. 밖으로 몸을 기울이지 말 것

Ⓑ 직설법 현재나 미래도 명령을 나타낸다.
Tu pars à l'instant et tu me rejoins dans une heure.
곧 출발해서 한 시간 후 나와 합류해라.
Vous m'apporterez le livre. 그 책을 내게 갖다 주시오.

Ⓒ 의문문이 명령을 나타낸다.
Veux-tu te taire? 조용히 좀 할래?
Vas-tu rester tranquille? 가만히 좀 있을래?

Ⓓ 명령형이 없는 3인칭에 대한 명령은 접속법을 사용한다.
Qu'il arrive sans retard! 그는 늦지 않고 도착할 것!
Que chacun soit prêt! 각자 준비되어 있을 것!
Qu'il s'en aille! 그는 갈 것!

Ⓔ 보통 어조를 부드럽게 하거나 공손하게 하기 위해, 접속법 또는 조건법, 또는 완

곡한 구문의 명령법이 사용된다.

Veuillez **poster cette lettre à la poste.**

이 편지를 우체국에서 부쳐 주시오. (*접속법 사용한 명령)

Voudriez-**vous m'apporter le livre?**

그 책을 내게 가져다 주시겠습니까? (*조건법 사용한 명령)

Ayez la bonté de **fermer la porte.**

문을 좀 닫아 주십시오. (*완곡한 구문 사용한 명령)

Ⓕ 명령형의 형태는 갖고 있지만, 명령의 의미를 잃고 단지 굳어진 표현으로 사용되는 일상 표현들이 있다.

Veuillez agréer **nos voeux sincères.** 경구(*편지 끝맺는 말)

Allons, **ne te fâche pas!** 자, 화내지 마라!

Tiens, **la tache a disparu.** 저런, 얼룩이 사라졌네.

4. 접속법

직설법은 현실적이고 객관적인 사실을 나타내는 것임에 반해, 접속법은 주관적인 표현으로서 머리 속에 생각한 것 또는 갈망하고 이루어져야 마땅하다고 생각하는 동작, 상태를 나타낸다. 대부분 종속절에서 사용되지만, 주절 또는 독립절에서 사용될 때도 있다.

1 시제의 종류 : 접속법에는 **현재, 과거, 반과거, 대과거**의 4개의 시제가 있다. 이 시제들은 대부분 종속절에서 사용되며, 주절의 동사의 시제에 따라 결정된다. 미래형은 없고 현재형이 미래의 뜻으로도 사용된다. 또한 반과거와 대과거는 변화가 어렵고 복잡하여 구어체는 물론이고 문어체에서도 거의 사용되지 않으며 접속법 반과거 대신에 접속법 현재를, 접속법 대과거 대신에 접속법 과거를 사용한다. 단, 3인칭 단수의 몇몇 형태(il eût, il fût, il fît, il pût 등)는 간혹 사용된다.

주 절	종 속 절
직설법 현재, 미래	(a) 접속법 현재 : 주절과 동시거나 미래에 일어날 사실을 나타낼 때 (b) 접속법 과거 : 주절보다 과거나 미래완료 사실을 나타낼 때
직설법 과거시제 전부 조건법 현재, 과거	(a) 접속법 반과거 : 주절과 동시거나 미래에 일어날 사실을 나타낼 때 (b) 접속법 대과거 : 주절보다 과거나 미래완료 사실을 나타낼 때

주 절	종 속 절
Je souhaite (souhaiterai)	qu'il finisse son devoir en ce moment. [접속법 현재] qu'il finisse son devoir demain. [접속법 현재] qu'il ait fini son devoir hier. [접속법 과거] qu'il ait fini son devoir avant mon arrivée. [접속법 과거]
Je souhaitais (ai souhaité, avais souhaité, etc.…)	qu'il finît son devoir alors. [접속법 반과거] qu'il finît son devoir le lendemain. [접속법 반과거] qu'il eût fini son devoir la veille. [접속법 대과거] qu'il eût fini son devoir avant mon arrivée. [접속법 대과거]

Je regrettais qu'elle soit si bavarde. (*접 · 현 – 접 · 반과거 fût 대용)
Je voulais qu'il vienne le lendemain. (*접 · 현 – 접 · 반과거 vînt 대용)
J'ai craint qu'il ait fait une erreur. (*접 · 과 – 접 · 대과거 eût fait 대용)
Il fallait qu'il soit rentré avant mon départ.
(*접 · 과 – 접 · 대과거 fût rentré 대용)

2 용법 : 대부분 종속절에 사용되지만, 주절 또는 독립절에 사용될 때도 있다.

Ⓐ 종속절에 사용되는 경우

A-1. 보충절에서

(a) 주절에 희망 · 명령 · 금지 · 요구를 나타내는 동사(souhaiter, désirer, vouloir, ordonner, exiger, défendre, demander, commander etc.)가 올 때 :

Je souhaite que tu aies aussi des vacances.
난 너도 휴가를 갖기 바란다.

Je veux qu'il réflichisse avant de parler.
난 그가 말하기 전에 심사숙고하길 바란다.

J'ordonne que chacun soit à sa place. 각자 제자리에 있기를 내가 명한다.

Je défends que vous fumiez ici. 난 당신이 여기서 흡연하는 걸 금한다.

Je demande que tu sois là demain. 난 네가 내일 거기에 있길 요청한다.

【비교】 esperer는 희망을 나타내는 표현이지만, 종속절에 직설법이 놓인다.

J'espère que vous êtes honnête. 난 당신이 정직하기를 바란다.

J'espère que tu viendras demain. 난 네가 내일 오기를 바란다.

(b) 주절에 두려움 · 기쁨 등의 감정을 나타내는 동사(craindre, avoir peur, avoir honte, s'étonner, se plaindre, se réjouir, s'indigner, regretter, être fâché, être heureux, être content etc.)가 올 때 :

Je crains qu'il ne soit malade. 난 그가 아플까봐 두렵다.

J'ai peur que la guerre n'éclate. 난 전쟁이 터질까봐 두렵다.

Je regrette qu'il soit en retard. 난 그가 늦어서 유감이다.

Je suis content qu'il se souvienne de moi.
난 그가 날 기억해서 만족한다.

Je suis étonné que tu conduises bien. 난 네가 운전을 잘해서 놀랐다.

【비교】 이런 동사가 포함된 주절과 연결되는 de ce que로 시작되는 종속절엔 직설법이 온다.

Il s'étonne de ce qu'elle ne le reconnaît pas.
그는 그녀가 자기를 알아보지 못하는 것에 놀랐다.

Je suis content de ce qu'il se souvient de moi.
난 그가 날 기억한다는 것에 만족한다.

(c) 주절에 의혹 · 부정을 나타내는 동사(douter, contester, nier, démentir etc.) 가 올 때 :

Je doute que cette nouvelle soit vraie.
난 그 얘기가 사실인지 의심된다.

Je nie qu'il ait dit cela. 난 그가 그걸 말했다는 사실을 부정한다.

【비교】 주절동사가 se douter일 때는 종속절에 직설법이 온다.

Je me doute qu'il a fait fortune. 나는 그가 재산을 모았으리라 짐작한다.

(d) 주절에 의견이나 판단을 나타내는 동사가 부정(ne pas croire, ne pas penser etc.)이나 의문의 형태로 올 때 :

Je ne crois pas que la vie soit belle.
난 인생이 아름답다고 생각하지 않는다.

Je ne pense pas que vous réussissiez à l'examen.
난 당신이 시험에 합격할 거라고 생각하지 않는다.

Je ne dis pas que vous ayez tort. 당신이 틀렸다는 건 아니다.

Croyez-vous qu'il ait raison? 당신은 그가 옳다고 생각하는가?

Pensez-vous que la vie soit belle?
당신은 인생이 아름답다고 생각하는가?

(e) 주절에 의무 · 필요 · 가능성 · 추측 · 의혹 · 희망 · 판단 · 감정 등을 나타내는 비인칭 구문(il faut / il est nécessaire / il importe / il est possible / il se peut/ il semble / il suffit / il convient / il est juste / il est étrange / il est dommage / il est douteux / il est bon(mauvais, souhaitable, défendu, triste etc.))이 쓰였을 때 :

Il faut que tu travailles pour vivre. 살기 위해선 넌 일을 해야만 한다.

Il est nécessaire que tu fasses la sieste. 네가 낮잠 자는 건 필수적이다.

Il importe que tu économises de l'argent.
네가 돈을 절약하는 건 중요하다.

Il est possible qu'il vienne demain. 그가 내일 올 수도 있다.

Il semble qu'il soit fidèle à ses devoirs.
그는 자신의 의무에 충실한 것 같다.

Il est dommage qu'elle bavarde sans cesse.
그녀가 끊임없이 수다를 떨어 유감이다.

Il est bon que l'on soit économe. 검소한 것이 좋다

Il est heureux que je n'en aie pas besoin.
난 그것이 필요 없어 다행이다.

Il est défendu qu'on fume ici. 여기서 흡연은 금지되어 있다.

【비교】 il paraît que와 il me semble que 다음에는 직설법이 온다. 그러나 il ne paraît pas que와 il ne me semble pas que 다음에는 접속법이 온다.

Il paraît qu'ils sont gentils. 그들은 친절한 것 같다.

Il me semble qu'il est méchant. 그는 심술궂은 것 같다.

Il ne paraît pas qu'elle jouisse de la vie.
그녀는 삶을 즐기는 것 같지 않다.

Il ne me semble pas qu'il soit bête.
나에겐 그가 바보처럼 생각되지 않는다.

A-2. 상황절에서 : 다음의 접속사구로 시작되는 절에는 접속법이 놓인다.

(a) 시간을 나타내는 접속사구 : avant que (ne) / jusqu'à ce que / en attendant que

Ecoutez ce récit avant que je (ne) réponde.
내가 대답하기 전에 이 얘기를 들어보시오.

Il travaille jusqu'à ce qu'il tombe de fatigue.
그는 피곤할 때까지 일한다.

(b) 목적을 나타내는 접속사구 : afin que / pour que / en[de] sorte que / de peur que / de crainte que / de manière que

Parle lentement pour qu'il te comprenne bien.
그가 알아듣게 천천히 말해.

Afin qu'il arrive à l'heure, il se dépêche.
제 시간에 도착하려고 그는 서둘렀다.

Hâtez-vous, de crainte qu'il ne soit trop tard.
너무 늦지 않게 서두르시오.

Faites les choses de manière que tout le monde soit content.
모두가 만족할 수 있도록 일을 하시오.

【비교】 en[de] sorte que나 de manière que 다음에 직설법이 오면 '결과'를 나타낸다 :

Il a fait de son mieux, en[de] sorte qu'il a réussi.
그는 최선을 다했고, 그래서 성공했다.

Elle a pleuré, de maniere qu'elle m'a réveillé.
그녀가 울어서 나는 잠이 깼다.

(c) 양보를 나타내는 접속사구 : bien que / malgré que / quoi que / quelque… que / quel que / qui que / sans que

Bien qu'il n' ait rien dit, j'ai pu le comprendre.
비록 그는 아무 말도 하지 않았지만, 난 그를 이해할 수 있었다.

Je suis venu malgré que je sois malade. 비록 아프지만 나는 왔다.

Quoi que son père soit mort, il n'a pas l'air triste.
그의 아버지가 돌아가셨건만, 그는 슬픈 기색이 아니다.

Je le ferai bien sans que vous me le disiez.
당신이 그러라고 말씀 안하셔도 저는 그걸 잘 할 겁니다.

(d) 조건 · 가정을 나타내는 접속사구 : à condition que / pourvu que / au cas que / à moins que / pour peu que / supposé que

À condition qu'il vienne me voir ce soir, je lui pardonnerai tout.
오늘 서녁 날 만나러 온다는 조건으로 난 그에게 모든 걸 용서할 것이다.

Pourvu qu'il fasse vite, il n'y aura aucun problème.
그가 빨리 하기만 한다면, 아무런 문제도 없을 것이다.

Pour peu qu'il ait de la honte de mentir, il ne le fera pas.
적어도 그가 거짓말하는 것에 수치를 느낀다면, 그는 그것을 하지 않을 것이다.

Supposé que tu sois reine, tu dois quand même travailler.
네가 여왕이라 할지라도, 그래도 일을 해야만 한다.

A-3. 관계절에서

(a) 선행사가 최상급이나 획일적 개념의 표현을 가질 때(le plus / le moins / le seul / le premier / le dernier / le meilleur). 그러나 회화체에서는 대개 직설법으로 대치한다 :

C'est le plus grand homme que j'aie rencontré.
그는 내가 만나 본 가장 위대한 사람이다. (*회화체에서 직설법으로 대치-ai

rencontré)

Voici l'unique route qui conduise au bois.
이것이 숲으로 가는 유일한 길이다. (*회화체에서 직설법으로 대치 – conduit)

Paris est la plus belle ville que je connaisse.
파리는 내가 아는 가장 아름다운 도시이다. (*회화체에서 직설법으로 대치 – connais)

Il y a peu d'homme qui soient satisfaits de leur sort.
자신의 운명에 만족해하는 사람은 거의 없다. (*회화체에서 직설법으로 대치 – sont)

(b) 주절이 의문, 또는 부정문일 때 :

Pourriez-vous trouver un garçon qui soit aussi gentil que celui-là? 당신은 저 소년처럼 친절한 소년을 찾으실 수 있겠어요?

Y a-t-il un livre qui vous plaise? 당신 마음에 드는 책이 있습니까?

Connaissez-vous un évènement qui soit plus étrange que celui-là? 이것보다 더 이상한 사건을 알고 계십니까?

Je n'ai jamais vu une fille qui soit si jolie.
난 그렇게 예쁜 소녀를 본 적이 없다.

(c) 주절이 앞으로 도달할 목적이나 희망을 나타낼 때 :

Indiquez-moi quelqu'un qui puisse le faire.
그것을 해낼 수 있는 사람을 내게 알려 주십시오.

Je cherche une chambre où je puisse dormir tranquillement.
나는 조용히 잠잘 수 있는 방을 찾고 있습니다.

J'ai demandé un vin qui fût chambré parfaitement.
나는 실내 온도와 완전히 같아진 포도주를 하나 주문했다.

A-4. 허사 'ne'(ne explétif) : 종속절의 내용이 긍정임에도 불구하고 동사가 'ne'와 함께 쓰이는 일이 있다. 이 ne는 부정을 나타내지 않으며, 항상 종속절에만 다음과 같은 경우에 사용된다. 일상어에서는 생략되기도 한다.

(a) 주절에 craindre, avoir peur 등 걱정과 두려움을 나타내는 동사(구)가 쓰였을 때 :

Je crains qu'il ne tombe malade. 난 그가 아플까봐 두렵다.

J'ai peur qu'il ne vienne. 난 그가 올까봐 걱정이다.

(b) 주절에 empêcher, éviter 등 방해 · 조심을 나타내는 동사가 쓰였을 때 :

Evitez qu'il ne vous dérange. 그가 당신을 방해하는 일 없게 하시오.

(c) 주절에 douter, nier 등 의혹 · 부정의 동사가 부정 또는 의문으로 놓였을 때 :

Je ne doute pas qu'il ne vienne. 난 그가 올 것을 의심하지 않는다.

(d) 주절에 à moins que, de crainte[peur] que, sans que 같은 접속사구가 쓰였을 때 :

À moins qu'il ne pleure demain, j'irai danser.
내일 비가 오지 않는 한 나는 춤을 추러 갈 것이다.

Il ne vient pas me voir de crainte que je ne le gronde.
내가 혼을 낼까봐 두려워 그는 나를 보러 오지 않는다.

J'emporte mon imperméable de peur qu'une averse ne me surprenne. 소나기가 올까봐 난 내 비옷을 가지고 간다.

On ne jette rien dans l'onde sans que tout ne remue.
물결 속에 무엇이고 던지면 모든 것이 출렁인다.

(e) 우등 · 열등(동등은 제외)의 비교문의 주절이 긍정인 경우. 그러나 주절이 부정인 경우에는 쓰지 않는다.

Il est autre que je ne croyais. 그는 내가 생각하던 사람과는 다르다.

Le temps est meilleur qu'il n'était hier. 어제보다 날씨가 좋다.

【비교】 그러나 주절이 부정일 때는 종속절에 ne를 쓰지 않는다.

Il n'agit pas autrement qu'il parle.
그는 말하는 것과 다르게 행동하지 않는다.

(f) 시간을 나타내는 접속사구 avant que 다음에서는 쓰기도 하고 안 쓰기도 한다.

Je reviendrai vous voir avant que vous (ne) partiez.
나는 당신이 떠나기 전에 당신을 보러 돌아올 것이다.

Ⓑ 주절이나 독립절에 사용될 경우

(a) 3인칭 명령에 사용된다.

Qu'on ne me réplique pas! 내게 대답하지 말 것!

Qu'il parte à l'instant! 그는 당장 떠날 것!

Que chacun se retire et qu'aucun n'entre ici!
각자 물러가고 아무도 여기에 들어오지 말 것!

(b) 희망 · 소원 · 기원 혹은 거절을 나타낸다. 이때 접속사 que는 생략될 때가 있다.

Que je vous dise une chose. 난 당신에게 한 가지 말하고 싶다.

Qu'il fasse beau demain! 내일 날씨가 좋았으면!

Pourvu qu'il arrive à temps! 그가 제 시간에 도착했으면!

Que Dieu te protège! 신의 가호가 있기를!

Que le diable t'emporte! 널 악마나 데려가라!

Vive la Corée!(=Que la Corée vive!) 대한민국 만세!

Ainsi soit-il! 아멘!

Dieu soit loué! 신이여 찬양받으소서!

Puissiez-vous revenir sain et sauf! 무사히 돌아오시기를!

Plût au ciel que cela ne fût pas arrivé.
그런 일 일어나지 않았으면 좋았을걸.

(c) 가정 · 추측을 나타낸다. 이때 접속사 que는 생략될 때가 있다.

Que le vent vienne à cesser: la pluie tombera.
바람이 그친다고 해도 비가 내릴 것이다.

Qu'on lui ferme la porte au nez: il reviendra par la fenêtre.
문을 닫는다고 해도 그는 창문으로 들어올 것이다.

Soit le triangle ABC. 삼각형 ABC가 있다 하자.

Vienne la nuit, sonne l'heure …. 밤이 오면, 종이 울리면 ….

(d) 양보 · 허가를 나타낸다. 이때 접속사 que는 생략될 때가 있다.

Qu'il me défende de sortir: j'irai au théâtre.
그가 날 못 나가게 한다 해도 난 영화관에 갈 것이다.

Soit: Advienne que pourra. 좋아, 될 대로 되라지.

Coûte que coûte, tu dois finir ce travail d'ici trois heures.
무슨 일 있어도[어떤 대가를 치를 지라도] 넌 이 일을 세 시간 이내로 끝마쳐야만 한다.

Soit une vérité, soit un conte, n'importe.
진실이든 꾸민 얘기든 상관없다.

(e) 분노 · 놀라움을 나타낸다. 이때 접속사 que는 생략될 때가 있다.

Oh! mon dieu, (que) je fuie. 오, 하나님, 내가 도망치다니!

5. 부정법

인칭 · 수 · 시제의 표시가 없는 비인칭법(le mode non-personnel)으로, 동작이나 상태를 관념적으로 표현하며 동사와 명사의 기능을 아울러 갖고 있다.

1 **시제와 태 :** 부정법 자체에는 시제가 없으나, 문장 내에 사용되면 주절의 동사가 나타내는 시제에 따라 변한다. 두 가지 형태로, **부정법 현재(단순형)**는 주동사와 동시에, 또는 후에 일어날 동작을 나타내고, 「조동사(avoir, être)원형+pp.」의 형태인 **부정법 과거(복합형)**는 주동사의 시제에 앞서 이루어진 사실을 나타낸다. 또한 부정법에도 능동과 수동의 두 가지 태가 있다. 부정은 그 앞에 'ne pas'를 붙여 만든다. 단, 부정법 과거나 부정법 수동태 현재의 부정은 조동사 앞뒤에 각각 ne와 pas를 넣어 만들기도 한다.

Il espère réussir.(=Il espère qu'il réussit.) [직설법 현재]
Il espérera réussir.(=Il esperera qu'il réussira.) [직설법 미래]
Il a cru réussir.(=Il a cru qu'il réussissait.) [직설법 반과거]
Il a cru avoir réussi.(=Il a cru qu'il avait réussi.) [직설법 대과거]
Il partira après avoir déjeuné.(=Il partira après qu'il aura déjeuné.) [직설법 전미래]
Je regrette de vous l'avoir dit.(=Je regrette que je vous l'aie dit.) [접속법 과거(*주절 동사가 regretter라서)]

J'ai regretté d'avoir commis une erreur.(=J'ai regretté que je eusse commis une erreur.) [접속법 대과거(*주절 동사가 regretter라서)]

Il vous faut être parti.(=Il faut que vous soyez parti.) [접속법 과거(*Il faut 구문이므로)]

Il vous fallait être parti.(=Il fallait que vous fussiez parti.) [접속법 대과거(*Il faut 구문이므로)]

〈aimer 동사〉

부정법 능동태 현재 aimer	부정법 능동태 과거 avoir aimé
부정법 수동태 현재 être aimé	부정법 수동태 과거 avoir été aimé

Il m'a demandé de ne pas aimer sa fille.

Je regrette de ne pas avoir aimé ma famille.
(=n'avoir pas aimé)

Il est triste de ne pas être aimé de ses amis.
(=n'être pas aimé)

Je suis fâché de ne pas avoir été aimé de lui.
(=n'avoir pas été aimé)

2 명사로 사용된 부정법

Ⓐ **주어로 사용된 부정법** : 부정법이 주어로 사용된다. 이때 동사가 être이면 c'est로 받기도 한다. 그러나 구체적인 사실을 나타낼 때와 동사가 être가 아닌 경우에는 de와 함께 사용할 수 있다.

Mentir est une action honteuse. 거짓말을 하는 것은 부끄러운 행동이다.

Promettre est facile, et tenir ses paroles est souvent impossible.
약속하는 것은 쉽지만, 약속을 지키는 것은 종종 불가능하다.

Être ami de tout le monde, c'est difficile.
모든 사람의 친구가 되는 것은 어렵다.

De lire ce livre me fait oublier mon chagrin.
이 책을 읽는 것은 내게 슬픔을 잊게 한다.

De le voir travailler (cela) **me fait beaucoup de plaisir.**
그가 일하는 것을 보는 것은 나를 몹시 즐겁게 한다.

Ⓑ 비인칭 구문에서 il faut, il vaut mieux, il fait bon 뒤에는 부정법이 직접 놓이고 그밖의 형용사와 함께 사용된 경우(il est nécessaire, il est bon, il est agréable etc.) 뒤에는 'de+부정법'이 놓인다. 이때 il은 형식주어(문법상의 가주어인 비인칭주어), de+부정법은 의미상의 주어(진짜주어 le sujet réel)가 된다.

Il faut accomplir **cela.** 그것을 성취해야만 한다.

Il vaut mieux ne pas lui répondre. 그에게 대답 안하는 것이 낫다.

Il fait bon se lever tôt. 일찍 일어나는 것은 유쾌한 일이다.

Il est nécessaire de lutter contre le mal.
악에 대항하여 투쟁하는 것은 필수적이다.

Il est bon de parler, **et meilleur** de se taire.
말하는 것은 좋지만 침묵이 더 낫다.

Il est agréable de faire un pique-nique. 피크닉을 하는 것은 즐겁다.

Ⓒ **속사로 사용된 부정법** : 주어가 명사나 대명사일 때 속사로 사용되는 부정법은 'de+부정법'으로 놓이며, 주어가 부정법일 때는 속사로 사용되는 부정법은 de를 취하지 않고 단독으로 사용된다. 이때 주어를 'c'est'로 다시 한번 받아 줄 수도 있다.

Mon désir est de pouvoir tout oublier.
나의 바람은 모든 걸 잊을 수 있는 것이다.

Mon souhait est de le voir **bientôt.**
나의 소원은 그를 곧 보게 되는 것이다.

Dormir n'est pas vivre. 잠자는 것은 사는 것이 아니다.

Son seul plaisir, c'est (de) lire. 그의 유일한 기쁨은 독서이다.

Ce que je veux, c'est (de) travailler. 내가 원하는 것은 일하는 것이다.

Partir, c'est mourir **un peu. Mais mourir, c'est** partir **beaucoup.**
떠난다는 것은 약간은 죽는 것이다. 하지만 죽는다는 것은 많이 떠나는 것이다.

Ⓓ **직접목적보어로 사용된 부정법** : 부정법을 직접목적보어로 가질 때는 대개 전치사 없이 직접 사용되기도 하나, 때로는 전치사 à, de를 동반할 때도 있다.

J'aime danser. 나는 춤추는 것을 좋아한다.

Elle veut partir demain. 그녀는 내일 떠나길 원한다.

Je lui apprends à écrire. 나는 그에게 쓰기를 가르쳐 주었다.

Il a recommencé à fumer **et** à boire.
그는 흡연과 음주를 다시 시작했다.

Il m'a demandé de rester là avec lui.
그는 자기와 함께 거기 머물자고 내게 요청했다.

Il a cessé de parler. 그는 말하기를 멈췄다.

J'ai oublié de fermer la fenêtre. 나는 창문 닫는 것을 잊어버렸다.

Elle croit facile de danser avec lui.
그녀는 그와 춤추는 것이 쉽다고 생각한다.

Ⓔ **간접목적보어로 사용된 부정법** : 전치사 à나 de를 항상 동반한다.

Je l'aide à résoudre la question.
나는 그가 문제를 해결하는 것을 돕는다.

Il a renoncé à assister à la réunion.
그는 회합에 참석하는 걸 포기했다.

Je songe à partir en voyage aux pays lointains.
난 먼 나라들로 여행가길 꿈꾼다.

Je te prie de venir. 난 네게 와주기를 부탁한다.

Il m'oblige de sortir d'ici. 그는 나에게 억지로 여기서 나가게 한다.

Nous parlons de revenir. 우리는 되돌아오는 것에 대해 얘기한다.

Il m'accuse d'avoir volé son argent.
그는 내가 자기 돈을 훔쳤다고 날 비난한다.

Ⓕ **상황보어로 사용된 부정법** : 전치사와 함께, 또는 단독으로 사용된다. 특히 aller, sortir, partir, rentrer 등 왕래를 나타내는 동사와 emmener, envoyer 등이 부정법과 함께 사용되면 목적을 나타내는 의미를 갖는다.

Il est tombé malade pour avoir trop mangé.
그는 과식을 해서 병이 났다. (원인)

Il s'en est allé après avoir dit cela. 그는 그것을 말한 후 가버렸다. (시간)

Lavez-vous les mains avant de dîner.
저녁식사 전에 손을 닦으시오. (시간)

Il passa devant moi sans me saluer.
그는 내게 인사도 안 한 채 내 앞을 지나갔다. (양태)

À vous entendre, on dirait que la fin du monde arrive.
당신의 말을 들으면, 지구의 종말이 오는 것 같다. (조건)

À courir après lui, je serais vite essoufflé.
내가 그를 쫓아다닌다면, 나는 곧 숨 가쁘게 될 텐데. (조건)

Venez me voir. 날 보러 보시오. (목적)

Il m'a envoyé chercher le médecin.
그는 날 의사를 부르러 보냈다. (목적)

Il est rentré chercher ses affaires.
그는 자기 물건들을 가지러 돌아왔다. (목적)

Je m'en suis rapproché pour bien l'entendre.
나는 잘 들으려고 그것에 가까이 갔다. (목적)

Ⓖ **명사의 보어로 사용된 부정법** : 항상 전치사와 함께 사용된다.

Elle a acheté une machine à écrire. 그녀는 세탁기를 샀다.

La salle à manger est déjà fermée. 식당은 이미 문이 닫혔다.

La chambre à coucher offre une belle vue. 그 침실은 전망이 좋다.

C'est un appartement à vendre. 그것은 매매할 아파트이다.

Quelle est la joie de vivre? 삶의 기쁨이란 무엇인가?

C'était une histoire pour rire. 그것은 농담이었다.

J'avais envie d'aller au cinéma. 나는 영화관에 가고 싶었다.

Le moment d'agir est arrivé. 행동할 순간이 왔다.

Elle a une maison à louer. 그녀는 세놓을 집이 하나 있다.

Ⓗ **형용사의 보어로 사용된 부정법** : 항상 전치사와 함께 사용된다.

C'est une question facile à répondre. 그것은 대답하기 쉬운 질문이다.

Il se tenait prêt à agir. 그는 행동할 준비가 되어 있었다.

Elle est contente de partir. 그녀는 떠나게 되어 만족해 한다.

J'étais désireux de dormir. 나는 잠을 자고 싶었다.

Il est fier d'avoir réussi. 그는 성공한 것에 자부심을 느낀다.

3 동사로 사용된 부정법 : 독립절과 종속절에서 부정법은 인칭동사 대신에 사용될 수 있다.

Ⓐ 독립절에서

(a) 주어 없이 쓰여, 의문사와 함께 의문이나 생각을 나타낸다.

Que faire? 무엇을 하지?

Où aller? 어디로 가지?

Comment sortir d'ici? 여기서 어떻게 빠져나가지?

(b) 게시 · 공시문, 요리법 등에서 지시할 때 사용된다.

Ne pas se pencher **au dehors.** 밖으로 몸을 내밀지 말 것

Agiter le flacon **avant de s'en servir.** 사용 전에 병을 흔들어 줄 것

Faire cuire **à feu doux.** 약한 불에 익힐 것

(c) 희망이나 분노를 나타낸다.

Ah! Vivre **à la campagne!** 아, 시골에서 살고 싶구나!

Lui, avoir dit **ça?** 그가 그렇게 말했다고?

(d) 실제의 사실을 나타내는 직설법 과거 대신으로 사용되며, 사건의 급작스러운 진행과 예기치 않은 사건의 돌연한 출현을 나타낸다. 이때는 반드시 '전치사 de'가 앞에 오는데, 이를 '서술적 부정법(l'infinitif de narration)', 혹은 '역사적 부정법(l'infinitif historique)'이라 한다.

Et les directeurs de protester **tour à tour**(=Et les directeurs protestèrent tour à tour). 그러자 국장들이 차례로 항의를 했다. [역사적 사실]

Tout le monde alors de s'exclamer(=Tout le monde alors s'exclama (=s'est exclamé)). 그때 모든 사람들이 환호성을 질렀다. [역사적 사실]

Il approche, et les oiseaux de s'envoler (=Il approche, et les oiseaux s'envolaient). 그가 다가서자, 새들은 날아가 버렸다. [묘사 · 서술]

Ⓑ 종속절에서 보충절로 사용된 부정법절

(a) 주어가 있는 부정법절 : 지각동사 voir, apercevoir, entendre, ouïr, écouter, sentir, regarder 등과 준조동사 역할을 하는 faire, laisser, envoyer, empêcher 뒤에서 부정법은 주절의 주어와는 다른 주어와 함께 부정법절을 형성하며, 주절의 목적절 역할을 한다.

Je vois venir Philippe. 나는 필립이 오는 걸 본다.
부정법절 [부정법 / 부정법의 주어] – 주절의 목적절

Je regarde Marie dessiner des animaux.
나는 마리가 동물을 그리는 걸 쳐다본다.
부정법절 [부정법의 주어 / 부정법 / 부정법의 직접목적보어] – 주절의 목적절

Il entend sa fille chanter dans sa chambre.
그는 자기 딸이 자기 방에서 노래하는 소릴 듣는다.
부정법절 [부정법의 주어 / 부정법 / 상황보어]– 주절의 목적절

Il regarde les voitures passer. 그는 차들이 지나가는 것을 본다.
부정법절 [부정법 / 부정법의 주어] – 주절의 목적절

(=Il regarde passer les voitures.)
부정법절 [부정법 / 부정법의 주어] – 주절의 목적절

J'ai fait connaître la Corée aux étrangers.
난 외국인들이 한국을 알도록 만들었다.
부정법절 [부정법 / 부정법의 직 · 목 / 부정법의 주어]– 주절의 목적절

J'ai laissé Paul finir sa lecture. 난 폴이 독서를 끝내도록 내버려 뒀다.
부정법절 [부정법의 주어 / 부정법 / 부정법의 직 · 목] – 주절의 목적절

(=J'ai laissé finir sa lecture à Paul.)
부정법절 [부정법 / 부정법의 직 · 목 / 부정법의 주어] – 주절의 목적절

(b) 주어가 없는 부정법절 : 부정법절의 주어가 주절의 목적보어인 경우에는, 부정법절의 주어는 놓이지 않고 부정법은 'de+부정법'으로 놓인다. 몇몇 동사들 (espérer, croire, penser, estimer, refuser, promettre)은 주절의 주어와 종속

절의 주어가 동일할 때 주어 없이 부정법절이 놓인다. 그런데 souhaiter, vouloir, désirer, accepter 등의 동사는 주절과 동일한 주어를 갖는 종속절은 올 수가 없고 그 대신 부정법절을 사용하며, 종속절에 다른 주어가 놓일 때는 'que+절'을 사용해야 한다.

Je te permets de partir **tout de suite.**
나는 네가 즉시 떠나는 것을 허락한다. (=Je te permets que tu partes tout de suite. 또는 Je permets que tu partes tout de suite.)
(*부정법절(partir tout de suite)의 주어인 te가 주절의 목적보어인 경우 부정법절의 주어는 놓이지 않고 부정법절은 'de+부정법'으로 놓임)

J'espère que je pars demain. → J'espère partir **demain.**
난 내일 떠날 수 있기 바란다.

Il a cru un moment qu'il pouvait reussir. → Il a cru un moment pouvoir réussir. 그는 한순간 성공할 수 있으리라고 믿었다.

Je vous promets que je serai prudent. → Je vous promets d'être prudent. 난 신중하겠다고 당신에게 약속한다.

Je souhaite partir demain. 난 내일 떠나기를 바란다.
(*souhaiter 동사 특성상 Je souhaite que je parte demain은 오류(×))

Je veux chanter. 난 노래하고 싶다.
(*vouloir 동사 특성상 Je veux que je chante는 오류(×))

Je désire (de) dormir. 난 잠자고 싶다.
(*désirer 동사 특성상 Je desire que je dorme는 오류(×))

J'accepte de sortir **avec toi.** 나는 너와 함께 외출하는 걸 받아들인다.
(*accepter 동사 특성상 J'accepte que je sort avec moi는 오류(×))

Je souhaite que mon fils **réussisse à son examen.**
난 내 아들이 시험에 성공하길 바란다. (*souhaiter 동사는 종속절에 주절과 다른 주어가 놓일 땐 'que+절'을 사용해야 함)

Il accepte qu'ils **sortent avec moi.**
그는 그들이 나와 외출하는 걸 승낙한다. (*accepter 동사는 종속절에 주절과 다른 주어가 놓일 땐 'que+절'을 사용해야 함)

6. 분사법

동사와 형용사의 기능을 동시에 나누어 맡는다는 의미에서 분사법이라는 명칭이 붙었다. **동사적 기능**으로는 행위를 이루는 사실을 나타내고, **형용사적 기능**으로는 명사를 한정한다.

분사법에는 **현재분사**(participe présent)와 **과거분사**(participe passé)가 있다. 분사법은 부정법과 마찬가지로 본래 인칭 및 시제의 표시가 없으나 주절의 시제와의 관계에 의해 시제적 의미를 내포한다.

1 현재분사

Ⓐ 현재분사의 형태는 1인칭 복수 nous의 직설법 현재형에서 -ons를 빼고 -ant를 붙여서 만드는데, être(→étant), avoir(→ayant), savoir(→sachant)의 3개의 동사는 예외이다. 현재분사는 늘 능동적 의미로 사용되며, 보통 주어의 동사와 동시에 일어난 동작을 나타낸다. 현재분사는 인칭이나 시제에 따라 변하지 않으며, 주절의 동사의 시제에 따라 과거, 현재, 미래의 뜻을 품을 뿐이다.

Il s'en va criant(=Il crie et il s'en va).
그는 울면서 간다. (동사적 기능)

Il s'en allait criant(=Il criait et il s'en allait).
그는 울면서 가버렸다. (동사적 기능)

Il s'en ira criant(=Il criera et il s'en ira).
그는 울면서 가버릴 것이다. (동사적 기능)

Je regarde le garçon lisant(=qui lit).
난 독서하는 그 소년을 본다. (형용사적 기능)

J'ai regardé le garçon lisant(=qui lisait).
난 독서하는 그 소년을 쳐다봤다. (형용사적 기능)

Je regarderai le garçon lisant(=qui lira).
난 독서하는 그 소년을 쳐다볼 것이다. (형용사적 기능)

Ⓑ **현재분사와 동사적 형용사** : 현재분사는 명사 뒤에 붙어서 부가형용사(épithète)

적인 기능을 갖는데, 어떤 현재분사들은 완전히 형용사의 품사로 전환되는 것들도 있다. 이와 같이 동사에서 파생된 형용사로서 어미가 –ant으로 되어서 현재분사와 동일한 형태를 갖고 있는 형용사들을 '동사적 형용사(l'adjectif verbal)' 라고 부른다. 일반적으로 현재분사는 짧은 한 동안의 동작이나 상태를 표시하고, 동사적 형용사는 오랜 동안의 동작이나 상태를 표시한다. 또 동사인 현재분사는 관계하는 단어의 성과 수에 따라 변하지 않으나, 동사적 형용사는 성과 수에 일치한다.

《 현재분사 》

J'ai vu des chiens courant après du chat.
난 고양이 뒤를 쫓는 개들을 봤다.

Tu les trouveras lisant. 너는 그들이 책을 읽고 있는 것을 보게 될 것이다.

On apercevait deux porte-avions voguant à toute vitesse.
전속력으로 항행(航行)하는 두 척의 항공모함이 보였다.

《 동사적 형용사 》

Je trouve cette histoire intéressante.
난 이 이야기가 흥미롭다고 생각한다.

Il attend avec une impatience grandissante.
그는 점점 더 초조해하며 기다린다.

Ses yeux brillants disent la convoitise.
그의 빛나는 두 눈은 갈망을 나타낸다.

(a) 타동사에 한해서 뒤에 간접 또는 직접목적보어가 있으면 현재분사이고, 없으면 동사적형용사이다.

On aime les enfants obéissant à leurs parents.
사람들은 부모에게 순종하는 아이들을 좋아한다. (현재분사)

On aime les enfants obéissants.
사람들은 순종하는 아이들을 좋아한다. (동사적 형용사)

(b) 'qui+인칭동사의 관계대명사절' 로 바꿀 수 있으면 현재분사이고, 다른 품질형용사로 바꿀 수 있으면 동사적 형용사이다.

J'ai vu des ouvriers travaillant avec ardeur(=J'ai vu des ouvriers qui travaillent avec ardeur).

난 열심히 일하고 있는 노동자들을 봤다. (현재분사)

Il y a beaucoup de tableaux ravissants(=admirables) dans ce salon. 이 응접실에는 감탄할 만한 그림들이 많이 있다. (동사적 형용사)

Cette jeune fille charmante(=gentille) est ma nièce.
이 귀여운 아가씨가 내 조카이다. (동사적 형용사)

(c) 부사가 뒤에 오면 현재분사이고, 앞에 오면 동사적 형용사이다.

J'ai vu Paul et Marie chantant ensemble.
나는 폴과 마리가 함께 노래하는 것을 봤다. (현재분사)

Les enfants dormant peu ne sont pas gros.
잠을 적게 자는 아이들은 살이 찌지 않는다. (현재분사)

Je l'ai trouvé toute tremblante.
난 그녀가 매우 떨고 있는 것을 봤다. (동사적 형용사)

Dans sa bibliothèque, il y a beaucoup de livres très intéressants.
그의 서재에는 아주 재미있는 책들이 많다. (동사적 형용사)

Nous sommes très reconnaissants de votre assistance.
당신의 도움에 대단히 감사합니다. (동사적 형용사)

(d) être동사 다음에 사용되면 속사로 사용된 동사적 형용사이다.

Ces succès sont réconfortants. 이 성공은 위안이 되고 힘을 준다.

Son discours est ennuyant. 그의 연설은 지루하다.

(e) 동사에 따라서는 현재분사형과 동사적 형용사의 형태가 다른 것들도 있다.

〈동사〉	〈현재분사〉	〈동사적 형용사〉
différer	différant	différent
équivaloir	équivalant	équivalent
exceller	excellant	excellent
fatiguer	fatiguant	fatigant
négliger	négligeant	négligent
précéder	précédant	précédent
provoquer	provoquant	provocant
suffoquer	suffoquant	suffocant

2 과거분사

과거분사에는 **단순형**과 **복합형** 2가지가 있다.

Ⓐ **과거분사의 단순형** : 과거분사가 조동사 없이 단독으로 명사, 대명사에 관계할 때는 부가형용사(épithète)적인 기능을 한다. 특히 타동사의 과거분사는 수동적인 뜻을 나타낸다. 때로는 분사구문을 이루어 상황절의 역할을 하기도 한다. 시제에 따라 변하지 않으며, 주절 동사의 시제에 따라 과거 · 현재 · 미래의 뜻을 품을 뿐이다.

C'est une femme aimée **de tout le monde**(=qui est aimée de tout le monde). 이 분은 모든 이에게 사랑받는 여성이다.
(*형용사적 기능 / 타동사 aimer의 과거분사는 수동적인 뜻)

C'etait un homme atteint **d'une balle**(=qui a été atteint d'une balle). 그것은 총탄에 맞은 남자였다.
(*형용사적 기능 / 타동사 atteindre의 과거분사는 수동적인 뜻)

Des fleurs cueillies **par ma soeur**(=qui sont cueillies par ma soeur) **sont sur la table.** 내 언니가 꺾은 꽃은 책상 위에 있다.
(*형용사적 기능 / 타동사 ceuillir의 과거분사는 수동적인 뜻)

Il les trouvent trop écrasés.
그는 그것들이 지나치게 으깨졌다고 생각한다. (*형용사적 기능 / 타동사 écraser의 과거분사는 수동적인 뜻)

Blessé **gravement**(=Bien qu'il fût blessé), **il ne se rendit pas.**
많이 다쳤는 데도, 그는 항복하지 않았다. (*동사적 기능 – 분사구문이 상황절 역할 / 타동사 blesser의 과거분사는 수동적인 뜻)

Ⓑ **과거분사의 복합형** : 형태는 「조동사의 현재분사(ayant, étant)+pp.」로, 주절의 동사보다 먼저 일어난 완료된 행위를 나타낸다. 대개 자동사의 조동사로 사용된 étant은 생략되어 사용된다(예 étant arrivé → arrivé). 하지만 조동사로 사용된 ayant은 생략할 수 없다. 복합형도 현재분사와 마찬가지로 명사 뒤에 올 수 있으며, 완료형의 분사구문을 이루어 상황절의 역할을 하기도 한다.

Les spectateurs ayant loué **leurs places**(=qui ont loué leurs places) **n'attendent pas au guichet.**
좌석을 예약한 관객들은 매표구에서 기다리지 않는다. (*형용사적 기능)

Les spectateurs (étant) arrivés **les premiers**(=qui sont arrivés les premiers) **occupent les meilleures places.**
먼저 도착한 관객들은 가장 좋은 좌석들을 차지한다. (*형용사적 기능)

Ayant fini **son travail**(=Après qu'il avait fini son travail), **il s'est couché**.
저녁식사를 한 후, 그는 잠을 잤다. (*동사적 기능 – 분사구문이 상황절 역할)

Le chien, ayant aperçu **son maître**(=quand il eut aperçu son maître), **accourut**.
주인을 알아본 후 그 개는 달려갔다. (*동사적 기능 – 분사구문이 상황절 역할)

Aussitôt (étant) arrivé **à l'école**(=Aussitôt qu'elle fut arrivée à l' école), **elle frappa à ma porte**.
학교에 도착하자마자, 그녀는 나의 방문을 두드렸다. (*동사적 기능 – 분사구문이 상황절 역할)

© 과거분사의 일치(l'accord du participe passé)

C-1. 복합시제에서 조동사 avoir와 사용된 경우 :

(a) 직접목적보어가 동사 앞에 올 때 과거분사는 그 직접목적보어의 성과 수에 일치한다.

La bonne route que vous avez prise. 당신이 택한 좋은 길

Quels cadeaux as-**tu** reçus? 너 무슨 선물들을 받았니?

Voilà les fleurs que j'ai cueillies. 내가 꺾은 꽃들이 저기 있다.

Nous l'avons vue, **Sophie**. 우리는 소피를 보았다.

(b) 부정법과 함께 놓였을 때, 부정법이 동사의 목적일 때 과거분사는 일치하지 않고, 동사의 목적보어가 부정법의 주어인 경우에는 그것의 성과 수에 일치한다. 그러나 직접목적보어가 동사 앞에 올지라도 동사가 조동사적으로 사용된 것이고 따로 본동사가 있다면, 설사 본동사가 생략되었다 하더라도 과거분사는 그것의 성과 수에 일치하지 않는다.

la mélodie que j'ai entendu **chanter**
누군가가 부르고 있는 것을 내가 들었던 멜로디(→ J'ai entendu quelqu'un chanter la melodie.)

l'histoire que j'ai entendu raconter
사람들이 이야기하는 것을 내가 들었던 이야기 (→J'ai entendu qu'on racontait cette histoire.)

les airs que j'ai entendu jouer
그것은 사람들이 연주하는 것을 내가 들었던 노래들 (→ J'ai entendu qu'on jouait les airs.)

la fille que j'ai entendue chanter
그녀가 노래하는 것을 내가 들었던 소녀 (*ai entendue의 목적보어인 la fille가 부정법 chanter의 주어) (→J'ai entendu la fille chanter.)

les étudiants que j'ai vus peindre
그들이 그림 그리는 걸 내가 보았던 학생들 (*ai vus의 목적보어인 les étudiants이 부정법 peindre의 주어) (→J'ai vu les étudiants peindre.)

Voici les pièces que tu as eu à apprendre.
여기 네가 알아두어야만 할 희곡들이 있다. (*직접목적보어 les pièces가 a eu 앞에 왔지만 a eu는 조동사적으로 사용됐을 뿐이고 따로 본동사 apprendre가 있으므로 과거분사 eu를 일치시키지 않음.)

Il a lu toutes les pièces qu'il a pu.
그는 그가 읽을 수 있었던 희곡은 모조리 다 읽었다. (*직접목적보어 les pièces가 a pu 앞에 왔지만 a pu는 조동사적으로 사용됐을 뿐이고 따로 본동사 lire가 있는데 생략된 경우이므로 과거분사 pu를 일치시키지 않음.)

(c) 중성대명사 en은 목적보어처럼 동사 앞에 놓여도 과거분사는 이에 일치하지 않는다. 그러나 combien과 같은 '분량의 부사'가 앞에 놓이면 일치할 수도 있다.

Elle m'a donné du fromage et j'en ai mangé.
그녀는 내게 치즈를 주었고 나는 그것을 먹었다.

As-tu reçu de ses nouvelles? - Non, je n'en ai pas reçu.
너 그의 소식을 들었니? – 아니, 난 그걸 듣지 못했어.

Des pièces de théâtre, combien en as-tu vues (또는 vu)?
너는 연극을 몇 편이나 봤니?

Il reste peu d'oranges; combien en as-tu prises (또는 pris)?
오렌지가 거의 남아 있지 않는데, 너는 그 중 몇 개를 먹었니?

(d) 절 · 문장을 대신하는 중성대명사 le와 함께 사용된 과거분사는 일치하지 않는다.

La soirée fut plus intéressante qu'on ne l'avait prévu.
저녁파티는 예상했던 것보다 더 재미있었다.

Sa maladie n'est pas aussi grave qu'on nous l'a dit.
그의 병은 우리가 들은 것만큼 심각한 것은 아니다.

(e) 비인칭동사와 함께 과거분사는 항상 불변이다.

la chaleur qu'il a fait 심했던 추위 (*il fait(날씨))

les dix personnes qu'il a fallu 필요했던 열 명의 사람들 (*il faut(필요))

les accidents nombreux qu'il y a eu hier
어제 일어났던 많은 사건들 (*il y a(존재))

les deux jours qu'il a neigé 눈이 왔던 이틀간 (*il neigé(날씨))

(f) courir, valoir, vivre, coûter 등의 동사들은 상황보어와 함께 사용된 자동사일 때는 일치하지 않고, 직접목적보어와 사용된 타동사일 때는 일치한다.

〈courir〉

Les dix minutes qu'il a couru m'ont paru longues.
그가 달렸던 10분간이 내게는 긴 시간 같았다. (*자동사로 사용된 경우)

Les graves dangers qu'il a courus m'ont inquété.
그가 겪은 심한 위험은 나를 괴롭게 하였다. (*타동사로 사용된 경우)

〈vivre〉

les années que nous avons vécu
우리가 살았던 세월들 (*자동사로 사용된 경우)

des jours heureux que j'ai vécus ici
내가 여기서 보냈던 나날들 (*타동사로 사용된 경우)

〈coûter〉

dix euros que ce livre a couté
이 책값 10유로 (*자동사로 사용된 경우)

les efforts que ce travail m'a coutés
이 일에 내가 치렀던 노력들 (*타동사로 사용된 경우)

〈peser〉

deux kilogrammes que ces fruits ont pesé

이 과일들의 무게인 2킬로그램 (*자동사로 사용된 경우)

les fruits que j'ai pesés

내가 무게를 잰 과일들 (*타동사로 사용된 경우)

(g) 사역동사로 사용된 faire는 선행하는 직접목적보어에 일치하지 않는다. 그러나 faire가 '만들다'의 의미로 사용된 경우는 일치한다.

les étudiants qu'elle a fait venir

그녀가 오게 했던 학생들 (*사역동사로 사용된 faire)

la chanson qu'il nous a fait écouter

그가 우리에게 듣게 했던 노래 (*사역동사로 사용된 faire)

La maison qu'ils ont détruite était inhabitée.

그들이 부순 집은 아무도 살지 않았다.

(h) '집합명사+de+명사'가 직접목적보어로 동사 앞에 놓일 때, 과거분사는 집합명사에 일치시켜도 좋고, 보어명사에 일치시켜도 좋다.

une foule de garçons que j'ai vue (또는 vus)

내가 봤던 소년들의 무리

le peu d'attention qu'il a attiré (또는 attirée)

그가 환기시킨 약간의 주의

le grand nombre de succès que vous avez remporté (또는 remportés)

당신이 거두었던 수많은 성공들

C-2. 복합시제에서 조동사 être와 사용된 경우 :

(a) 조동사 être를 취하는 자동사의 과거분사는 주어의 성과 수에 일치한다.

Mon amie est allée au cinéma. 내 여자 친구는 영화관에 갔다.

Elles sont parties. 그녀들은 떠났다.

Nous sommes rentrés hier. 우리들은 어제 돌아왔다.

Les feuilles sont tombées. 나뭇잎들이 떨어졌다.

(b) être를 조동사로 취하는 대명동사의 경우, 본래적 대명동사는 항상 주어의 성과

수에 일치한다. 그 외의 대명동사는 se가 직접목적보어일 때에만 주어의 성과 수에 일치한다.

La jeune femme s'est évanouie.
그 젊은 여인은 기절했다. (본래적 대명동사)

Elle s'est moquée de moi. 그녀는 나를 비웃었다. (본래적 대명동사)

Ils se sont abstenus de boire.
그들은 술 마시는 걸 삼갔다. (본래적 대명동사)

Ils se sont souvenus d'elle. 그들은 그녀를 기억했다. (본래적 대명동사)

Elle s'est lavée. 그녀는 자기 몸을 씻었다. (재귀적 대명동사 – se는 직 · 목)

Elle s'est levée tôt. 그녀는 일찍 일어났다. (재귀적 대명동사 – se는 직 · 목)

Ils se sont aimés. 그들은 서로 사랑했다. (상호적 대명동사 – se는 직 · 목)

Ils se sont battus. 그들은 서로 싸웠다. (상호적 대명동사 – se는 직 · 목)

Ils se sont vendus cher.
그것들은 비싸게 팔렸다. (수동적 대명동사 – se는 직 · 목)

※ se가 간접목적보어인 경우엔 주어의 성과 수에 일치하지 않는다. 그러나 se가 간접목적보어이지만 직접목적보어가 동사 앞에 왔을 경우엔, 과거분사는 그 직접목적보어의 성과 수에 일치한다. :

Elle s'est lavé les mains. 그녀는 손을 씻었다.

Elles se sont envoyé des photos. 그녀들은 사진들을 서로에게 보냈다.

Tous deux se sont plu. 둘 다 서로 마음에 들었다. (*plaire à)

Ils se sont ri de mon chagrin. 그들은 내 슬픔을 비웃었다.

Ne prenant aucun repos, elle s'est nui.
전혀 휴식을 취하지 않았기 때문에 그녀는 자신의 몸을 해쳤다. (*nuire à elle-même)

Les mains qu'elle s'est lavées.
그녀가 씻은 손들 (*직접목적보어 les mains이 동사 앞에 온 경우)

(c) 수동태일 때 : 주어의 성과 수에 항상 일치한다.

Ces chambres sont mal éclairées. 이 방들은 햇빛이 잘 들지 않는다.

Sa maison a été louée pour deux ans.
그의 집은 2년간 세가 놓였다.
L'église sera construite dans deux ans.
교회는 2년 후 완성될 것이다.
Ils sont aimés de leurs enfants. 그들은 그들 자식들에게 사랑받는다.
La ville fut prise le jour même. 도시는 당일날 점령되었다.

(d) 형용사적으로 사용된 과거분사 : 수식하는 명사나 대명사에 항상 일치한다.

C'est une oeuvre déjà parue. 그것은 이미 출판된 작품이다.
Elles sont des femmes très distinguées.
그녀들은 매우 뛰어난 여성들이다.
C'est la musique adorée de tous.
그것은 모든 사람들로부터 사랑받는 음악이다.
Je les trouve bien cuites. 나는 그것들이 잘 익혀졌다고 생각한다.

3 분사법의 용법

Ⓐ 부가형용사(épithète)로 사용된다.

Les feuilles tombant de l'arbre(=qui tombent de l'arbre) m'annonce l'hiver.
나무에서 떨어지는 낙엽들은 나에게 겨울을 알려준다.
Un portefeuille contenant dix mille euros(=qui contenait dix mille euros) a été volé.
1만 유로가 든 지갑이 도둑맞았다.
Il voyait une forêt bien peuplée (=qui est bien peuplée).
그는 나무들이 잘 심어진 숲을 보고 있었다.

Ⓑ 속사로 사용된다.

On l'a vu courant dans la cour.
사람들은 그가 마당에서 달려가고 있는 것을 보았다.

Elle fut d'abord quelques minutes flottante dans une espèce de rêverie à demi-somnolente.
먼저 그녀는 몇 분 동안 일종의 반몽 상태의 꿈속을 헤맸다.

Je trouve cette histoire bien embrouillée.
난 이 이야기가 꽤 복잡하다고 생각한다.

ⓒ 상황절을 대신하며, 주어나 목적보어로 사용된 명사와 관련을 맺게 된다. 시간, 원인, 조건 · 가정, 양보 등의 상황절을 이룬다.

Apercevant son ami(=Quand il a aperçu son ami), il l'a appelé par surnom. 자신의 친구를 알아보자 그는 별명으로 그를 불렀다. (시간)

Lui prenant la main(=Lorsqu'il lui prit la main), il la regarda affectivement. 그녀의 손을 잡으며 그는 다정히 그녀를 쳐다봤다. (시간)

(Étant) Arrivée à la maison(=Dès qu'elle fut arrivée à la maison), elle se mit au travail.
그녀는 집에 도착하자마자 일을 하기 시작했다. (시간)

Une fois (étant) parti(=Une fois qu'il sera parti), il ne reviendra plus.
일단 출발하면, 그는 안돌아 올 거다. (시간)

Sitôt (étant) sortie(=Sitôt qu'elle fut sortie), elle courut à grande vitesse. 나가자마자, 그녀는 전속력으로 뛰었다. (시간)

Étant malade(=Puisqu'elle était malade), elle s'est couchée tôt.
아팠기 때문에 그녀는 일찍 잠자리에 들었다. (원인)

(Étant) Revenus trop tard(=Puisqu'ils sont revenus trop tard), ils ont été grondés par leur père.
너무 늦게 돌아왔기 때문에 그들은 부친에게 꾸중을 들었다. (원인)

Ma mère, fatiguée par le voyage(=puisqu'elle était fatiguée par le voyage), se coucha. 내 어머니는 여행으로 피로해져서 주무셨다. (원인)

Travaillant mieux(=Si tu travailles mieux), tu réussiras à l'examen.
좀 더 공부를 열심히 하면, 너는 시험에 합격할 것이다. (조건)

Habillée de noir(=Si elle est habillée de noir), elle semblera plus belle. 검은 옷을 입으면, 그녀는 더욱 예뻐 보일 것이다. (조건)

Elle réussirait mieux, s'y prenant **autrement**(=si elle s'y prenait autrement). 다르게 처신한다면, 그녀는 좀 더 성공을 거둘 텐데. (가정)

Se sentant fatigué(=S'il se sentait fatigué), **il se retirerait.**
피곤을 느낀다면, 그는 물러날 것이다. (가정)

Il part en mer, sachant **pourtant la tempête imminente**(=bien qu'il sache pourtant la tempête imminente).
폭풍우가 곧 올 것을 알면서도 그는 바다로 나간다. (양보)

Désirant **la paix**(=Bien qu'il desirât la paix), **l'empreur dut déclarer la guerre.**
평화를 원하면서도, 황제는 선전포고를 해야만 했다. (양보)

Blessé **gravement**(=Bien qu'il fût blessé gravemment), **il ne se rendit pas.** 많이 다쳤는 데도, 그는 항복하지 않았다. (양보)

4 절대분사구문(la proposition participale absolue) : 일반적으로 분사구문은 주절의 주어와 동일한 주어를 갖는다. 그러나 독자적인 주어를 갖는 때도 있는데, 이를 절대분사구문이라고 한다. 상황절의 기능을 하는 것은 분사구문과 동일하며, 따로 주어를 갖는 것만 다르다.

La colère l'étouffant(=Comme la colère l'étouffait), **il ne pouvait plus dire un mot.** 분노에 사로잡혀, 그는 한 마디도 더 말할 수 없었다.

L'hiver approchant(=Comme l'hiver approcha), **chacun fit sa provision de bois.** 겨울이 가까워 오자, 각자는 땔감 준비를 했다.

La nuit (étant) venue(=Quand la nuit fut venue), **nous cherchâmes un hôtel.** 밤이 되자 우리는 호텔을 찾았다.

La guerre ayant éclaté(=Aussitôt que la guerre eut éclaté), **on mobilisa.**
전쟁이 발발하자마자 사람들이 동원됐다.

Lui (étant) parti(=Dès qu'il fut parti), **elle se mit à pleurer.**
그가 떠나자마자 그녀는 울기 시작했다.

Nous (étant) sortis, **il se mit à pleuvoir.**(=À peine étions-nous sortis

qu'il se mit à pleuvoir).
우리가 나가자마자 비가 오기 시작했다.

La décision ayant été prise(=Puisque la décision eut été prise (avait été prise)), **les discussions cessèrent**.
결정이 되었으므로, 토론은 끝났다.

※ 절대분사구문 내에서 현재분사 étant은 생략할 수 있다 :

Une fois la route (étant) libre(=Une fois que la route eut été libre), **je repartis**. 일단 교통이 자유로워지자 나는 다시 출발하였다.

5 동명사(le gérondif) : 「en+현재분사」의 형태를 말한다. 이것은 주절의 주어와 동일한 주어를 가지며, 분사구문과 마찬가지로 주절의 상황인 동시성, 원인, 방법 · 수단 · 양태, 조건 · 가정, 양보 · 대립 등을 나타내는 상황절의 의미를 갖는다. 동시성과 대립의 의미로 사용된 동명사 앞에 tout가 나오면 강조적인 뜻이 된다. 분사구문은 문어체의 표현인데 반해, 동명사는 구어체에서 주로 볼 수 있는 표현이며, 또한 분사구문은 가까이에 놓인 명사 또는 대명사에 관련되는 반면, 동명사는 항상 주절의 주어에 관련된다.

En apercevant son ami, il l'a appelé.
자기 친구를 알아보자, 그는 그를 불렀다. (*동명사 – 구어체)

Apercevant son ami, il l'a appelé.
자기 친구를 알아보자, 그는 그를 불렀다. (*현재분사 – 문어체)

J'ai rencontré mes amis en revenant du marché.
나는 시장에서 돌아오다 친구를 만났다. (동명사 – je에 관련)

Revenant du marché, j'ai rencontré mes amis.
나는 시장에서 돌아오는 중에 친구를 만났다. (현재분사구문 – je에 관련된 경우)

J'ai rencontré mes amis revenant du marché.
나는 시장에서 돌아오는 중인 친구를 만났다. (현재분사구문 – mes amis에 관련된 경우)

Ⓐ 시간 : 주절의 동사와 동시성

Il siffle en travaillant. 그는 일하면서 휘파람을 분다.

Je l'ai vu en descencant l'escalier. 난 계단을 내려오면서 그를 보았다.

En allant à l'école, il rencontra un ami.
그는 등교하면서 친구를 우연히 만났다.

Elle lit tout en mangeant. 줄곧 먹으면서 그녀는 책을 읽는다.

Tout en parlant, il conduit la voiture.
계속 말하면서 그는 차를 운전한다.

Ⓑ 원인

En voyant son embarras, l'agent se fit plus aimable.
그가 당황해하는 것을 보자, 경찰관은 좀더 상냥하게 대했다.

En entendant son père l'appeler, il courut à la maison.
아버지가 자기를 부르는 소리를 들었기에, 그는 집으로 뛰어갔다.

En agissant ainsi, il a tout raté.
그렇게 행동했기 때문에, 그는 모든 걸 망쳤다.

Ⓒ 방법 · 수단 · 양태

On n'apprend bien une chose qu'en la pratiquant.
실제로 해봄으로써만 뭔가를 잘 알게 된다.

En me disant cela, il me flatte.
내게 그것을 말함으로써 그는 내 비위를 맞춘다.

Il s'est instruit en lisant. 그는 독서를 통해 교양을 쌓았다.

Il marche en boitant. 그는 절뚝거리며 걷는다.

Ⓓ 조건 · 가정

En mettant son mieux, il arrivera au sommet.
최선을 다한다면, 그는 정상에 도달할 것이다.

En vous dirigeant vers la gare, vous trouverez sa maison.
역 쪽으로 가시면, 그의 집을 발견하게 될 겁니다.

En commençant maintenant, vous aurez assez de temps.

지금 시작한다면, 당신은 충분한 시간을 가질 수 있을 것이다.

En mangeant **moins, vous vous porteriez mieux.**

좀더 적게 먹는다면, 당신은 건강이 더 좋아질 텐데.

Ⓔ 양보 · 대립

Même en se dépêchant, **on n'arrivera pas avant quatre heures.**

서두른다고 해도, 4시 전에는 도착하지 못할 것이다.

En chantant gaiement, **il etait triste.**

노래는 즐겁게 부르긴 해도 그는 슬펐다.

En le cherchant **partout, vous ne pourriez pas le trouver.**

사방에서 그를 찾아본다 해도 당신은 그를 찾지 못할 것이다.

Tout en protestant **de sa fidélité, il nous a trahis.**

자기의 성실성을 그토록 주장하면서도, 그는 우리를 배반했다.

Tout en désirant **la paix, l'Angleterre dut déclarer la guerre.**

평화를 원했음에도 불구하고, 영국은 전쟁을 선포해야만 했다.

Tout en étant **fatiguée, elle a continué à travailler.**

아주 피곤했음에도 불구하고, 그녀는 계속해서 일을 했다.

CHAPITRE 6 연습문제

Q-1 : 아래 각 문장의 괄호 속 동사를 적합한 형태로 고쳐 넣으시오.

1. Si tu avais de l'argent, tu (acheter) une voiture.
   네가 돈이 있다면, 차를 한 대 살 텐데.

2. S'il était riche, il (demander) la main de Sylvie.
   그가 부자라면, 실비에게 청혼할 수 있을 텐데.

3. S'il faisait beau demain, nous (faire) un pique-nique.
   내일 날씨가 좋으면, 우리는 피크닉을 할 텐데.

4. Si elle venait un jour, je lui (donner) ceci.
   언젠가 그녀가 오면, 나는 그녀에게 이것을 줄 것이다.

5. Sans cela, il ne (pouvoir) rien faire.
   그것이 없다면, 그는 아무것도 할 수 없을 텐데.

6. En obtenant une bonne note, tu (être) récompensé.
   좋은 점수를 얻는다면, 넌 보상을 받게 될 텐데.

7. S'il n'avait pas plu, nous (partir).
   비가 오지 않았더라면, 우리는 출발했었을 텐데.

8. Si nous étions partis plus tard, nous (rencontrer) ses parents.
   우리가 조금 늦게 떠났었더라면, 그의 부모를 만날 수 있었을 텐데.

9. Si le nez de Cléopâtre eût été plus court, toute la face de la terre (changer).
   클레오파트라의 코가 좀더 낮았더라면, 전 세계의 판도가 달라졌었을 텐데.

10. Si j'eusse fait de mon mieux, je (réussir).
    내가 최선을 다했었더라면, 성공했었을 텐데.

11. Ils savaient que tu (venir) avec elle.
    그들은 네가 그녀와 함께 오리란 걸 알고 있었다.

⑫ Tu m'as dit que pour toujours tu me (rester) fidèle.
내게 영원히 충실하겠다고 너는 내게 말했다.

⑬ Il m'a demandé ce que nous (acheter) le lendemain.
그는 우리가 그 다음날 무엇을 살 것인지 물었다.

⑭ Elle m'a demandé si le cadeau (plaire) à mon frère.
그녀는 그 선물이 내 오빠 마음에 들는지 내게 물었다.

⑮ Elle disait qu'ils (faire) tout.
그녀는 그들이 모든 것을 할 것이라고 말했다.

⑯ Il a dit qu'elle (revenir) avant minuit.
그는 그녀가 자정 전에 돌아올 거라고 말했다.

⑰ On prévoyait qu'ils (finir) cela avant son retour.
우리는 그들이 그의 귀환 전에 끝마치리라고 예측했었다.

⑱ Elle m'a demandé si vous (avoir) de retour avant son départ.
그녀는 내게 자기가 떠나기 전에 당신이 돌아올는지 물었다.

Q-2 : 아래 각 문장의 괄호 속 동사를 적합한 형태로 고쳐 넣으시오.

❶ Je souhaite que tu (réussir). 난 네가 성공하기 바란다.

❷ Il veut qu'elle (finir) le travail hier.
그는 그녀가 그 일을 어제 끝마쳤기 바란다.

❸ Je désirais qu'il (venir) alors. 난 그가 그 당시에 오기를 원했었다.

❹ Il ordonnait qu'elle (finir) le travail avant son retour.
그는 자기가 돌아오기 전에 그녀가 그 일을 끝마칠 것을 지시했다.

❺ J'espère que vous (être) heureux.
나는 당신이 행복하길 바란다.

❻ J'espère que tu (venir) demain. 난 네가 내일 오기 바란다.

❼ Elle a exigé que tu (venir) le lendemain.
그녀는 네가 그 다음날 올 것을 요청했다.

8. Il défendra que tu (faire) cela.
그는 네가 그것을 하는 걸 금지할 것이다.

9. Elle demandera que nous (être) prêts avant leur arrivée.
그녀는 그들의 도착 전에 우리가 준비 완료되어 있을 걸 요구할 것이다.

10. Il commanda qu'elle (rentrer) tôt.
그는 그녀가 일찍 돌아올 것을 명했다.

11. J'avais craint qu'il ne (faire) une erreur.
나는 그가 잘못을 할까봐 두려웠었다.

12. Je crains de ce qu'il ne me (reconnaître) pas.
나는 그가 날 못 알아볼까봐 걱정된다.

13. Elle avait eu peur que tu ne (partir) avant son arrivée.
그녀는 자신의 도착 전에 네가 떠났을까봐 걱정했었다.

14. Elle a eu peur de ce qu'il la (quitter) un jour.
그녀는 언젠가 그가 자기를 떠날까봐 걱정한다.

15. Il avait honte que son père (être) collaborationniste.
그는 자기 부친이 대독협력자였다는 사실을 수치스러워했다.

16. J'avais honte de ce que mes parents (être) en retard.
나는 부모님이 늦어서 창피했다.

17. Je m'étonne qu'elle (divorcer) d'avec Paul.
나는 그녀가 폴과 이혼했다는 사실에 놀란다.

18. Elle s'est étonnée de ce qu'ils (réussir) à l'examen.
그녀는 그들이 시험에 합격했다는 사실에 놀랐다.

19. Ne te plains pas que tu (devoir) travailler beaucoup.
일을 많이 해야 한다고 불평하지 마라.

20. Il s'est plaint de ce qu'il n'y (avoir) pas de vin.
그는 포도주가 없다고 불평했다.

㉑ Je me réjouissais que vous (être) en bonne santé?
저는 귀하가 건강하셔서 반가웠습니다.

㉒ Elle se réjouit de ce que son mari (faire) fortune.
그녀는 자기 남편이 돈을 벌어서 기뻐한다.

㉓ On s'indigne que ce crime (être) impuni.
사람들은 그 범죄가 처벌받지 않는 것을 보고 분개한다.

㉔ Il s'indigne de ce que 26 prisonniers de guerre arabes (être tué). 그는 26명의 아랍인 전쟁포로가 죽임을 당한 것에 분개한다.

㉕ Je regrette qu'il (quitter) sa famille.
나는 그가 가족 곁을 떠난 것을 유감스럽게 생각한다.

㉖ Il regrette de ce que l'argent (être mal dépensé).
그는 돈이 헛되이 낭비된 것을 애석해한다.

㉗ Je suis fâché qu'elle (ne pas m'aider).
나는 그녀가 날 도와주지 않아서 유감스럽게 생각한다.

㉘ Il est fâché de ce qu'elle (partir) sans rien dire.
그는 그녀가 아무 말 없이 떠나버린 것을 섭섭하게 생각한다.

㉙ Elle est très heureux que tu (venir).
네가 와줘서 그녀는 매우 행복해한다.

㉚ Nous sommes heureux de ce qu'elle (se souvenir) de nous.
우리는 그녀가 우리를 기억해줘서 행복하다.

㉛ Je suis content que tu (répondre) sincèrement à ma question.
난 네가 내 질문에 성실하게 대답해줘서 흡족하다.

㉜ Tout le monde est content de ce qu'elle (être libéré).
모든 사람이 그가 석방됐다는 사실에 만족해한다.

㉝ Je doute qu'il (gagner) le championat du monde.
나는 그가 세계선수권을 획득했다는 사실이 의심스럽다.

34 Ils ont contesté que cela (être) vrai.
그들은 그것이 사실이라고 인정하지 않았다.

35 Il nie que sa soeur (se marier) avec Pierre.
그는 자기 누나가 피에르와 결혼했다는 걸 부인한다.

36 Il a démenti qu'elle (avoir) raison.
그는 그가 옳다는 걸 부인했다.

37 Je me doute qu'il (venir) demain.
나는 그가 내일 올 거라고 짐작한다.

38 Je ne crois pas que vous (trouver) la solution.
나는 당신이 해결책을 찾아냈다고 생각하지 않는다.

39 Elle ne pense pas que ce (être) une mauvaise chose.
그녀는 그것이 나쁜 것이라고 생각하지 않는다.

40 Je ne dis pas qu'il (venir) ce soir.
오늘 저녁에 그가 온다는 건 아니다.

41 Crois-tu qu'il (faire) beau demain?
넌 내일 날씨가 좋을 거라고 생각하니?

42 Pensez-vous que cela (être) facile?
당신은 그것이 쉽다고 생각하십니까?

43 Il faut que tu (écrire) souvent à ta famille.
너는 가족에게 편지를 자주 써야만 한다.

44 Il est nécessaire qu'elle (recevoir) bien cet enfant.
그녀는 이 아이를 후대할 필요가 있다.

45 Il importe que tu (réfléchir) avant de parler.
너는 말하기 전에 깊이 생각하는 것이 중요하다.

46 Il est possible qu'il te (dire) qu'il croit en Dieu.
그가 네게 자기는 신을 믿는다고 말할 수도 있다.

47 Il se peut qu'elle (être) absente. 그녀가 부재중일 수도 있다.

48 Il semble qu'ils (rater) le dernier train.
그들이 막차를 놓친 것 같다.

49 Il me suffit que vous m'(aimer).
당신이 나를 사랑해주는 것으로 내겐 충분하다.

50 Il convient que tu (venir) le voir. 네가 그를 만나러 오는 게 좋다.

51 Il est juste qu'elle (être punir). 그녀가 처벌받은 것은 정당하다.

52 Il est étrange qu'il (être devenir) président de la République.
그가 공화국 대통령이 된 것은 이상한 일이다.

53 Il est dommage qu'elle (ne pas se rétablir).
그녀가 건강을 회복하지 못해서 유감이다.

54 Il était douteux qu'elle (finir) son devoir la veille.
그녀가 그 전날 숙제를 끝마쳤었다는 것은 의심스러웠다.

55 Il est bon que vous (rester) ici.
당신이 여기에 머무는 것이 직당[현명]하다.

56 Il est mauvais qu'on (faire) des bêtises.
어리석은 짓을 하는 것은 나쁘다.

57 Il est souhaitable que tu (prendre) toutes les mesures nécessaires pour simplifier la procédure. 네가 절차를 단순화하기 위해 필요한 모든 조처를 취하는 것은 바람직한 일이다.

58 Il est défendu qu'on (courir) ici.
여기서 뛰어다니는 것은 금지되어 있다.

59 Il est triste qu'elle (être) morte. 그녀가 죽어서 슬프다.

60 Il paraît qu'ils (s'entendre) bien. 그들은 사이가 좋은 것 같다.

61 Il me semble qu'il (être) malade.
나에겐 그가 아픈 것처럼 생각된다.

62 Il ne paraît pas qu'elle (faire) de son mieux.
그녀는 최선을 다하는 것 같지 않다.

63 Il ne me semble pas qu'ils (se tromper).
내 생각엔 그들이 잘못 생각하는 것 같지 않다.

64 Reviens-moi avant qu'il ne (être) trop tard.
너무 늦기 전에 내게 돌아와.

65 Je ne dis rien jusqu'à ce qu'il me (faire) ses excuses.
그가 내게 사과할 때까지 난 아무 말도 하지 않을 것이다.

66 J'ai failli mourir de faim en attendant que le repas (être) prêt.
식사가 준비되는 걸 기다다면서 배고파 죽을 뻔했다.

67 J'ai tout fait afin qu'il (revenir).
나는 그가 다시 돌아오도록 모든 것을 다 했다.

68 Le gouvernement lui a accordé une bourse d'études pour qu'il (s'inscrire) à la faculté.
정부는 그가 대학에 등록할 수 있도록 그에게 장학금을 수여했다.

69 Tu dois faire en sorte que tout (être) prêt à temps.
너는 모든 것이 제 시간에 준비될 수 있도록 해야만 한다.

70 Il est gentil, en sorte que tout le monde l'(approuver).
그는 친절하다, 그래서 모든 사람이 그를 칭찬한다.

71 Je me suis levé de bon matin de peur que je ne (rater) mon train. 나는 열차를 놓칠까봐 아침 일찍 일어났다.

72 J'ai pris mon café rapidement de crainte qu'il ne (se refroidir).
나는 내 커피가 식을까봐 빨리 마셨다.

73 Fais ta toilette de manière qu'il te (trouver) belle.
그가 너를 아름답다고 생각하게 화장을 해라.

74 Elle a eu mal à la gorge, de manière qu'elle (prendre) un médicament. 그녀는 목이 아팠다, 그래서 약을 먹었다.

75 Bien qu'il (se défendre) avec ferveur, il sera condamné.
비록 그가 열심히 자신을 변호할지라도, 그는 유죄판결을 받을 것이다.

76 Malgré que tu (être) malade, tu dois venir ce soir.
네가 비록 아플지라도, 오늘 저녁에 와야만 한다.

77 Quoi qu'il (dire) et quoi qu'il (faire), mon chef a toujours raison.
내 상사가 뭐라고 말하고 무엇을 하든, 항상 그가 옳다.

78 Cela a quelque sens que ce (être). 그것엔 어떤 의미든 있다.

79 Tu ne dois pas si méchant, quelques grandes peines que tu (avoir).
아무리 큰 괴로움을 겪었다고 해도, 너는 그렇게 심술궂어서는 안 된다.

80 Tu viendras quand tu veux, quelle que (être) la saion.
어떤 계절이든, 네가 원할 때 와라.

81 Je vous aime qui que vous (être).
당신이 누구든 간에 난 당신을 사랑한다.

82 Cela ne te regarde pas qui que je (rencontrer).
내가 누굴 만나든지 간에 네겐 관계없는 일이다.

83 Cela vient sans qu'on n'y (penser).
그것은 우리가 생각하지 않는 사이에 온다.

84 Il fait tout sans qu'on ne (s'en apercevoir).
우리가 알아채지 못하는 사이에 그는 모든 것을 한다.

85 J'achète ceci à condition que vous me (faire) un prix.
당신이 내게 싼 값으로 판다면 난 이것을 사겠다.

86 Je te donnerai ma vie, pourvu que dans tes yeux je (pouvoir) me voir un peu.
네 눈 속에서 날 좀 볼 수만 있다면, 난 네게 내 생명을 줄 테야.

87 Je te laisserai partir au cas que tu (s'en aller) pour devenir plus grand. 네가 더 성장하려고 간다면, 난 널 떠나보낼 것이다.

88 Reste à côté de moi, à moins que mon amour pour toi ne (devenir) insuffisant.
너에 대한 나의 사랑이 불충분해지지 않는 한, 내 곁에 있어줘.

89 Tu ne diras pas ainsi pour peu que vous les (connaître).
네가 조금이라도 그들을 안다면, 넌 그렇게 말하지 않을 것이다.

90 Supposé qu'il (faire) beau demain, je ne sortirai pas.
내일 날씨가 좋다고 하더라도, 나는 외출하지 않을 것이다.

91 C'est le plus petit diamant qu'il lui (donner).
이것은 그가 그녀에게 준 가장 작은 다이아몬드이다.

92 C'est le seul espoir que je (cultiver) au fond de moi.
그것은 내 마음 속 깊은 곳에서 키우고 있는 유일한 희망이다.

93 Le premier pas que tu (faire) maitenant, c'est très important.
네가 지금 내딛는 첫걸음 매우 중요하다.

94 C'est le dernier repas que nous (prendre) ensemble.
그것이 우리가 함께 한 마지막 식사였다.

95 Il est le meilleur homme qu'elle (fréquenter).
그는 그녀가 교제했던 제일 나은 남자이다.

96 Aime-t-elle cet homme qui ne vous (plaire) pas?
그녀는 당신 마음에 안드는 이 남자를 사랑하나요?

97 Je ne connais personne qui (être) plus avare que lui.
나는 그보다 더 인색한 사람은 모른다.

98 J'ai besoin d'un homme qui (pouvoir) tout faire pour moi.
날 위해 모든 걸 할 수 있는 사람이 한 명 필요하다.

99 Elle a demandé une assiette qui (pouvoir) servir à beaucoup de choses. 그녀는 쓸모가 많을 만한 접시를 하나 주문했다.

100 Il a empêché que la vérité ne (être) connue.
그는 진실이 알려지지 못하게 방해했다.

101 Il évite qu'on ne le (gêner). 그는 우리가 그를 방해하는 걸 기피한다.

102 Elle ne doute pas qu'il ne (venir) bientôt.
그녀는 그가 곧 올 것을 의심하지 않는다.

103 Qui peut nier que vous ne (être) mon meilleur ami?
당신이 내 최고의 친구라는 걸 그 누가 부정할 수 있겠는가?

104 Qu'elle ne me (dire) rien! 그녀는 내게 대답하지 말 것!

105 Que ce projet (réussir)! 이 계획이 성공하길!

106 Ainsi (être)-il! 아멘!

107 (Vivre) la Corée! 대한민국 만세!

108 (être) le triangle ABC. 삼각형 ABC가 있다 하자.

109 (être) une vérité, (être) un conte, n'importe.
진실이든 꾸민 얘기든 상관없다.

110 Oh! mon dieu, que je (fuir). 오, 하나님, 내가 도망치다니!

Q-3 : 아래 각 문장을 부정법을 사용하여 동일한 의미의 문장으로 바꾸시오.

1 Il partira après qu'il aura déjeuné.
→

2 Je regretté que je vous l'aie dit.
→

3 J'ai regretté que je eusse fait des bêtises.
→

4 Il faut que vous soyez parti.
→

5 Il fallait que vous fussiez parti.
→

6 Il a demandé que je n'aimât pas sa fille.
→

7. Je regrette que je n'aie pas aimé ma famille.

→

8. Il est triste qu'on ne soit pas aimé de ses amis.

→

9. Je suis fâché que je n'aie pas été aime de lui.

→

10. Il faut qu'on accomplisse cela.

→

11. Il vaut mieux qu'on ne lui réponde.

→

12. Il fait bon qu'on se lève tôt.

→

13. Il est nécessaire qu'on lutte contre le mal.

→

14. Il est bon qu'on parle, et meilleur qu'on se taise.

→

15. Il est agréable qu'on fasse un pique-nique.

→

16. Il est difficile qu'on soit humain.

→

17. Et les directeurs protestèrent tour à tour.

→

18. Tout le monde alors s'exclama.

→

19. Il approche, et les oiseaux s'envolaient.

→

20. Je vois que Philippe vient.

→

21. J'ai aperçu qu'elle était lassée.

→

㉒ Je regarde que Marie dessine des animaux.

→

㉓ Il entend que sa fille chante dans sa chambre.

→

㉔ J'ai ouï qu'ils se disputaient.

→

㉕ Elle a écouté que les oiseaux chantaient.

→

㉖ J'ai senti que le plancher tremblaient.

→

㉗ Il regarde que les voiture passent.

→

㉘ J'ai fait que les étrangers connaissaient la Corée.

→

㉙ J'ai laissé que Paul finissait sa lecture.

→

㉚ Il a envoyé que son fils cherchait le médecin.

→

㉛ Elle empêche que nous partons.

→

㉜ Il espère qu'il réussit.

→

㉝ Il espérera qu'il réussira.

→

㉞ J'ai espéré que je partirais le lendemain.

→

㉟ Il a cru qu'il a réussi.

→

㊱ Il a cru qu'il avait réussi.

→

㊲ Il a cru un moment qu'il pouvait réussir.

→

㊳ Je pense que j'ai trouvé la solution.

→

㊴ Nous estimons que nous avons résolu ces problèmes.

→

㊵ Il refuse qu'il vienne.

→

㊶ Je vous promets que je serai prudent.

→

㊷ Je te permets que tu partes tout de suite.

→

㊸ Ils ont permis qu'elle achetât une voiture.

→

㊹ Je souhaite que vous réussissiez à votre examen.

→

Q-4 : 아래 각 문장의 문법적 오류를 지적하고 올바른 문장으로 고쳐 적으시오.

❶ Je souhaite que je parte demain.

→

❷ Il veut qu'il sache tout.

→

❸ Tu désires que tu manges un peu.

→

❹ Elle accepte qu'elle chante.

→

Q-5 : 아래 각 문장 밑줄 친 부분은 '명사적으로 사용된 부정법' 이다. 그 기능을 [보기]에서 찾아 괄호 속에 적어 넣으시오.

a–주어 / b–의미상의 주어 / c–속사 / d–직접목적보어 / e–간접목적보어 / f–상황보어 / g–명사의 보어 / h–형용사의 보어

1. Je ne sais pas où se trouve la salle à manger. ( )
2. Il est nécessaire de lutter contre le mal. ( )
3. Il m'oblige de sortir d'ici. ( )
4. Mentir est une action honteuse. ( )
5. Elle croit facile de danser avec lui. ( )
6. J'avais envie d'aller au cinéma. ( )
7. Il est rentré chercher ses affaires. ( )
8. Ce que je veux, c'est (de) travailler. ( )
9. 10. Promettre est facile, et tenir ses paroles est souvent impossible. ( ), ( )
11. Le moment d'agir est arrivé. ( )
12. Je te prie de venir. ( )
13. J'étais desireux de dormir. ( )
14. Il s'en est allé après avoir dit cela. ( )
15. C'est un appartement à vendre. ( )
16. 17. Il a recommencé à fumer et à boire. ( ), ( )
18. Son seul plaisir, c'est (de) lire. ( )
19. Il m'a demandé de rester là avec lui. ( )
20. Lavez-vous les mains avant de dîner. ( )
21. Où est ta chambre à coucher? ( )
22. Il est fier d'avoir réussi. ( )
23. 24. Dormir n'est pas vivre. ( ), ( )
25. Il m'accuse d'avoir volé son argent. ( )

㉖ Elle veut partir demain. (   )

㉗ À vous entendre, on dirait que la fin du monde arrive.

㉘ Il est tombé malade pour avoir trop mangé. (   )

㉙ C'était une histoire pour rire. (   )

㉚ Être ami de tout le monde, c'est difficile. (   )

㉛ J'ai oublié de fermer la fenêtre. (   )

㉜ Venez me voir. (   )

㉝ Je songe à partir en voyage aux pays lointains. (   )

㉞ De lire ce livre me fait oublier mon chagrin. (   )

㉟ Il se tenait prêt à agir. (   )

㊱ Il a vendu sa machine à écrire. (   )

㊲ Mon souhait est de le voir bientôt. (   )

㊳ Il passa devant moi sans me saluer. (   )

㊴ Je lui apprends à écrire. (   )

㊵ De le voir travailler me fait beaucoup de plaisir. (   )

㊶ Il a renoncé à assister à la réunion. (   )

㊷ Quelle est sa joie de vivre? (   )

㊸ ㊹ Il est bon de parler, et meilleur de se taire. (   ), (   )

㊺ J'aime danser. (   )

㊻ C'est une question facile à répondre. (   )

㊼ Il est agréable de faire un pique-nique. (   )

㊽ Il m'a envoyé chercher le médecin. (   )

㊾ Mon désir est de pouvoir tout oublier. (   )

㊿ 51 Grandir, c'est mourir un peu. (   ), (   )

52 C'est une maison à louer. (   )

53 Nous parlons de revenir. (   )

54 Elle est contente de partir. (   )

55 Je l'aide à résoudre la question. (   )

56 J'ai acheté ce téléphone portable pour te donner. ( )

Q-6 : 아래 [보기]에서 각 문장의 밑줄 친 부분 중에 해당되는 것을 찾아 괄호 속에 적어 넣으시오.

a-현재분사 / b-동사적 형용사

1. Elle danse chantant. ( )
2. Il courait criant. ( )
3. Tu viendras pleurant. ( )
4. On a entendu la fille jouant du piano. ( )
5. Vous le trouverez lisant le journal. ( )
6. Je trouve ce garçon intéressant. ( )
7. Elle attendait avec une impatience grandissante. ( )
8. Ses yeux brillants disent la convoitise. ( )
9. Tu aimes la femme obéissant à ses parents. ( )
10. On aime des femmes obéissantes. ( )
11. J'aime des hommes travaillant avec ardeur. ( )
12. Ce sont des fleurs ravissantes. ( )
13. Je les ai vus s'embrassant très fort. ( )
14. Je les ai trouve tres intéressants. ( )
15. Je l'ai trouvé tout tremblant. ( )
16. Des filles mangeant peu sont minces. ( )
17. Il vous en sera reconnaissant. ( )
18. Tous tes paroles sont réconfortantes. ( )
19. On apercevait deux porte-avions voguant à toute vitesse. ( )
20. Son discours était ennuyant. ( )

Q-7 : 아래 각 동사의 현재분사와 동사적 형용사를 적어 넣으시오.

1. différer : 현재분사 (   ), 동사적 형용사 (   )
2. équivaloir : 현재분사 (   ), 동사적 형용사 (   )
3. exceller : 현재분사 (   ), 동사적 형용사 (   )
4. fatiguer : 현재분사 (   ), 동사적 형용사 (   )
5. négliger : 현재분사 (   ), 동사적 형용사 (   )
6. précéder : 현재분사 (   ), 동사적 형용사 (   )
7. provoquer : 현재분사 (   ), 동사적 형용사 (   )
8. suffoquer : 현재분사 (   ), 동사적 형용사 (   )

Q-8 : 아래 각 문장의 괄호 속 동사를 적합한 분사의 형태로 고쳐 넣으시오.

1. C'est une chanteuse (aimer) de tout le monde
   이 분은 모든 이에게 사랑받는 여가수이다.
2. C'était une femme (atteindre) d'une balle.
   그것은 총탄에 맞은 남자였다.
3. Des fleurs (envoyer) par Pierre sont dans ta chambre.
   피에르가 보내온 꽃들은 네 방에 있다.
4. Il m'a apporté des champignons (cueillir) par sa femme.
   그녀는 자기 아내가 딴 버섯들을 내게 가져다줬다.
5. Je les ai trouvés (écraser) par leur propre voiture.
   나는 그들이 그들 자신의 차에 깔린 것을 발견했다.
6. Les spectateurs (louer) leur places n'attendent pas au guichet.
   좌석을 예약한 관객들은 매표구에서 기다리지 않는다.
7. Les spectateurs (arriver) les premiers occupent les meilleures places. 먼저 도착한 관객들은 가장 좋은 좌석들을 차지한다.
8. (finir) sa vaisselle, elle a commencé son travail.
   설거지를 끝낸 후, 그녀는 일을 시작했다.

9. (prendre) un morceau de camembert sur du pain, il a bu un verre de vin. 빵 위에 카망베르 치즈 한 조각 얹어 먹은 후, 그는 한 잔의 포도주를 마셨다.

10. Aussitôt (rentrer) chez lui, il m'a appelé au téléphone. 자기 집에 도착하자마자, 그는 내게 전화했다.

Q-9 : 아래 각 문장의 밑줄 친 부분의 복합형 과거분사를 올바르게 성·수 일치시키시오.

1. Montrez-moi la robe que tu as acheté. →
2. Quelles chansons avez-vous choisi? →
3. Voila les tableaux qu'il a dessiné. →
4. C'est la mélodie que j'ai entendu chanter. →
5. C'est l'histoire que j'ai entendu raconter. →
6. Les airs que j'ai entendu jouer sont fantastiques. →
7. Il cherche la fille que j'ai entendu chanter. →
8. Les étudiants que j'ai vu peindre sont talentueux. →
9. Voici les poupées que tu as eu à acheter. →
10. J'ai goûté tous les fromages que j'ai pu. →
11. Il m'a donné des ceries et j'en ai mangé. →
12. Il y a beaucoup de livres. Combien en as-tu lu? →
13. La soirée fut plus intéressante qu'on ne l'avait prévu. →
14. Sa maladie n'est pas aussi grave qu'on nous l'a dit. →
15. Je ne peux oubleir la chaleur qu'il a fait l'été passé. →
16. Nous lui avons demandé les dix personnes qu'il a fallu. →
17. Il a fait un reportage sur les accidents nombreux qu'il y a eu hier. →
18. Les deux jours qu'il a neigé étaient formidables. →
19. Les dix minutes qu'il a couru m'ont paru longues. →

⑳ Les graves dangers qu'il a couru m'ont inqueté. →
㉑ N'oulbies pas les années que nous avons vécu ensemble. →
㉒ Comment puis-je oublier des jours heureux que j'ai vécu ici. →
㉓ Donne-moi quinze euros que ce livre m'a coûté. →
㉔ Vous devez apprécier les efforts que ce travail lui a coûté. →
㉕ Trois kilos que ce colis ont pesé sont moins lourds que cela. →
㉖ Ce sont les oranges qu'elle a déjà pesé. →
㉗ Ce sont les chansons qu'il nous a fait écouter. →
㉘ La maison qu'ils ont acheté était fantastique. →
㉙ Dans cette photo, il y a une foule de garçons que j'ai vu. →
㉚ Le peu d'attention qu'il a attiré a été efficace. →
㉛ Tout est vain! Même le grand nombre de succès que j'ai remporté! →
㉜ On recoltera ce qu'on aura semé. →
㉝ Vous aurez confondu les noms. →
㉞ Les feuilles sont tombé. →
㉟ Cette maison a été construit en 1994. →
㊱ La forteresse sera fini dans deux ans. →
㊲ La ville fut pris le jour même. →
㊳ Ils seront parti à 8 heures. →
㊴ Elle se sera trompé. →
㊵ Ma soeur est allé à l'école. →
㊶ Il est passé ce matin. Tu ne pourras le voir. →
㊷ Elles se sont moqué de moi. →
㊸ Ils se sont levés tôt. →
㊹ Nous nous sommes rencontré il y a deux ans. →
㊺ Elle s'est lavé les mains. →
㊻ Elles se sont envoyé des photos. →

47 Quand elle a appelé son fils, il avait terminé la lettre. →

48 Quand elle est venu en Corée, elle avait déjà étudié le coréen. →

49 Dès qu'elle fut rentré chez elle, son mari commença à boire. →

50 Si elles étaient venu avec moi l'autre jour, elles en auraient été bien heureuses. →

Q-10 : 아래 각 문장의 밑줄 친 상황절 부분을 적합한 분사구문으로 바꾸시오.

1 Quand il a aperçu son ami, il l'a appelé par surnom. →

2 Lorsqu'il lui prit la main, il la regarda affectivement. →

3 Dès qu'elle fut arrivé à la maison, elle se mit au travail. →

4 Une fois qu'il sera parti, il ne reviendra plus. →

5 Sitôt qu'elle fut sortie, elle courut a grande vitesse. →

6 Puisqu'elle était malade, elle s'est couchee tot. →

7 Puisqu'ils sont revenus trop tard, ils ont été grondés par leur père. →

8 Puisqu'elle était fatiguée par le voyage, elle se coucha. →

9 Si tu travailles mieux, tu réussiras à l'examen. →

10 Si elle est habillée de noir, elle semblera plus belle. →

11 Elle réussirait mieux, si elle s'y prenait autrement. →

12 S'il se sentait fatigué, il se retirerait. →

13 Il part en mer, bien qu'il sache pourtant la tempête imminente. →

14 Bien qu'il désirât la paix, l'empreur dut déclarer la guerre. →

15 Bien qu'il fût blessé gravemment, il ne se rendit pas. →

16 Comme la colère l'étouffait, il ne pouvait plus dire un mot. →

17 Comme l'hiver approcha, chacun fit sa provision de bois. →

⑱ Quand la nuit fut venue, nous cherchames un hôtel. →

⑲ Aussitôt que la guerre eut éclaté, on mobilisa. →

⑳ Dès qu'il fut parti, elle se mit a pleurer. →

㉑ Puisque la décision eut été prise, les discussions cessèrent. →

㉒ Une fois que la route eut été libre, je repartis. →

Q-11 : 아래 문장들 중 번역이 잘못된 것은 몇 번인가? (　　)

❶ En apercevant son ami, il l'a appelé.
자기 친구를 알아보자, 그는 그를 불렀다.

❷ Apercevant son ami, il l'a appelé.
자기 친구를 알아보자, 그는 그를 불다.

❸ J'ai rencontré mes amis en revenant du marché.
나는 시장에서 돌아오는 중인 친구를 만났다.

❹ Revenant du marché, j'ai rencontré mes amis.
나는 시장에서 돌아오는 중에 친구를 만났다.

❺ J'ai rencontré mes amis revenant du marché.
나는 시장에서 돌아오는 중인 친구를 만났다.

Q-12 : 아래 각 문장에 사용된 동명사가 어떤 의미로 상황절 역할을 대신하고 있는지 [보기]에서 찾아 넣으시오.

a-시간(주절의 동사와 동시성) / b-원인 / c-방법 · 수단 · 양태 / d-조건 · 가정 / e-양보 · 대립

❶ Même en se dépêchant, on n'arrivera pas avant quatre heures. (　)

❷ Il siffle en travaillant. (　)

❸ Il s'est instruit en lisant. (　)

4. En voyant son embarras, l'agent se fit plus aimable. (   )
5. Tout en étant fatiguée, elle a continué à travailler. (   )
6. En mettant son mieux, il arrivera au sommet. (   )
7. Elle lit tout en mangeant. (   )
8. On n'apprend bien une chose qu'en la pratiquant. (   )
9. En agissant ainsi, il a tout raté. (   )
10. En chantant gaiement, il était triste. (   )
11. En vous dirigeant vers la gare, vous trouverez sa maison. (   )
12. Je l'ai vu en descencant l'escalier. (   )
13. En le cherchant partout, vous ne pourriez pas le trouver. (   )
14. Il marche en boitant. (   )
15. En allant à l'école, il rencontra un ami. (   )
16. Tout en désirant la paix, l'Angleterre dut déclarer la guerre. (   )
17. En mangeant moins, vous vous porteriez mieux. (   )
18. En me disant cela, il me flatte. (   )
19. Tout en parlant, il conduit la voiture. (   )
20. En entendant son père l'appeler, il courut à la maison. (   )
21. En commençant maintenant, vous aurez assez de temps. (   )
22. Tout en protestant de sa fidélité, il nous a trahis. (   )

답

Q-1 : Q-1: 1-achèterais / 2-demanderait / 3-ferions / 4-donnerais / 5-pourrait / 6-serais / 7- serions partis / 8-aurions rencontré / 9-eût changé / 10-j'eusse réussi / 11-viendrait / 12-resterais / 13-achèterions / 14-plairait / 15-feraient / 16-serait revenue / 17-auraient fini / 18-auriez été

Q-2 : 1-réussisses(접 · 현) / 2-ait fini(접 · 과) / 3-vînt(접 · 반) 또는 vienne(접 · 현–회화체) / 4-eût fini(접 · 대과) 또는 ait fini(접 · 과–회화체) / 5-êtes(직 · 현) / 6-viendras(직 · 미) / 7-vinsses(접 · 반) 또는 viennes(접 · 현–회화체) / 8- fasses(접 ·

현) / 9-ayons été(접 · 과) / 10-rentrât(접 · 반) 또는 rentre(접 · 현–회화체) / 11-fît(접 · 반) 또는 fasse(접 · 현–회화체) / 12-reconnaît(*craindre de ce que+직설법: 직 · 현) / 13-fusses parti(접 · 대과) 또는 soit parti(접 · 과–회화체) / 14-quitterait(*avoir peur de ce que+직설법: 주절이 과거시제일 때 종속절에서 미래는 조건법현재로 나타냄) / 15-eut été(접 · 대과) 또는 ait été(접 · 과–회화체) / 16-étaient(*avoir honte de ce que+직설법: 직 · 반) / 17-soit divorcée(접 · 과) / 18-avaient réussi(*s'étonner de ce que+직설법: 직 · 대과) / 19-doives(접 · 현) / 20-avait(*se plaindre de ce que+직설법: 직 · 반) / 21-fussiez(접 · 반) 또는 soyez(접 · 현–회화체) / 22-a fait(*se réjouir de ce que+직설법: 직 · 복합과거) / 23-soit(접 · 현) / 24-ont été tués(*s'indigner de ce que+직설법: 직 · 복합과거 수동태) / 25-ait quitté(접 · 과) / 26-a été mal dépensé(*regretter de ce que+직설법: 직 · 복합과거 수동태) / 27-ne m'ait pas aidé(접 · 과) / 28-est partie(*il est fâché de ce que+직설법: 직 · 복합과거) / 29-sois venu(접 · 과) / 30-se souvient(*être heureux de ce que+직설법: 직 · 현) / 31-aies répondu(접 · 과) / 32-a été libérée(*être content de ce que+직설법: 직 · 복합과거 수동태) / 33-n'ait gagné(접 · 반) / 34-fût(접 · 반) 또는 soit(접 · 현–회화체) / 35-se soit mariée(접 · 과) / 36-eût(접 · 반) 또는 ait(접 · 현–회화체) / 37-viendras(*se douter que+직설법: 직 · 미) / 38-ayez trouvé(*주절에 의견이나 판단을 나타내는 동사가 부정의 형태로 올 때 종속절엔 접속법: 접 · 과) / 39-soit(*주절에 의견이나 판단을 나타내는 동사가 부정의 형태로 올 때 종속절엔 접속법: 접 · 현) / 40-vienne(*주절에 의견이나 판단을 나타내는 동사가 부정의 형태로 올 때 종속절엔 접속법: 접 · 현) / 41-fasse(*주절에 의견이나 판단을 나타내는 동사가 의문의 형태로 올 때 종속절엔 접속법: 접 · 현) / 42-soit(*주절에 의견이나 판단을 나타내는 동사가 의문의 형태로 올 때 종속절엔 접속법: 접 · 현) / 43-écrives(접 · 현) / 44-reçoive(접 · 현) / 45-réfléchisses(접 · 현) / 46-dise(접 · 현) / 47-soit(접 · 현) / 48-aient raté(접 · 과) / 49-aimiez(접 · 현) / 50-viennes(접 · 현) / 51-ait été punie(접 · 과 수동태) / 52-soit devenu(접 · 과) / 53-ne se soit pas rétablie(접 · 과) / 54-eût fini(접 · 대과) 또는 ait fini(접 · 과–회화체) / 55-restiez(접 · 현) / 56-fasse(접 · 현) / 57-prennes(접 · 현) / 58-coure(접 · 현) / 59-soit(접 · 현) / 60-s'entendent(접 · 현) / 61-est(직 · 현) / 62-fasse(접 · 현) / 63-se trompent(접 · 현) / 64-soit(접 · 현) / 65-fasse(접 · 현) / 66-fût(접 · 반) 또는 soit(접 · 현–회화체) / 67-revienne(접 · 현) / 68-s'inscrive(접 · 현) / 69-soit(접 · 현) / 70-approuve(*결과를 나타내려면 en sorte que+직설법: 직 · 현) / 71-rate(접 · 현) / 72-se refroidît(접 · 반) 또는 se refroidisse(접 · 현–회화체) / 73- trouve(접 · 현) / 74-a pris(*결과를 나타내려면 en sorte que+직설법: 직 · 복합과거) / 75-se défende(접 · 현) / 76-sois(접 · 현) / 77-dise, fasse(접 · 현) / 78-soit(접 · 현) / 79-aies eues(접 · 과) / 80-soit(접 · 현) / 81-soyez(접 · 현) / 82-rencontre(접 · 현) / 83-pense(접 · 현) / 84-s'en aperçoive(접 · 현) / 85-fassiez(접 · 현) / 86-puisse(접 · 현) / 87-t'en ailles(접 · 현) / 88-devienne(접 · 현) / 89-connaissiez(접 · 현) / 90-

fasse(접 · 현) / 91-ait donné(접 · 과) 또는 a donné(직 · 복합과거-회화체) / 92-cultive(접 · 현) 또는 cultive(직 · 현-회화체) / 93-fasses(접 · 현) 또는 fais(접 · 현-회화체) / 94-ayons pris(접 · 과) 또는 avons pris(직 · 복합과거-회화체) / 95-ait fréquenté(접 · 과) 또는 a fréquenté(직 · 복합과거-회화체) / 96-plaise(접 · 현-주절이 의문문일 때 관계절에서 접속법) / 97-soit(접 · 현-주절이 부정문일 때 관계절에서 접속법) / 98-puisse(접 · 현-주절이 앞으로 도달할 목적이나 희망을 나타낼 때 관계절에서 접속법) / 99-pût(접 · 반과거-주절이 앞으로 도달할 목적이나 희망을 나타낼 때 관계절에서 접속법) 또는 puisse(접 · 현-회화체) / 100-fût(접 · 반과거) 또는 soit(접 · 현-회화체) / 101-gêne(접 · 현) / 102-vienne(접 · 현) /103-soyez(접 · 현) / 104-dise(접 · 현-3인칭 명령) / 105-réussisse(접 · 현-희망 · 소원 · 기원) / 106-soit(접 · 현-희망 · 소원 · 기원) / 107-Vive(접 · 현-희망 · 소원 · 기원) / 108-Soit(접 · 현-가정 · 추측) / 109-Soit, soit(접 · 현-가정 · 추측) / 110-fuie(접 · 현-분노 · 놀라움)

Q-3 : 1-Il partira après avoir déjeuné. / 2-Je regrette de vous l'avoir dit. / 3-J'ai regretté d'avoir fait des bêtises. / 4-Il vous faut être parti. / 5-Il vous fallait être parti. / 6-Il m'a demandé de ne pas aimer sa fille. / 7-Je regrette de ne pas avoir aimé(=de n'avoir pas aimé) ma famille. / 8-Il est triste de ne pas être aimé (=de n'être pas aimé) de ses amis. / 9-Je suis fâché de ne pas avoir été aimé(=de n'avoir pas été aimé) de lui. / 10-Il faut accomplir cela. / 11-Il vaut mieux ne pas lui répondre. / 12-Il fait bon se lever tôt. / 13-Il est nécessaire de lutter contre le mal. / 14-Il est bon de parler, et meilleur de se taire. / 15-Il est agréable de faire un pique-nique. / 16-Il est difficile d'être humain. / 17-Et les directeurs de protester tour à tour.(*17~18번의 경우 : 서술적 부정법[역사적 부정법] - 역사적 사실) / 18-Tout le monde alors de s'exclamer. / 19-Il approche, et les oiseaux de s'envoler.(*서술적 부정법[역사적 부정법] - 묘사 · 서술) / 20-Je vois venir Philippe. / 21- Je l'ai aperçue être lassée. / 22-Je regarde Marie dessiner des animaux. / 23-Il entend sa fille chanter dans sa chambre. / 24-Je les ai ouïs se disputer. / 25-Elle a écouté les oiseaux chanter. / 26-J'ai senti trembler le plancher.(=J'ai senti le plancher trembler.) / 27-Il regarde les voitures passer.(=Il regarde passer les voitures.) / 28-J'ai fait les étrangers connaître la Corée. 또는 J'ai fait connaître la Corée aux étrangers. / 29-J'ai laissé Paul finir sa lecture. 또는 J'ai laissé finir sa lecture à Paul. / 30-Il a envoyé son fils chercher le médecin. 또는 Il a envoyé chercher le médecin à son fils. / 31-Elle nous empêche de partir. / 32-Il espère reussir. / 33-Il espérera réussir. / 34-J'ai espéré partir le lendemain. / 35-Il a cru réussir. / 36-Il a cru avoir réussi. / 37-Il a cru un moment pouvoir réussir. / 38-Je pense avoir trouvé la solution. / 39-Nous estimons avoir résolu ces problèmes. / 40-Il refuse de venir. / 41-Je vous promets d'être prudent. / 42-Je te permets de partir tout de suite. / 43-Ils lui ont permis d'acheter une voiture. / 44-Je vous souhaite de réussir à votre examen.

Q-4 : 1-Je souhaite partir demain. (*souhaiter 동사 특성상 주절과 동일한 주어를 갖는 종속절은 올 수가 없고 그 대신 부정법절을 사용함) / 2-Il veut tout savoir. (*vouloir 동사 특성상 주절과 동일한 주어를 갖는 종속절은 올 수가 없고 그 대신 부정법절을 사용함) / 3-Tu désires (de) manger un peu.(*désirer 동사 특성상 주절과 동일한 주어를 갖는 종속절은 올 수가 없고 그 대신 부정법절을 사용함) / 4-Elle accepte de chanter.(*accepter 동사 특성상 주절과 동일한 주어를 갖는 종속절은 올 수가 없고 그 대신 부정법절을 사용함)

Q-5 : 1-g / 2-b / 3-e / 4-a / 5-d / 6-g / 7-f(*목적) / 8-c / 9, 10-둘 다 a / 11-g / 12-e / 13-h / 14-f(*시간) / 15-g / 16, 17-둘 다 d / 18-c / 19-d / 20-f(*시간) / 21-g / 22-h / 23, 24-a, c / 25-e / 26-d / 27-f(*조건) / 28-f(*원인) / 29-g / 30-a / 31-d /32-f(*목적) / 33-e / 34-a / 35-h / 36-g / 37-c / 38-f(*양태) / 39-d / 40-a / 41-e / 42-g / 43,44-둘 다 b / 45-d / 46-h / 47-b / 48-f(*목적) / 49-c / 50, 51-a, c / 52-g / 53-e / 54-h / 55-e / 56-f(*목적)

Q-6 : 1-a / 2-a / 3-a / 4-a / 5-a / 6-b / 7-b / 8-b / 9-a / 10-b / 11-a / 12-b / 13-a / 14-b / 15-b / 16-a / 17-b / 18-b / 19-a / 20-b

Q-7 : 1-différant, différent / 2-équivalant, équivalent / 3-excellant, excellent / 4-fatiguant, fatigant / 5-négligeant, négligent / 6-précédant, précédent / 7-provoquant, provocant / 8-suffoquant, suffocant

Q-8 : 1-aimée / 2-atteinte / 3-envoyées / 4-cueillis / 5-écrasés / 6-ayant loué / 7-étant arrivés 또는 arrivés(*과거분사의 복합형에서 대개 자동사의 조동사로 사용된 étant은 생략되어 사용됨) / 8-Ayant fini / 9-Ayant pris / 10-étant rentré 또는 rentré

Q-9 : 1-as achetée / 2-avez, choisies / 3-a dessinés / 4~6-안 바뀜 / 7-ai entendue / 8-ai vus / 9-안 바뀜(*직접목적보어 les poupées가 앞에 왔지만 a eu는 조동사적으로 사용됐을 뿐이고 따로 본동사 acheter가 있으므로 과거분사 eu를 일치시키지 않음) / 10-안 바뀜(*직접목적보어 tous les fromages가 a pu 앞에 왔지만 a pu는 조동사적으로 사용됐을 뿐이고 따로 본동사 goûter가 있는데 생략된 경우이므로 과거분사 pu를 일치시키지 않음) / 11-안 바뀜 / 12-as, lus / 13, 14-안 바뀜 / 15-안 바뀜(*비인칭구문 il fait(날씨)) / 16-안 바뀜(*비인칭구문 il faut(필요)) / 17-안 바뀜(*비인칭구문 il y a(존재)) / 18-안 바뀜(*비인칭구문 il neige(날씨)) / 19-안 바뀜(*자동사로 사용된 경우) / 20-a courus(*타동사로 사용된 경우) / 21-안 바뀜(*자동사로 사용된 경우) / 22-ai vécus(*타동사로 사용된 경우) / 23-안 바뀜(*자동사로 사용된 경우) / 24-a coûtés(*타동사로 사용된 경우) / 25-ont pesé(*자동사로 사용된 경우) / 26-a, pesées(*타동사로 사용된 경우) / 27-안 바뀜 (*사역동사로 사용된 faire) / 28-ont achetée / 29-ai vue 또는 ai vus (*29~31번의 경우 : '집합명사+de+명사'가 직접목적보어로 동사 앞에 놓일 때, 과거분사는 집합명사에 일치시켜도 되고, 보어명사에 일치시켜도 됨) / 30-a attiré 또는 a attirée / 31-ai remporté 또는 ai remportés / 32-안 바뀜 / 33-안 바뀜 / 34-sont tombées / 35-a été construite / 36-sera finie / 37-fut prise / 38-seront partis / 39-se sera trompée / 40-est allée / 41-est passé / 42-se sont moquées / 43-se sont levés / 44-nous sommes rencontrés / 45-안 바뀜 / 46-안 바뀜 /47-둘 다 안 바뀜 / 48-est venue, 안 바뀜 / 49-fut rentrée / 50-étaient venues, auraient été

Q-10 : 1-Apercevant son ami / 2-Lui prenant la main / 3-(Étant) Arrivée à la maison(*3~5번, 7번, 18번, 20번의 경우 : 과거분사의 복합형에서 대개 자동사의 조동사로 사용된 étant은 생략되어 사용됨) / 4-Une fois (étant) parti / 5-Sitôt (étant) sortie / 6-Étant malade / 7-(Étant) Revenus trop tard / 8-Fatiguée par le voyage / 9-Travaillant mieux / 10-Habillée de noir / 11-s'y prenant autrement / 12-Se sentant fatigué / 13-sachant pourtant la tempête imminente / 14-Désirant la paix / 15-Blessé gravemment / 16-La colère l'étouffant / 17-L' hiver approchant / 18-La nuit (étant) venue / 19-La guerre ayant éclaté / 20-Lui (étant) parti / 21-La decision ayant été prise / 22-Une fois la route (étant) libre(*절대분사구문 내에서 현재분사 étant은 생략할 수 있음)

Q-11 : 3번(*분사구문은 가까이에 놓인 명사 또는 대명사에 관련되는 반면, 동명사는 항상 주절의 주어에 관련됨. 따라서 올바른 번역은 '나는 시장에서 돌아오다 친구를 만났다.')

Q-12 : 1-e / 2-a / 3-c / 4-b / 5-e / 6-d / 7-a / 8-c / 9-b / 10-e / 11-d / 12-a / 13-e / 14-c / 15-a / 16-e / 17-d / 18-c / 19-a / 20-b / 21-d / 22-e

CHAPITRE

부사 (l'adverbe)

부사는 변화하지 않는 품사로 동사 · 형용사, 그리고 다른 부사를 수식하는 품사이다. 부사구는 부사와 같은 역할을 하는 둘 이상의 낱말을 합친 것이다.

1. 기 능

1 속사나 부가형용사

Son idée n'est pas mal. 그의 생각은 나쁘지 않다.

C'est un homme bien. 그는 선량한 사람이다.

2 명사의 보어

Les accidents d'hier étaient graves. 어제의 사고들은 심각한 것이었다.

3 형용사의 보어

Il ne fait pas très froid, aujourd'hui. 오늘은 그다지 춥지 않다.

Elle était tellement belle. 그녀는 너무나 아름다웠다.

4 다른 부사의 보어

Parlez plus lentement! 더 천천히 말씀하세요!

Les bons meurent toujours trop tôt.
선한 사람은 항상 너무 일찍 죽는다.

5 상황보어 : 동사의 상황보어로서 부사 고유의 기능이다.

Il articule correctement. 그는 정확하게 발음한다.

Il se porte bien. 그는 건강히 지낸다.

6 생략문에서 서술의 역할

Il est parti. - Pourquoi? 그는 떠났다. 왜죠?

2. 종 류

부사의 기능에 따라 다음과 같이 분류할 수 있다.

1 방법 · 양태 · 장소 · 시간의 부사 : 대부분 문장 속에서 상황보어의 역할을 한다.

Ⓐ **방법 · 양태의 부사** : bien, mal, vite, mieux, comment 등과, 품질형용사에 –ment를 첨가하여 이루어진 부사들이다.

Elle danse mal. 그녀는 춤을 잘 못 춘다.

Viens vite! 빨리 와!

Il conduit sa voiture prudemment. 그는 그의 차를 신중하게 운전한다.

Il m'a regardé tendrement. 그는 나를 다정하게 쳐다봤다.

Il agit à tort et à travers. 그는 함부로 행동한다. (부사구)

Je l'ai vu par hasard. 난 우연히 그를 봤다. (부사구)

Elle s'est lavée avec soin. 그녀는 정성껏 몸을 씻었다. (부사구)

※ 형용사가 부사로 전환 사용되기도 한다. 주로 짧은 음절의 형용사로 변화하지 않는다 :

Elle chante juste. 그녀는 노래를 정확하게 한다.

Il parle haut. 그는 큰 소리로 말한다.

Les fruits se vendent cher. 과일들은 비싸게 팔린다.

Je travaille dur. 그는 열심히 일한다.

Il tient ferme. 그는 꿋꿋이 참는다.

Ⓑ 장소의 부사

Asseyez-vous ici. 여기에 앉으세요.

Il y a des livres partout. 사방에 책들이 있다.

Il n'y a personne au-dedans. 그 안에는 아무도 없다. (*부사구)

Je t'attendrai au-dehors. 널 밖에서 기다릴게. (*부사구)

※ 전치사와 동일한 형태의 부사도 있다 :

Je marche derrière. 나는 뒤에서 걸어간다.

Elle court devant. 그녀는 앞에서 달린다.

Ⓒ 시간의 부사

Il fera froid demain. 내일은 날씨가 추울 것이다.

Autrefois, elle était très belle. 예전에, 그녀는 매우 아름다웠었다.

Enfin il me l'a donné. 마침내 그는 내게 그것을 주었다.

Il a déjà fini son devoir. 그는 이미 숙제를 마쳤다.

Depuis, il l'a oublié. 그 후, 그는 그것을 잊었다.

Avez-vous jamais été en France? 프랑스에 가신 적이 있나요?

※ 시간의 부사구 :

tout de suite / tout à coup / à l'instant / à jamais / à temps / de temps en temps / tout le temps / tout à l' heure / d'ores et déjà …

2 분량의 부사 : 보어로 쓰여 동사, 부사, 형용사, 명사의 분량과 그 정도를 나타낸다.

Ⓐ 동사를 수식한다.

Je t'aime beaucoup. 난 너를 많이 사랑한다.

Elle mange trop. 그녀는 너무 먹는다.

Ⓑ 형용사를 수식한다.

Elle est très grande. 그녀는 너무나 키가 크다.

C'est tellement bon. 그것은 너무나 좋다.

Ⓒ 동사, 형용사와 사용된 또 다른 부사를 수식한다.

Il se couche trop tard. 그는 너무 늦게 잔다.
(*동사 se couche와 사용된 또 다른 부사 tard 수식)

Je dors très peu. 난 거의 자지 않는다.
(*동사 dors와 사용된 또 다른 부사 peu 수식)

Ce renseignement trop peu précis m'a servi à rien.
거의 정확치 않은 이 정보는 아무 소용이 없다. (*형용사 précis와 사용된 또 다른 부사 peu 수식)

Je trouve cette histoire beaucoup plus intéressante.
나는 이 이야기가 훨씬 더 흥미롭다고 생각한다. (*형용사 intéressante와 사용된 또 다른 부사 plus 수식)

Ⓓ 분량의 부사는 전치사와 함께, 명사의 양을 나타내는 한정사 역할을 한다.

Je mange peu de légumes. 나는 야채를 거의 먹지 않는다.

Il y a beaucoup de gâteaux. 많은 과자들이 있다.

Elle a trop d'amis. 그녀는 지나치게 많은 친구들이 있다.

Ⓔ 분량의 부사는 함께 사용되는 단어에 따라 다르게 사용될 때도 있다.

Il mange autant que son frère.
그는 형만큼 일한다. (autant : 동사, 명사와 함께)

Il est aussi beau que moi.
그는 나만큼 잘생겼다. (aussi : 형용사와 부사 앞)

Je suis très diligent. 나는 매우 근면하다. (très : 형용사와 부사 앞)

Je travaille beaucoup. 나는 많이 일한다. (beaucoup : 동사와 함께)

Ⓕ très는 형용사, 부사 앞에 사용되는 부사지만, 일상어에서 일부 동사구와 함께 사용될 때도 있다.

J'ai très mal à la tête. 난 머리가 매우 아프다. (*avoir mal à qch)

Il a très faim. 그는 너무나 배가 고프다. (*avoir faim)

Ⓖ 분량의 부사 assez, trop, si 등은 결과를 나타내는 절을 이끈다.

Il est assez grand pour que je le laisse seul.
그는 충분히 커서 나는 그를 혼자 내버려둘 수 있다.

Tu as trop menti pour qu'on te croie.
너는 너무나 거짓말을 해대서 아무도 널 믿지 않는다.

Elle marchait si vite qu'il m'était difficile de la suivre.
그녀가 너무나 빨리 걸어서 내겐 뒤따라가기가 어려웠다.

3 부정의 부사 : 무(無)를 의미하는 부정의 뜻을 나타내며, non과 ne가 대표적이다.

Ⓐ non은 강세형으로, 질문에 대한 부정의 응답에 사용되며, 또한 문장의 어느 한 요소를 강조한다. mais는 non을 강조한다.

Fumez-vous? – Non. 담배를 피우시나요? – 아니요.

Vous partez? – Mais non! 떠나시나요? – 천만에요!

Je choisis non le succès mais l'honneur.
난 성공이 아닌 명예를 선택한다.

Je m'adresse à toi, non à lui. 난 그에게가 아니라 너에게 말을 한다.

Ⓑ ne는 비강세형으로, 다른 단어(pas, point, guère, plus, jamais, personne, rien, aucun, aucunement, nul, nullement, ni, rien)와 함께 부정문을 만든다.

Il n'est pas rentré. 그는 돌아오지 않았다.

Elle n'en veut plus. 그녀는 그것을 더 이상 원치 않는다.

Je ne l'ai jamais vu. 난 그를 한 번도 본 적이 없다.

Tu n'aimes personne. 넌 아무도 사랑하지 않는다.

Nul n'est prophète chez soi.
자기 고향에서는 예언자도 예언자 대접을 못 받는다.

Je n'ai aucune envie de le revoir.
난 그를 다시보고 싶은 생각이 조금도 없다.

On ne sait rien. 사람들은 아무도 모른다.

※ ne는 que와 함께 '단지…(seulement)' 라는 제한적인 의미를 갖는다. 이 'ne…que' 를 부정하기 위해서는 pas나 point을 삽입한다 :

Nous ne sommes que deux. 우리는 두 사람밖에 없다.

Elle ne fait que pleurer. 그녀는 울기만 할 뿐이다.

Je ne pense qu'à toi. 나는 오직 당신만 생각한다.

Il ne l'a dit qu'à sa femme. 그는 그것을 자기 아내에게만 말했다.

Nous n'avons qu'une pomme. 우리는 단지 사과 하나만 갖고 있다.

Elle ne pense pas qu'à son profit.
그녀는 단지 그녀의 이익만 생각하는 건 아니다.

4 긍정 및 의혹의 부사 : 대개 문장 전체에 관련된다.

Ⓐ **긍정의 부사** : oui, si, assurément, certainment, certes, précisément, vraiment 등이 있다. 가장 많이 사용되는 oui나 si(부정의문에 대한 긍정의 응답)는 문장 전체에 대한 긍정의 응답 표시이며, mais는 oui나 si를 강조한다.

Vous l'avez vu? – Oui.(=Oui, je l'ai vu.) 그를 보셨나요? – 네.

Vous ne l'avez pas vu? – Si.(=Si, je l'ai vu.)
그를 못 보셨나요? – 아니오.(봤습니다)

Est-il fâché? – Mais oui. 그는 화가 났나요? – 물론이죠.

Tu ne l'aime pas? – Mais si. 넌 그를 사랑하지 않니? – 아니, 그를 사랑해.

Ⓑ **의혹의 부사** : 단독으로, 때로는 'que+절' 과 함께 사용된다. apparemment,

probablement, sans doute, vraisemblablement 등이 있다. 강조하기 위해 문장 앞에 놓이는 수가 흔히 있는데, 그럴 때는 다음에 오는 문장에서 주어와 동사의 위치가 바뀌거나, 또는 문장 앞에 온 부사와 다음 문장 사이에 que가 들어가기도 한다.

C'est vrai? – Peut-être. 그거 정말이니? – 아마도

Est-il arrivé? – Probablement. 그는 도착했는가? – 아마도.

Peut-être qu'il est paresseux(=Peut-être est-il paresseux).
아마 그는 게으를 것이다.

Sans doute eut-il raison(=Sans doute qu'il eut raison=Il eut raison sans doute). 틀림없이 그가 옳았다.

Apparemment qu'elle viendra. 필경 그녀는 올 것이다.

5 의문부사 및 연결부사

Ⓐ **의문부사** : 의문의 뜻을 가진 부사들은 시간, 방법, 원인, 장소, 수량의 뜻으로 사용될 수 있다. quand, comment, pourquoi, où, d'où, par où, combien 등이 있다.

Quand partira-t-il? 그는 언제 떠날 건가요? [시간]

Comment allez-vous? 어떻게 지내세요? [방법]

Pourquoi ne veut-il pas partir? 왜 그는 떠나길 원치 않는가? [원인]

Où allez-vous? 어디를 가시나요? [장소]

Combien de pommes vas-tu acheter?
넌 몇 개의 사과를 살 것인가? [수량]

Ⓑ **연결부사** : 접속사의 기능을 갖는 부사도 있다. ensuite, puis, ainsi, en effet, aussi 등은 대개 연결하려는 문장의 앞에 놓는다.

Allez tout droit, puis tournez à gauche.
곧장 가세요, 그리곤 왼쪽으로 도세요.

Je t'aime; en effet je t'aime passionnément.

널 사랑해, 사실 열정적으로 사랑해.

Ces fleurs sont rares, aussi coûtent-elles cher.

그 꽃은 희귀하다, 그래서 비싸다.

3. 위 치

1 일반적으로 형용사나 부사에 걸릴 때에는 그 앞에 놓인다. 동사에 걸릴 때에는 뒤에 놓이는데, 그러나 부정의 ne, 의문부사 등은 제외된다.

C'est une fille très jolie. 그녀는 아주 예쁜 소녀이다. (*형용사 jolie에 걸림)

Cet homme est très beau.

그 남자는 매우 잘생겼다. (*형용사 beau에 걸림)

Ne parlez pas si haut. 그렇게 큰소리로 말하지 마시오. (*부사 hant에 걸림)

Le vent souffle très fort. 바람이 아주 강하게 분다. (*부사 fort에 걸림)

Venez me voir plus souvent.

날 보러 좀더 자주 오세요. (*부사 souvent에 걸림)

Cet enfant dort peu. 이 아이는 거의 잠자지 않는다. (*동사 dort에 걸림)

Il marchait lentement. 그는 천천히 걷고 있었다. (*동사 marchait에 걸림)

Il ne mange rien. 그는 아무것도 먹지 않는다.

Quand partez-vous? 당신은 언제 떠나시나요?

2 부정법과 함께 사용되면, 앞 또는 뒤에 놓인다. bien, mal, beaucoup, assez, trop, tant 따위는 대개 부정법 앞에 놓인다.

Elle semble beaucoup dormir. (=Elle semble dormir beaucoup.)

그녀는 많이 자는 것 같다.

On doit bien travailler. 일을 잘 해야만 한다.

Il faut prudemment agir. 신중하게 처신을 해야만 한다.

3 복합시제에서, 부사는 조동사와 과거분사 사이에 놓인다.

Il a trop travaillé. 그는 지나치게 일했다.

Nous nous sommes tant amusés. 우리는 아주 잘 즐겼다.

Elle a soigneusement taillé sa robe. 그녀는 정성껏 옷을 재단했다.

Il a beaucoup grandi. 그는 많이 자랐다.

Je vous l'ai déjà dit. 난 당신에게 이미 그것을 말했다.

4 시간과 장소의 부사(demain, aujourd'hui, hier, ici, là 등)와 의문부사는 복합시제에서 조동사와 과거분사 사이에 올 수 없다.

Hier, il est allé au musée. 어제 그는 박물관에 갔었다.

Il est allé hier au musée. 어제 그는 박물관에 갔었다.

Il est allé au musée hier. 어제 그는 박물관에 갔었다.

Comment s'y est-il pris? 어떻게 그는 행동했는가?

Pourquoi est-il parti? 왜 그는 떠났는가?

4. 비교급과 최상급(le comparatif et le superlatif)

분량의 부사 plus, moins, aussi, si, très, fort 등이 형용사 또는 부사 앞에 쓰여 형용사, 부사의 정도를 표시하는 **비교급**과 **최상급**을 만든다.

Jean est beau. 쟝은 잘생겼다. [원급(le positif)]

Sophie est plus belle que Marie. 소피는 마리보다 더 아름답다. [비교급－우등비교]

Jean est aussi beau que Guy. 쟝은 기만큼 잘생겼다. [비교급－동등비교]

Marie est moins belle que Sophie.
마리는 소피보다 덜 아름답다. [비교급－열등비교]

Alain est très beau.
알랭은 아주 잘생겼다. [절대최상급(le superlatif absolu)]

Alain est le plus beau de tous ces garçons.
알랭은 이 모든 소년들 중 가장 잘생겼다. [우등최상급]

Anne est la moins belle de toutes ces filles.
안느는 이 모든 소녀들 중 가장 덜 아름답다. [열등최상급]

《 비교급 · 최상급 》

<table>
<tr><th colspan="3"></th><th>형용사</th><th>부 사</th><th>동사 (명사)</th></tr>
<tr><td rowspan="3">비교급</td><td colspan="2">우등</td><td colspan="2">plus 형용사(부사) que</td><td>plus (plus de＋명사) que</td></tr>
<tr><td colspan="2">동등</td><td colspan="2">aussi 형용사(부사) que
부정 : si 형용사(부사) que</td><td>autant (autant de＋명사) que
부정 : tant (tant de＋명사) que</td></tr>
<tr><td colspan="2">열등</td><td colspan="2">moins 형용사(부사) que</td><td>moins (moins de＋명사) que</td></tr>
<tr><td rowspan="3">최상급</td><td colspan="2">절대</td><td colspan="2">très 형용사(부사)</td><td>×</td></tr>
<tr><td rowspan="2">상대</td><td>우등</td><td>le(la, les) plus 형용사 de</td><td>le plus 부사 (de)</td><td>le plus (le plus de＋명사)</td></tr>
<tr><td>열등</td><td>le(la, les) moins 형용사 de</td><td>le moins 부사 (de)</td><td>le moins (le moins de＋명사)</td></tr>
</table>

1 비교급 : 정도의 높고 낮음에 따라, 우등비교, 동등비교, 열등비교가 있다.

Ⓐ **형용사와 부사의 비교급** : 형용사, 부사 앞에 plus, aussi, moins을 붙여 정도를 표시하고, 비교의 항은 que 이하에 둔다.

(a) 우등비교

Elle est plus grande que Marie. 그녀는 마리보다 더 키가 크다.

Sophie court plus vite que moi. 소피는 나보다 더 빨리 달린다.

(b) 동등비교

Elle est aussi aimable que sa soeur. 그녀는 언니만큼 상냥하다.

Elle n'est pas si aimable que sa soeur.
그녀는 언니만큼 상냥하지는 않다. (*부정)

Il marche aussi lentement qu'elle. 그는 그녀만큼 천천히 걷는다.

Il ne marche pas si lentement qu'elle.
그는 그녀만큼 천천히 걷지는 않는다. (*부정)

(c) 열등비교

Je suis moins intelligent que lui. 나는 그보다 덜 똑똑하다.

Tu travailles moins bien que lui. 넌 그보다 일을 덜 잘한다.

Ⓑ **동사와 명사의 비교급** : 동사는 plus, autant, moins을 뒤따르게 해서 정도를 표시하고, 비교의 항은 que 이하에 둔다. 명사는 plus(autant, moins)와 'de+명사'를 한 후 비교의 항은 que 이하에 둔다. 이때 셀 수 있는 명사인 경우 복수형을 취한다.

Je travaille plus que lui. 나는 그보다 더 많이 일한다.

Je travaille autant que lui. 나는 그만큼 일한다.

Je ne travaille pas tant que lui. 나는 그만큼 일하지 않는다. (*부정)

Je travaille moins que lui. 나는 그보다 일을 덜한다.

Il a plus de crayons que toi. 그는 너보다 더 많은 연필을 갖고 있다.

Il a autant de crayons que toi. 그는 너만큼의 연필을 갖고 있다.

Il n'a pas tant de crayons que toi.

그는 너만큼의 연필을 갖고 있지 않다. (*부정)

Il a moins de crayons que toi. 그는 너보다 더 적은 연필을 갖고 있다.

ⓒ 불규칙한 비교급을 갖는 형용사와 부사

원급	비교급 - 우등비교급
bon(a.)	meilleur
mauvais(a.)	plus mauvais, pire
petit(a.)	plus petit, moindre
bien(ad.)	mieux
mal(ad.)	pis, plus mal
peu(ad.)	moins
beacuoup(ad.)	plus

(a) bon의 우등비교는 plus bon이 아니고, meilleur이다. 그러나, moins bon, aussi bon, plus ou moins bon은 변화 없이 사용된다.

Son idée est meilleure que la tienne.
그의 생각은 네 생각보다 더 낫다.

【비교】

Ceci est aussi(moins) bon que cela.
이것은 저것만큼(저것보다 덜) 좋다.

Ton idée est plus ou moins bonne.
네 생각은 그런대로 괜찮은 편이다.

(b) mauvais, petit의 우등비교는 2가지가 가능하다. plus mauvais, plus petit는 구체적인 의미로 사용되고, pire, moindre는 추상적, 비유적인 의미로 사용된다.

Ce vin est plus mauvais que l'autre.
이 포도주는 다른 것보다 더 나쁘다.

Le vin est pire que l'eau pour la santé.
건강에는 술이 물보다 더 나쁘다.

Elle est plus petite que moi. 그녀는 나보다 키가 더 작다.

Ta faute est moindre que la mienne.
네 잘못은 내 것보다 더 사소한 것이다.

(c) bien의 우등비교는 mieux이다.

Elle parle mieux que sa soeur.
그녀는 언니보다 말을 더 잘한다.

(d) mal의 우등비교 pis는 성구(成句)에서만 쓰고, 그 외에는 plus mal을 사용된다.

Elle chante plus mal que lui.
그녀는 그보다 노래를 더 못한다.

Il va de mal en pis.(=Il va de plus en plus mal.)
그는 점점 더 나빠져 간다.

2 최상급 : 형용사나 부사 앞에 분량의 부사를 첨가하여 만든다. 부사 très, fort 등과 함께 절대최상급을 만들고, 다른 것들과 비교하여 그 정도가 가장 높고 낮음에 따라 상대최상급을 만든다.

Ⓐ **절대최상급 :** très, fort, tout à fait, extrêmement과 형용사, 부사를 사용하여 만든다.

Cette femme est très (fort, extrêmement) belle.
이 여인은 아주 아름답다.

Elle court très (fort, extrêmement) vite.
그녀는 아주 빨리 달린다.

Ⓑ **상대최상급 :** 형용사의 최상급을 만들 때는 수식하는 명사의 성과 수에 따라 정관사를 일치시켜 사용하며, 우등최상급은 「le (la, les) plus+형용사+de…」, 열등최상급은 「le (la, les) moins+형용사+de…」 형태이다. 하지만 부사는 변화하지 않으므로 최상급에 따르는 정관사는 le만이 쓰여, 부사 앞에 le plus, le moins을 놓아 표시한다. 동사의 양의 정도가 가장 많고 적음은 le plus, le moins으로 표시한다. 명사의 분량이 가장 많고 적음은 「le plus de+명사」, 「le moins de+명사」를 사용한다.

Elle est la plus(la moins) jolie fille du monde.
그녀는 이 세상에서 가장(가장 덜) 예쁜 소녀이다.(*형용사의 경우)

Elle court le plus(le moins) vite.
그녀는 가장(가장 덜) 빨리 달린다.

Elle mange le plus(le moins) parmi nous.
그녀는 우리 중 가장 많이(적게) 먹는다.

Elle a fait le plus de(le moins de) bêtises parmi nous.
그녀는 우리 중 가장 많은(적은) 어리석은 짓을 했다.

© **불규칙한 최상급을 갖는 형용사와 부사 :** 불규칙한 비교급을 갖는 형용사와 부사와 같은 형태를 취한다. 단, 부사의 최상급은 항상 정관사는 le만 사용한다.

원급	최상급 - 우등최상급
bon(a.)	le(la, les) meilleur(e, s(es))
mauvais(a.)	le(la, les) plus mauvais(e, (es)), le(la, les) pire(s)
petit(a.)	le(la, les) plus petit(e, s(es)), le(la, les) moindre(s)
bien(ad.)	le mieux
mal(ad.)	le pis, le plus mal
peu(ad.)	le moins
beacuoup(ad.)	le plus

Elle est la meilleure pianiste du monde.
그녀는 이 세상에서 최고의 피아니스트이다.

C'est la plus petite voiture du monde.
이것은 세상에서 가장 작은 자동차이다.

Elle travaille le mieux parmi nous.
그녀는 우리들 중에서 일을 제일 잘한다.

C'est celle que j'aime le plus.
내가 가장 좋아하는 사람이 바로 그녀이다.

CHAPITRE 7 연습문제

Q : 아래 각 문장의 괄호 속 부사를 문장 내용에 알맞게 고쳐 넣으시오.

1. Il va venir (tard) qu'elle.
   그는 그녀보다 더 늦게 올 것이다.
2. Elle parle (lentement) que toi.
   그녀는 너 만큼 천천히 말한다.
3. Il ne chante pas (bien) que sa soeur.
   그는 누나만큼 노래를 잘 하지 못한다.
4. Tu cours (vite) que moi.
   너는 나보다 덜 빨리 달린다.
5. Pierre parle (bien) que Paul.
   피에르는 폴보다 말을 더 잘한다.
6. Elle chante (mal) que lui.
   그녀는 그보다 노래를 더 못한다.
7. Il mange (peu) que moi.
   그는 나보다 덜 먹는다.
8. Il travaille (beaucoup) que toi.
   그는 너보다 더 많이 일한다.
9. Elle court (vite).
   그녀는 아주 빨리 달린다.
10. De tous ses frères, Pierre court (vite).
    그의 형들 중, 피에르가 가장 빨리 달린다.
11. Ce magasin se trouve (loin) d'ici.
    그 가게는 여기서 가장 덜 멀리 있다.
12. Elle mange (beaucoup) parmi nous.

그녀는 우리 중 가장 많이 먹는다.

⑬ Cet oiseau mange (peu).
이 새는 가장 적게 먹는다.

⑭ Elle travaille (bien) dans sa famille.
그녀는 자기 가족 중 일을 가장 잘한다.

⑮ Il travaille (bien) qu'elle.
그는 그녀보다 일을 덜 잘한다.

⑯ C'est celle qui chante (mal).
가장 노래를 못하는 사람이 바로 그녀이다.

답 : 1-plus tard / 2-aussi lentement / 3-si bien(*동등비교 부정문에선 aussi를 si로 바꿈) / 4-moins vite / 5-mieux(*불규칙한 비교급) / 6-plus mal / 7-moins(*불규칙한 비교급) / 8-plus(*불규칙한 비교급) / 9-très[fort, extrêmement] vite(*절대최상급) / 10-le plus vite / 11-le moins loin / 12-le plus(*불규칙한 최상급) / 13-le moins(*불규칙한 최상급) / 14-le mieux(*불규칙한 최상급) / 15-moins bien / 16-le plus mal

CHAPITRE

8 전치사 (la préposition)

전치사는 명사, 대명사, 부정법 앞에 놓이는 전치사군을 이루어 다른 성분의 보어 역할을 하며, 다른 낱말과 연결하는 기능도 한다. 단독으로는 사용되지 않으며 변화하지 않는 품사이다.

1. 기 능

1 동사 뒤에서 명사, 대명사, 부정법과 함께, 목적보어, 상황보어를 유도한다.

Il abusait de sa force. 그는 자기 힘을 남용했다. (목적보어 유도)
Nous parlons de vous. 우리는 당신에 대해서 말한다. (목적보어 유도)
Il n'a pas pensé à y aller. 그는 거기 가는 것을 생각하지 않았다. (목적보어 유도)
Elle s'est adressée à lui. 그녀는 그에게 말을 했다. (목적보어 유도)
Il faut manger pour vivre. 살기 위해서는 먹어야 한다. (상황보어 유도)
Nous déjeunons à midi. 우리는 정오에 점심 식사를 한다. (상황보어 유도)
Je reviens dans une heure. 나는 한 시간 후에 돌아오겠다. (상황보어 유도)
Il habite dans une chaumière. 그는 초가집에서 산다. (상황보어 유도)

※ 동사의 상황보어는 대개 전치사와 함께 놓인다. 그러나 시간, 장소의 상황보어는

전치사가 없는 것도 많다.

Les vacances commenceront la semaine prochaine.
휴가는 다음 주에 시작될 것이다.

Notre marche a duré deux heures.
우리들의 행군은 2시간 계속되었다.

Il habite place d'Italie.
그는 이탈리아 광장에서 살고 있다.(*habiter가 자동사로 사용된 경우엔 상황보어가 전치사와 함께 놓임)

2 명사의 보어를 연결한다.

Le toit de sa maison est rouge. 그의 집 지붕은 붉은색이다.

J'ai acheté un stylo à bille. 나는 볼펜 한 자루를 샀다.

C'est ton livre à toi. 그것은 네 책이다.

C'est la fille de mon voisin. 그녀는 내 이웃의 딸이다.

Il aime cette table à ouvrage. 그는 이 작업대를 좋아한다.

3 형용사와 부사의 보어를 연결한다.

Il y a une corbeille pleine de fruits.
과일이 가득 찬 바구니가 있다. (형용사보어 연결)

Il est rouge de colère. 그는 분노에 얼굴이 붉어진다. (형용사보어 연결)

Je suis prêt à partir. 나는 떠날 준비가 되었다. (형용사보어 연결)

Elle y a mis beaucoup de soins.
그녀는 거기에 많은 정성을 기울였다. (부사보어 연결)

Contrairement au titre bizarre, ce film est très intéressant.
이상한 제목과는 반대로, 그 영화는 매우 재미있다. (부사보어 연결)

Cette question a été étudiée séparément des autres.
이 문제는 다른 것들과는 별도로 연구되었다. (부사보어 연결)

2. 중요 전치사의 용법

1 à : 동사 뒤에서 간접목적보어나 상황보어를 이룬다. 또한 명사 · 형용사의 보어를 연결한다.

Ⓐ 간접목적보어

Il a parlé à mon ami. 그는 나의 친구에게 말했다.

On doit obéir aux lois. 법에 복종해야만 한다.

Tu ne penses qu'à cette affaire. 너는 이 일에 대해서만 생각한다.

Il pouvait échapper à un danger. 그는 위험을 피할 수 있었다.

Ⓑ 상황보어

Elle est venue la veille au soir. 그녀는 전날 저녁에 왔다. (시간)

Il viendra à 8 heures. 그는 8시에 올 것이다. (시간)

Je vais à Paris. 난 파리에 갈 것이다. (장소)

À l'entendre parler, il sera riche tout de suite. 그가 말하는 걸 들어보면, 그는 곧 부자가 될 것이다. (조건) (* 'à + 부정법' 이 상황보어로 사용됨)

Tu n'as rien à la main.
넌 손에 아무것도 갖고 있지 않다. (신체의 부분)

Nous avons marché à pas lents. 우리는 느린 걸음으로 걸었다. (양태)

Il a enlevé le drapeau à l'ennemi.
그는 적에게서 군기를 탈취했다. (탈취)

Elle était fatiguée à en mourir.
그녀는 피곤해서 죽을 지경이었다. (정도)

Ⓒ 명사보어

une amie à moi 내 여자친구 (소속)

une tasse à café 커피잔 (용도)

un moulin à farine 제분기 (용도)

une maison à louer 세 놓는 집 (용도)

un piano à queue 그랜드 피아노 (양태)

une fille aux lunettes 안경 쓴 소녀 (양태)

un moulin à vent 풍차 (방법)

un voyage à Rome 로마 여행 (장소)

un départ à l'aube 새벽의 출발 (시간)

un duel à l'épée 검으로 하는 결투 (도구)

un enfant à l'esprit vif 활달한 기질의 아이 (성질)

Ⓓ 형용사보어

une voix agréable à entendre 듣기 좋은 목소리

un livre facile à lire 읽기 쉬운 책

une boisson nuisible à la santé 건강을 해치는 음료

Je suis prêt à partir. 난 떠날 준비가 되어 있다.

Ce problème est facile à comprendre. 이 문제는 이해하기 쉽다.

2 de : 동사의 보어로서 간접목적보어나 수동태에서 동작주 보어, 상황보어를 이룬다. 또한 명사 · 형용사의 보어를 연결한다.

Ⓐ 동사의 보어

(a) 간접목적보어

Nous parlons de la soirée. 우리는 그 저녁파티에 대해서 말한다.

Il faut profiter de cette occasion favorable.
이 좋은 기회를 이용해야만 한다.

Il a joui d'une vie heureuse. 그는 행복한 삶을 향유했다.

Nous triomphons de nos passions. 우리는 우리의 열정을 억제한다.

(b) 동작주 보어(수동태에서)

Elle est aimée de tous ses amis.
그녀는 모든 친구들에게 사랑을 받는다.

Ils sont respectés de tout le monde.
그들은 모든 사람에게 존경을 받는다.

Il est accompagné de son domestique. 그는 그의 하인을 동반했다.

Il est arrpouvé de ses amis. 그는 친구들에게 칭찬받는다.

(c) 상황보어

On travaille de 8 heures à midi.
우리는 8시에서 정오까지 일을 한다. (시간)

Je ne reviendrai pas de lontemps.
난 당분간 돌아오지 않을 것이다. (시간)

Je suis rentré de l'école. 나는 학교에서 돌아왔다. (장소)

Il allait de village en village.
그는 마을에서 마을로 돌아다녔다. (장소)

Il est mort de la maladie contagieuse. 그는 전염병으로 죽었다. (원인)

J'ai pleuré d'indignation. 난 분노 때문에 울었다. (원인)

Il me regarda d'un air méchant.
그는 심술궂은 표정으로 날 쳐다봤다. (양태)

Elle vient du nord. 그녀는 북쪽에서 왔다. (방향)

Il descend d'une famille noble. 그는 귀족 출신이다. (유래)

Il frappa la porte de sa canne. 그는 지팡이로 문을 두드렸다. (도구)

Ⓑ 명사보어

Ce sont les livres de ma soeur.
그것은 내 여동생의 책들이다. (소유)

Je prendrai l'avion de 10 heures.

나는 10시 비행기를 탈 것이다. (시간)

J'ai été en retard de 5 minutes. 난 5분 늦었었다. (시간)

un repas de quatre heures 4시의 식사 (시간)

J'ai une soeur de 20 ans. 나는 20세의 여동생이 있다. (나이)

Il a pris une tasse de café. 그는 한 잔의 커피를 마셨다. (내용물)

un homme d'affaires 사업가 (기질)

une chaise de bois 나무 의자 (재료)

un homme d'esprit 재치 있는 사람 (특성)

un habit de soirée 야회복 (목적)

une descente d'avion 비행기에서 내리기 (장소)

un morceau de gâteau 과자 한 조각 (부분)

des larmes de tristesse 슬픔의 눈물 (원인)

un coup de fusil 총질 (도구)

un fossé d'un mètre 1미터 길이의 도랑 (길이)

(a) 명사보어를 연결하는 de는 동격으로 사용될 때도 있다.

la ville de Séoul 서울시

le titre de président 회장의 칭호

un billet de cent euros 100유로짜리 지폐

(b) de는 주격과 목적격의 의미를 동시에 갖는 것도 있다.

l'arrivée de l'avion 비행기의 도착 (주격)

son amour de la patrie 그의 조국에 대한 사랑 (목적격)

l'interdiction de la manifestation 시위 금지 (목적격)

l'amour de la mère 어머니의 사랑 (주격) / 어머니에 대한 사랑 (목적격)

la peur de l'ennemi 적의 두려움 (주격) / 적에 대한 두려움 (목적격)

ⓒ 형용사보어

Je suis fier de ma famille. 나는 내 가족에 대해 자부심을 느끼고 있다.

C'est un homme grand de taille. 그는 키가 큰 남자이다.

3 en : dans과 비슷한 뜻으로 사용되지만, 보다 막연하게 사용된다. 시간, 공간의 개념을 가지며 관사 없이 사용된다. 또한 보통 한정되지 않는 명사 앞에 사용된다.

Ⓐ 간접보어를 유도한다.

Il ne croit pas en Dieu. 그는 신을 믿지 않는다.

Cette région abonde en fruits. 이 지역은 과일이 많이 난다.

Ⓑ 상황보어를 유도한다. 장소의 표현에서 en은 여성국가와 대륙명 앞에서 사용되고 남성국가 앞에는 au를 사용된다. 시간의 표현에서 'en+시간'은 「…걸려서」(필요한 시간)의 뜻이고, 'dans+시간'은 「…후에(= au bout de…)」의 뜻이다.

J'habite en Corée. 나는 한국에 산다. (장소)

Il souhaite de vivre en Asie. 그는 아시아에 살기를 바란다. (장소)

Il est en prison. 그는 감옥에 있다. (장소)

Ils se promènent en forêt. 그들은 숲에서 산보를 한다. (장소)

On est en automne. 지금은 가을이다. (시간)

En deux ans, il a fait progrès. 2년 동안에 그는 진보했다. (시간)

Je finirai ce travail en cinq minutes.
난 5분 동안에 이 일을 끝낼 것이다. (시간)

Cette robe est en coton. 이 옷은 면으로 되어 있다. (재료)

La maison est construite en brique. 그 집은 벽돌로 지어졌다. (재료)

Ce garçon a mis une vitre en pièces.
이 소년은 유리를 산산조각 내었다. (양태)

Il m'a reçu en secret. 그는 나를 비밀리에 맞이하였다. (양태)

Il voyage en train. 그는 기차로 여행한다. (수단)

En voyageant, on apprend beaucoup.
여행을 통해 많이 배운다. (*동명사 : 수단)

Ⓒ 명사보어나 형용사의 보어를 유도한다.

une promenade en voiture 드라이브 (명사보어)

une femme en colère 화난 여자 (명사보어)

riche en vertu 덕성이 풍부한 (형용사보어)

fort en calcul 셈이 밝은 (형용사보어)

Ⓓ en은 보통 한정되지 않은 명사 앞에 사용되는데, 때로는 정관사 이외의 한정사로 한정된 명사 앞에 사용될 때도 있다.

en clin d'oeil 눈 깜짝할 사이에

en quel siècle? 몇 세기에?

en tout temps 늘

Ⓔ en 다음에 정관사를 쓰는 특수한 경우(en l'air, en l'espèce, en l'absence de, en l'honneur de) 이외에는 정관사를 쓸 수 없으며, 정관사를 쓰고자 할 때에는 en 대신 dans이나 à로 대치해야 한다. 이때는 의미가 다소 달라질 수 있다. 또한 'en+정관사 les'가 ès로 대치될 때가 있다.

être en classe / être dans la classe

être en mer / être dans la mer

être dans le jardin / être au jardin

licencié ès lettres 문학사

docteur ès sciences 이학사

4 dans : 항상 관사, 소유형용사, 지시형용사, 수사 등의 한정사로 한정된 명사 앞에 쓰여서 상황보어의 기능을 한다.

Ils arriveront dans un moment. 그들은 잠시 후에 도착할 것이다. (시간)

Reviens dans une demie heure. 반시간 후에 다시 와라. (시간)

Il dort dans sa chambre. 그는 자기 방에서 잠자고 있다. (장소)

J'ai logé dans un hôtel. 나는 호텔에 유숙했다. (장소)

Elle vit dans la misère. 그는 비참한 속에 살고 있다. (상태)

Il agit dans son seul intérêt.
그는 오직 자신의 이익만을 위해 행동한다. (목적)

5 par : 주로 「…통하여」(통과)의 뜻인 상황보어를 이룬다. 수동태에서 동작주 보어와 함께 사용된다.

Il l'a jeté par la fenêtre. 그는 그것을 창문을 통해 던졌다. (장소)
On se promène par ce beau temps.
사람들은 이 좋은 날씨에 산책을 한다. (시간)
On pêche par ignorance. 사람들은 무지로 인해 죄를 짓는다. (원인)
La voiture est réparée par lui. 차는 그에 의해 수리되었다. (동작주 보어)

6 pour : 주로 목적, 방향이나 등가(等價)의 뜻을 나타내며 상황보어를 유도한다.

Cette salade est pour vous. 이 샐러드는 당신을 위한 것이다. (목적)
On mange pour travailler. 사람들은 일하기 위해서 먹는다. (목적)
Ce bateau part pour Marseille. 이 배는 마르세이유로 떠난다. (방향)
J'irai en Afrique pour un mois. 난 한 달 간 아프리카에 갈 것이다. (기간)
J'ai payé cent euros pour un repas.
난 한 끼 식사비로 100유로를 냈다. (교환)
Voici un sac pour dix mille euros.
여기 10,000유로짜리 가방이 있다. (가격)
Il est puni pour n'en avoir pas mangé.
그는 그것을 먹지 않아서 벌 받았다. (원인)
Ma mère l'aide pour gentillesse.
내 어머니는 친절해서 그를 돕는다. (원인)
Il est grand pour son âge. 그는 나이에 비해 키가 크다. (비율)
J'ai répondu pour ma soeur. 나는 언니 대신 대답했다. (대리)

7 avant, après와 devant, derrière : avant, après는 시간에서의 전 · 후를, devant, derrière는 공간에서의 전 · 후를 나타낸다.

Il est venu avant(après) moi. 그는 나보다 먼저(나중에) 왔다.
Elle est partie avant(après) l'aurore. 그녀는 해뜨기 전(후)에 떠났다.
Je me suis couché avant(après) le diner.
난 저녁식사 전(후)에 잠자리에 들었다.

Il marche devant(derrière) ses amis. 그는 자기 친구들 앞(뒤)에 걷는다.
Les hommes sont égaux devant la mort. 인간은 죽음 앞에서 평등하다.
La boulangerie est devant(derrière) l'école.
빵집은 학교 앞(뒤)에 있다.
Il s'est arrêté devant(derrière) la gare. 그는 역 앞(뒤)에서 멈췄다.

8 entre와 parmi : entre는 시간과 공간에 있어서 두 개 사이의 관계를, parmi는 셋 이상의 관계를 나타낸다.

Il n'y a rien d'inconvénient entre lui et moi.
그와 나 사이엔 불편한 것이 전혀 없다.
Nous nous aidons entre nous. 우리는 서로 돕는다.
Elle est assise entre vous deux. 그녀는 당신 둘 사이에 앉아 있다.
Le gris est entre le blanc et le noir.
회색은 흰색과 검정색의 중간에 있다.
Il arrivera entre onze heures et minuit.
그는 11시와 자정 사이에 올 것이다.

Il s'est mêlé tout de suite parmi la foule.
그는 곧 군중 가운데에 섞였다.
Il errait parmi la foule. 그는 군중들 사이를 헤매고 있었다.
Je n'ai pas trouvé parmi ces livres celui que je cherchais.
난 그 책들 가운데서 내가 찾던 책을 발견하지 못했다.

9 vers와 envers : vers는 공간적 경향을 나타내고, envers는 정신적 경향을 나타낸다.

Il se dirige vers elle. 그는 그녀를 향해 간다.
Elle est aimable envers tout le monde. 그녀는 모든 사람에 대해 상냥하다.

10 près de와 auprès de : près de는 장소와 시간에 관하여 근접을 나타내고, auprès de는 장소에 대한 근접만을 나타낸다.

Il habite près de l'église. 그는 성당 근처에 산다.
Il est près de sa dernière heure. 그는 임종이 가깝다.
Elle a tout près de quarante ans. 그녀는 거의 40살이다.

Je demeure auprès du musée. 나는 박물관 근처에 산다.

※ auprès de는 「…와 비교하여」, 「…에게」 등으로 사용될 때도 있다 :

Ce bonheur n'est rien auprès du vôtre.
이 행복은 당신의 행복에 비하면 아무것도 아니다.

Il se justifiera auprès de son maître.
그는 선생님에게 자기변명을 할 것이다.

11 près de와 prêt à : 'près de' 다음에는 부정법이 오며, 'sur le point de(막… 하려고 하다)' 의 뜻이 된다. 'prêt à' 는 'préparé à(…할 준비가 되어 있다), disposé à(…할 생각이다)' 의 뜻이다.

Le soleil est près de se lever. 해는 막 뜨려고 하고 있다.
Il est toujours prêt à partir. 그는 항상 떠날 준비가 되어 있다.

12 à travers와 au travers de : à travers는 결코 de를 쓰지 않지만, au travers de는 반드시 de를 필요로 한다.

Elle souriait à travers ses larmes. 그녀는 눈물을 흘리며 미소 짓고 있었다.
Il a marché au travers de la ville. 그는 그 도시를 가로질러 걸었다.

⑬ durant과 pendant : 둘 사이의 사용상의 뚜렷한 구분은 없다. 그러나 durant은 어떤 계속적인 기간을, pendant은 어떤 기간 중의 한때를 가리키는 것이 보통이다.

Durant ce week-end, il s'est tenu enfermé chez lui.
이번 주말 동안 그는 집에 칩거했다.
C'est pendant cette campagne que s'est livrée la bataille dont vous parlez. 당신이 이야기하는 전투가 벌어진 것은 이 작전 중이다.

⑭ jusque : 전치사 à와 함께 사용되며, 그 밖에 vers, sur, chez 등과 함께 사용된다. 또한 ici, là, où, alors 와 더불어 사용되는 수가 많다.

jusqu'à la mort 죽을 때까지
jusque sur les toits 지붕 위까지
jusqu'en Afrique 아프리카까지
jusque chez lui 그의 집까지
Vertueux jusqu'ici vous pouvez toujours l'être.
여태껏 인자하셨으니, 앞으로도 그럴 수 있을 것이오.
Voyez jusqu'où va leur licence.
그들의 방종이 어디까지 가는가 보시오.

⑮ hors, sauf와 hormis, excepté : hors는 전치사 de를 필요로 하기도 하고 그렇지 않기도 한데, '…을 제외하고' 라는 뜻으로 사용될 때는 절대로 de를 갖지

않는다. sauf는 '…하지 않는 한' 의 뜻으로 사용되며, 또한 '…을 제외하고' 의 뜻으로도 사용된다. hormis와 excepté는 둘 다 '…을 제외하고' 의 뜻으로 사용된다.

Il est hors de soi. 그는 제 정신이 아니다.

Nous sommes hors de danger. 우리는 위험을 벗어나 있다.

Il demeure hors les murs. 그는 성문 밖에[교외에] 산다.

Ceci est hors de prix. 이것은 생각 밖의 가격이다.

Tous sont venus, hors deux ou trois. 2, 3명만 제외하고 모두 왔다.

Sauf avis contraire, je prétendrai mon avis.
반대 의견이 없는 한, 나는 내 의견을 주장할 것이다.

Il a tout vendu, sauf sa maison.
그는 자기 집만 빼놓고 모든 것을 팔았다.

Il a tout perdu hormis(=excepté) sa fille.
그는 딸 이외에는 모두 잃었다.

16 교통수단을 나타낼 때, à나 en을 사용한다.

à pied 걸어서

à bicyclette 자전거로

à cheval 말 타고

en avion 비행기로

en bateau 배로

en chemin de fer (=en train) 기차로

en voiture 자동차로

3. 전치사의 반복

1 à, de, en의 경우 : 보통 각 보어 앞에서 반복한다. 그러나 뒤에 놓인 보어의 요소들이 두 단어가 합쳐 이뤄진 성구(成句)인 경우엔 반복하지 않는다. 또한 두 개 이상의 단어가 같은 존재나 사물을 나타내거나 또는 비슷한 의미를 갖고 동격적으로 사용된 경우에도 반복하지 않는다.

Il donne des fleurs à Marie et à Hélène.
그는 꽃을 마리와 엘렌에게 주었다.
J'aimerais parler de Gérard et de Jean.
나는 제라르와 쟝에 대해 말하고 싶다.
Ce sont les voitures de Marie et d'Hélène.
이것은 마리와 엘렌의 차들이다.
Il a voyagé en Espagne et en Grèce. 그는 스페인과 그리스를 여행했다.

Je vais à l'école des arts et métiers. 난 공예학교에 다닌다.
On a condamné aux frais et dépens. 소송 비용 부담의 판결이 내려졌다.
Il a perdu son temps en allées et venues.
그는 왔다갔다 하느라 시간낭비 했다.
Ils aiment à aller et venir. 그들은 분주히 다니는 것을 좋아한다.

Voici les adresses des amis et connaissances.
여기 친구들과 지인들의 주소가 있다.
J'ai écrit à mon collègue et ami. 나는 동료이자 친구에게 편지를 썼다.
J'en parlerai à M. Mesnard, votre associé.
당신 동료인 메나르 씨에게 그걸 말하겠다.
Il y a une lettre de mon collègue et ami.
여기 내 동료이자 친구의 편지가 있다.

2 à, de, en 이외의 전치사 : 반복하지 않는다. 단, 강조하기 위해서는 반복할 때

도 있다.

Ces livres sont pour Jean et Gérard. 이 책들은 장과 제라르를 위한 것이다.
Ce jardin est parmi les fleurs et les fontaines.
이 정원은 꽃들과 분수들 가운데 있다.
Dans les peines et les douleurs, gardez l'espérance.
고통과 슬픔 속에서도 희망을 가져라.
Il vit pour sa patrie et pour l'humanité.
그는 자기 조국과 인류를 위해서 산다. (*강조하기 위해 반복된 경우)

CHAPITRE 8 연습문제

Q : 아래 각 문장의 괄호 속에 들어갈 알맞은 전치사를 [보기]에서 찾아 그 번호를 적어 넣으시오. 필요 시 그 변형된 형태를 적으시오.

① à / ② de / ③ pour / ④ dans / ⑤ en / ⑥ par / ⑦ avant / ⑧ après / ⑨ devant / ⑩ derrière/ ⑪ entre / ⑫ parmi / ⑬ vers / ⑭ envers / ⑮ près de / ⑯ auprès de / ⑰ prêt à / ⑱ à travers / ⑲ au travers de / ⑳ durnat / ㉑ pendant / ㉒ jusque / ㉓ hors / ㉔ hors de / ㉕ sauf / ㉖ hormis / ㉗ excepté / ㉘ 전치사 불필요

1. Il abusait (   ) sa force. 그는 자기 힘을 남용했다.
2. Nous parlons (   ) vous. 우리는 당신에 대해서 말한다.
3. Il n'a pas pensé (   ) y aller. 그는 거기 가는 것을 생각하지 않았다.
4. Elle s'est adressée (   ) lui. 그녀는 그에게 말을 했다.

5. Il faut manger ( ) vivre. 살기 위해서는 먹어야 한다.

6. Nous déjeunons ( ) midi. 우리는 정오에 점심식사를 한다.

7. Je reviens ( ) une heure. 나는 한 시간 후에 돌아오겠다.

8. Il habite ( ) une chaumière. 그는 초가집에서 산다.

9. Les vacances commenceront ( ) la semaine prochaine.
   휴가는 다음 주에 시작될 것이다.

10. Notre marche a duré ( ) deux heures.
    우리들의 행군은 2시간 계속되었다.

11. Il habite ( ) Place d'Italie. 그는 이탈리아 광장에서 살고 있다.

12. Le toit ( ) sa maison est rouge. 그의 집 지붕은 붉은 색이다.

13. J'ai acheté un stylo ( ) bille. 나는 볼펜 한 자루를 샀다.

14. C'est ton livre ( ) toi. 그것은 네 책이다.

15. C'est la fille ( ) mon voisin. 그녀는 내 이웃의 딸이다.

16. Il aime cette table ( ) ouvrage. 그는 이 작업대를 좋아한다.

17. Il y a une corbeille pleine ( ) fruits.
    과일이 가득 찬 바구니가 있다.

18. Il est rouge ( ) colère. 그는 분노에 얼굴이 붉어진다.

19. Je suis prêt ( ) partir. 나는 떠날 준비가 되었다.

20. Elle y a mis beaucoup ( ) soins.
    그녀는 거기에 많은 정성을 기울였다.

21. Contrairement ( ) son opinion, ce film est très intéressant.
    그의 견해와는 반대로, 그 영화는 매우 재미있다.

22. Cette question a été étudiée séparément ( ) autres.
    이 문제는 다른 것들과는 별도로 연구되었다.

23. Il a parlé ( ) mon ami. 그는 나의 친구에게 말했다.

24. On doit obéir (　) lois. 법에 복종해야만 한다.
25. Tu ne penses qu'(　) cette affaire.
너는 이 일에 대해서만 생각한다.
26. Il pouvait échapper (　) un danger.
그는 위험을 피할 수 있었다.
27. Elle est venue la veille (　) soir. 그녀는 전날 저녁에 왔다.
28. Il viendra (　) 8 heures. 그는 8시에 올 것이다.
29. Je vais (　) Paris. 난 파리에 갈 것이다.
30. (　) l'entendre parler, il sera riche tout de suite.
그가 말하는 걸 들어보면, 그는 곧 부자가 될 것이다.
31. Tu n'as rien (　) la main. 넌 손에 아무것도 갖고 있지 않다.
32. Nous avons marché (　) pas lents.
우리는 늦은 발걸음으로 걸었다.
33. Il a enlevé le drapeau (　) l'ennemi.
그는 적에게서 군기를 탈취했다.
34. Elle était fatiguée (　) en mourir.
그녀는 피곤해서 죽을 지경이었다.
35. une amie (　) moi 내 여자친구
36. une tasse (　) café 커피잔
37. un moulin (　) farine 제분기
38. une maison (　) louer 세 놓는 집
39. un piano (　) queue 그랜드 피아노
40. un moulin (　) vent 풍차
41. un voyage (　) Rome 로마 여행
42. un départ (　) l'aube 새벽의 출발

43 un duel (   ) l'épée 검으로 하는 결투

44 un enfant (   ) l'esprit vif 활달한 기질의 아이

45 Ce sont les livres (   ) ma soeur. 그것은 내 여동생의 책들이다.

46 Je prendrai l'avion (   ) 10 heures. 나는 10시 비행기를 탈 것이다.

47 J'ai été en retard (   ) 5 minutes. 난 5분 늦었었다.

48 un repas (   ) quatre heures 4시의 식사

49 J'ai une soeur (   ) 20 ans. 나는 20세의 여동생이 있다.

50 une tasse (   ) café 한 잔의 커피

51 un homme (   ) affaires 사업가

52 une chaise (   ) bois 나무 의자

53 un homme (   ) esprit 재치 있는 사람

54 un habit (   ) soirée 야회복

55 une descente (   ) avion 비행기에서 내리기

56 un morceau (   ) gâteau 과자 한 조각

57 des larmes (   ) tristesse 슬픔의 눈물

58 un coup (   ) fusil 총질

59 un fossé (   ) un mètre 1미터 길이의 도랑

60 la ville (   ) Séoul 서울시

61 le titre (   ) président 회장의 칭호

62 un billet (   ) cent euros 100유로짜리 지폐

63 l'arrivée (   ) l' avion 비행기의 도착

64 son amour (   ) la patrie 그의 조국에 대한 사랑

65 l'interdiction (   ) la manifestation 시위 금지

66 l'amour (   ) la mère 어머니의 사랑

67 l'amour (   ) la mère 어머니에 대한 사랑

68 la peur (   ) l'ennemi 적의 두려움

69 la peur (   ) l'ennemi 적에 대한 두려움

70 une promenade (   ) voiture 드라이브

71 une femme (   ) colère 화난 여자

72 (   ) pied 걸어서

73 (   ) bicyclette 자전거로

74 (   ) cheval 말 타고

75 (   ) avion 비행기로

76 (   ) bateau 배로

77 (   ) chemin de fer 기차로

78 (   ) train 기차로

79 (   ) voiture 자동차로

80 une voix agréable (   ) entendre 듣기 좋은 목소리

81 un livre facile (   ) lire 읽기 쉬운 책

82 une boisson nuisible (   ) la santé 건강을 해치는 음료

83 Je suis prêt (   ) partir. 난 떠날 준비가 되어 있다.

84 Ce problème est facile (   ) comprendre.
이 문제는 이해하기 쉽다.

85 Je suis fier (   ) ma famillle.
나는 내 가족에 대해 자부심을 느끼고 있다.

86 C'est un homme grand (   ) taille. 그는 키가 큰 남자이다.

87 C'est un homme riche (   ) vertu.

이 사람은 덕성이 풍부한 남자이다.

88 Elle est forte (   ) calcul. 그녀는 셈이 밝다.

89 Nous parlons (   ) la soirée.
우리는 그 저녁파티에 대해서 말한다.

90 Il faut profiter (   ) cette occasion favorable.
이 좋은 기회를 이용해야만 한다.

91 Il a joui (   ) une vie heureuse. 그는 행복한 삶을 향유했다.

92 Nous triomphons (   ) nos passions.
우리는 우리의 열정을 억제한다.

93 Elle est aimée (   ) tous ses amis.
그녀는 모든 친구들에게 사랑을 받는다.

94 Ils sont respectés (   ) tout le monde.
그들은 모든 사람에게 존경을 받는다.

95 Il est accompagné (   ) son domestique.
그는 그의 하인을 동반했다.

96 Il est arrpouvé (   ) ses amis. 그는 친구들에게 칭찬받는다.

97 On travaille (   ) 8 heures à midi.
우리는 8시에서 정오까지 일을 한다.

98 Je ne reviendrai pas (   ) lontemps.
난 당분간 돌아오지 않을 것이다.

99 Je suis rentré (   ) l'école. 나는 학교에서 돌아왔다.

100 Il allait (   ) village en village. 그는 마을에서 마을로 돌아다녔다.

101 Il est mort (   ) la maladie contagieuse.
그는 전염병으로 죽었다.

102 J'ai plouró (   ) indignation. 난 분노 때문에 울었다.

103 Elle vient (   ) l'est. 그녀는 동쪽에서 왔다.

104 Il me regarda (   ) un air méchant.
그는 심술궂은 표정으로 날 쳐다봤다.

105 Il descend (   ) une famille noble. 그는 귀족 출신이다.

106 Il frappa la porte (   ) sa canne. 그는 지팡이로 문을 두드렸다.

107 Il ne croit pas (   ) Dieu. 그는 신을 믿지 않는다.

108 Cette région abonde (   ) fruits. 이 지역은 과일이 많이 난다.

109 J'habite (   ) Corée. 나는 한국에 산다.

110 Il souhaite de vivre (   ) Asie. 그는 아시아에 살기를 바란다.

111 Il est (   ) prison. 그는 감옥에 있다.

112 Ils se promènent (   ) forêt. 그들은 숲에서 산보를 한다.

113 On est (   ) automne. 지금은 가을이다.

114 (   ) deux ans, il a fait progrès. 2년 동안에 그는 진보했다.

115 Je finirai ce travail (   ) cinq minutes.
난 5분 동안에 이 일을 끝낼 것이다.

116 Cette robe est (   ) coton. 이 옷은 면으로 되어 있다.

117 La maison est construite (   ) brique.
그 집은 벽돌로 지어졌다.

118 Ce garçon a mis une vitre (   ) pièces.
이 소년은 유리를 산산조각 내었다.

119 Il m'a reçu (   ) secret. 그는 나를 비밀리에 맞이하였다.

120 Il voyage (   ) train. 그는 기차로 여행한다.

121 (   ) voyageant, on apprend beaucoup.
여행을 통해 많이 배운다.

122 (   ) clin d'oeil 눈 깜짝할 사이에

123 (   ) quel siècle? 몇 세기에?

124 (   ) tout temps 늘

125 Ils arriveront (   ) un moment. 그들은 잠시 후에 도착할 것이다.

126 Reviens (   ) une demie heure. 반시간 후에 다시 와라.

127 Il dort (   ) sa chambre. 그는 자기 방에서 잠자고 있다.

128 Je me suis logé (   ) un hôtel. 나는 호텔에 유숙했다.

129 Elle vit (   ) la misère. 그는 비참함 속에 살고 있다.

130 Il agit (   ) son seul intérêt.
그는 오직 자신의 이익만을 위해 행동한다.

131 Il l'a jeté (   ) la fenêtre. 그는 그것을 창문을 통해 던졌다.

132 On se promène (   ) ce beau temps.
사람들은 이 좋은 날씨에 산책을 한다.

133 On pêche (   ) ignorance. 사람들은 무지로 인해 죄를 짓는다.

134 La voiture est réparée (   ) lui. 차는 그에 의해 수리되었다.

135 Cette salade est (   ) vous. 이 샐러드는 당신을 위한 것이다.

136 On mange (   ) travailler. 사람들은 일하기 위해서 먹는다.

137 Ce bateau part (   ) Marseille. 이 배는 마르세이유로 떠난다.

138 J'irai en Afrique (   ) un mois. 난 한달 간 아프리카에 갈 것이다.

139 J'ai payé cent euros (   ) un repas.
난 한 끼 식사비로 100유로를 냈다.

140 Voici un sac (   ) dix mille euros.
여기 10,000유로짜리 가방이 있다.

141 Il est puni (   ) n'en avoir pas mangé.
그는 그것을 먹지 않아서 벌 받았다.

142 Ma mère l'aide (   ) gentillesse.
내 어머니는 친절해서 그를 돕는다.

143 Il est grand (   ) son âge. 그는 나이에 비해 키가 크다.

144 J'ai répondu (   ) ma soeur. 나는 언니 대신 대답했다.

145 Il est venu (   ) moi. 그는 나보다 후에 왔다.

146 Elle est partie (   ) l'aurore. 그녀는 해뜨기 전에 떠났다.

147 Je me suis couché (   ) le dîner.
난 저녁식사 후에 잠자리에 들었다.

148 Il marche (   ) ses amis. 그는 자기 친구들 뒤에 걷는다.

149 Les hommes sont égaux (   ) la mort.
인간은 죽음 앞에서 평등하다.

150 La boulangerie est (   ) l'école. 빵집은 학교 뒤에 있다.

151 Il s'est arrêté (   ) la gare. 그는 역 앞에서 멈췄다.

152 Il n'y a rien d'inconvénient (   ) lui et moi.
그와 나 사이엔 불편한 것이 전혀 없다.

153 Elle est assise (   ) vous deux. 그녀는 당신 둘 사이에 앉아 있다.

154 Le gris est (   ) le blanc et le noir.
회색은 흰색과 검정색의 중간에 있다.

155 Il arrivera (   ) onze heures et minuit.
그는 11시와 자정 사이에 올 것이다.

156 Il s'est mêlé tout de suite (   ) la foule.
그는 곧 군중 가운데에 섞였다.

157 Il errait (   ) la foule. 그는 군중들 사이를 헤매고 있었다.

158 Je n'ai pas trouvé (   ) ces livres celui que je cherchais.
난 그 책들 가운데서 내가 찾고 있던 책을 발견하지 못했다.

159 Il se dirige (   ) elle. 그는 그녀를 향해 간다.

160 Elle est aimable (   ) tout le monde.

그녀는 모든 사람에 대해 상냥하다.

161 Il habite (   ) l'église. 그는 성당 근처에 산다.

162 Il est (   ) sa dernière heure. 그는 임종이 가깝다.

163 Elle a tout (   ) quarante ans. 그녀는 거의 40살이다.

164 Je demeure (   ) musée. 나는 박물관 근처에 산다.

165 Ce bonheur n'est rien (   ) vôtre.
이 행복은 당신의 행복에 비하면 아무것도 아니다.

166 Il se justifiera (   ) son maître.
그는 선생님에게 자기변명을 할 것이다.

167 Le soleil est (   ) se lever. 해는 막 뜨려고 하고 있다.

168 Il est toujours (   ) partir. 그는 항상 떠날 준비가 되어 있다.

169 Elle souriait (   ) ses larmes.
그녀는 눈물을 흘리며 미소 짓고 있었다.

170 Il a marché (   ) la ville. 그는 그 도시를 가로질러 걸었다.

171 (   ) ce week-end, il s'est tenu enfermé chez lui.
이번 주말 동안 그는 집에 칩거했다.

172 C'est (   ) cette campagne que s'est livrée la bataille dont vous parlez.
당신이 이야기하는 전투가 벌어진 것은 이 작전 중이다.

173 (   ) à la mort 죽을 때까지

174 (   ) sur les toits 지붕 위까지

175 (   ) en Afrique 아프리카까지

176 (   ) chez lui 그의 집까지

177 Vertueux (   ) ici vous pouvez toujours l'être.
여태껏 인자하셨으니, 앞으로도 그럴 수 있을 것이오.

⑰⑧ Voyez (　　) où va leur licence.
그들의 방종이 어디까지 가는가 보시오.

⑰⑨ Il est (　　) soi. 그는 제 정신이 아니다.

⑱⓪ Nous sommes (　　) danger. 우리는 위험을 벗어나 있다.

⑱① Il demeure (　　) les murs. 그는 성문 밖에[교외에] 산다.

⑱② Ceci est (　　) prix. 이것은 생각 밖의 가격이다.

⑱③ Tous sont venus, (　　) deux ou trois.
2, 3명만 제외하고 모두 왔다.

⑱④ (　　) avis contraire, je prétendrai mon avis.
반대의견이 없는 한, 나는 내 의견을 주장할 것이다.

⑱⑤ Il a tout vendu, (　　) sa maison.
그는 자기 집만 빼놓고 모든 것을 팔았다.

⑱⑥ Il a tout perdu (　　) sa fille. 그는 딸 이외에는 모두 잃었다.

답 : 1-② / 2-② / 3-① / 4-① / 5-③ / 6-① / 7-④ / 8-④ / 9-㉘ / 10-㉘ / 11-① 또는 ㉘(*habiter가 타동사로 사용된 경우) / 12-② / 13-① / 14-① / 15-② / 16-① / 17-② / 18-② / 19-① / 20-② / 21-① / 22-②(*de+les→des) / 23-① / 24-①(*à+les→aux) / 25-① / 26-① / 27-①(*à+le→au) / 28-① / 29-① / 30-① / 31-① / 32-① / 33-① / 34-① / 35-① / 36-① / 37-① / 38-① / 39-① / 40-① / 41-① / 42-① / 43-① / 44-① / 45-② / 46-② / 47-② / 48-② / 49-② / 50-② / 51-②(*d') / 52-② / 53-②(*d') / 54-② / 55-②(*d') / 56-② / 57-② / 58-② / 59-②(*d') / 60-② / 61-② / 62-② / 63-② / 64-② / 65-② / 66-②(*주격) / 67-②(*목적격) / 68-②(*주격) / 69-②(*목적격) / 70-⑤ / 71-⑤ / 72-① / 73-① / 74-① / 75-⑤ / 76-⑤ / 77-⑤ / 78-⑤ / 79-⑤ / 80-① / 81-① / 82-① / 83-① / 84-① / 85-② / 86-② / 87-⑤ / 88-⑤ / 89-② / 90-② / 91-②(*d') / 92-② / 93-② / 94-

② / 95-② / 96-② / 97-② / 98-② / 99-② / 100-② / 101-② / 102-②(*d') / 103-② / 104-②(*d') / 105-②(*d') / 106-② / 107-⑤ / 108-⑤ / 109-⑤(*여성 국명 앞) / 110-⑤(*대륙명 앞) / 111-⑤ / 112-⑤ / 113-⑤ / 114-⑤ En(* 'en+시간' 은 「…걸려서」(필요한 시간)의 뜻) / 115-⑤(* 'en+시간' 은 「…걸려서」(필요한 시간)의 뜻) / 116-⑤ / 117-⑤ / 118-⑤ / 119-⑥ / 120 ⑤ / 121-⑤ En(*동명사 . 수단) / 122-⑤ / 123-⑤ En / 124-⑤ / 125-④(* 'dans+시간' 은 「…후에(= au bout de…)」의 뜻) / 126-④ / 127-④ / 128-④ / 129-④ / 130-④ / 131-⑥ / 132-⑥ / 133-⑥ / 134-⑥ / 135-③ / 136-③ / 137-③ / 138-③ / 139-③ / 140-③ / 141-③ / 142-③ / 143-③ / 144-③ / 145-⑧(*시간에서의 후) / 146-⑦(*시간에서의 전) / 147-⑧(*시간에서의 후) / 148-⑩(*공간에서의 후) /149-⑨(*공간에서의 전) /150-⑩(*공간에서의 후) / 151-⑨(*공간에서의 전) /152-⑪(*시간과 공간에 있어서 두 개 사이의 관계) / 153-⑪(*시간과 공간에 있어서 두 개 사이의 관계) / 154-⑪(*시간과 공간에 있어서 두 개 사이의 관계) / 155-⑪(*시간과 공간에 있어서 두 개 사이의 관계) / 156-⑫(*셋 이상의 관계) / 157-⑫(*셋 이상의 관계) / 158-⑫(*셋 이상의 관계) / 159-⑬(*공간적 경향) /160-⑭(*정신적 경향) / 161-⑮(*장소에 관하여 근접) 또는 ⑯(*장소에 대한 근접) / 162-⑮(*시간에 관하여 근접) / 163-⑮(*시간에 관하여 근접) / 164-⑮ 또는 ⑯ /165-⑯(*auprès du : …와 비교하여) / 166-⑯(*…에게) / 167-⑮(*sur le point de(막…하려고 하다)의 뜻) / 168-⑰(*préparé à(…할 준비가 되어 있다)의 뜻) / 169-⑱ /170-⑲ / 171-⑳ Durant(*어떤 계속적인 기간) / 172-㉑(*어떤 기간 중의 한때) / 173-㉒(*jusqu') / 174-㉒ / 175-㉒(*jusqu') / 176-㉒ / 177-㉒(*jusqu') / 178-㉒(*jusqu') / 179-㉔ / 180-㉔ / 181-㉓ / 182-㉔ / 183-㉓(* '…을 제외하고' 라는 뜻으로 사용될 때는 절대로 de를 갖지 않음) / 184-㉕ Sauf(* '…하지 않는 한' 의 뜻) / 185-㉕ 또는 ㉖ 또는 ㉗('…을 제외하고' 의 뜻) / 186-㉕ 또는 ㉖ 또는 ㉗('…을 제외하고' 의 뜻)

접속사 (la conjonction)

접속사는 단어들이나 절들 또는 문장들을 연결할 때 사용하는 불변의 품사로, 연결관계가 대등한 것을 **대등접속사**(conjonctions de coordination), 한 쪽에 다른 쪽을 종속시키는 것을 **종속접속사**(conjonctions de subordination)라고 한다.

1. 대등접속사

대등한 두 단어나 두 문장을 연결하는 접속사이다.

ainsi 그리하여, 따라서	**car** 왜냐하면
cependant 하지만	**donc** 그러므로
en effet 사실	**en conséquence** 따라서
et …와, 및, 그리고	**mais** 그러나
néanmoins 그렇지만, 그럼에도 불구하고	
ni …도 않다(아니다)	**or** 그런데
ou 또는	**ou bien** 또는
puis 다음에	**par conséquent** 따라서

pourtant 하지만	**sinon** 그렇지 않으면
soit 또는	**toutefois** 그러나
…	

2. 종속접속사

대등하지 않은 두 문장(하나는 주절이고, 다른 하나는 종속절)을 연결하는 접속사이다. que로 이뤄지는 접속사구는 모두 이에 속한다.

afin que …하기 위하여(+접속법)
ainsi que …처럼, …와 같이
alors que …하는 반면에(+직설법)
alors même que 설령…이라 할지라도(+조건법)
à mesure que …함에 따라서
à moins que …하지 않는다면(+접속법)
après que …한 뒤에
avant que …하기 전에(+접속법)
bien que … 비록 …일지라도(+접속법)
comme …이므로, … 때에
de crainte que …을 두려워하여(+접속법)
de (telle) manière que …하도록(+접속법)《목적》, 그래서(+직설법)《결과》
de même que …와 마찬가지로
de peur que …을 두려워하여(+접속법)
de sorte que …하도록(+접속법)《목적》, 그래서(+직섬법)《결과》
dès que …하자마자
jusqu'à ce que …까지(+접속법)

lorsque …할 때에
parce que 왜냐하면
pendant que …하는 동안
pour que …하기 위하여(+접속법)
pourvu que …하기만 한다면(+접속법)
puisque …이므로
quand …할 때
quoique 비록 …일지라도(+접속법)
si 만약에
tandis que …하는 동안에, …하는 반면에
…

3. 접속사의 용법

1 접속사 et

Ⓐ 접속사 et를 사용하는 경우 :

(a) 긍정의 두 문장을 연결한다.

Elle a peur et elle crie. 그녀는 무서워서 소리친다.

(b) 부정의 두 문장을 연결한다.

Il n'aime pas sa femme, et elle ne le respecte pas.
그는 자기 아내를 사랑하지 않고, 그녀는 그를 존경하지 않는다.

(c) 긍정의 문장과 부정의 문장을 연결한다.

Tu ne fais rien et je fais tout.
너는 아무것도 하지 않고 내가 모든 것을 한다.

(d) 긍정문에 있는 어구를 연결한다.

Je voudrais un coissant et un jus d'orange.
크로와쌍 한 개와 오렌지주스 한 잔 원합니다.

(e) 등치(等値)된 항이 셋 이상일 때 보통 et는 마지막 항 앞에만 붙인다.

Pierre, Jacques, Luc, et André sont déjà partis.
피에르, 쟈끄, 뤽과 앙드레는 이미 떠났다.

(f) 문장에 활기를 주기 위해 열거한 모든 항마다 et를 붙이는 경우도 있다.

Une pomme et un orange et une tomate et un kiwi sont tous dans ce panier. 사과 한 개와 오렌지 한 개와 토마토 한 개와 끼위 한 개 모두 그 바구니 안에 있다.

(g) et가 c'est pourquoi, alors, néanmois, mais, cependant 등의 뜻으로 사용될 경우가 있다.

Il était très fâché et j'ai dû me taire.
그는 매우 화가 나 있었다, 그래서 나는 잠자코 있어야만 했다.

Et soudain elle se mit à pleurer. 그러자 갑자기 그녀가 울기 시작했다.

Il ne fait rien, et il veut réussir.
그는 아무것도 안하면서 성공하기를 원한다.

(h) 서술적 부정법(l'infinitif de narration)이 쓰이는 문장 앞에는 반드시 et를 쓴다.

Ainsi parla-t-il, et chacun d'éclater de rire.
그가 이렇게 말하니 모두 웃음을 터뜨렸다.(*참조 : 306~307쪽의 서술적 부정법)

(i) 시간이나 치수에 1/2, 1/3, 1/4 등이 덧붙여질 때, 1/2에는 반드시 et가 들어가나 다른 것에는 쓰든 안 쓰든 무관하다.

treize heures et demie 오후 1시 반

deux mètres et demi 2미터 반

neuf heures (et) quart 9시 15분

Ⓑ 접속사 et를 생략하는 경우 :

(a) 열거한 것을 더욱 간명하게 할 때.

Lion, éléphant, zèbre, panthère, tous habitent l'Afrique.
사자, 코끼리, 얼룩말, 표범은 아프리카에 산다.

(b) 열거한 단어들이 모두 동의어이며 동시에 누진적(累進的)으로 배열되었을 때.

La fierté, la hauteur, l'arrogance le caractérise.
자긍심, 거만함, 오만함이 그의 특성을 나타낸다.

(c) plus, mieux, moins, autant으로 시작하는 두 어구 사이에서.

Plus on se dépêche, moins on réussit.
《격언》 서두르면 서둘수록 일이 잘 안된다.

Mieux vous lirez, mieux vous comprendrez.
더 잘 읽을수록 더 잘 이해할 것이다.

Autant de têtes, autant d'avis. 《격언》 각인 각색

2 접속사 ni

Ⓐ 부정의 주절에 관련된 두 개의 보충절을 연결할 때 쓴다.

Je ne souhaite pas qu'il vienne ni même qu'il songe à venir.
나는 그가 오는 것을 바라지 않으며 그가 오겠다고 생각하는 것조차 바라지 않는다.

Ⓑ 부정의 어구 중에서 유사한 각 부분을 연결한다.

Elle n'est pas pauvre ni riche(=Elle n'est ni pauvre ni riche).
그녀는 가난하지도 부유하지도 않다.

3 접속사 que

Ⓐ 대등하지 않은 두 문장(하나는 주절이고, 다른 하나는 종속절)을 연결한다.

Je souhaite que vous soyez heureux.
나는 당신이 행복하길 바란다.

Il m'a dit que sa fille était très mignonne.
그는 자기 딸이 매우 귀엽다고 내게 말했다.

Ⓑ 비교구를 연결한다.

Il est plus riche que toi. 그는 너보다 더 부자이다.

Ceci est moins bien que cela. 이것은 저것보다 덜 좋다.

Elle est aussi grande que son mari. 그녀는 자기 남편만큼 키가 크다.

J'ai autant d'amis que toi. 나도 너만큼 친구가 있다.

Ⓒ 형용사 tel, quel, même, autre 등과 함께 사용한다.

Je t'aime tel que tu es. 나는 있는 그대로의 너를 사랑한다.

Quel que soit le résultat, j'aimerais le faire.
결과가 어떻든 간에, 나는 그것을 하고 싶다.

Je pense la même chose que vous. 나는 당신과 같은 생각을 한다.

Il est devenu tout autre qu'il (n')était.
그는 전과는 전혀 다른 사람이다[딴판이다].

Ⓓ 한 문장 속에서 접속사 comme, quand, si, bien que, parce que, afin que, sans que, lorsque, de peur que, avant quc 등이 두 번째로 나올 때는 que로 대체한다.

Comme elle est aimable et qu'elle est belle, tout le monde l' aime. 그녀는 상냥하고 아름다워서, 모든 사람이 그녀를 사랑한다.

Que dira-tu quand il reviendra et qu'il te demande ton avis?
그가 돌아와서 네 의견을 물으면 넌 뭐라고 말할 거니?

Il a beaucoup mangé, parce qu'il avait faim et que le repas était bon. 그는 배도 고프고 음식도 좋았기 때문에 많이 먹었다.

Ⓔ 생략문에 사용된다.

Que tu m'aimes(=Je veux que tu m'aimes).
네가 날 사랑하면 좋겠다.

Ⓕ ne와 함께 ne … que는 '단지…(seulement)'라는 제한적인 의미를 갖는다. 이 'ne…que'를 부정하기 위해서는 pas나 point을 삽입한다.

Nous ne sommes que deux. 우리는 두 사람밖에 없다.

Elle ne fait que pleurer. 그녀는 울기만 할 뿐이다.

Je ne pense qu'à toi. 나는 오직 당신만 생각한다.

Il ne l'a dit qu'à sa femme. 그는 그것을 자기 아내에게만 말했다.

Nous n'avons qu'une pomme. 우리는 단지 사과 하나만 갖고 있다.

Elle ne pense pas qu'à son profit.
그녀는 단지 그녀의 이익만 생각하는 건 아니다.

Ⓖ afin que, de (telle) manière que…, à mesure que… 등 수많은 접속사구를 만든다.

Il est parti afin que tu sois heureux avec ta famille.
그는 네가 가족과 행복하도록 하려고 떠났다.

Fais de ton mieux de manière que chacun soit content.
각자가 만족하도록 네 최선을 다하라. (*de manière que+접속법(목적))

Elle a pleuré de manière qu'elle m'a rendu triste.
그녀가 울어서 나를 슬프게 했다. (*de manière que+직설법(결과))

Il devient nerveux à mesure qu'elle s'approche de lui.
그녀가 그에게 다가옴에 따라 그는 신경이 날카로워졌다.

Ⓗ 관용적 표현을 만든다.

Belle qu'elle est! 그녀는 참으로 아름답도다!

Si j'étais que de vous, … 만일 내가 당신이라면

C'est mon plaisir que de vous aider.
당신을 돕는 것이 나의 기쁨입니다.

C'est être prévoyant que de préparer son avenir.
자신의 미래를 준비하는 것은 예비성이 있는 것이다.

4 접속사 ou

「또는, 혹은」, 「그렇지 않으면」「즉, 다시 말하면(=autrement dit, en d'autres termes)」 등의 뜻으로 긍정문에서만 사용되며, 부정문에서는 ni를 쓴다. **ou bien**

은 ou의 강조형이다.

Être ou ne pas être n'est plus une question.
사느냐 죽느냐는 더 이상 문제가 아니다.

Donnez-moi du pain ou la mort. 빵을 달라 그렇지 않으면 죽음을 달라.

Ton beau frère, ou le mari de ta soeur 네 형부, 즉 네 언니의 남편

Dis la vérité, ou bien tu est mort.
진실을 말하라, 그렇지 않으면 넌 죽은 목숨이다.

5 접속사 soit

Ⓐ 「…이든지 …이든지(간에)」의 뜻으로 반복 사용할 때도 있고, 또는 ou로 대용할 때도 있다. 동사 앞에서는 soit와 ou 다음에 que가 온다.

Choisissez soit l'un soit[ou] l'autre.
이것이든 저것이든 선택을 해야만 한다.

Il faut le faire soit maintenant, soit demain, soit[ou] après-demain. 오늘이든 내일이든 또는 보레든 그것을 해야만 한다.

Soit que tu viennes avec moi, soit[ou] que tu restes ici, moi je partirai. 네가 나와 함께 가든 여기에 남든, 나는 떠날 것이다.

Ⓑ 「즉, 곧, 다시 말해서(=c'est-à-dire)」의 뜻으로 사용할 때도 있다.

Combien cela fait-il en tout? – Trois objets à dix euros, soit trente euros. 전부 얼마죠? – 10유로짜리 물건 3개, 즉 30유로입니다.

6 parce que와 par ce que

parce que는 「왜냐하면」이고, par ce que는 「…한 것에 의하면」이다.

Elle est méchante, parce qu'elle est malhereuse.
그녀는 심술궂은데, 왜냐하면 그녀는 불행하기 때문이다.

Tu es jugé par ce que tu fais. 너는 네가 행하는 바에 의해 판단되어진다.

7 par conséquent과 en conséquence

par conséquent은 「따라서」이고, en conséquence은 「(앞에 말한 바)에 따라」이다.

Elle a beaucoup souffert, par conséquent nous devons la consoler.
그녀는 많이 고통당했다, 따라서 우리는 그녀를 위로해 주어야만 한다.
Il m'en a ordonné et j'agirai en conséquence.
그는 내게 그것을 하라고 명령했고 나는 그의 뜻에 따라 행동할 것이다.

8 접속사 quoique와 접속사구 quoi que

quoique는 「비록 …일지라도(bien que, encore que)」이고, quoi que는 「무엇을 …한다 할지라도, 무엇일지라도」이며, 둘 다 접속법이 요구된다.

Quoique tu aies tout ce qu'il faut pour la rendre hereuse, elle ne t'aime pas. 비록 네가 그녀를 행복하게 만들 수 있는 모든 걸 가지고 있을지라도, 그녀는 널 사랑하지 않는다.
Je serai fidele à toi, quoi qu'il arrive.
무슨 일이 있어도, 나는 네게 충실할 것이다.
Tu dois le faire quoi qu'il te dise.
그가 네게 뭐라고 말하든 너는 그것을 해야만 한다.

9 tout…que와 si…que

tout…que는 「매우 …이지만(+직설법)」, 「아무리 …라 할지라도(+접속법)」이고, si…que는 「대단히 …하므로 …(+직설법)(결과)」, 「아무리 …라 할지라도(+접속법)(양보)」이다.

Tout gentil qu'il est, il se fâche quand même.
그는 매우 너그럽지만, 화를 내기도 한다.

Toute belle qu'elle est, elle n'est pas aimé de son mari.
그녀는 매우 아름답지만, 남편에게 사랑받지 못한다.

Tout riches qu'ils soient, ils ne pourront pas l'obtenir.
그들이 아무리 부자라 할지라도, 그것을 얻지는 못할 것이다.

Elle chante si bien que je suis ému.
그녀는 하도 노래를 잘해서 나는 감동했다.

Il n'est pas si bête qu'on ne puisse lui apprendre l'alphabet.
그는 알파벳을 배워주지 못할 정도로 어리석지는 않다. (*주절이 부정문 · 의문문일 때엔 결과절에 접속법을 사용하며, 이럴 때 결과절도 부정문이면 pas를 생략)

Si malheureux que tu sois, tu ne dois pas te plaindre de ton sort.
네가 아무리 불행할지라도, 네 운명을 한탄해서는 안된다.

10 접속사 si

「만약 …라면(조건 · 가정)」, 「…할 때마다(=chaque fois que, quand)」, 「비록 …이지만(양보)」의 뜻으로 사용되며, 독립절에서 소원 · 제안 · 유감 · 분개 · 명령 등의 뜻으로 사용된다. 또한 간접의문절을 도입하면서 「…인지 아닌지」, 「얼마나 …인지」의 뜻으로 사용된다.

Si l'on veut réussir, il faut se donner du mal.
성공하려면, 고생을 해야만 한다.

Si j'étais belle, il m'aimerait. 만일 내가 아름답다면, 그는 날 사랑할 텐데.

S'il chantait, elle dansait. 그가 노래할 때마다, 그녀는 춤을 추곤 했다.

S'il ne soit pas entêté, il est difficile de le persuader.
비록 그는 고집쟁이는 아니지만, 그를 설득하기란 어렵다.

S'il revenait sain et sauf! 그가 무사히 돌아왔으면!

Si nous partions? 우리 떠날까요?

Si tu m'avais écouté! 네가 내 말을 들었더라면 좋았을 걸!
Si je lui donnerai mon fils! 그녀에게 내 아들을 주다니 (어림도 없다)!
Si tu te taisais! 가만히 좀 있어!

Je me demande s'il dit la vérité. 나는 그가 진실을 말하는지 생각해 본다.
Tu sais si je t'aime. 내가 (얼마나) 너를 사랑하는지 너는 알지.

11 접속사 ainsi와 접속사구 ainsi que

접속사 ainsi는 「그리하여, 그러므로, 따라서」이고, 접속사구 ainsi que는 「…처럼, …와 같이」

Ainsi je conclus qu'elle es innocente.
그래서 나는 그녀가 결백하다고 결론한다.
Ainsi donc je ne peux compter sur toi.
따라서 나는 너에게 기대할 수가 없다. (*접속사 ainsi 다음에 donc을 덧붙여 강조하기도 함)
Ainsi que je l'ai dit plus haut, c'est un homme juste et bon.
내가 앞서 말한 것처럼, 그는 올바르고 착한 사람이다.

【비교】 ainsi가 동사를 수식할 때는 부사이다 :
Ainsi finit mon histoire. 내 이야기는 그렇게 끝난다.
(*부사 ainsi가 문두에 오면 주어와 동사가 도치되는 경우가 많음)

12 접속사 cependant과 접속사구 cependant que

접속사 cependant은 「그렇지만」이고, 접속사구 cependant que는 「…하는 동안에, …하지만」이다.

Il a bon visage, cependant il est malade. 그는 안색은 좋아도 아프다.
Cependant qu'il continue ses recherches, elle est partie en

vacances. 그가 연구를 계속하는 동안, 그녀는 휴가를 떠났다.

【비교】 부사 cependant은 「그 동안에」 :

Elles bavardent et cependant l'eau bout.
그녀들이 수다를 떨고 있는데 그 동안 물이 끓는다.

13 접속사 comme

Comme (=Puisque) il est bon, je l'aime bien.
그는 사람이 좋아서, 나는 그를 좋아한다. (*이유)

Il est arrivé comme elle venait de partir.
그녀가 방금 전 떠났을 때 그가 도착했다. (*시간)

14 접속사 comment과 pourquoi

의문문의 서두에서 의문부사로 사용될 때를 제외한 다른 경우는 접속사이다.

Personne ne sait comment il pu s'échapper.
아무도 그가 어떻게 도망칠 수 있었는지 모른다.

On ne comprend pas pourquoi il se tait.
우린 왜 그가 침묵을 지키는지 이해할 수가 없다.

【비교】 comment과 pourquoi이 접속사로 사용되지 않은 경우 :

Comment trouvez-vous ce tableau? 이 그림은 어떻습니까? (의문부사)

Pourquoi doit-on vivre? 왜 우리는 살아야만 하는가? (의문부사)

Comment! Tu veux le faire? 뭐라고! 그것을 하고 싶다고? (감탄사)

15 접속사 quand

시간, 가정, 양보, 대립 등을 나타낸다.

Quand(=Lorsqu') **il vient, appelle-moi.** 그가 오면 나를 불러라.

Quand(=Chaque fois que / Toutes les fois que) **tu regardes la télévision, tu te mords l'ongle du pouce.**

너는 TV를 볼 때마다, 엄지손톱을 물어뜯는다.

Quand(=Si) **tu as raison, je me corrige.**

네가 옳다면, 내 잘못을 고치겠다.

Quand(=Même si / Alors même qu') **il s'en repentait, je ne lui pardonnerais pas.**

그가 그것을 뉘우친다고 할지라도, 나는 그를 용서하지 않을 것이다.

Quand (bien) même **il viendrait, je ne le verrais pas.**

그가 온다고 할지라도, 나는 그를 만나지 않을 것이다.

Quand(=Alors que) **nous nous sommes aimés, tu me rejettes.**

우린 서로 사랑했건만, 넌 나를 저버린다.

【비교】 전치사구 quant à 「…에 관해서는, …으로 말하자면(=en ce qui concerne, pour ce qui est de)」

Quant à **moi, je suis d'accord avec toi.**

나로서는 너의 생각에 찬성이다.

Quant à **ses projets, il nous faut bien les examiner.**

그의 계획에 관해서는 우리가 그것을 잘 검토해봐야만 한다.

CHAPITRE 9 **연습문제**

Q-1 : 아래 각 문장의 괄호 속에 들어갈 알맞은 접속사나 접속사구를 [보기]에서 찾아 그 번호를 적어 넣으시오. 필요 시 그 변형된 형태로 적으시오.

> ① et / ② ni / ③ que / ④ afin que / ⑤ de (telle) manière que / ⑥ à mesure que / ⑦ ou / ⑧ parce que / ⑨ par conséquent / ⑩ quoique / ⑪ quoi que / ⑫ tout…que / ⑬ si…que / ⑭ si / ⑮ ainsi / ⑯ ainsi que / ⑰ cependant / ⑱ cependant que / ⑲ comment / ⑳ pourquoi / ㉑ quand

1. Nous ne sommes (　　) deux. 우리는 두 사람밖에 없다.
2. Elle ne fait (　　) pleurer. 그녀는 울기만 할 뿐이다.
3. Je ne pense (　　) à toi. 나는 오직 당신만 생각한다.
4. Il ne l'a dit (　　) à sa femme. 그는 그것을 자기 아내에게만 말했다.
5. Nous n'avons (　　) une pomme. 우리는 단지 사과 하나만 갖고 있다.
6. Elle ne pense pas (　　) à son profit.
   그녀는 단지 그녀의 이익만 생각하는 건 아니다.
7. Ainsi parla-t-il, (　　) chacun d'éclater de rire.
   그가 이렇게 말하니 모두 웃음을 터뜨렸다.
8. Il est treize heures (　　) demie. 오후 1시 반이다.
9. deux métres (　　) demi 2미터 반
10. Elle est méchante, (　　) elle est malhereuse.
    그녀는 심술궂은데, 왜냐하면 그녀는 불행하기 때문이다.
11. Elle a beaucoup souffert, (　　) nous devons la consoler.
    그녀는 많이 고통당했다, 따라서 우리는 그녀를 위로해 줘야만 한다.

⑫ Je ne souhaite pas qu'il vienne (　　) même qu'il songe à venir.
나는 그가 오는 것을 바라지 않으며 그가 오겠다고 생각하는 것조차 바라지 않는다.

⑬ Elle n'est pas pauvre (　　) riche.
그녀는 가난하지도 부유하지도 않다.

⑭ Il n'est (　　) beau (　　) moche.
그는 잘생기지도 못생기지도 않았다.

⑮ Je souhaite (　　) vous soyez heureux.
나는 당신이 행복하길 바란다.

⑯ Il m'a dit (　　) sa fille était très mignonne.
그는 자기 딸이 매우 귀엽다고 내게 말했다.

⑰ (　　) l'on veut réussir, il faut se donner du mal.
성공하려면, 고생을 해야만 한다.

⑱ (　　) j'étais belle, il m'aimerait.
만일 내가 아름답다면, 그는 날 사랑할 텐데.

⑲ (　　) il chantait, elle dansait.
그가 노래할 때마다, 그녀는 춤을 추곤 했다.

⑳ (　　) il ne soit pas entêté, il est difficile de le persuader.
비록 그는 고집쟁이는 아니지만, 그를 설득하기란 어렵다.

㉑ Il est plus riche (　　) toi. 그는 너보다 더 부자이다.

㉒ Ceci est moins bien (　　) cela. 이것은 저것보다 덜 좋다.

㉓ Elle est aussi grande (　　) son mari.
그녀는 자기 남편만큼 키가 크다.

㉔ J'ai autant d'amis (　　) toi. 나도 너만큼 친구가 있다.

㉕ (　　) nous partions? 우리 떠날까요?

㉖ (　　) tu m'avais écouté! 네가 내 말을 들었더라면 좋았을 걸!

27. (　　) je lui donnerai mon fils!
그녀에게 내 아들을 주다니 (어림도 없다)!

28. (　　) tu te taisais! 가만히 좀 있어!

29. Je me demande (　　)il dit la vérité.
나는 그가 진실을 말하는지 생각해 본다.

30. Tu sais (　　) je t'aime. 내가 (얼마나) 너를 사랑하는지 너는 알지.

31. Je t'aime tel (　　) tu es. 나는 있는 그대로의 너를 사랑한다.

32. Quel (　　) soit le résultat, j'aimerais le faire.
결과가 어떻든 간에, 나는 그것을 하고 싶다.

33. Je pense la même chose (　　) vous.
나는 당신과 같은 생각을 한다.

34. Il est devenu tout autre (　　) il (n')était.
그는 전과는 전혀 다른 사람이다[딴판이다].

35. Il est parti (　　) tu sois heureux avec ta famille.
그는 네가 가족과 행복하도록 하려고 떠났다.

36. Fais de ton mieux (　　) chacun soit content.
각자가 만족하도록 네 최선을 다하라.

37. Elle a pleuré (　　) elle m'a rendu triste.
그녀가 울어서 나를 슬프게 했다.

38. Il devient nerveux (　　) elle s'approche de lui.
그녀가 그에게 다가옴에 따라 그는 신경이 날카로워졌다.

39. (　　) tu aies tout ce qu'il faut pour la rendre hereuse, elle t' aime pas. 비록 네가 그녀를 행복하게 만들 수 있는 모든 걸 가지고 있을지라도, 그녀는 널 사랑하지 않는다.

40. Je serai fidèle à lui, (　　) il arrive.
무슨 일이 있어도, 나는 네게 충실할 것이다.

41. Tu dois le faire (   ) il te dise.
그가 네게 뭐라고 말하든 너는 그것을 해야만 한다.

42. Être (   ) ne pas être n'est plus une question.
사느냐 죽느냐는 더 이상 문제가 아니다.

43. Donnez-moi du pain (   ) la mort.
빵을 달라 그렇지 않으면 죽음을 달라.

44. Dis la vérité, (   ) bien tu est mort.
진실을 말하라, 그렇지 않으면 넌 죽은 목숨이다.

45. Personne ne sait (   ) il pu s'échapper.
아무도 그가 어떻게 도망칠 수 있었는지 모른다.

46. On ne comprend pas (   ) il se tait.
우린 왜 그가 침묵을 지키는지 이해할 수가 없다.

47. Comme elle est aimable et (   ) elle est belle, tout le monde l'aime. 그녀는 상냥하고 아름다워서, 모든 사람이 그녀를 사랑한다.

48. Que dira-tu quand il reviendra et (   ) il te demande ton avis?
그가 돌아와서 네 의견을 물으면 넌 뭐라고 말할 거니?

49. Il a beaucoup mangé, parce qu'il avait faim et (   ) le repas était bon. 그는 배도 고프고 음식도 좋았기 때문에 많이 먹었다.

50. Il a bon visage, (   ) il est malade.
그는 안색은 좋아도 아프다.

51. (   ) il continue ses recherches, elle est partie en vacances.
그가 연구를 계속하는 동안, 그녀는 휴가를 떠났다.

52. (   ) je conclus qu'elle es innocente.
그래서 나는 그녀가 결백하다고 결론한다.

53. (   ) donc je ne peux compter sur toi.
따라서 나는 너에게 기대할 수가 없다.

54 (   ) je l'ai dit plus haut, c'est un homme juste et bon.
내가 앞서 말한 것처럼, 그는 올바르고 착한 사람이다.

55 (   ) gentil (   ) il est, il se fâche quand même.
그는 매우 너그럽지만, 화를 내기도 한다.

56 (   ) belle (   ) elle est, elle n'est pas aimé de son mari.
그녀는 매우 아름답지만, 남편에게 사랑받지 못한다.

57 (   ) riches (   ) ils soient, ils ne pourront pas l'obtenir.
그들이 아무리 부자라 할지라도, 그것을 얻지는 못할 것이다.

58 Elle chante (   ) bien (   ) je suis ému.
그녀는 하도 노래를 잘해서 나는 감동했다.

59 Il n'est pas (   ) bête (   ) on ne puisse lui apprendre l'alphabet. 그는 알파벳을 배워주지 못할 정도로 어리석지는 않다.

60 (   ) malheureux (   ) tu sois, tu ne dois pas te plaindre de ton sort. 네가 아무리 불행할지라도, 네 운명을 한탄해서는 안된다.

Q-2 : 아래 여섯 문장의 괄호 속에 공통적으로 들어갈 수 있는 접속사는?

1 (   )(=Lorsqu') il vient, appelle-moi.
그가 오면 나를 불러라. (*시간)

2 (   )(=Chaque fois que / Toutes les fois que) tu regardes la télévision, tu te mords l'ongle du pouce.
너는 TV를 볼 때마다, 엄지손톱을 물어뜯는다. (*시간)

3 (   )(=Si) tu as raison, je me corrige.
네가 옳다면, 내 잘못을 고치겠다. (*가정)

4 (   )(=Même si / Alors même qu') il s'en repentait, je ne lui pardonnerais pas. 그가 그것을 뉘우친다고 할지라도, 나는 그를 용서하지 않을 것이다. (*양보)

5 (   ) (bien) même il viendrait, je ne le verrais pas.

그가 온다고 할지라도, 나는 그를 만나지 않을 것이다. (*양보)

6. (   )(=Alors que) nous nous sommes aimés, tu me rejettes.
우린 서로 사랑했건만, 넌 나를 저버린다. (*대립)

Q-3 : 아래 두 문장의 괄호 속에 공통적으로 들어갈 수 있는 접속사는?

1. (   )(=Puisqu') il est bon, je l'aime bien.
그는 사람이 좋아서, 나는 그를 좋아한다. (*이유)

2. Il est arrivé (   ) elle venait de partir.
그녀가 방금 전에 떠났었을 때 그가 도착했다. (*시간)

Q-4 : 아래 세 문장의 괄호 속에 공통적으로 들어갈 수 있는 접속사는?

1. Choisissez (   ) l'un (   )[ou] l'autre.
이것이든 저것이든 선택을 해야만 한다.

2. Il faut le faire (   ) maintenant, (   ) demain, (   )[ou] après-demain. 오늘이든 내일이든 또는 모레든 그것을 해야만 한다.

3. (   ) que tu viennes avec moi, (   )[ou] que tu restes ici, moi je partirai. 네가 나와 함께 가든 여기에 남든, 나는 떠날 것이다.

답

Q-1 : 1-③ / 2-③ / 3-③(*qu') / 4-③(*qu') / 5-③(*qu') / 6-③(*qu') / 7-①(*서술적 부정법(l' infinitif de narration)이 쓰이는 문장 앞에는 반드시 et를 사용) / 8-① / 9-① / 10-⑧(*parce qu') / 11-⑨ / 12-② / 13-② / 14-둘 다 ② / 15-③ / 16-③ / 17-⑭(*Si :「만약 …라면(조건 · 가정)」) / 18-⑭(*Si :「만약 …라면(조건 · 가정)」) / 19-⑭(*S' :「…할 때마다(=chaque fois que / quand)」) 또는 ㉑(Quand) / 20-⑭(*S' :「비록 …이지만(양보)」) 또는 ⑩(Quoiqu') / 21-③ / 22-③ / 23-③ / 24-③ / 25-⑭(*Si : 제안) / 26-⑭(*Si : 유감) / 27-⑭(*Si : 분개) / 28-⑭(*Si : 명령) / 29-⑭(*s' : 간접의문절을 도입하면서 「…인지 아닌지」의 뜻으로 사용) / 30-⑭(*간접의문절

을 도입하면서 「얼마나 …인지」의 뜻으로 사용) / 31-③ / 32-③ / 33-③ / 34-③ (*qu') / 35-④ 또는 ⑤ (*afin que 또는 de manière que+접속법(목적)) / 36-④ 또는 ⑤ (*afin que 또는 de manière que+접속법(목적)) / 37-⑤ (*de (telle) manière qu' +직설법(결과)) / 38-⑥ (*à mesure qu') / 39-⑩ (*Quoique :「비록 …일지라도(Bien que / Encore que)」) 또는 ⑭(*Si) / 40-⑪ (*quoi qu' :「무엇을 …한다 할지라도, 무엇일지라도」) / 41-⑪ (*quoi qu' :「무엇을 …한다 할지라도, 무엇일지라도」) / 42-⑦ / 43-⑦ / 44-⑦ (*ou bien은 ou의 강조형) / 45-⑲ / 46-⑳ / 47-③ (*qu') / 48-③ (*qu') / 49-③ / 50-⑰ (*「그렇지만」) / 51-⑱ (*Cependant qu' :「…하는 동안에, …하지만」) / 52-⑮ (*Ainsi :「그리하여, 그러므로, 따라서」) / 53-⑮ (*Ainsi :「그리하여, 그러므로, 따라서」 다음에 donc을 덧붙여 강조하기도 함) / 54-⑯ (*Ainsi que :「…처럼, …와 같이」) / 55-⑫ (*Tout…qu' :「매우 …이지만(+직설법)」) / 56-⑫ (*Toute…qu' :「매우 …이지만(+직설법)」) / 57-⑫ (*Tout…qu' :「아무리 …라 할지라도(+접속법)」) / 58-⑬ (*「대단히 …하므로 …(+직설법)(결과)」) / 59-⑬ (*si…qu') / 60-⑬ (*Si…que :「아무리 …라 할지라도(+접속법)(양보)」)

Q-2 : Quand

Q-3 : comme

Q-4 : soit(*3번 문장은 동사 앞에서는 soit와 ou 다음에 que가 오는 경우)

조명애의 한 권으로 끝내는
프랑스어 문법

2008년 1월 15일 1판 1쇄
2017년 1월 25일 1판 3쇄

지은이 : 조명애
펴낸이 : 이정일

펴낸곳 : 도서출판 **일진사**
www.iljinsa.com

04317 서울시 용산구 효창원로 64길 6
대표전화 : 704-1616, 팩스 : 715-3536
등록번호 : 제1979-000009호(1979.4.2)

값 24,000원

ISBN : 978-89-429-0989-6

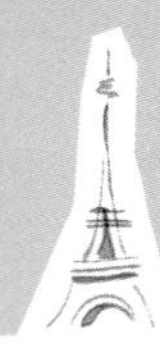

Grammaire De La Langue Française